DUMONT

Reise-Taschenbuch

W0067742

island

Sabine Barth

Senkrechtstarter

Verzaubernde Eislandschaft, Vatnajökull, der Wassergletscher. Oben eine weiße Weite mit ein paar eingestreuten Seen, an den Rändern Lagunen mit Eisbergen, Eiszungen in Blau und Schwarz. Unter dem Gletscher schlummern die Eisriesen, die regelmäßig wütend erwachen, dann spucken sie Feuer, die Lava fließt über die Ränder, die Asche fliegt über Eis und Land. Vatnajökull, der Zauberer, lockt mit Wanderungen hinauf ins Blau-Weiß: Erleben Sie die Schönheit des Eises.

Überflieger

Baumstämme aus

Überall kreischende Vögel

Hornstrandir •

• Bolungarvík

15.000 t Fisch im Jahr

Einsamkeit

Nebel

Reiten mit fünf Gängen

Hólar •

• Sauðárkróku

• Bildudalur

Fjord mit Wasserfall

Trautes Heim eines Wikingers

Grettir war der Stärkste

Ein Schiffswrack neben dem anderen

»Steig hinab in den Krater des Snæfellsjökull, …, kühner Wanderer, und Du wirst zum Mittelpunkt der Erde gelangen.«

• Eiríksstaðir

• Snæfellsjökull

Fumarolen

Kerlingarfjöll •

Hier wohnen fast alle

Warten auf den Ausbruch

Höllentor

Geysir

Þingvellir •

Richter und Henker

Fasten your seatbelts Keflavík

• Reykjavík

Hverageði •

Hekla •

Blaue Lagune •

Riesige Badewanne

Tomatenparadies

Auf ein Inselbier

Traumort

• Þórsmörk

• Heymaey

Vík

Weiße Schaumkronen der Atlantikwellen rollen über schwarze Strände.

Island — die Vulkaninsel im hohen Norden! Mal eben drüberfliegen, von West nach Ost und von Nord nach Süd. Viel Lava, viel Eis, viel Aktiv-Urlaub!

Sibirien

Melrakkaslétta

Der Polarfuchs wünscht eine gute Nacht

Kleine, aber feine Künstler- und Studentenstadt

Akureyri

Donnerndes Ungetüm

Dettifoss

Elfen

Bakkagerði

Einmal quer durch

Mývatn

Ich glaub' hier piept's!

Seyðisfjörður

Fähre von Dänemark

Ódáðahraun

Sprengisandur

Staubtrockene Lavawüste

Hallormsstaður

Wow – ein Wald!

Reyðarfjörður

Faszinierende Eishöhlen

Kverkfjöll

Feuer

Tanken, ein Würstchen essen und weiter geht's auf der Ringstraße.

Höfn

Vatnajökull

Skaftafell

Gletscherwanderung

Eis

Aluminium

Kirkjubæjarklaustur

Zuerst irische Mönche, dann Nordmänner

Querfeldein

Wunderland — Steilküste und Hochland, Gletscher und Vulkane, Mitternachtssonne und Polarlicht. In Island gibt es nicht nur *eine* Landschaft zum Staunen, Erleben und Entdecken.

Die sagenhafte Insel

Hoch im Norden liegt die umtoste Insel, Entdecker glaubten, es sei das legendäre Ultima Thule. Atlantikbrecher nagen an der Küste zwischen Vík í Mýrdal und Skógar, weiße Wellenkämme rollen über schwarze Lavastrände und der Wind pustet Frische ins Gesicht. Hier können Sie Weite und Einsamkeit genießen, sich treiben lassen oder dem mehrstimmigen Chor der Seevögel lauschen. Steine und Felsen beherbergen Geschichten, die so erstaunlich sind wie die ganze Insel.

Blau, weiß, schwarz

An der Gletscherlagune Jökulsárlón macht Island seinem Namen ›Eisland‹ alle Ehre. Hier treiben Eisberge in allen Blautönen, in Weiß und Schwarz umher, dahinter ragt der Gletscher Vatnajökull empor. Eine ideale Filmkulisse – James Bond und Game of Thrones lassen grüßen. Auf dem See schwimmen Enten und hin und wieder schaut eine neugierige Robbe aus dem Wasser.

Der berühmte Heringsort

Eingebettet zwischen steilen Bergen weit im Norden liegt Siglufjörður. Einst der reichste Heringsort des Landes, ist er heute ein berühmter Krimischauplatz mit viel Charme.

Ein Berg, nein, der Berg, Herðubreið, mitten im Hochland. Der Tafelberg ist von formvollendeter Schönheit und zu seinen Füßen erstreckt sich die wohl unwirtlichste Lavawüste Islands. Wer hier wandert oder sich einfach nur auf die Lava setzt, hört die Stille. Eine ungewöhnliche Erfahrung. Ein guter Platz, um über das Leben der einstigen Outlaws, aber auch das eigene nachzudenken.

Vorsicht Weihnachtsmänner! Die 13 Yule Lads, grobe Gesellen, treiben mit viel Lust großen Unfug.

Island von innen

Klettern Sie hinab in eine der zahlreichen Lavahöhlen, große und sehr tiefe, teilweise müssen Sie steile Treppen hinuntersteigen. Hier sind Sie dem »Mittelpunkt der Erde« so nahe, dass Sie meinen könnten, ein Held von Jules Vernes gleichnamigem Roman zu sein. Faszinierende Farben und Formen werden Sie in dieser Unterwelt überraschen. Wenn Sie es lieber kälter mögen, begeben Sie sich ins Innere eines Gletschers oder tauchen im See Þingvallavatn zwischen zwei Kontinentalplatten hindurch. Wenn Sie die Kraft des Wassers erleben möchten, steigen Sie ins Raftingboot oder machen eine Kajaktour auf einer Gletscherlagune mit Blick auf den Vatnajökull. Egal was und wie, jedes Erlebnis bringt Sie Island näher.

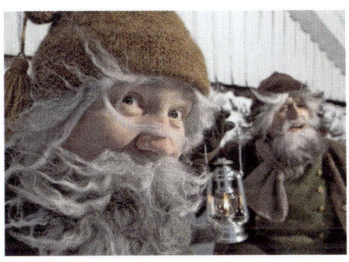

F(r)isch auf den Teller

Am Hafen in Reykjavík kann man den Fang des Tages begutachten, den die Köche zu hervorragenden Gerichten verarbeiten. Viele Hafenorte haben ihr besonderes Restaurant, das Restaurant Salthúsið in Grindavík z. B. serviert exzellenten Salzfisch. Aus dem ehemaligen Gericht für kleine Leute ist ein Gourmet-Menü geworden. Der einfache Fischeintopf Plokkfiskur aus zerstampften Kartoffeln, Zwiebeln und Fisch hat sich zum Lifestyle-Gericht entwickelt. Auch die beliebte Kalorienbombe – Krabbensandwich mit Mayonnaise – wird immer noch gereicht, obwohl der Trend zu mehr Salat und Gemüse aus den eigenen Gewächshäusern geht. Viele Lokale werben mit ihren regionalen Spezialitäten, es lohnt sich, alle einmal zu probieren!

Die Mikrobrauereien in Island rühmen sich, nur das allerbeste Wasser zu verwenden. Die einen schwören auf Gletscher-, die anderen auf Bergwasser. Egal – die verschiedenen Biersorten sind unbedingt jeden Schluck wert.

So manches Fischerboot ist in Island noch aus Holz. Zur Überholung werden die Boote an Land geholt.

Inhalt

2   Senkrechtstarter
4   Überflieger
6   Querfeldein

Vor Ort

Reykjavík und Nachbarstädte 14

17 Reykjavík
26 *Tour* Dem Himmel entgegen
32 *Tour* Mehr Meer geht nicht
36 *Tour* Wassererlebnis
44 *Lieblingsort* Leuchtturm von Grótta
45 Seltjarnarnes, Kópavogur
46 Garðabær
47 *Zugabe* Die süße Welt des zarten Schmelzes

Reykjanes und Goldener Kreis 48

51 Hafnarfjörður und Umgebung
54 Njarðvík
55 Keflavík

57 Nordwestküste von Reykjanes
58 *Lieblingsort* Museum Garðskagi
59 Südwestküste von Reykjanes
61 Blaue Lagune
62 Krísuvík und Kleifarvatn
63 *Tour* Tausende Seevögel und dramatische Klippen
65 Mosfellsbær
65 Þingvellir
66 *Tour* Der Geburtsort des freien Islands
70 Geysir
72 Gullfoss, Skálholt
73 *Zugabe* Besuch bei einer alten Dame

Südwesten 74

77 Hveragerði
78 *Tour* Überall dampft es
80 Þorlákshöfn
81 *Lieblingsort* Friðheimar
82 Selfoss
83 Eyrarbakki
84 Stokkseyri
85 Hella
86 Hekla
87 Hvolsvöllur
88 *Tour* Hinauf zum Höllenschlund
90 *Tour* Rache und Vergeltung
93 Vestmannaeyjar
96 *Tour* Einmal rund um die Insel
99 *Zugabe* Zu Gast bei Eva und Matti

Südosten 100

103 Þórsmörk
104 *Lieblingsort Seljavellir*
105 Eyjafjallajökull
106 *Tour Schönstes Wanderrevier*
108 Skógar
109 Vík í Mýrdal und Umgebung
112 Kirkjubæjarklaustur
116 *Tour Eis mit grüner Garnierung*
118 Skaftafell
119 *Zugabe Die blaue Insel*

Osten 120

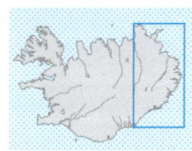

123 Vatnajökull
124 Jökulsárlón und Umgebung
125 Höfn í Hornafjörður
127 Stafafell
128 Entlang der Ostfjorde
129 *Tour Ei, wer piept denn da?*
138 Egilsstaðir
139 *Lieblingsort Bakkagerði*
141 *Tour Einmal um den Lögurinn*
142 Rund um Lögurinn, Snæfell
143 *Lieblingsort Skoruvíkurbjarg*
144 Þórshöfn, Melrakkaslétta
145 *Tour Unendliche Weite*
147 *Zugabe Himmelszauber*

Norden 148

151 Húsavík
152 Nationalpark Jökulsárgljúfur
154 *Tour Schlucht der großen Wasserfälle*
155 An der Straße Nr. 87
155 Mývatn und Umgebung
158 *Tour Vulkanische Schönheiten*
160 Námaskarð und Krafla
161 Akureyri
168 Siglufjörður
169 Skagafjörður
170 *Tour Pferdezentrum und Bischofssitz*
174 *Tour Wohnen wie die Hobbits*
176 Blönduós und Umgebung
177 Húnaþing vestra
179 *Zugabe Der Knuddelvogel*

Westfjorde 180

183 Von Brjánslækur nach Látrabjarg
184 *Lieblingsort Rauðasandur*
185 Patreksfjörður
186 Am Arnarfjörður
189 Þingeyri
190 Flateyri und Suðureyri

190 Rund um den Ísafjörðurdjúp

194 Strandir

195 *Tour Einsames Naturparadies am Ende der Welt*

196 Hornstrandir

197 *Zugabe Verlassene Welt*

Westen 198

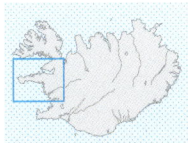

201 Dalir

202 Eiríksstaðir, Snæfellsnes

204 Nationalpark Snæfellsjökull

204 Hellissandur und Rif

206 *Tour Geheimnisvolles Gletscherland*

209 Ólafsvík, Grundarfjörður

210 Stykkishólmur

213 Borgarnes

215 Reykholtsdalur

217 Akranes und Umgebung

218 Hvalfjörður

219 *Zugabe Die unbeschreibliche Leichtigkeit*

Hochland 220

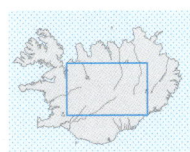

223 Kjalvegur (F 35)

225 *Tour Warme Quellen, grüne Täler und ein Gletschersee*

226 Sprengisandsleið (F 26)

229 Öskuleið (F 88)

232 Landmannaleið und Fjalla baksleið nyrðri (F 225, 208)

235 *Tour In der größten Erdspalte der Welt*

236 *Zugabe Flucht in die Lavawüste*

Das Kleingedruckte

238 Reiseinfos von A bis Z

252 Sprachführer

254 Kulinarisches Lexikon

Das Magazin

258 *Am Pulsschlag der Erde*

263 *Hering ade, es lebe der Hering*

265 *Die Helden der Meere*

268 *Das Leben ist (k)ein Ponyhof*

272 *Seid umschlungen, ihr Millionen!*

274 *Das zählt*

276 *Weiche, Wolle, weiche*

279 *Nicht nur das große Húhh*

280 *Insel der Bücher*

283 *Back to the roots*

284 *Das grüne Paradies Europas?*

287 *Reise durch Zeit & Raum*

291 *Es flattert und kreischt*

294 *Saubere Energie für alle*

296 *Hotspot für coole Kunst*

300 *Register*

302 *Autorin & Impressum*

304 *Offene Fragen*

Vor

Ort

In ganz Island gibt es in fast jedem Ort ein Schwimmbad mit perfekt temperiertem Badewasser wie hier im Lýsuhólslaug auf der Halbinsel Snæfellsnes.

Reykjavík und Nachbarstädte

Die Metropolenkleinstadt — hier tobt das Leben und hier hat alles begonnen, von daher der ideale Beginn Ihrer Reise.

Seite 17
Reykjavík ⭐

Nun, Reykjavík ist eine junge Stadt, entsprechend wächst sie und probiert sich aus. Neubauten, Restaurants, Kneipen, Designerläden, immer wieder Baustellen und dann – kleine Gärten und Hinterhofoasen.

Der Falke, Wappentier und im 18. Jh. wichtige Handelsware.

Seite 22
Kolaportið

Eine Institution seit Jahrzehnten: der Flohmarkt im Zollhaus – Treffpunkt schräger Typen und Angebote.

Seite 23
Harpa

Das Konzerthaus ist das Wow-Gebäude am Hafen. Seine gläserne Fassade schimmert vielfarbig in der Sonne.

Seite 20
Austurvöllur

Der Aktionsort der Reykjavíker und Isländer: Austurvöllur. Bei einer Tasse Kaffee können Sie von der Terrasse des Café Paris den Platz im Herzen der Stadt überblicken und die Menschen beobachten, die sich im Sommer auf dem Rasen tummeln.

Seite 26
Hallgrímskirkja

Die weiße Kirche ist das Wahrzeichen der Stadt, weithin sichtbar mit einem beleuchteten Kreuz auf der Turmspitze.

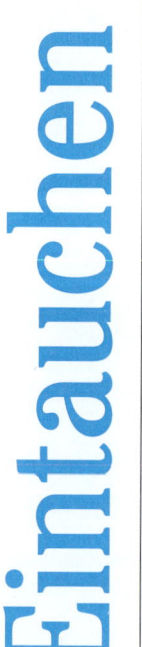

Eintauchen

Seite 29
Perlan

Wie eine Perle schimmernd ruht der futuristisch anmutende Glaskuppelbau auf sechs Heißwassertanks. In seinem Innern können Sie in der Ausstellung Wonders of Iceland eine Eishöhle begehen.

Seite 30
Nauthólsvík

Im Strandbad mit goldenem Sand und warmem Wasser, das ins Meer fließt, stellt sich Mallorca-Feeling ein.

Seite 32
Radtour entlang der Küste

Eine Tour mit Aus- und Einblicken, auf der Sie die Stadt in Museen, Stadtteilen, Cafés, Stränden und vor allem mit wunderschönen Fernblicken erleben. Reykjavík erweist sich hier als ideale Fahrradstadt – alles eben.

Seite 47
Die süße Verführung

Schokolade aus Island hat eine lange Tradition, doch richtig hip ist sie erst seit 2013, seitdem OmNom mit seinen Tafeln auf den Markt kam. Originelle Verpackung und fantasievolle Kreationen sind das erfolgreiche Konzept. Achten Sie auf den Wolf.

Die Hochsitzsäulen von Ingólfur halten die Stadt, zumindest im Wappen.

»Reykjavik den Reykjavikern«, das wünschen sich die Bewohner im Sommer, wenn die Stadt voller Touristen ist.

erleben

Cool und regnerisch, angesagt und ausgebucht

Wo fängt Reykjavík an, wo hört es auf? Wer per Schiff vom Meer kommt, landet mitten im Zentrum an. Wer mit dem Bus oder Auto die isländische Hauptstadt ansteuert, durchfährt ein schier endloses Häusermeer, und aktuell ist die Bauindustrie dabei, dieses noch zu vergrößern: Baukräne und Umleitungen vielerorts. Nun, Reykjavík ist eine junge Stadt, entsprechend wächst sie und probiert sich aus.

Am besten setzen Sie sich in ein Café am Austurvöllur (s. S. 20), dann sind Sie mitten im historischen Teil. Diesen Platz säumen bedeutsame Gebäude wie das Parlament und der Dom. Wer mehr Altes in Reykjavík sucht, wird enttäuscht. Das älteste Haus von 1786 gleicht einer kleinen Kate, man ist genauso schnell wieder draußen, wie man drin ist. Wer aber Überraschendes sucht, der wird in Reykjavík fündig. Verlassen Sie dafür die Hauptwege, streifen Sie durch kleine Gassen oder blicken Sie in Hinterhöfe. Laufen Sie durch den Fischersund (s. S. 22) und bummeln Sie durch das Götterviertel (s. S. 26) mit den bunten Häusern.

Rund 120 000 Einwohner hat die Hauptstadt, die zusammen mit den Nachbarorten Hafnarfjörður, Kópavogur, Garðabær und Seltjarnarnes einen urba-

ORIENTIERUNG

Tourist Information Center: Rathaus, Tjarnagata 11, T 411 60 40, www.visitreykjavik.is, tgl. 8–20 Uhr.
Service Center: am Zeltplatz, Sundlaugarvegur 34, T 568 69 44, www.reykjavikcampsite.is, ganzjährig geöffnet, Mai/Sept.–April Rezeption nur zeitweise besetzt.
What's on Touristen Info: Laugavegur 5 und Tryggvagata 11, T 551 36 00, www.whatson.is, tgl. 8.30–22 Uhr.
www.reykjavik.is: Infos zu den städtischen Einrichtungen (engl.).
www.visitreykjavik.is: Infos, die man als Tourist braucht.
www.grapevine.is: Infos zu Kultur, Politik, Einkaufen etc. in Reykjavík.
Auto: Rushhour am Nachmittag; in der Innenstadt nur gebührenpflichtige Parkplätze.
Bus: Der Flughafenbus von Keflavík fährt zum zentralen Busbahnhof wie zum Reykjavíker Inlandsflughafen.

nen Großraum bildet, in dem rund 65 % der isländischen Bevölkerung leben. Unbestritten ist Reykjavík die touristische Hochburg, ein Kunst- und Künstlerparadies und – aus Sicht der Stadtbewohner – natürlich das Zentrum des Landes.

Reykjavík ⭐ 📍 C6

Karte 2, Großraum Reykjavík

Die »Gründungsstadt« von Reykjavík er-
streckte sich vom Stadtteich Tjörnin bis
zum 500 m entfernten Hafen, wo heute
der Eyecatcher Harpa steht. Richtig alt ist
hier heute nichts, wenn man europäische
Maßstäbe anlegt. Im Gegenteil, alte Fassa-
den sind oft aus der Neuzeit, quasi außen
Fake und innen Beton. Altstadt-Flair stellt
sich nicht ein, doch dieses sonderbare
Stadtsammelsurium entspricht Reykjavík:
etwas improvisiert, ein bisschen hip und
etwas hopp und weg.

Das historische Zentrum

Tummelplatz von Groß und Klein

Auf Jubel und Trubel treffen Sie am Nordufer des Stadtteichs **Tjörnin ❶**. Zahlreiche kleine Menschen füttern Hunderte
Enten mit Toastbrot; Geschnatter und
Lachen erfüllen den Platz. Über 40 verschiedene Vogelarten, darunter Enten,
Kurzschnabelgänse, Schwäne und diverse
Möwenarten, versammeln sich hier. Früher standen Bauernhöfe am Südufer, heute
ziehen sich Parkanlagen und Spazierwege
rund um den See. Der Parkteil südlich des
Skothúsvegur heißt Hljómskálagarður,
benannt nach dem achteckigen Bau am
Parkeingang, einem Musikpavillon.

Direkt von den kreischenden Möwen
führt ein Plankenweg über den Teich ins
Rathaus ❷, vorbei am »Unbekannten Bü-
rokraten«, wie die Skulptur davor heißt.
Die zwei Gebäuderiegel des Rathauses mit
den auffälligen Betonbogendächern ragen
direkt aus dem Wasser. Die Optik täuscht,
denn sie ruhen auf einer künstlichen Insel,
die am Rande des Sees aufgeschüttet wurde, nur damit der Bau überhaupt einen

Platz in dem dicht bebauten historischen
Zentrum fand. Wegen dieses kostspieligen
Unterfangens gilt das Rathaus, das von
den Architekten Margrét Harðardóttir
und Steve Christer entworfen wurde und
1992 bezugsfertig war, als Prestigeobjekt
des damaligen Bürgermeisters und späteren Premierministers Davíð Oddson. Im
Foyer befinden sich eine große Reliefkarte
von Island sowie Modelle der aktuellen
Bauprojekte in der Stadt.

Die Reykjavíker waren damals nicht
glücklich mit dem Entwurf, sie schwärm-
ten mehr für Holzhäuser wie **Iðnó ❸**
(Vonarstræti 3, www.idno.is). Das schön
restaurierte Holzgebäude am Entenplatz
wurde 1897 als Gemeinschaftshaus der
Handwerkervereinigung errichtet und
diente der damals gegründeten Theater-
gemeinschaft Reykjavík bis 1989 als Spiel-
stätte. Heute finden hier Theater- und
Musikdarbietungen unterschiedlicher

*Betonkopf? Beim Anblick der Skulptur
von Magnús Tómasson muss man über
Verwaltungsangestellte schmunzeln.*

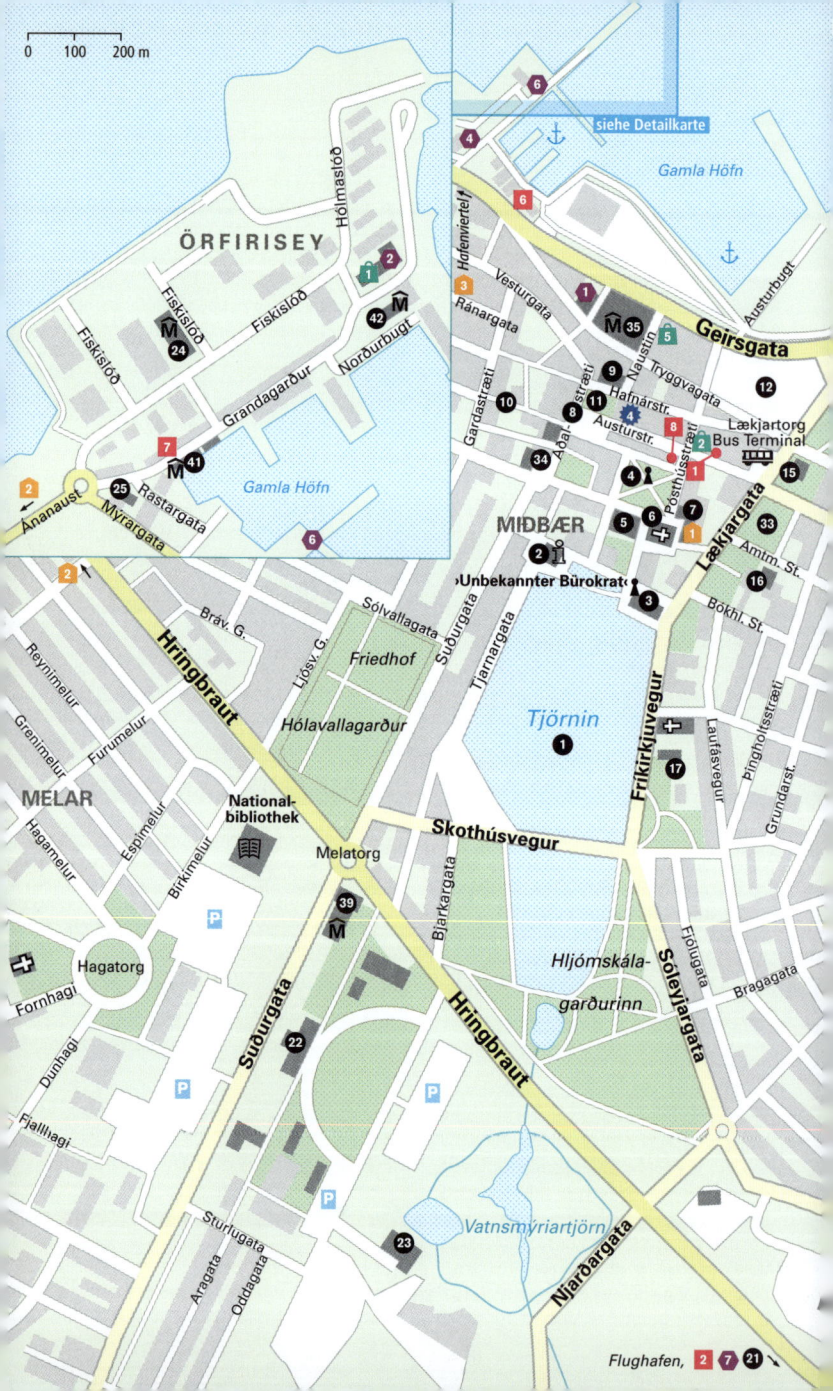

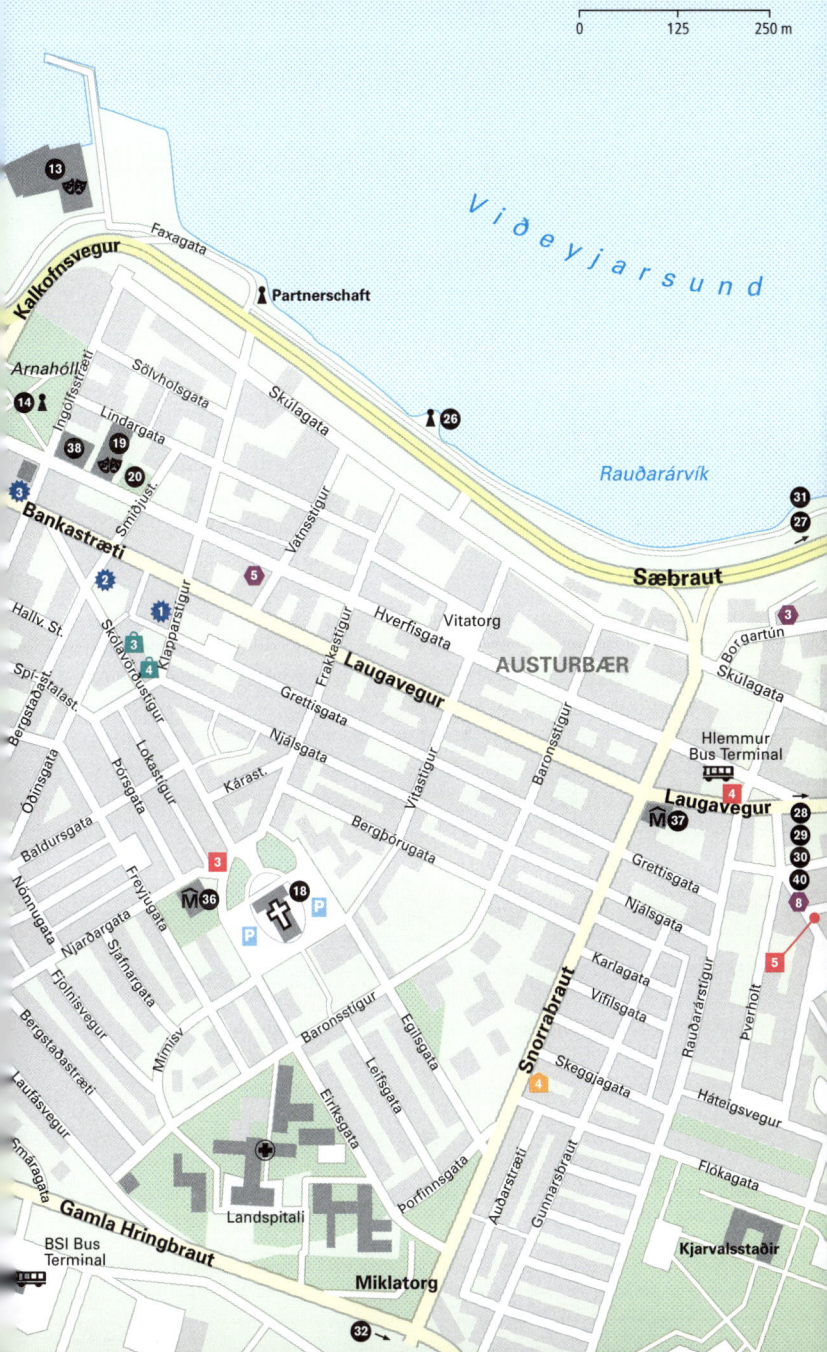

0   125   250 m

13

V i ð e y j a r s u n d

Faxagata

Kalkofnsvegur

Partnerschaft

26

Rauðarárvík

Arnahóll

14   Sölvholsgata   Skúlagata

Lindargata

38   **19**

20

31

3

Bankastræti   Smiðjust.   **27**

Vatnsstígur   **5**

2   Hallv. St.   Klapparstígur   Hverfisgata   Vitatorg   **3**

1   Frakkastígur   Laugavegur   **AUSTURBÆR**   Borgartún

Skólavörðustígur   Skúlagata

3

4   Grettisgata   Baronsstígur   Hlemmur

Spít.-st.   Njálsgata   Bus Terminal

Bergstaðast.   Lokastígur   Kárast.   Vitastígur   **4**   Laugavegur

Óðinsgata   Þórsgata   Bergþórugata   **M** **37**   **28**

Baldursgata   Grettisgata   **29**

Nönnugata   **3**   Njálsgata   **30**

Freyjugata   **M** **36**   **18**   **40**

Njarðargata   P   **8**

Fjölnisvegur   P   Karlagata   **5**

Bergstaðastræti   Mímisv.   Baronsstígur   Vifilsgata

Laufásvegur   Eiríksgata   Leifsgata   Skeggjagata   Rauðarárstígur   Þverholt

Smáragata   Egilsgata   Snorrabraut   **4**   Háteigsvegur

Gamla Hringbraut   Þorfinnsgata   Auðarstræti   Gunnarsbraut   Flókagata

**BSÍ Bus   Landspítali   Kjarvalsstaðir
Terminal**

Miklatorg

32

Reykjavík

Ansehen

- ❶ Tjörnin
- ❷ Rathaus
- ❸ Iðnó
- ❹ Austurvöllur
- ❺ Alþingishús
- ❻ Dómkirkjan
- ❼ Hótel Borg
- ❽ Aðalstræti
- ❾ Falkenhaus
- ❿ Fischersund
- ⓫ Ingólfstorg
- ⓬ Lækjartorg
- ⓭ Harpa
- ⓮ Arnarhóll
- ⓯ Stjórnarráðshúsið
- ⓰ Icelandic Art Centre
- ⓱ Menntaskólinn
- ⓲ Hallgrímskirkja
- ⓳ Nationaltheater
- ⓴ Garten der Republik
- ㉑ Perlan
- ㉒ Universitätshauptgebäude
- ㉓ Nordisches Haus
- ㉔ Whales of Iceland
- ㉕ Aurora Reykjavík
- ㉖ »Sonnenfahrt«
- ㉗ Höfði
- ㉘ Laugardalshöll

- ㉙ Botanischer Garten
- ㉚ Haustiergarten
- ㉛ Viðey
- ㉜ Árbæjarsafn
- ㉝ Nationalgalerie
- ㉞ »871 +/-2«
- ㉟ Hafnarhús
- ㊱ Einar Jónsson Museum
- ㊲ Phallusmuseum
- ㊳ Kulturhaus
- ㊴ Nationalmuseum
- ㊵ Ásmundur Sveinsson Museum
- ㊶ Víkin – Seefahrts- und Fischereimuseum
- ㊷ Living Art Museum

Schlafen

- ❶ Hótel Borg
- ❷ Oddsson
- ❸ Butterfly Guesthouse
- ❹ Reykjavik Hostel Village

Essen

- ❶ The Reykjavík Food Walk
- ❷ Út í Bláinn Restaurant
- ❸ Café Loki
- ❹ Hlemmur Mathöll
- ❺ Múlakaffi

- ❻ Café Haïti
- ❼ Valdís
- ❽ Café Paris

Einkaufen

- ❶ Farmers Market
- ❷ Postamt (Posturinn)
- ❸ 12 Tónar
- ❹ The Handknitting Association of Iceland
- ❺ Kolaportið

Bewegen

- ❶ Stadtbücherei
- ❷ PADI Dive Center
- ❸ The Tin Can Factory
- ❹ Whale Watching Center
- ❺ Borgarhjól
- ❻ Reykjavík Bike Tours
- ❼ Nauthólsvík
- ❽ Laugardalslaug

Ausgehen

- ✺ Bar Ananas
- ✺ Kaffibarinn
- ✺ Kaffi Sólon
- ✺ Austur

Art statt und zudem laden ein Café und Restaurant zum Einkehren ein. Was schöner Wohnen in Island bedeutet, kann man rund um den Tjörnin begutachten, denn hier ließen sich die wohlhabenden Reykjavíker nieder: Beamte, Bildungsbürger und reiche Kaufleute. Die Häuser an der **Tjarnargata** sind noch in Privatbesitz, andere beherbergen städtische Einrichtungen.

Wir sind das Volk!

Vom Teich geht's nun zum Aktionsort der Reykjavíker und Isländer, **Austurvöllur** ❹. Der Platz ist seit der »Kochtopf-Revolution« 2008/09 für jeden Besucher ein Begriff – zugegeben, damals war es hier bunt, laut und kämpferisch; einige Autos am Rand gingen auch zu Bruch. Lautstark brüllten die Bürger

UNRUHIGER FRIEDEN? **F**

Reykjavíks Père Lachaise heißt **Hólavallagarður** und ist ein zauberhafter Friedhofspark. Er liegt jenseits der Suðurgata am Ostufer des Tjörnin. In der Mitte steht der Grabstein von Jón Sigurðsson, dem Kämpfer für Islands Unabhängigkeit von Dänemark im 19. Jh. Krimifreunde erinnern sich vielleicht noch an Arnaldur Indriðasons »Todesrosen«. Der Roman beginnt mit einem Leichenfund auf Jóns Grab.

gegen das Schweigen der Politiker zur Finanzkrise an.

Von seiner Nordseite her überblicken Sie den Platz sehr gut. Bei einer Tasse Kaffee oder Tee können Sie von der Terrasse des **Café Paris** **8** die Menschen beobachten. In der Platzmitte, umgeben von Rasen und Blumen, zeigt ein Standbild des Bildhauers Einar Jónsson Islands Kämpfer für die Unabhängigkeit im 19.Jh.: Jón Sigurðsson. Sein Geburtstag am 17. Juni ist der isländische Nationalfeiertag, entsprechend festlich und redenreich geht es dann vor seinem Standbild zu. Im Sommer sind die Grünflächen beliebte Picknick- und Sonnenplätze.

An der Platzsüdseite steht das graue Basaltgebäude, das **Alþingishús** **5**, der Sitz des isländischen Parlaments. 1880/81 errichtete man das relativ kleine Gebäude mit dem Balkon, von dem sich die Minister ans Volk wenden konnten. Es war eines der ersten zweigeschossigen Steinhäuser in der Stadt, entworfen von dem dänischen Architekten Ferdinand Mehdal. 1908 wurde der Kuppelbau auf der Gartenseite, 2001 ein neuer Trakt angebaut, wo sich auch der Haupteingang befindet (Besichtigungen nur nach Voranmeldung: heimsoknir@althingi.is, T 563 05 00).

Etwas versteckt an der östlichen Platzseite steht die älteste und wichtigste Kirche der Stadt: **Dómkirkjan** **6** (www.domkirkjan.is, tgl. 10–16 Uhr), ein Zwerg neben seinen Nachbarn. Dom nennt sich das Kirchlein, das ebenfalls der dänische Architekt Ferdinand Mehdal 1788 entworfen hat. Jedes Jahr beginnt die Parlamentseröffnung mit einem gemeinsamen Gottesdienst hier. Wer bedeutend, reich und berühmt ist, wird und wurde hier getauft, getraut und betrauert. Schräg gegenüber ragt das ehrwürdige **Hótel Borg** **7** empor, 1925 von Guðjón Samúelsson entworfen. Der Bauherr des Hotels war der *glíma*-Ringer Jóhannes Jósefsson, der als Ringer und Artist in den USA reich geworden war (s. S. 279).

Über tausend Jahre zurück

Steigen Sie hinab zu den Grundmauern eines Langhauses, die in der Ausstellung »871 +/-2« **34** zu sehen sind (s. S. 222). Der Eingang befindet sich in der **Aðalstræti** **8**, der alten Hauptstraße von Reykjavík. Außer dem Namen, *aðal* bedeutet »Haupt«, erinnert nichts an die alten Zeiten: Die Autos holpern über das Pflaster, das aus dem 20. Jh. stammt. Zur Zeit der Stadtgründung (1786) war hier nur festgetretene Erde und bei Regen ein Schlammpfad. Dass der Platz gegenüber mit dem Standbild von Skúli Magnússon einstmals ein Friedhof war, ist nicht mehr zu erkennen. Skúli Magnússon (1711–1794) gründete die erste isländische Wollmanufaktur in der Aðalstræti Nr. 10 und legte damit einen Grundstein für den Aufstieg Reykjavíks zum Handelszentrum. Dieses Gebäude – großes Wort für eine kleine Kate – steht sogar noch. Heute ist es dunkel gestrichen – so wie vor 230 Jahren – und der Sitz der Vereinigung Handverk & hönnun (Handwerk und Design). Damit haben Sie die ältesten Bauzeugnisse der Stadt gesehen, denn alle anderen Gebäude stammen aus späterer Zeit oder sind schlicht Nachbauten wie das **Falkenhaus** ❾ (Fálkahús) an der Ecke Aðalstræti/Hafnarstræti. Im 18. und 19. Jh. wurden hier die isländischen Falken gefangen gehalten, bevor man sie durch einen unterirdischen Gang direkt zum Verladen nach Dänemark an den Hafen brachte. Möchten Sie aber doch etwas die Zeit zurückdrehen? Der **Fischersund** ❿ ist eine schmale Gasse mit enger Bebauung, niedrigen Häusern und relativ steil. Jetzt stellen Sie sich den Weg schmutzig, unbefestigt und nach Fisch riechend vor – und schon ist die Zeitreise gelungen. Diese etwas lichtscheue Gasse hatte diverse Bestimmungen, eine Zeit lang beherbergte sie die offiziell nicht existierenden Bordelle, heute ist der Fischersund proper und adrett.

Stadtplanung heute

Die Austurstræti beginnt am **Ingólfstorg** ⓫, einem Platz, der so schräg gestaltet wurde, dass er schon wieder interessant ist. Durch einen steinernen Torbogen läuft man eine Rampe auf das tiefergelegte Platzniveau hinunter und steuert dabei direkt auf zwei Basaltsäulen zu. An den Säulen sind Metallrohre befestigt, aus denen ursprünglich Dampf austrat – sie wie auch das ›Tor‹ sollen an den ersten Siedler Ingólfur Arnarson erinnern. Auf Ingólfur geht der Name Reykjavík, Rauch- oder Dampfbucht, zurück (s. S. 36). Ingólfstorg ist beliebt bei jungen Skatern, ansonsten als Treffpunkt ideal mit der Eis- und Hot-Dog-Bude.

Parallel zur Austurstræti verlaufen die Hafnarstræti und die Tryggvagata bis zum ehemaligen Marktplatz **Lækjartorg** ⓬, wo heute ein Busbahnhof ist. Einige Holzhäuser aus dem 19. Jh. sind in der Austurstræti noch erhalten, doch die meisten mussten Neubauten weichen oder fielen Bränden zum Opfer. Eines der ersten Gebäude von Staatsarchitekt Guðjón Samúelsson ist das Eckhaus mit einem Türmchen von 1916 in der **Austurstræti 16**. Gebaut für die Firma Nathan & Olsen, war es damals das größte Gebäude im Land. 1928–1930 zog eine von Samúelsson entworfene Apotheke ins Erdgeschoss ein, deren Theke noch in der jetzt dort angesiedelten Bar zu sehen ist. Ein weiteres Gebäude Samúelssons ist die Nr. 11, **Landsbankinn.**

In der Tryggvagata ist das **Hafnarhús** ㉟ (s. S. 35) interessant, ein ehemaliges Lagerhaus, in dem eine großartige Sammlung von Werken des isländischen Künstlers Erró zu sehen ist. Ansonsten reihen sich in der Straße der Zoll, das Finanzamt, ein Hotel sowie der jüngste Neubaukomplex – eine Mischung aus Hotel, Wohnungen und Geschäften. Diese Kombination entsteht derzeit an mehreren Punkten in der Stadt. In dem ehemaligen Zollhaus ist am Wochenende der sehr originelle Flohmarkt, **Kolaportið** ❺, ein Anzie-

---

FAKTENCHECK REYKJAVÍK **F**

Einwohner: Großraum Reykjavík 217 700, Reykjavík 124 850
Bedeutung: Hauptstadt
Stimmung auf den ersten Blick: Kleinstadt, die Metropole spielt
Stimmung auf den zweiten Blick: lebendig, chaotisch, sich stetig verändernd
Besonderheiten: Verwaltung, Regierung, Bischofssitz, Universität und Hochschulen, die meisten Kultureinrichtungen des Landes, kurz: das Zentrum des Landes

Im Innenstadtbereich findet man viele der farbigen Holzhäuser, die Reykjavík so sehenswert machen. Abstecher in die Seitenstraßen lohnen auf jeden Fall.

hungspunkt. Hier findet man Schräges und Ausgefallenes. Der einzige Flohmarkt Reykjavíks ist eine Institution und die Stände mit isländischen Lebensmitteln sind besonders: Kartoffeln, Lummeneier, Fisch usw. Ein absolutes Erlebnis! Zudem gibt es hier auch noch ein Café im Zollhaus (Tryggvagata 19, Sa/So 11–17 Uhr).

Die Glaswürfel der Riesengeister
Das Konzert- und Kongresshaus **Harpa** ⓭ ist das Wow-Gebäude am Hafen. Seine gläserne Fassade schimmert vielfarbig in der Sonne, spiegelt Meer und Schiffe. Nachts erleuchten Tausende farbige LEDs die wabenförmigen Fenster, bei besonderen Konzerten flackern sie wie eine Lichtorgel zur Musik. Fast drohte das Traumhaus zur größten Bauruine des Landes zu werden, denn kurz nach dem Banken-Crash 2008 kam es

zu einem beinahe einjährigen Baustopp. Doch seit 2011 dominiert die Kongress- und Konzerthalle Harpa das Bild am Hafen.

Harpa bedeutet Harfe, ein passender Name für die Heimstatt von Islands Symphonieorchester, dessen Klänge durch die hervorragende Akustik jetzt voll zur Geltung kommen. Auch die Isländische Oper konnte endlich ihr bis dahin begrenztes Domizil verlassen und hat jetzt für ihre Inszenierungen modernste Bühnentechnik zur Verfügung. Die Schöpfer der beiden verschränkten Gebäudekuben sind die dänische Architektengruppe Henning Larsen und das isländische Architektenbüro Batteríð, beide Firmen wurden schon für frühere Arbeiten ausgezeichnet. Der dänisch-isländische Künstler Ólafur Elíasson, international bekannt für seine Lichtinstallationen, zeichnet für die schillernden Lichteffekte

Die Sonnenstrahlen, die durch das Farbeffektglas in den Fenstern von Harpa vielfach gebrochen werden, machen das Treppenhaus des Konzerthauses zur begehbaren Lichtinstallation.

verantwortlich. Auch das Treppenhaus ist ein Erlebnis. Gehen Sie die weiße Treppe hoch und schauen Sie nach oben in die Fenster, das Licht vervielfältigt sich und eine magische Welt eröffnet sich. In Zukunft werden die Glaskuben einen Nachbarn haben – natürlich ein Hotel. Austurbakki 2, www.harpa.is, Führung 1500 ISK – Termine auf der Website, Toiletten 300 ISK

Politik und Bildung

Da steht er nun und blickt tapfer auf das Häusermeer zu seinen Füßen, Ingólfur Arnarson, unser alter Bekannter vom Ingólftorg (s. S. 22). Auch der **Arnarhóll** 14 ist dem ersten Siedler Reykjavíks gewidmet. Die 4 m hohe Bronzestatue zeigt den kühnen Wikinger so, wie der Bildhauer Einar Jónsson ihn sich 1907 vorstellte. »Wo ist der freie Blick aufs Meer?«, scheint er sich zu fragen. Die zahlreichen Besucher um ihn herum entspannen beim Picknick oder haken diesen wichtigen Helden Islands ab.

Bedeutende Personen der aktuellen Landesgeschichte gehen ganz in der Nähe im **Regierungshaus** 15 (Stjórnarráðshúsið) aus und ein. Präsident und Premierminister regieren vereint in dem kleinen Haus, das ursprünglich als Gefängnis gebaut und dann ab 1815 zum Amtssitz der damaligen dänischen Verwaltung umfunktioniert worden war. Während der Finanzkrise hätte man es einfach wieder umwidmen können, und schon hätte es wieder gepasst … Vor dem Gebäude stehen zwei Standbilder: der dänische König Christian IX., der in seiner Hand Islands erste Verfassung hält, und Hannes Hafstein, der 1904 erster Minister in Island wurde.

Das größte zusammenhängende historische Häuserensemble Reykjavíks steht zwischen Bankastræti und Amtmannsstigur und ist seit 1979 denkmalgeschützt. Errichtet wurden die Holzhäuschen zwischen 1834 und 1905. Neben Restaurants, Souvenirladen und Touristeninformation hat auch das **Icelandic Art Centre in Gimli** 🔟 (Lækjargata 3, https://icelandicartcenter. is, Mo–Do 10–14 Uhr) sein Quartier hier bezogen. Das auffallende weiße Haus mit Turm wurde im Jahr 1904 aus Beton errichtet. Seine architektonische Besonderheit: Hier wurde erstmals ein Betondach gebaut.

Alle ›wichtigen‹ Isländer drückten einst nebenan die Schulbank: Die **Menntaskólinn í Reykjavík** 🔢 ist das älteste Gymnasium des Landes. Seine Geschichte geht zurück auf die Lateinschule im Bischofssitz Skálholt im 11. Jh. (s. S. 72). Dass es sich um einen Ort des Wissens handelt, zeigt die Statue der Pallas Athene. Daneben steht eine Skulptur von Ásmundur Sveinsson – »Das Gesicht der Sonne«.

Kunst im Kühlhaus

Ein gemütlicher Spaziergang über den Fríkjuvegur am Tjörninufer entlang führt bis zur **Nationalgalerie** 🔟 (s. S. 35), einem interessanten Bau, der 1916 als Kühlhaus errichtet wurde. Wer Sehnsucht nach Berlin hat, kann sich vom Berliner Bären an der nächsten Straßenecke am Skóthúsvegur trösten lassen.

Das schräge Zentrum – 101 Reykjavík

Nach so viel Beschaulichkeit will man es wissen: Wo rockt Reykjavík, die Stadt, die niemals schläft? An sich ist die Ziffer 101 die Postleitzahl für Reykjavíks Zentrum, doch spätestens seit Hallgrímur Helgasons gleichnamigem Roman und dessen Verfilmung ist dieser Stadtteil der Inbegriff für Party. Gemeint ist der Laugavegur mit seinen Seitenstraßen.

Die Drosselgasse in Reykjavík

Kneipen, Bars, Restaurants, dazwischen Hotels, Hostels, Souvenirgeschäfte – kurz alles, was der Tourist begehrt. Bis vor wenigen Jahren war der **Laugavegur** die Haupteinkaufsstraße mit den meisten isländischen Designergeschäften, Kunstgalerien, natürlich auch Cafés und Restaurants, Bars und Diskotheken, eine Straße mit Flair. Von den alteingesessenen Geschäften sind nur noch wenige übrig, ich freue mich über jeden alten Laden! Die Reykjavíker kaufen kaum noch in dieser Straße ein – zu teuer, zu rummelig, zu fremdbestimmt. Was sollen sie in den zahllosen Souvenirläden und bei den Tourenanbietern? Im Sommer trifft man hier fast nur noch Touristen an: Rüdesheim lässt grüßen.

Diese Straßen sind angesagt

Aber keine Bange, es gibt in 101 Reykjavík immer noch interessante Designergeschäfte, weichen Sie einfach auf

RÜDESHEIMER DROSSELGASSE ODER KÖ? **R**

»Erleben Sie die nördlichste – und coolste – Hauptstadt der Welt und schlendern Sie die isländische Antwort auf die Königsallee, den Laugavegur, entlang.« So wirbt Icelandair für den Flug von Düsseldorf nach Keflavík. Leider sieht die Realität anders aus: Im Sommer trifft man auf dem Laugavegur fast nur noch Touristen – das fühlt sich nicht nach Königsallee, sondern eher nach der Drosselgasse von Rüdesheim an.

TOUR
Dem Himmel entgegen

Spaziergang mit Besichtigung der Hallgrímskirkja

Auf dem Skólavörðuholt erstreckt sich das »Götterviertel«. 15 Straßen tragen hier Namen von Göttern aus der nordischen Mythologie, darunter Odin, Thor und Freya. Gehen Sie durch die kleinen Straßen, schauen Sie in hübsche Hinterhöfe, durch Torbögen und in blühende Kleingärten. Reykjavík ist eine grüne, sprich baumreiche Stadt. Hier erleben Sie es.

Ich gehe die kleine Straße **Skólavörðustígur** hinauf – und dann dieser Blick – wow! Am Ende des Anstiegs erhebt sich der helle Turm der **Hallgrímskirkja** 18 mit den geschwungenen Seitenflügeln, als wollten sie mich umarmen. Einen genialeren Platz für sein Meisterwerk hätte der Architekt Guðjón Samúelsson (1887–1950) kaum finden können. Benannt ist die Hallgrímskirkja nach dem Geistlichen Hallgrímur Pétursson (1614–1674), dessen Passionslieder auch über die Grenzen Islands hinaus bekannt sind.

Eine erste Annäherung

Skólavörðustígur ist der schönste Weg, den man zur Kirche gehen kann. Geradezu traumhaft wird der Spaziergang, wenn die Straßenbeleuchtung an ist. Im Dezember kommen noch die vielen Lichterketten dazu, wenn man auf die illuminierte Kirche zuläuft. Zahlreiche Geschäfte entlang der Straße verführen zum Einkauf und die schmalen Seitenstraßen gehören zum sogenannten Götterviertel (s. links). Hier stehen die kleinen, bunten Häuser, ehemals meist aus Holz gebaut und mit Wellblech verkleidet. Sie haben lange das Bild vom beschaulichen Reykjavík geprägt. Ganz anders wurde der Platz um die Hallgrímskirkja gestaltet. Vor dem Haupteingang steht das **Standbild von Leifur Eiríksson,** dem Entdecker der Neuen Welt rund 500 Jahre vor Kolumbus. Die Skulptur von Stirling Calder war ein Geschenk der USA anlässlich des tausendjährigen Bestehens des Althings im Jahr 1930. Leifur steht auf einem Sockel, der an einen Schiffs-

Start:
Skólavörðustigur/
Ecke Laugavegur

Dauer:
ca. 30 Min. plus
Besichtigungszeit

Hinweise:
Skólavörðuholt, www.
hallgrimskirkja.is,
Kirche und Turm tgl.
9–17, Mai–Sept. bis
21 Uhr, Turmfahrt
900 ISK

Orgelkonzerte:
im Sommer regelmä-
ßig, in jedem geraden
Jahr international
besetzte Festivals, s.
Website oben

bug erinnert. Er war nicht nur der Erste, der Kanadas Küsten betrat, er brachte auch das Christentum nach Grönland. Der großzügige offene Platz unterstreicht das Gefühl der Weite.

Mastermind der Architektur

Der Erbauer der Hallgrímskirkja, Guðjón Samúelsson (1887–1950), war der erste voll ausgebildete Architekt Islands. Nach seinem Studium in Kopenhagen kehrte er 1915 in seine Heimat zurück und wurde dort 1919 zum Staatsarchitekten ernannt. Sein bevorzugtes Baumaterial war von Beginn an Beton. Nach einem großen Brand in der Reykjavíker Innenstadt 1915 wurde quasi per Gesetz der Bau von Holzhäusern in Städten verboten. Zahlreiche meist sehr repräsentative Gebäude hat Samúelsson für Reykjavík und landesweit entworfen. Etliche prägen eindeutig das Stadtbild, wie die katholische Kirche Landakotskirkja, die erste aus Stahlbeton errichtete Kirche. Auch ganze Wohnviertel und Reihenhaussiedlungen in der Reykjavíker West-stadt gehen auf seine Entwürfe zurück.

Krönung eines Stadthügels

Für die Anhöhe **Skólavörðuholt** hatte Samúelsson schon 1927 eine Kirche geplant. Damals fertigte er den ersten Bebauungsplan für die Stadt an, ein imposantes Karree mit Stadttor, öffentlichen Gebäuden und vor allem Museen, quasi ein Zentrum der islän-dischen Kultur, zu dem auch das **Atelier von Einar Jónsson** 36, heute Museum, gehörte (s. S. 35). Die ursprünglich entworfene Kirche glich damals eher einer Basilika. Realisiert wurden schließlich spätere Pläne Samúelssons für die Hallgrímskirkja mit einem mächtigen 73 m hohen Turm und weit ausladenden Seitenarmen, die an die Anordnung von Basaltsäulen erinnern und in denen sich Empfangs- und Verwal-tungsräume befinden. Die Seitenansicht offenbart ein etwas bizarres stilistisches Gemenge aus Neugotik und Expressionismus. Begonnen wurde der direkt vor Ort betonierte Bau 1945, doch die endgültige Fertigstellung dauerte bis 1986, da die Baukosten zu 40 % über Spendengelder finanziert wurden. Das Ergebnis war für die damalige kleine Stadt eine viel zu große Kirche, die man aber von fast überall sieht. Ein idealer Orientierungspunkt, der weit über die Stadtgrenze

Auf der Skóla-vörðustigur gibt es bemerkenswerte Designer und Juweliere. Bei Ófeigur Gullsmiðja z. B. arbeiten acht Designer – Islän-der und Finnen –, und regelmäßig finden auch kleine-re Ausstellungen statt (www.ofeigur. is, Nr. 5).

Die Hallgrímskirkja liegt genau in der Blickachse der Skólavörðustígur.

und mit dem beleuchteten Kreuz auf der Turmspitze auch nachts gut zu erkennen ist.

Hell und schnörkellos – der Innenraum

Ohne Frage mutet die Kirche heute sehr skurril an. Der strahlend weiße Granitputz schützt das Gebäude vor der Witterung. Betritt man den Kircheninnenraum, in dem rund 1200 Personen Platz finden, eröffnet sich eine wohltuende Schlichtheit – hell, klar und trotz der Weite einladend. Neugotische Elemente gliedern die Seiten, die Apsis und die Decke: sehr schmale hohe Spitzbogenfenster und ein typisches Kreuzrippengewölbe. Der Altarraum befindet sich unter einer Kuppel, die wie ein Sacré-Cœur-Zitat wirkt. Am Eingang begrüßt eine Jesus-Statue von Einar Jónsson die Besucher. Demütig, friedlich und vor allem freundlich ist die Darstellung, deren Größe sich in der hohen Kathedrale verliert. Über dem Eingang wurde die Orgel von Johannes Klais 1992 perfekt in den Spitzbogen eingepasst. Die hervorragende Akustik des Raumes macht Chorgesang und Orgelmusik gleichermaßen zum Genuss. Dass der Raum von Anfang an für Konzerte genutzt werden sollte, zeigt sich in der Bestuhlung. Nicht nur, dass die gut gepolsterten Bänke sehr bequem sind, ihre Rückenlehnen lassen sich zudem nach Bedarf umklappen. So kommt der Klang der Orgel voll zur Geltung, da man ihm zugewandt lauschen kann.

die Seitenstraßen des Laugavegur aus und schlendern Sie über den **Skólavörðustígur,** die **Hverfisgata** und die **Bankastræti.** Der Skólavörðustígur ist übrigens auch der schönste Weg zur **Hallgrímskirkja** ⑱ (s. Tour S. 26).

Verspüren Sie Hunger, sollten Sie aber dennoch den Laugavegur rauf- und die **Austurstræti** runterlaufen, da finden Sie Restaurants, Bistros oder Cafés für jeden Geschmack. Auf dieselbe Gegend konzentriert sich auch das Nachtleben von Reykjavík. Trubel herrscht nach wie vor auf dem Laugavegur, aber eben auch in den Parallelstraßen Hverfisgata, Bankastræti und Austurstræti. Neben der Austurstræti verläuft die **Hafnarstræti,** von der wiederum die **Naustin** abgeht – auch in diesen beiden Straßen finden sich einige Kneipen. In der Regel hat jeder Reykjavíker mehrere Lieblingskneipen, die er am Wochenende gerne durchstreift. Nur selten kommt es vor, dass die Nachtschwärmer den ganzen Abend an einem Ort bleiben. Was das Bar-Hopping noch begünstigt, sind die ultrakurzen Fußwege zwischen den Bars, Kneipen und Clubs. Dadurch sind die Straßen an Freitag- und Samstagabenden stets voller Menschen und Einheimische treffen fast immer jemanden, den sie kennen. Wo sich vor dem Eingang die längsten Schlangen bilden, ist der Club derzeit sehr angesagt. Besonders in Clubs wird Styling erwartet, Outdoor-Outfit ist ein No-Go.

Was Shoppen und Essengehen angeht, hat 101 Reykjavík allerdings in den letzten Jahren Konkurrenz bekommen: Der alte Hafen (s. S. 31) wird mit seinen Geschäften und seiner Gastronomie immer attraktiver.

Für die Nation!
Man ist schon stolz auf die Unabhängigkeit und die Nation, das verdeutlicht die Reihe an großartigen Kulturgebäuden an der **Hverfisgata,** errichtet zur Erinnerung an besondere Kulturleistungen und historische Ereignisse. Zunächst passiert man vom Arnarhóll kommend das **Kulturhaus** ㊳ mit den Namen isländischer Autoren an der Außenfront. Es beherbergt eine bedeutende Sammlung mittelalterlicher Handschriften mit Sagas, Gedichten, Erzählungen der Edda und Gesetzestexten. Dahinter erhebt sich der massige Bau des **Nationaltheaters** ⑲ (Þjóðleikhús, Hverfisgata 19, www.leikhusid.is). Eigentlich hatte sich Guðjón Samúelsson einen Märchenpalast vorgestellt, doch aus Kostengründen musste er sich einschränken und das Ergebnis wurde die massive Elfenburg. 1928 wurde mit dem Bau begonnen, doch erst 1950 konnte das Haus eröffnet werden. Die oberen Fensterabschlüsse der Fassade sind als stilisierte Säulenbasalte gestaltet, besonders schön ist in diesem Stil auch die Decke des Zuschauerraums. Interessant ist der dunkelgraue Außenputz, bestehend u. a. aus Quarz und Obsidian. Direkt neben dem Theater befindet sich der **Garten der Republik** ⑳ (frei zugänglich), 1994 anlässlich des 50. Jahrestages der Republik Island angelegt. Wie manifestiert sich die Gegenwart? – neue Hotels und Wohnungen, die findet man im weiteren Verlauf der Straße.

Stadthügel Öskjuhlíð

Freizeit und Abenteuer
Was machen die Reykjavíker, um sich zu erholen? Joggen, wandern, schwimmen und chillen. Der 61 m hohe bewaldete Stadthügel Öskjuhlíð ist dafür ein beliebtes Ziel. Zahlreiche Wege schlängeln sich bis zur Kuppe, auf der Reykjavíks zweites Wahrzeichen ruht, **Perlan** ㉑, die Perle. Über 130 Pflanzenarten wachsen hier und bieten 84 Vogelarten Lebensraum.

Schimmernd wie eine Perle ruht der futuristisch anmutende Glaskuppelbau, entworfen vom Architekten Ingimundur

Sveinsson, auf sechs Heißwassertanks, zwei davon sind noch in dieser Funktion in Gebrauch. In den Tanks befinden sich 20 Mio. Liter Thermalwasser aus den heißen Quellen in und um Reykjavík. Damit werden Häuser, Schwimmbäder und einige Straßen beheizt.

Perlan verkörpert eine gelungene Mischung aus Pragmatismus, Gigantismus, Hightech und Freizeitvergnügen. Beliebt nicht nur bei Familien ist die Ausstellung **Wonders of Iceland,** die auf der gesamten unteren Ebene in eine Erlebniswelt mit Gletscher- und Eishöhlenbesuch entführt – das virtuelle Eintauchen in Islands Natur ist garantiert. Die überwältigenden Präsentationen schufen Wissenschaftler in Zusammenarbeit mit Künstlern. Das Schauspiel des künstlichen Geysirs zu beobachten macht ebenfalls richtig Spaß: Alle fünf Minuten schießt eine 15 m hohe Fontäne empor, der sogar die faszinierende Wasserglocke des Originals, des Geysirs Strokkur, vorausgeht. Ende 2018 wurde noch ein Planetarium eröffnet. Im vierten Stockwerk gelangt man über die Cafeteria zu der um die Kuppel herumführenden Aussichtsplattform (490 ISK), die einen fantastischen Panoramablick eröffnet. Neben den Teleskopen befinden sich Lautsprecher, aus denen Beschreibungen der landschaftlichen Sehenswürdigkeiten in mehreren Sprachen erklingen – sofern die Anlage funktioniert.

Tgl. 9–19 Uhr, www.perlanmuseum.is/en, 2900 ISK, Familien/2 Ki. 5800 ISK, Shuttle Bus zwischen Harpa und Perlan gratis, Cafeteria im 4. und 5. Stock 9–23, Restaurant im 5. Stock 11.30–22 Uhr

Nauthólsvík

»Pack die Badehose ein ...«
Nicht weit vom Öskjuhlíð entfernt liegt in einer Bucht das Strandbad **Nauthólsvík** **7** mit goldenem Sand und warmem Wasser, das ins Meer fließt – schon stellt sich Mallorca-Feeling ein. Im Sommer herrscht in Nauthólsvík dann auch entsprechende Enge, denn die Anlage misst gerade einmal 100 m – dennoch ein besonderer Badeort.

Nauthólsvegi, www.nautholsvik.is, 15. Mai–15. Aug. tgl. 10–19, 16. Aug.–14. Mai, Mo–Fr 11–14, Mo, Mi 17–20, Sa 11–16 Uhr, im Winter geschl., 600 ISK

An der Universität

Wissenscampus
Auf dem großen Gelände mit kleinem Teich zwischen der vierspurigen Ausfallstraße Hringbraut und der Suðurgata kommen immer neue Gebäude dazu – der Campus der 1911 gegründeten Universität Islands wächst. Unter den Universitätsgebäuden befindet sich auch der Sitz von DeCode-genetics – erinnern Sie sich noch? Die Firma, die das Erbgut aller Isländer erfassen wollte?

Das älteste Bauwerk auf dem Campus ist das **Universitätshauptgebäude** **22** (Saemundargata 2), das 1936–1940 von Guðjón Samúelsson entworfen und errichtet wurde. Vor dem Portal steht die Skulptur »Sæmundur auf der Robbe« von Ásmundur Sveinsson. In den Nachbargebäuden sind die jeweiligen Fakultäten untergebracht. Architektonisch besonders gelungen ist der Bau der Naturwissenschaften neben dem Nordischen Haus. Das 1968 eingeweihte **Nordische Haus** **23** wurde übrigens von dem bekannten finnischen Designer Alva Aalto entworfen und beherbergt eine Bibliothek sowie Ausstellungsräume. Das festungsähnliche Gebäude an der Suðurgata ist die **Universitäts- und Nationalbibliothek,** der alte Bau mit schwungvollem Rund am Kreisverkehr das **Isländische Nationalmuseum** **39** (s. S. 38).

Entlang der Küste

Seeluft tanken

Reykjavík ist ohne Frage eine Hafenstadt, aber im Vergleich zu seiner Partnerstadt Hamburg ist hier alles beschaulich und geradezu putzig. Der **alte Hafen** (Gamla Höfn) erstreckt sich gerade einmal zwischen der Landzunge Örfirisey bis zur Innenstadt, in den letzten Jahren hat er sich durch die Ansiedlung von Museen, Geschäften, Restaurants und Hotels zu einem neuen hippen Stadtquartier entwickelt. An den Kais liegen noch Fischerboote und kleinere Schiffe, außerdem starten hier die Walbeobachtungsfahrten. Am besten verbinden Sie die Fahrt mit einem Besuch der Ausstellung **Whales of Iceland** ㉔ (Fiskislóð 23–25, www.whalesoficeland. is, tgl. 10–17 Uhr, 2900 ISK), in der 23 lebensechte Walmodelle einen Eindruck von der Größe der Meeresriesen vermitteln. Für Nordlichtsehnsüchtige empfiehlt sich die Multimediaschau **Aurora Reykjavík** ㉕ (Grandagarður 2, https://aurorareykjavik.is, tgl. 9–21 Uhr, 1600 ISK). Selbst im Sommer können Sie hier die Schönheit des Himmelsschauspiels genießen. Schlendern Sie durch die Sträßchen und entdecken Sie die köstliche Eiscreme von **Valdís** 7 (s. S. 40) oder die Schokoladenspezialitäten von **OmNom** (s. S. 47), schauen Sie, wo die Chefs de cuisine der Reykjavíker Restaurants ihren Fisch aussuchen, blicken Sie in das **Atelier von Ólafur Elíasson** (Grandagarður 20) – vor allem aber vergessen Sie nicht den Blick aufs Meer beim Krabbensandwich. Über den alten Hafen führt eine schöne Radtour bis nach Seltjarnarnes (s. Tour S. 32).

Flanieren mit Ausblick

Die Skyline entlang der vierspurigen Küstenstraße **Sæbraut** versucht sich mit ihrer vorherrschenden Glas-Stahl-Architektur städtisch und international zu geben. Direkt am Meer verläuft – parallel zur Straße – ein Spazier- und Radweg, zwei Kunstwerke säumen ihn: die »**Partnerschaft**« von Pétur Bjarnason, die an eine Harpunenspitze erinnert, und die viel fotografierte »**Sonnenfahrt**« ㉖ (Sólfar) von Jón Gunnar Arnarson. Arnarsons faszinierende Skulptur nimmt Anleihen bei der Form der alten Wikingerschiffe und ist zugleich filigran und leicht, je nach Blickwinkel scheint sie über dem Wasser dahinzuschweben. Der Blick über das Meer mit den Gebirgszügen am jenseitigen Ufer ist ein Genuss. So wundert es auch nicht, dass die Apartments in den hohen Wohnanlagen zu den teuersten in der Stadt zählen. Eines der ältesten Häuser mit Meerblick ist **Höfði** ㉗ (1909, Borgartún), das legendäre Empfangshaus der Stadt, in dem sich 1986 Ronald Reagan

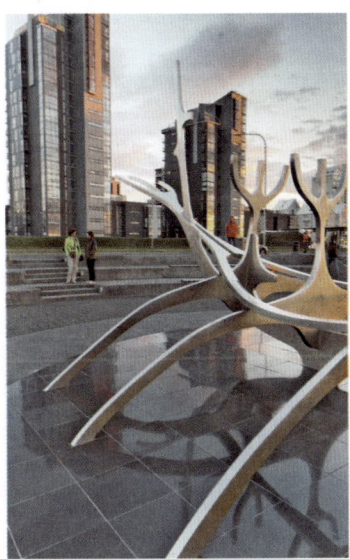

An der Sæbraut zeigt sich Reykjavík von seiner modernen Seite – mit Hochhäusern und Skulpturen.

TOUR
Mehr Meer geht nicht

Radtour entlang dem alten Hafen und der Küste

Infos

Start:
Höfði (s. S. 31)

Dauer:
6 Std. mit Besichti-
gungen

Strecke:
30–35 km

**Reykjavík Bike
Tours:**
Fahrradverleih und
organisierte Touren,
auch mit Segways,
s. S. 41

Diese Tour ist eindeutig meine Lieblingstour in Reykjavík. Die wunderbare Küstenpromenade erstreckt sich
bis nach Seltjarnarnes und ist breit genug, sodass man
nicht mit Joggern um den Weg konkurrieren muss.
Selbst bei Gegenwind ist es nicht sehr anstrengend
vorwärtszukommen – man fährt immer auf dem gleichen Niveau durch den alten Hafen und rund um die
Halbinsel Seltjarnarnes herum.

Fernblick und die erste Kaffeepause

Als Startpunkt nehme ich **Höfði** (s. S. 31) und radele
nach Westen. Es sind nicht nur die Sehenswürdigkeiten an der **Sæbraut,** sondern vor allem die schönen
Blicke auf die Berglandschaft und die kleinen Inseln
in der Bucht, die mich immer wieder stoppen lassen.
An besonders sonnigen Tagen kann ich sogar den
Snæfellsjökull im Westen sehen. In die alten grünen
Gebäude an der **Geirsgata** sind nicht nur nette Cafés
für eine erste Pause, darunter das **Café Haïti** (s. S. 40),
sondern auch kleine Designläden eingezogen. Lediglich
entlang der **Mýrargata** hat man keinen eigenen Radweg,
ansonsten kann man ganz gelassen fahren.

Der alte Hafen hat sich neu erfunden

Überraschend ist immer noch die alte Werft, in der
regelmäßig Kutter liegen. Ab dem Kreisverkehr geht
es an der **Grandagarður** entlang. Es lohnt sich, die
Straßen des alten Hafens weiter entlangzufahren und
bei den kleinen Läden zu halten. Gehen Sie auf Ent-
deckungstour: Lassen Sie sich nicht von den großen
Lagerhäusern täuschen, im Inneren finden Sie span-
nende Museen oder auch kleine Firmen eventuell mit
Werksverkauf wie der des Schokoladenherstellers Om-
Nom (s. S. 47). Ich empfehle einen Stopp im **Aurora
Reykjavík** ㉕ (s. S. 31) zu machen. Hier erfahren
Sie alles über Nordlichter. Schifffahrtsfreunde lernen

alles über Boote und Fischfang im **Vikin Schifffahrts-museum** ❹① (s. S. 38). Haben Sie sich schon gefragt, was das für ein kleiner, grüner Hügel am Ende der Mole ist? Das ist **Púfa**, ein begehbares Kunstwerk, von dem Sie einen hervorragenden Blick auf das moderne Reykjavík mit der großen Konzerthalle Harpa haben. Oder Sie begutachten den Fang der Fischer.

Der Leuchtturm ist das Ziel

Von hier geht es jetzt auf dem aussichtsreichen Küsten-weg bis zum **Leuchtturm Grótta**, der auf einer kleinen Insel am äußersten Zipfel von Seltjarnarnes steht, ein idealer Platz für ein Picknick. Das Vogelschutzgebiet in unmittelbarer Nachbarschaft zum Turm bietet die Gelegenheit, bei der Pause Küstenseeschwalben oder Reiherenten zu beobachten (s. S. 45). Danach radeln Sie an der Südseite von Seltjarnarnes mit Blick auf den Berg Keilir auf der Halbinsel Reykjanes weiter. Etliche schöne Villen und Häuser mit z. T. nett gestalteten Gär-ten stehen hier. Nachdem Sie den **Flughafen** umrundet haben, dessen Landebahn fast ins Meer reicht, erholen Sie sich zum Abschluss im Strandbad **Nauthólsvík** oder im Wald am **Öskjuhlíð** (s. S. 29) mit seinen zahlrei-chen Spazierwegen. Von hier aus fahren Sie entweder zurück ins Zentrum oder schauen sich die Villen und Bungalows der Reichen Islands an: in dem traditions-reichen Stadtteil **Fossvogsdalur**.

WIE BEI MUTTERN

Natürlich sprechen wir von der isländischen Mami mit Plokkfisch-, Schellfisch- und Lammgerichten. Hier gibt es die traditionelle häusliche Küche mit Suppe, Salat und Kaffee zu günstigen Preisen. Wer wirklich Isländer treffen möchte, in **Múlakaffi** 5 essen sie: Polizisten, Busfahrer, Büroangestellte etc. (Noch) verirren sich nur sehr wenige Touristen hierher, denn das Design ist nicht fancy oder hip, sondern biederes Resopal (Hallarmúli 1, www.mulakaffi.is, Mo–Fr 7.30–20, Sa 10–14 Uhr, Mittagessen 11.30–14, Abendessen 17.30–20 Uhr, mittags um 2500 ISK, abends um 5000 ISK).

und Mikhail Gorbatschow trafen. Nicht weit ist es von hier ins **Laugardalur,** in dem man einen ganzen Tag vertrödeln kann (s. Tour S. 36). Von Höfði startet auch eine Fahrradtour bis Seltjarnarnes (s. Tour S. 32).

Kleine Insel, große Geschichte

Im Kollafjörður nordöstlich von Reykjavík liegt die kleine Insel **Viðey** 31 (Fährverbindungen s. S. 43). In jedem Herbst, genau zwischen 19. Oktober und 8. Dezember, erhellt ein Licht von der Insel die Dunkelheit. Yoko Ono entwarf zur Erinnerung an John Lennon den »Imagine Peace Tower«, der seit 2007 zwischen Lennons Geburtsdatum und dem Datum seines Todes einen Laserstrahl in den Himmel schickt (s. Imagine Peace Tour unter www.elding.is/videy-ferry). Doch bekannt war die Insel schon im 10. Jh. Im Jahr 1225 wurde dem hl. Augustin dort ein Kloster geweiht, das bis 1551 bestand und dessen Besitz anschließend der dänischen Krone zufiel.

Das Gutshaus **Viðeyjarstofa,** das seit seiner Restaurierung im Jahr 1988 ein Restaurant beherbergt (T 533 50 55), wurde 1753–55 für den Landvogt Skúli Magnússon als Amtssitz gebaut und ist heute das älteste Steingebäude in Island. Architekt war der Däne Eigtved, der auch das dänische Schloss Amalienborg in Kopenhagen entwarf. Das zweite erhaltene Gebäude der Insel, die Kirche, wurde 1774 errichtet. Anfang des 20. Jh. entstand an der Ostküste der Insel das Dorf am Sundbakki zusammen mit einer überaus erfolgreichen Fischfabrik. Es gab Jahre, da stammte ein Viertel der isländischen Fischprodukte von hier. Doch nach dem Bankrott der Fabrik zogen die Menschen nach Reykjavík, die letzten verließen 1943 das Dorf. Die Ruinen und Fundamente der Häuser sind noch heute zu sehen und informativ beschriftet. Im Westteil befindet sich das Umweltkunstwerk des Bildhauers Richard Serra, »**Milestones«,** neun Basaltsäulenpaare eingepasst in die Landschaft.

Árbæjarsafn

Gemütlich und allerliebst

Das reizvolle Freilichtmuseum **Árbæjarsafn** 32 entstand ab 1957 rund um den Hof Árbær. Weitere historische Gebäude wurden im ganzen Land gesammelt und hier wieder aufgebaut. Anfang des 20. Jh. diente der alte Grassodenhof noch als Gasthaus, da er an der Straße nach Osten lag. Das heutige Holzhaus mit Wellblechverkleidung ersetzte 1891 das alte Sodenhaus. Heute stehen in unmittelbarer Nachbarschaft des Hofes die Kirche von Silfrastaðir aus dem Siedlungsgebiet des Skagafjörður in Nordisland, 1842 erbaut und 1960 nach Árbær gebracht, sowie eine rekonstruierte Sakristei und eine Schmiede. Die Innenausstattung der Häuser vermittelt einen guten Eindruck von den damaligen Lebensbedingungen. Selbst bei der Auswahl der Tiere für die Anlage hat man z.B. auf eine alte Schafsrasse zurückgegriffen.

Wer eine Rast auf seinem Gang durch die Vergangenheit machen will, hat im Dillonshús dazu Gelegenheit. Der irische Adlige Arthur E. D. Dillon ließ das Gebäude 1835 für seine Verlobte Sire Ottesen bauen, die darin ein Vergnügungslokal betrieb. Heute ist im Dillonshús das Restaurant des Museums untergebracht sowie ein kleiner alter Laden.

Kistuhyl, http://borgarsogusafn.is/en/arbaer-open-air-museum, Juni–Aug. tgl. 10–17, Sept.–Mai tgl. 13–17, Führung tgl. 13 Uhr, 1650 ISK

Museen

Kunst mit Zukunft
㉝ Nationalgalerie: In den lichten Räumen, in denen auch eine vorzügliche Cafeteria den Besucher zum Verweilen einlädt, sind rund 10 000 Werke isländischer Künstler aus dem 19. und 20. Jh. untergebracht. Mit der Vasulka Chamber, dem Zentrum für isländische digitale Kunst, schließt die Galerie an die Zukunft an.

Frikirkjuvegur 7, www.listasafn.is, tgl. 10–17, Mitte Sept.–Mitte Mai Di–So 11–17 Uhr, 1500 ISK

Virtuelles Langhaus
㉞ 871 +/-2: War es nun sein Haus oder nicht? Immerhin stammen die Grundmauern des Langhauses aus der Zeit der Besiedlung (930 n. Chr.) und von daher könnten sie von Ingólfur Arnarsons Heim stammen – zumindest ist das eine schöne Vorstellung. Die archäologischen Ausgrabungen und Artefakte sind Teil einer gelungenen Multimediaschau zur Besiedlung Reykjavíks. Man steigt dafür ins Basement des Hótel Reykjavík hinunter.

Aðalstræti 16, http://borgarsogusafn.is/en/the-settlement-exhibition, tgl. 9–18 Uhr, 1650 ISK

Pop-Art-Comics
㉟ Hafnarhús: In dem ehemaligen Lagerhaus sind oft Ausstellungen von zeitgenössischen isländischen Künstlern zu sehen. Lohnend neben der gelungenen Architektur ist die Sammlung von Erró, geb. 1932 als Guðmundur Guðmundsson. Rund 4000 Werke hat er geschaffen und die meisten von ihnen sind jetzt hier ausgestellt. Bekannt wurde Erró durch seine großformatigen Arbeiten im Stil der Pop-Art mit integrierten Comic-Elementen, witzig und politisch zugleich. Die multifunktionalen Räumlichkeiten werden auch für Konzerte oder Empfänge genutzt. Schön ist die Cafeteria, von der man auf den Hafen blickt.

Tryggvagata 17, www.artmuseum.is, tgl. 10–17, Do 10–22 Uhr, 1650 ISK

Der Mann fürs Heroische
㊱ Einar Jónsson Museum: Das ehemalige Wohnhaus und Atelier des Bildhauers und Malers Einar Jónsson (1874–1954) ist heute Museum (Listasafn Einars Jónssonar). Das Gebäude entwarf der Künstler zusammen mit dem Architekten Einar Erlendsson. Jónssons Arbeiten sind nicht unumstritten, erinnern die symbolistisch zum Teil völlig überfrachteten Skulpturen doch sehr an den Stil des nationalsozialistischen Heldenkults. Ein Besuch des Gartens mit seiner gelungenen Anlage aus Kunst und Natur ist auf jeden Fall empfehlenswert.

Eiriksgata 3, www.lej.is, Di–So 10–17 Uhr, 1000 ISK, Garten ganzjährig geöffnet

Phallus-Vielfalt
㊲ Phallusmuseum: Das Isländische Phallusmuseum (Íslenska Reðasafn) ist das einzige seiner Art. Die Exponate wurden von einem engagierten Sammler mit viel Vergnügen zusammengestellt. Neben fast allen Phallen isländischer Säugetiere gibt

TOUR
Wassererlebnis mit allen Sinnen

Ein gemütlicher Spaziergang durch das Laugardalur

Eine hübsche
Café-Bistro-Oase
im Botanischen
Garten ist das
Café Flóran (tgl.
10–16 Uhr, www.
floran.is).

Dampf, Dampf und noch mehr Dampf sah Ingólfur Arnarson, als er endlich seine Hochsitzsäule fand. Er hatte sie beim Anblick der isländischen Küste ins Meer geworfen. Die Götter sollten entscheiden, wo er an der unbekannten Insel an Land gehen sollte. Dort, wo die Hochsitzsäule angeschwemmt wurde, wollte er seinen Hof errichten … aus dem einige Jahrhunderte später Reykjavík entstand. Es war der »Rauch« dieser heißen Quellen, der Ingólfur Arnarson zu der Namensgebung Reykjavík, ›Rauchende Bucht‹, veranlasste – so heißt es im Landnámabók (Landnahmebuch). Der Dampf, der ihm als Bauer zunächst nutzlos erschien, erwies sich in unserer Zeit als unschätzbarer Gewinn. »Tal der heißen Quellen« bedeutet Laugardalur, und diese dienen heute der Beheizung und Warmwasserversorgung der Häuser, Schwimmbäder und Gewächshäuser in Reykjavík. Bei Erreichen der Haushalte hat das Wasser eine Temperatur von ca. 75° C. Der Weg, den einst die Waschfrauen vom Zentrum aus nahmen, war der Laugavegur (s. S. 25), der beim Hilton Hotel Nordica endet.

Von der Kunst zum Sport
Linker Hand vom Parkeingang liegt das ehemalige **Atelier des Künstlers Ásmundur Sveinsson** ⓵ in einem auffallenden weißen Gebäude mit runder Kuppel, das jetzt Museum mit Skulpturengarten ist (s. S. 38). Auf dem Weg in den Park hinein passieren Sie **Laugardalshöll** ⓶, die große Sporthalle, die auch für Ausstellungen und Konzerte genutzt wird. 1972 war sie Austragungsort des berühmten Schach-Weltmeisterschaftsspiels zwischen Bobby Fischer (USA) und Boris Spassky (UdSSR). Im Laugardalur befinden sich etliche Sporteinrichtungen, zu denen eine Rollschuhbahn, Fußballplätze und eine Fußballhalle gehören.

*Der Botanische
Garten ist an
Wochenenden ein
beliebtes Ausflugsziel
der Reykjavíker.*

Sie waschen den ganzen Tag

Mitten im Park fasst ein Steinbecken die heißen Quellen ein, wo früher die Wäsche gewaschen wurde. Auf Ausstellungstafeln mit historischen Fotos ist zu sehen, wie die Waschanlage einst aussah. Hier steht die Skulptur »Die Waschfrau« (1937) von Ásmundur Sveinsson, zum Gedenken an die Reykavíkerinnen, die hier täglich Wäsche wuschen. Ein weiteres Denkmal erinnert an Eiríkur Hjartarson, der im Jahr 1929 damit begann, im Tal Bäume zu pflanzen. 1955 übernahm die Gemeinde die so entstandene Grünanlage.

Was wächst denn da?

1961 gründete die Stadt an gleicher Stelle den **Botanischen Garten** 29 (Grasagarður), der ein Naturerlebnis ist: Mehrere Tausend Pflanzen wachsen und gedeihen hier, rund 350 stammen aus Island. Es ist eine schöne, abwechslungsreiche Anlage mit thematischen Zuordnungen. Das Café Flora (tgl. 8–22 Uhr) in einem Pavillon lädt zum Verweilen ein. Nachdem Sie erfahren haben, was in Island wächst, gibt der besonders bei jungen Reykjavíkern beliebte **Haustiergarten** 30 (Húsdýragarðurinn) Einblick in die Fauna – so lernen Sie Schafe und Ziegen kennen. Ergänzend tummeln sich auch Robben, Rentiere und Füchse in den Gehegen. Zusätzlich gibt es noch ein Aquarium, einen Wissensbereich und eine Cafeteria. Zu der Anlage gehört auch der Familienpark mit Karussells, Schiffsschaukel etc.

Ab ins Wasser

Zum Abschluss des Spaziergangs sollten Sie noch ins warme Quellwasser springen. Dafür bietet Reykjavíks größtes Schwimmbad, **Laugardalslaug** 8, ausgiebig Gelegenheit: mit einem 50-m-Schwimmbecken, einem Nichtschwimmerbecken, einem Planschbecken, zwei Wasserrutschen, mehreren Hot Pots und einem Dampfbad. Und seien Sie versichert: Sie werden dort sehr viele Reiykjavíker antreffen, denn hier hat sich die Rauchbucht in einen großen Wasserspaß verwandelt.

Infos

Start:
Laugavegur am Hotel Hilton

Botanischer Garten:
www.grasagardur.is, April–Sept. tgl. 10–22, sonst 10–17 Uhr, Eintritt frei

Haustiergarten:
www.mu.is, Mitte Mai–Mitte Aug. tgl. 10–18, sonst tgl. 10–17 Uhr, 880 ISK

Laugardalslaug:
Öffnungszeiten s. S. 42

es noch zahlreiche Kunst- und Gebrauchs-gegenstände – natürlich alle in Form eines Phallus. Seit Frühjahr 2011 zeigt die Ausstellung auch ein menschliches Exemplar.
Laugavegur 116, www.phallus.is, tgl. Mai–Sept. 10–18, Okt.–April 11–18 Uhr, 1250 ISK

Handgeschriebene Sagas
❸❽ Kulturhaus: Das Kulturhaus ist in dem einstigen Gebäude der National-bibliothek untergebracht, lohnend ist ein Blick in den alten Lesesaal, wo zahlreiche Erstausgaben zu sehen sind. Die Hand-schriftensammlung mit Originalfolianten und Informationen über deren Herstellung bildet das Herzstück der Dauerausstellung. Außerdem gibt es Wechselausstellungen und eine Dauerausstellung mit Exponaten aus der Nationalgalerie. Regelmäßig finden Konzerte und Vorträge statt.
Hverfisgata 15, www.culturehouse.is, Sommer tgl. 10–17, Winter Di–So 10–17 Uhr, 2000 ISK

Island – einst und heute
❸❾ Isländisches Nationalmuseum: Einen hervorragenden Überblick über die Kulturgeschichte Islands von den Anfängen bis in die Gegenwart erhält man im Isländischen Nationalmuseum (Þjóð-minjasafn). Die gelungene multimediale Präsentation sowie die lichte Architektur der Räume haben dem Museum 2006 eine Auszeichnung eingebracht. Ein Besuch vermittelt ein gutes Verständnis der heutigen isländischen Gesellschaft. Daneben gibt es interessante wechselnde Ausstellungen.
Suðurgata 41, www.thjodminjasafn.is, Mai–15. Sept. tgl. 10–17, 16. Sept.–April Di–So 11–17 Uhr, 2000 ISK

Stadtbekannt
❹⓿ Asmundur Sveinsson Museum: Am Kreisverkehr zu den Sportstätten liegen das Atelier und der Skulpturengarten von Ásmundur Sveinsson (Ásmundarsafn), dem bekanntesten und meistdiskutierten

Bildhauer Islands. Die Kuppel, genannt der Dom, errichtete der von griechischer und türkischer Architektur beeinflusste Bildhauer 1942 selbst. In den lichtdurch-fluteten Räumen kommen seine teilweise filigranen Werke gut zur Geltung. Etliche seiner Werke sieht man in der Stadt.
Sigtún 5, www.artmuseum.is, Mai–Sept. tgl. 10–17, Okt.–April tgl. 13–17 Uhr, Garten ganzjährig geöffnet, 1600 ISK

Leben auf und mit dem Meer
❹❶ Víkin – Seefahrts- und Fischerei-museum: Das Museum in der ehe-maligen Fischfabrik dokumentiert aus-gezeichnet das Leben und die früheren Arbeitsbedingungen rund um die Fische-rei, sozusagen Islands Lebensnerv. Zum Museum gehört auch das Küstenwachen-schiff Óðinn (Führung 1300 ISK).
Grandagarður 8, www.maritimemuseum.is, tgl. 10–17 Uhr, 1650 ISK, Kombiticket mit Küstenwachenschiff 2600 ISK

Avantgarde
❹❷ Living Art Museum: 1978 von engagierten isländischen Künstlern als Gegenbewegung zur etablierten Kunst gegründet, bietet das Museum bis heute jungen und originellen Künstlern eine ideale Plattform. Regelmäßig werden auch inter-nationale Avantgardisten gezeigt. Im selben Gebäude befinden sich die Galerie Kling & Bang sowie ein Studio von Ólafur Elíasson.
Nýlistasafn, Grandagarður 20, Marshall House, www.nylo.is, Di–So 12–18, Do 12–21 Uhr, Eintritt frei

Schlafen

Traditionsreich
❶ Hótel Borg: Das Hotel in der Stadt-mitte direkt am Austurvöllur wurde 1930 erbaut und 2006/2007 im Original-Art-déco-Stil restauriert. Jeder der 56 Räume ist mit individuellen und extra angefertigten Möbeln ausgestattet. Von den 56 Räumen

sind 7 als Suiten ausgestattet, eine sogar über 2 Etagen mit einem 360°-Blick über Reykjavík.

Pósthússtræti 11, T 551 14 40, www. hotelborg.is, DZ ab 400 €, Frühstück 15 € pro Pers.

Mit Meerblick

2 Oddsson: Das Hotel-Hostel ist in dem in Reykjavík bekannten JL-Haus untergebracht. Jón Loftsson erbaute es 1948 als Handelshaus für sein Unternehmen. Das Gebäude fällt schon von Weitem auf, da es als Rundbogen in das Eckgrundstück zwischen Hringbraut und Eiðsgrandi hineinkonstruiert wurde. Lange Zeit war hier die Kunstakademie untergebracht. Das Zimmerangebot reicht von Suiten bis zu Schlafräumen, für jeden das Richtige. Yoga-Freunde können an Kursen teilnehmen, außerdem gibt es einen gemütlichen Cafébereich, Treffpunkt für alle. Der Blick aufs Meer ist grandios, von einigen Zimmern sieht man sogar den Snæfellsjökull.

Hringbraut 121, T 511 35 79, www.oddsson. is, Bett ab 6020 ISK, DZ ab 24 500 ISK

Im beliebten Viertel

3 Butterfly Guesthouse: Das kleine Gästehaus liegt in der Weststadt, einem sehr angesagten Viertel. Die Hausfassade zieren aufgemalte Schmetterlinge. Helle Zimmer mit Gemeinschaftsbad und Kochmöglichkeit. Auch Apartments sind im Haus.

Ránargata 8 a, T 894 18 64, www.butterfly.is, DZ ab 22 500 ISK

Familienfreundlich

4 Reykjavik Hostel Village: Man wohnt in drei zentral gelegenen, typischen Reykjavík-Häusern. Die einfach eingerichteten Zimmer bieten alles, was man braucht. Etliche Zimmer und das Apartment haben Zugang zum Garten, ein Spielplatz für Kinder ist vorhanden. Touren kann man hier ebenfalls buchen.

Flókagata 1, T 552 11 55, www.hostelvillage.is

Essen

Alles auf einmal

1 The Reykjavík Food Walk: Lernen Sie auf einem kulinarischen Rundgang isländische Gerichte und einige von Reykjavíks Highlights kennen. 3–4 Std., Essen inkl. 13 900 ISK

Austurstræti 17, T 849 58 76, www.thereykja vikfoodwalk.com

Highlight

2 Út í Bláinn Restaurant: Restaurant im Bistrostyle mit Blick über Reykjavík, die Küche kreiert aus frischen regionalen Zutaten neue Geschmackserlebnisse und kombiniert dabei isländische Tradition mit europäischer Raffinesse.

Auf dem Stadthügel Öskjulið, in Perlan, T 566 90 00, https://utiblainn.is/en/, tgl. 11.30–14, 17–22 Uhr, Hauptgerichte um 4000 ISK

Mit Talent und Inspiration haben die Köche Reykjavíks in den letzten Jahren die isländische Küche revolutioniert.

KAFFEE-ERLEBNIS IM ERLEBNISCAFÉ 🄺

Fantastischen Kaffee von Espresso über Cappuccino und Caffé Latte bis zu türkischem Kaffee gibt es bei Elda. In ihrem kleinen Bistro **Café Haïti** 🄶 im alten Hafen röstet sie fair gehandelte Kaffeesorten in einer historischen Maschine selbst. Als Haitianerin schwört sie natürlich auf guten Kaffee, und entsprechend lecker ist er auch bei ihr. Dazu gibt es kleine, u. a. selbst gemachte Süßigkeiten. Schmackhaft sind auch die herzhaften Speisen wie Suppen oder Sandwiches (Geirsgata 7b/ Fisherman's Wharf 2, www.cafehaiti. is, Mo–Fr 6–21, Sa/So 7–21 Uhr, Kaffee ab 500 ISK, Kuchen 950 ISK, Frühstück ab 1790 ISK).

Blick auf Kirche
🄼 **Café Loki:** Traditionelle isländische Gerichte wie Plokkfisch mit selbstgebackenem Roggenbrot (ab 3100 ISK) oder Fleischsuppe (ab 1850 ISK), außerdem belegte Brote oder Skyr. Daneben gibt es Babysachen, individuelles Design.
Lokastígur 28, T 466 28 28, http://loki.is/, Mo–Sa 9–20, So 11–21 Uhr

Food-Market
🄼 **Hlemmur Mathöll:** Aus dem ehemaligen Busbahnhof ist ein Markt mit verschiedenen Restaurants, Bistros und Cafés geworden, zudem kann man Brot und isländisches Gemüse kaufen. Das Angebot reicht von asiatisch bis vegetarisch. Ein idealer Ort, um auch auf Busse zu warten und das Treiben zu beobachten.
Laugavegur 107, tgl. bis 21 Uhr

Noch Insider-Tipp
🄼 **Múlakaffi:** Essen wie die Isländer, s. Tipp S. 34.

Kaffee-Erlebnis
🄶 **Café Haïti:** s. Tipp links.

Geschmacksfeuerwerk
🄼 **Valdís:** Selbstgemachte Eiscreme im alten Hafen, von den klassischen Sorten bis zu Lakritzeis, 1 Kugel 500 ISK, 2 Kugeln 700 ISK, 3 Kugeln 900 ISK.
Grandagarður 21, T 586 80 88, www.valdis. is, tgl. 11.30–23 Uhr

Erstes Haus am Platz
🄼 **Café Paris:** Austurstræti 14, tgl. 8.30–23 Uhr, s. S. 21.

Einkaufen

In den beiden Malls Kringlan (www.kringlan. is) und Smáralind (www.smaralind.is, in Kópavogur) findet man neben internationalen Labels auch isländische Marken – gute Alternativen bei schlechtem Wetter.

Schick in Strick
🄻 **Farmers Market:** Strickwaren können so schön sein, selbst mit den klassischen Mustern. Daneben gibt es auch fashionable Schick. Reinschauen lohnt immer.
Hólmaslóð 2, T 552 19 60, www.farmers market.is, Mo–Fr 10–18, Sa/So 10–17 Uhr

Die kleinen, feinen Bilder
🄻 **Postamt (Posturinn):** Die schönen isländischen Briefmarken sind bei Sammlern sehr begehrt. Sehr bemerkenswerte Naturserien.
Pósthússtræti 5, T 580 12 00, www.frimerki.is, Mo–Fr 9–18 Uhr

Must-have für Musikfreunde
🄻 **12 Tónar:** Independent Label und legendärer Musikshop, in dem alle isländischen Musiker vertreten sind. Unbedingt reinhören. Neben guter Beratung kann man freitags auch Livemusik hören.
Skólavörðustígur 15, T 551 56 56, www. 12tonar.is, Mo–Sa 10–18, So 12–18 Uhr

Wollig
4 The Handknitting Association of Iceland: Wer Wollprodukte wie Pullover, Mützen und Decken sucht, findet hier ein breites Angebot von traditionell bis fashionable. Wer gerne strickt, hier gibt's isländische Wolle – mit Strickanleitung.

Skólavörðustígur 10, T 552 18 90, www.handknit.is, Mo–Fr 9–18, Sa/So 12–18 Uhr

Flohmarkt
5 Kolaportið: einziger Flohmarkt Reykjavíks, s. S. 22.

Bewegen

Citytouren
1 Stadtbücherei: Juni–Aug. Do 15 Uhr literarischer Spaziergang (Krimis, Geistergeschichten, 1500 ISK), 14 Uhr Film zu Elfen und Trollen (5. Etage).

Borgarbokasafn im Grófarhús, Tryggvagata 15, Tickets in der Bücherei oder auf www.tix.is

Tauchen
2 PADI Dive Center: Tauchausflüge in der Umgebung von Reykjavík, auf der Reykjanes-Halbinsel und im Þingvallavatn. Auch Nachtausflüge sowie Schnorcheln. Silfra-Tauchausflüge ab 14 900 ISK.

Hólmaslóð, T 578 62 00, www.dive.is

Treffen Sie Isländer
3 The Tin Can Factory: Hier essen Sie zusammen mit Isländern und erfahren alles mit viel Spaß über Geschichte und Kultur, 12 900 ISK.

Borgartún 1, T 551 77 00, http://thetincanfactory.eu/meet-the-natives.html, tgl. 13 und 18 Uhr

Wale beobachten
4 Whale Watching Center: Dreimal tgl. fahren die Boote raus zur Walbeobachtung (10 900 ISK/Pers.). Zur Einstimmung bietet sich der Besuch im Walzentrum an (2900 ISK). Vom 20. Mai bis 15. Aug. kann man auch auf den vorgelagerten Inseln Kolonien von Papageitauchern sehen.

Ægisgarður 5, am alten Hafen, T 519 50 00, https://elding.is, April–Okt.

Fahrradverleih
5 Borgarhjól: Damen- und Herrenfahrräder, einige Kinderfahrräder. Zahlung nur mit Kreditkarte möglich.

Hverfisgata 50, T 551 56 53, www.borgarhjol.is, Mo–Fr 8–18, Sa 10–14 Uhr, Fahrrad 1 Tag ab 4200 ISK

Bike & Segway
6 Reykjavík Bike Tours: Unabhängig können Sie die Stadt erkunden, auch mit einem E-Bike. Außerdem gibt es geführte Touren, auch per Segway (1 Pers. 37 000 ISK, je mehr Teilnehmer, desto günstiger).

Ægisgarður 7, am alten Hafen, T 897 27 90 (Segway), T 694 8956 (Fahrrad), Sommer tgl. ab 10, Winter Fr/Sa ab 10 Uhr

REYKJAVÍK CITY CARD

Empfehlenswert ist die Reykjavík City Card, die es für einen (3800 ISK), zwei (5400 ISK) oder drei Tage (6500 ISK) gibt. Sie umfasst die unbegrenzte Benutzung der öffentlichen Verkehrsmittel, freien Eintritt in acht Museen und in das Freilichtmuseum Árbæarsafn sowie in die sieben städtischen Schwimmbäder, den isländischen Tierpark, die Eislaufbahn und den Familienpark (im Sommer) sowie eine Bootsfahrt nach Viðey und noch vieles mehr. Die Karte ist im Tourist Information Center, in einigen Museen und Hotels sowie an den großen Busstationen erhältlich. Online kann man sie unter https://visitreykjavik.is/city-card/front kaufen und auch gleich ausdrucken.

Hier rockt Reykjavík: Auf dem Festival Iceland Airwaves tritt ein weites Spektrum an nationalen und internationalen Musikgruppen auf.

Schwimmen

Städtische Bäder: Reykjavík unterhält das Strandbad **Nauthólsvík** 7 (s. S. 30) am Meer und sieben Thermalbäder darunter das **Laugardalslaug** 8 (s. S. 37). Reykjavík wurde im Herbst wegen der guten Thermalwasserqualität 1998 in die Vereinigung europäischer Bäderstädte aufgenommen.

www.spacity.is, **Bäder:** Mo–Do 6.30–22, Fr bis 20, Sa/So meist 9–18 Uhr, Eintrittspreis 900 ISK, freier Eintritt mit Reykjavik City Card; **Laugardalslaug:** Außenbereich Mo–Fr 6.30–22, Sa/So 8–22, Innenbereich Mo–Do 8–15, Sa/So 12–21Uhr, Eintritt 980 ISK, mit Reykjavik City Card gratis

Ausgehen

Beach Bar

Bar Ananas: Islands einzige Beachbar, und natürlich hat das meiste die Form einer Ananas wie Kissen, Kerzenhalter, Gläser usw. Am Wochenende legen DJs auf und die Cocktails stimmen eigentlich immer.

Klapparstigur 38, auf Facebook, Stichwort BarAnanas

Kuschelige Enge

Kaffibarinn: Wer den Roman »101 Reykjavík« gelesen hat, sollte den Schauplatz kennen. Voll, gemütlich, laut, ein Hang-out-Platz für Künstler.

Bergstaðarstræti 1, So–Do 15–1, Fr/Sa 15–4.30 Uhr, auf Facebook, Stichwort Kaffibarinn

Beliebter Treff

Kaffi Sólon: Tagsüber ein seit Generationen beliebtes Restaurant und Bistro, besonders die 50+ halten allen Veränderungen stand.

Bankastræti 7a, T 562 32 32, http://solon.is, So–Do 11–23.45, Fr/Sa bis 1 Uhr

Abtanzen

✿ **Austur:** Seit mehreren Jahren ein angesagter Club, der sich seit seiner Eröffnung 2009 hält. Man legt Wert auf entsprechendes Styling.

Austurstræti 7, Do 20–1, Fr/Sa 20–4.30 Uhr, auf Facebook, Stichwort Austurclub

Feiern

Die in den Touristeninformationen ausliegenden Broschüren »What's on in Reykjavík« und »Reykjavík city guide« verschaffen einen Überblick über alle Events.
• **Winter Lights Festival:** http://winter lightsfestival.is. Der Februar ist meist noch ein trüber Monat, deshalb wird es Zeit, Licht und Freude ins Leben zu bringen. Das Festival ist eine Mischung aus Kunst, Kultur, Sport, Geschichte und vor allem Licht.
• **Food and Fun:** www.foodandfun.is. Ein Freudenspender im Februar ist der internationale Gourmet-Wettbewerb, an dem sich etliche Restaurants der Stadt beteiligen. Viel Spaß und exzellentes Essen zubereitet von internationalen Chefs mit ausschließlich isländischen Produkten stehen im Zentrum.
• **Sónar Reykjavík:** https://sonarreykjavik. com. Das Musikshowevent im März, jede Gruppe wird perfekt inszeniert und auch Harpas Lichtshow spielt darin einen Part.
• **DesignMarch:** www.icelanddesign.is März. Zum einen stellt sich das Designzentrum vor, zum anderen findet man zahlreiche Arbeiten isländischer Designer.
• **Reykjavík Art Festival:** www.artfest. is. Im Mai findet das international beachtetste Kulturfestival mit isländischen und internationalen Gästen zu bildender Kunst, Theater und Musik statt.
• **RAFLOST:** www.raflost.is. Im Mai dreht sich alles rund um neueste Medienkunst.
• **Nationalfeiertag:** Ganz Island feiert am 17. Juni mit Paraden, Musikdarbietungen, Open-Air-Bühnen, Ständen und Tanz. In Reykjavík toben sich die Familien aus.

• **Reykjavíker Gay-Pride:** www.gaypri de.is. Die farbenfröhliche Gay-Parade im August findet immer mehr Anhänger auch bei den Touristen. Ein großes Sommerfest mit etlichen Auftritten in Reykjaviker Klubs.
• **Kulturnacht:** Am 3. Samstag im August finden Kulturveranstaltungen in der ganzen Stadt statt, mit Abschluss-Feuerwerk. Am selben Tag: Reykjavík Marathon.
• **Reykjavík Jazz Festival:** https://reykja vikjazz.is. Fünf Tage lang stehen Mitte August Veranstaltungen in unterschiedlichen Klubs und Plätzen im Sound des Jazz.
• **Internationales Filmfestival:** https:// riff.is. Das Filmfestival im Herbst mit dem Fokus auf junge Talente.
• **Iceland Airwaves:** https://icelandairwa ves.is. Das Musikevent im Oktober hat fast schon legendären Status. Neue Gruppen aus den USA, Island und Europa treten hier auf. Treffen der Scouts.
• **Sequences:** www.sequences.is. Eine Woche junge Kunst im Okt./Nov.

Infos

• **Stadtbusse:** www.straeto.is. Das innerstädtische Unternehmen ist Stræto, auch mit Buslinien nach Hafnarfjörður, Mosfellsbær und Akranes. Die wichtigsten städtischen Haltestellen sind Lækjartorg, Hlemmur, Grensás und Mjódd mit entsprechenden Umsteigemöglichkeiten. Die Busse fahren tagsüber alle 20 Min. und abends sowie am Wochenende alle 30 Min. bzw. stündlich. Die Einzelfahrt kostet 440 ISK. Bei mehreren Fahrten lohnt sich der Kauf der Reykjavík City Card (s. S. 41).
• **Fähren nach Viðey:** https://elding.is/vi dey-ferry, 15. Mai–Sept. vom neuen Reykjaviker Hafen (Starfabakki-Sundahöfn) tgl. hin zwischen 10.15 und 17.15 Uhr alle 60 Min., zurück 10.30–18.30 Uhr. Vom alten Hafen tgl. 11.50, 14.50 Uhr hin, zurück 11.30, 14.30, 17.30 Uhr, vom Harpa Concert Hall Pier tgl. 12 und 15 Uhr hin,

Lieblingsort

Wo der Horizont im Meer versinkt

Auf der äußersten Nordwestspitze der Halbinsel Seltjarnarnes steht der
Leuchtturm von Grótta (Gróttu viti, ♥ C 6). Bei Ebbe ragen einige, allerdings glitschige Felsen aus dem Wasser, sodass man zur kleinen Insel mit
Leuchtturm hinüberlaufen kann. Ich sitze am liebsten am Strand und lausche
der Brandung, wenn sie über die Kiesel rollt, und beobachte die zahlreichen
Vögel, wie sie aufgeregt hin und her laufen und zwischen den Steinen nach
kleinen Tieren picken. Reykjavík liegt hinter mir: Wenn ich mich umdrehe,
sehe ich die aufragenden Bauten wie eine Kulisse, schöner ist der Blick
aufs Meer. Hier kann man sich verlieren. Manchmal sieht man ein Schiff
in der Ferne, und in den Sommernächten erlebt man das Schauspiel der
Mitternachtssonne mit den faszinierenden Farbspielen.

zurück 11.30, 14.30 und 17.30 Uhr; Okt.–
15. Mai Sa/So nur vom neuen Reykjavíker
Hafen hin 13.15, 14.15, 15.15, zurück
13.30–16.30 Uhr, 1500 ISK.
● **Überlandbusse:** BSÍ Busterminal,
Vatnsmýrarvegur 10, T 580 54 00, www.
bsi.is, tgl. 4.30–24 Uhr. Von hier fahren
alle Überlandbusse ins ganze Land. Außerdem kommt hier der Flughafenbus an.
● **Flüge:** Inlandflüge starten vom Reykjavík
Airport aus. Entsprechende Fluggesellschaften s. S. 250.

Seltjarnarnes

📍Karte 3, C 6

Nur wenn man weiß, wo die Markierungs-
steine stehen, kann man die Stadtgrenze
erkennen, ansonsten fährt man unmittelbar von Reykjavík in die Nachbarstadt
Seltjarnarnes. Schon früh wurde hier
gesiedelt und standen in den späteren
Jahrhunderten Bauernhöfe. Heute ist Seltjarnarnes mit seinen 4600 Einwohnern
vor allem eine Schlafstadt von Reykjavík,
zwar mit eigener Verwaltung, aber ohne
bedeutende Industrie – dafür aber mit
kulturellen Einrichtungen und fantastischen Erholungsmöglichkeiten. Reizvoll
ist aber nicht nur die Lage – an drei Seiten
vom Meer umgeben mit wunderschönen
Ausblicken zum Snæfellsjökull und in
Richtung Reykjanes –, sondern auch die
Ortsanlage mit der niedrigen Bebauung.
In dem weißen Steinhaus **Nesstofa**
waren ursprünglich das Arzthaus und die
Apotheke untergebracht, später wurde es
zur Ausbildungsstätte für medizinische
Berufe (bis 1875) umgewidmet. Heute ist
noch die alte Apotheke darin zu sehen
(Austurströnd 2, T 595 91 11, tgl. 13–17
Uhr, Eintritt frei). Von Reykjavík aus lässt
sich Seltjarnarnes wunderbar bei einer
Radtour erkunden (s. Tour S. 32).

An der Spitze der Halbinsel liegt das
Vogelschutzgebiet Grótta. Vom Leuchtturm Grótta (s. Lieblingsort S. 44) führt
ein schöner Wanderweg durch das Gebiet
entlang der Küste bis zum Golfplatz. Auf
der einen Seite das Meer und auf der anderen Seite der kleine Teich Bakkatjörn
und Salzwiesen, in denen im Frühsom-
mer die Vögel brüten: Graugänse, Möwen
und auch Eiderenten trifft man hier an,
daneben Sperlings- und Brachvögel. An
Tafeln kann man sich informieren, wer
hier fliegt und brütet.

Bewegen

Entspannung pur
Seltjarnarneslaug: Gemütliches Bad,
angenehm wegen seines Salzwassers,
hier gehen Reykjavíker baden.
Suðurströnd, T 561 15 51, Sommer Mo–Fr
6.30–22, Sa/So 8–19, 30 Winter Mo–Fr
6.30–21, Sa/So 8–18 Uhr, 800 ISK

Kópavogur 📍Karte 3, C 6

An Reykjavík grenzt im Süden unmittelbar die zweitgrößte Stadt Islands, Kópavogur (36 000 Einw.), an. Schaut man auf
die Stadtentwicklung, so hat man den
Eindruck, der Nachbar will mit Größe
konkurrieren. So stehen hier das einzige
wirkliche Hochhaus des Landes und eine
riesige Mall, Smáralind. Auch kulturell
strengt man sich an mit sehenswerten kulturellen Einrichtungen. Das architektonisch formschöne Konzerthaus **Salurinn**
(Hamraborg 6, www.salurinn.is, Karten
um 5000 ISK) wurde 1999 eröffnet und
war damit das erste Konzerthaus in Island
– lange bevor der Bau des Konzerthauses
in Reykjavík überhaupt auch nur ausgeschrieben wurde. Als Baumaterialien
wurden Treibholz und Gestein aus Island

verwendet, im Innern überzeugt vor allem die gute Akustik. Hier bietet sich die Gelegenheit, klassische Musik zu hören.

Museen

Für Forscher
Naturhistorisches Museum: Das Museum (Náttúrrufræðistofa) hat zwei sehenswerte Sammlungen, eine zur Tierwelt des Landes mit Schwerpunkt Vögel und Muscheln sowie eine zu Gesteinen und Mineralien.

Hamraborg 6a, www.natkop.is, Mo−Do 9−18, Fr 11−17, Sa 11−17 Uhr, Eintritt frei

Modernes auch aus Glas
Kunstmuseum (Gerðarsafn): Das kleine, aber feine Kunstmuseum der Stadt konzentriert sich mit seiner Sammlung und den Ausstellungen auf die isländische Kunst des 20. Jh. und der Gegenwart. Benannt ist das Museum nach der Glaskünstlerin Gerður Helgadóttir, deren Werke im Haus zu sehen sind. In Sichtweite des Museums liegt die Kirche von Kópavogur mit Glasfenstern von Helgadóttir. Einladend sind das Museums-Café und die Außenanlage.

Hamraborg 4, www.gerdarsafn.is, Di−So 11−17 Uhr, 1000 ISK

Garðabær ♥ Karte 3, C 6

Obwohl es eine eigenständige Stadt ist, mit einer für isländische Verhältnisse relativ großen Einwohnerzahl (rund 15 000), nimmt man Garðabær doch meist als Teil von Reykjavík wahr. Ebenso wie Kópavogur zählt es zu den Schlafstätten der Hauptstadt, obwohl seitens der jeweiligen Stadtverwaltungen viel getan wird, um die Eigenständigkeit zu betonen. Das kulturelle Angebot Garðabærs ist entspre-chend breit und vielfältig, nicht zuletzt mit herausragenden Besichtigungsorten. Archäologische Funde zeigen, dass während der Besiedlungszeit (870−930) in **Hofsstaðir** (Kirkjulundur, jederzeit zugänglich) ein Hof stand, der bis ins 12. Jh. erhalten blieb. Heute kann man die informativ aufbereiteten Grundmauern des ehemaligen Langhauses sehen. Die Größe des Hofes ist für isländische Verhältnisse bemerkenswert und veranschaulicht, dass hier offensichtlich ein bedeutender Bauer siedelte.

Museum

Design oder Sign
Museum für Design und angewandte Kunst: Eines der jüngsten Museen im Reykjavíker Raum ist das Museum für Design und angewandte Kunst (Hönnunarsafn Íslands). Gegründet wurde die Sammlung 1998, 2010 konnte das Haus bezogen werden. Regelmäßig finden Ausstellungen zu isländischem und nordischem Design statt, in Einzelschauen werden Künstler präsentiert. Sehenswert ist vor allem die Sammlung isländischer Designarbeiten von Anfang des 20. Jh. bis heute. Gesammelt werden nicht nur Objekte wie Schmuck, Keramikgegenstände oder Möbel, sondern auch Entwürfe und Zeichnungen, um den Entwicklungsprozess und Wandel zu dokumentieren.

Garðatorg 1, T 512 15 25, www.honnunar safn.is, Di−So 12−17 Uhr, 1000 ISK

Infos

- **Auto:** von Reykjavík-Zentrum Richtung Westen nach Seltjarnarnes und in südlicher Richtung nach Kópavogur.
- **Bus:** Beide Nachbarorte sind mit dem Linienbus zu erreichen, Seltjarnarnes mit der Linie 11, Kópavogur mit den Linien 1, 2 und 4. Infos: www.straeto.is.

Zugabe
Die süße Welt des zarten Schmelzes

Mehr als Lakritzschokolade

Die Verpackungen des Schokoladenherstellers OmNom sind kleine Kunstwerke.

Die erste isländische Schokolade, die ich mit Genuss aß, war Kochschokolade – weil sie nicht so süß war. Genial fand ich Schokolade mit Lakritzfüllung, das gab es vor der alles umfassenden Globalisierung nur in Island. Heute kommt die Lakritzvariante in vielen verschiedenen Formen daher, als Kugeln mit Lakritzkern, teils noch mit Marzipan oder Karamell verfeinert, als Schokoriegel oder als Tafel. Ein anderes Produkt, das in keinem Supermarktregal fehlt, trägt den Namen »Hraun« – Isländisch für Lava – und ist mit Schokolade überzogener Puffreis. Die eckigen, unebenen Stücke erinnern an kleine Lavasteine.

Isländische Schokolade ist aufgrund des hohen Rahmgehalts sehr cremig und wird zudem noch gut gesüßt. Aber es gibt wie auch anderswo in der Welt die neue Bewegung, Schokolade mit höherem Kakaoanteil und weniger Zucker herzustellen. Ein Shooting-Star unter den isländischen Schokoladenherstellern ist die kleine, feine Confiserie OmNom. Sie stellt nicht nur sehr leckere Geschmacksvarianten her, sondern

> **Die Confiserie erhielt sofort Auszeichnungen.**

liefert mit ihren originellen Verpackungen auch gleich ein Gesamtkunstwerk. Begonnen hat die Erfolgsstory von OmNom 2013: Die Confiserie erhielt sofort Auszeichnungen. Die Chocolatiers von OmNom verarbeiten sehr hochwertige Kakaobohnen, die sie mit Nüssen im Verhältnis 50:50 rösten. Zunächst war die kleine Firma in einer ehemaligen Tankstelle beheimatet, so bescheiden, dass ich sie 2015 kaum fand. Hier wurde experimentiert, produziert, verpackt und verschickt. In einer Woche konnten gerade einmal 5000 Tafeln produziert werden, die Hälfte der Produktion ging in die USA. Inzwischen ist die Firma in das alte Hafengebiet von Reykjavík umgezogen und bietet sogar Führungen an. So viel Exklusivität hat ihren Preis: 11 € kostet die Tafel.

Und der Name »OmNom«? Das ist ein Wohlfühllaut, die süße Meditation des Genießens. ∎

Reykjanes und Goldener Kreis

Natur pur — nur rund 40 km von Reykjavík enfernt liegen Lavagebiete und Thermalfelder mit Solfataren und Geysiren.

Seite 51
Elfen in Hafnarfjörður

In der Nähe des Hafens befindet sich der Park Hellisgerði (Höhlengarten), eine Synthese aus Bäumen und Lavalandschaft. Hier sollen Elfen wohnen – wollen Sie nachschauen?

Seite 55
Rock'n'Roll in Keflavík

Das einzigartige Museum, Rokksafn Íslands, bringt isländische Musik zu Gehör und Anschauung, vor allem aus der Zeit nach 1945, als die Amerikaner hier waren. Im Museumsshop können Sie sich mit CDs eindecken.

Das Wikingerschiff »Íslendingur« segelte bis nach Kanada.

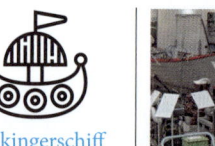

Seite 58
Garðskagi

An der Landspitze mit den zwei Leuchttürmen überrascht ein Museum mit Technik von gestern.

Seite 59
Entlang der Nr. 425

Lava, Vulkankegel, Vogelfelsen, Meerblicke, die Brücke zwischen den beiden Kontinentalplatten, heiße Quellen.

Seite 60
Grindavík

Alles über Salzfisch, der in Island jahrhundertelang das täglich Brot war, erfahren Sie im Kulturzentrum Kvikan.

Eintauchen

Seite 65

Þingvellir

Versammlungsplatz, Ort der Staatsgründung, geologisches Schauspiel und UNESCO-Weltkulturerbe. Außerdem ist Þingvellir bei »Game of Thrones«-Fans bekannt. Eines der berühmtesten Ziele im Land.

Seite 69

Fontana

Das Bad in Laugarvatn ist ein idealer Stopp, um zu entspannen und die Landschaft auf sich wirken zu lassen.

Seite 70

Geysir ⭐

Die berühmte Springquelle Stóri-Geysir gab dem Thermalfeld im Tal Haukadalur den Namen. Außerdem befinden sich hier noch viele kleine heiße Quellen, deren Farben von tiefem Türkisblau bis zu leuchtendem Rot reichen. Auf zum Sprudeln!

Seite 73

Besuch bei einer alten Dame

Seit Dezember 1945 haben Auður Sveinsdóttir und ihr Ehemann Halldór Laxness in Gljúfrasteinn gelebt. 2002 habe ich Auður noch in ihrem Haus getroffen und sie bei Kaffee und Kuchen interviewt. In ihren Worten blühte die Vergangenheit wieder auf.

Islandwolle zum Stricken gibt's in Mosfellsbær.

Kaum lässt man die letzten Häuser Reykjaviks hinter sich, steht man in der wilden Botanik. Und überall Lava, Lava, Lava.

erleben

Island in der Nussschale – Reykjanes

S

Sie haben die Halbinsel Reykjanes schon gesehen, als Sie in Keflavík gelandet sind. Wahrscheinlich waren Sie überwältigt von der fantastischen Lavalandschaft, in die das Flugzeug mittenrein geflogen ist. Reykjanes bietet so viel: große Lavaflächen, geothermische Gebiete, Geysire, Steilküsten mit zahlreichen Vogelkolonien, Seen inmitten faszinierender Vulkanlandschaft – und das alles auf kleinem Raum. Dazu kommen einladende Orte mit überraschenden Museen und Leuchttürmen. Außerdem liegt hier der wohl bekannteste Badesee Islands: die Blaue Lagune. Die vielen Wandermöglichkeiten machen Lust auf einen längeren Aufenthalt in dem Gebiet, in dem sich sogar Hochlandfeeling einstellt.

Die Region mit dem Auto in drei bis vier Tagen zu ›erfahren‹ eignet sich sowohl für den verlängerten Wochenendtrip wie für den Reiseeinstieg. Eine Fahrt auf den Straßen Nr. 42 und 427 zu Solfataren und durch die Lava von Hafnarfjörður in Richtung Süden ist aber nicht nur ein Natur-pur-Erlebnis, sondern führt auch vorbei an dem Hightech-Kraftwerk und Aluminiumwerk bei Straumsvík – Gebäude wie aus der Zukunft. Die unverwüstlichen Elfen – der erfolgreichste

ORIENTIERUNG o

www.visitreykjanes.is: viele touristische Informationen, unter dem Stichwort »About the area« eine Broschüre zum Downloaden (engl.).
Bus: Die örtlichen Busverbindungen sind gut. Zur Blauen Lagune kann man tgl. von Reykjavík aus mit dem Bus fahren, z. B. mit Grayline (www.grayline.is). Die regionale Busgesellschaft Strætó führt auf der Frontpage ihrer Website alle Linien (Leið) auf Reykjanes auf (www.sbk.is, nur auf Isländisch).

Marketing-Clou Islands – trifft man in Hafnarfjörður. Reizvoll sind die kleinen Küstenorte mit Landwirtschaft – Pferde und Schafe inklusive. Seit September 2015 ist die Halbinsel Reykjanes Mitglied des Europäischen Geoparknetzwerks (www.europeangeoparks.org). Als Geopark werden Landschaften aufgenommen, die eine geologische Besonderheit aufweisen. Auf der Halbinsel Reykjanes kann man sehr gut den mittelatlantischen Rücken erkennen. Einer der geologisch faszinierendsten Orte Islands ist die Brücke, die über den Graben zwischen den Kontinentalplatten führt. Der friedliche Eindruck täuscht über das Feuer in der Tiefe hinweg.

Hafnarfjörður und Umgebung

📍 **Karte 3, C 6/7**

Die Stadt der Elfen und Wikinger

Hafnarfjörður wurde auf den Ausläufern des Búrfellshraun erbaut, einem Lavafeld, das vor ca. 7000 Jahren entstand. Mancher Isländer geht davon aus, dass die Angehörigen des verborgenen Volkes bzw. der Elfen hier in der Lava in und um die Stadt leben. Für die Menschen waren und sind die gute Hafenanlage und die reichen Fischgründe ideal. Von daher war der Ort schon früh ein beliebter Handelsplatz. Bis Anfang des 17. Jh., als Dänemark das Handelsmonopol erließ, diente Hafnarfjörður der deutschen Hanse als Depot und Haupthafen auf Island. Die Hanseaten errichteten dort Wohn- und Geschäftshäuser sowie eine Kirche. Heute erinnert ein Monument des deutschen Künstlers Lupus an die erste lutherische Kirche in Island. Regelmäßig finden Wikingerfeste in Hafnarfjörður statt, sodass es als Wikingerstadt der Neuzeit gilt. In der Nähe des Hafens befindet sich der Park **Hellisgerði** (Höhlengarten), eine gelungene Synthese aus Baumbestand und Lavalandschaft. Angelegt wurde der Park im Jahr 1922, beliebt ist er auch bei Elfenfreunden. In einem besonderen Parkplan sind die Wohnorte der unsichtbaren Bevölkerung eingezeichnet.

Lavagarten Hellisgerði: Skúlaskeið o. N., nur mit Führung ab der Touristeninformation, Strandgata 6, T 585 55 00

Im Trawlerhafen von Hafnarfjörður gehen täglich mehrere Tonnen Fisch an Land. Die Stadt gilt als zweitgrößter Umschlaghafen Islands, nicht nur für Fisch, sondern auch für einen Großteil importierter Waren.

SICH SCHMÜCKEN WIE DIE WIKINGER **W**

Das **Hótel Viking** bietet nicht nur weiche Betten, sondern auch Kunstgewerbe aus Island, Grönland und den Färöer-Inseln. Besonders schön sind die Schmuckstücke aus Grönland, gefertigt z. B. aus Rentierhorn, darunter kleine Eisbärköpfe als Kettenanhänger. Auch die Preise sind durchaus akzeptabel. Wenn man sich nicht sofort entscheiden kann, einfach bei einer Tasse Kaffee oder Tee darüber nachdenken. Urige Atmosphäre (Adresse wie Viking Restaurant Fjörukráin rechts).

Museen

Die alte Zeit

Heimat- und Schifffahrtsmuseum: Das Museum Byggðasafn Hafnarfjarðar umfasst gleich mehrere Gebäude. Zunächst das ehemalige Lagerhaus (Pakkhús), das 1865 errichtet wurde. Hier sind Ausstellungen zur Stadtgeschichte, eine Spielzeugsammlung und wechselnde Themenausstellungen zu sehen. Daneben steht das älteste Gebäude der Stadt, das einstige Wohnhaus von Bjarni Sívertsen (1760–1833) von 1803 (Sívertsens-Hús). Sívertsen war einer der ersten Handelsunternehmer des Landes nach Aufhebung des dänischen Monopols. Die Ausstattung des Museums dokumentiert das Leben einer reichen Bürgerfamilie im 19. Jh. In ganz anderen Verhältnissen wohnten die Arbeiter und Seeleute in dieser Zeit, wie man im Siggas-Haus (Siggubær) sehen kann.

Vesturgata 8, T 585 57 80, http://museum.hafnarfjordur.is/, Eintritt frei; Pakkhús, Juni–Aug. tgl. 11–17; Sept.–Mai Sa/So 11–17; Sívertsens-Hús, Juni–Aug. tgl. 11–17; Siggubær, Kirkjuvegur 10, Juni–Aug. Sa/So 11–17 Uhr

Die schönen Künste

Hafnarborg: Interessante Ausstellungen vor allem von zeitgenössischen isländischen Künstlern werden im Kunstmuseum Hafnarborg gezeigt. Zudem finden regelmäßig kleine Konzerte statt.

Strandgata 34, www.hafnarborg.is, Mi–Mo 12–17 Uhr, Eintritt frei

Schlafen

Skulpturen zum Frühstück

Lava Hostel: Schön gelegen, direkt am Skulpturenpfad. In dem architektonisch gelungenen Bau finden die Gäste eine gute Ausstattung mit 2- bis 6-Bett-Zimmern vor. Schöner Blick vom Frühstücksraum in den Park. Ein Spaziergang durch den Park lohnt sich, vor allem auch der Besuch der Kirche auf dem Hügel.

Hjallabraut 51, T 565 09 00, www.lavahostel.is, 15. Mai–31. Aug., Mehrbettzimmer 5800 ISK, DZ 15 500 ISK

Outdoor

Camping: Zeltplatz am Gästehaus (s. o.). Man kann die Einrichtungen des Gästehauses mitbenutzen. Geschützte Lage an Lavahöhlen.

Essen

Hier singt der Wikinger

Viking Restaurant Fjörukráin: Ein uriges Wikingerrestaurant, das heute schon eine Institution in Island ist! Hier findet man eine Kopie des Wandteppichs von Bayeux neben einem ausgewachsenen Eisbären und zahlreichen Seevögeln. Das Menü aus Lammfleisch, Lachs und Skyr wird stilecht serviert, dazu: Musik und Wikinger-Schnaps; Wikinger-Menü um 9560 ISK (inkl. einem Bier und einem Schnaps).

Strandgata 55, T 565 12 13, www.fjorukrain.is, So–Fr 18–24, Sa 18–3 Uhr

Kulturszene

Súfistinn: In dem beliebten Café trifft man sich und plant die nächsten Kulturprojekte. Hier gibt es kleinere Gerichte wie Tagessuppe (1390 ISK), Salate sowie guten Kuchen und Kaffee (600 ISK). Strandgata 9, T 565 37 40, Mo–Do 8.15–23.30, Fr 8–23.30, Sa 10–23.30, So 11–23.30 Uhr

Bewegen

Reittouren

Íshestar: Auch für Anfänger möglich. Besonders reizvoll ist die Viking-Tour um den Berg Helgafell und weiter durch die Lava (12 200 ISK). Sörlaskeið 26, T 555 70 00, www.ishestar.is

Geführte Wanderung

Hidden World Tours: Der Rundgang startet von der Touristeninformation. T 694 27 85, www.alfar.is, Di und Fr 14.30 Uhr, 1,5–2 Std., 4500 ISK, inkl. Karte der Hidden World

Bergtour

Mountain Climbing: Leichte Bergwanderung auf den Hausberg Hafnarfjörðurs, Helgafell (340 m). Auch privat geführte Wanderung auf der Halbinsel Reykjanes. Touren 2 Std. 6000 ISK, bis zu 12 Std. um die 32 000 ISK. Buchungen T 891 70 74, www.mountain climbing.is, Kontakt auch über Hotels und die Touristeninformationen

Infos

- **Touristinfo:** Strandgata 6, T 585 55 00, www.visithafnarfjordur.is, Mo–Fr 8–16 Uhr. Im Heimat- und Schifffahrtsmuseum, Vesturgata 8, Juni–Aug. tgl. 11–17 Uhr. Halten Karten der Umgebung und vor allem auch vom Ort für Stadtspaziergänge bereit.

- **Kulturfestival Bright Days:** 30. Mai–2. Juni. Alljährliches Festival mit zahlreichen Veranstaltungen vor allem lokaler Künstler.
- **Wikingerfest:** www.fjorukrain.is. Jedes Jahr im Sommer treffen sich eine Woche lang Wikinger aus der ganzen Welt und zeigen, wie man in früheren Zeiten gelebt, gearbeitet und gefeiert hat.
- **Weihnachtsmarkt:** Vom letzten Wochenende im November bis Weihnachten – nach deutschem Vorbild.
- **Bus:** www.straeto.is. Linienbusse zwischen Reykjavík und Hafnarfjörður. Fahrplan auf der Website. Zudem hält der Flughafenbus auch am Ortseingang.

Þríhnúkagíur ♀ Karte 3, C 7

120 m fahren Sie in das Innere eines Vulkans, doch keine Angst: Der Þríhnú-

Abstieg zum Mittelpunkt der Erde? Bei der Fahrt in den Vulkan Þríhnúkagígur kommt man ihm zumindest näher.

kagígur ist seit 4000 Jahren inaktiv. Dieses besondere Erlebnis erwartet Sie auf der Reykjanes-Halbinsel in der Nähe des Skigebietes Blafjöll, zu erreichen ab Hafnarfjörður über die 42 und die 417. Es besteht auch ein Abholservice aus Reykjavík. Im Blafjöll stehen im Winter 15 km Pisten zur Verfügung. 15 Lifte befördern die Snowboarder und Skiläufer wieder die Hänge hinauf. Das Wintersportgebiet liegt auf einer Höhe von 460 bis 700 m, ist schneesicher und beleuchtet.

T 519 56 09 www.insidethevolcano.com, 42 000 ISK

Kapelluhraun   ♥ Karte 3, C 7

Das große Lavafeld Kapelluhraun erstreckt sich von der Küste südlich von Hafnarfjörður bis zum Kleifarvatn. Den Namen erhielt das Lavafeld aufgrund der dort entdeckten mittelalterlichen Kapelle, in der die Reisenden vor ihrem Ritt durch die unwirtliche Lava beten konnten. Bei Untersuchungen der aus Lavaplatten geschichteten Ruine fand man 1950 eine kleine Frauenfigur, die die hl. Barbara verkörpert. Sie ist heute im Nationalmuseum in Reykjavík (s. S. 38) zu sehen. Auffallend mit den beiden rot-weißen Türmen ist Straumsvík direkt an der Küste und im Lavafeld. Es handelt sich um die kleinste Aluminiumschmelze des größten Industrieunternehmens des Landes, der kanadischen Rio-Tinto-Alcan-Gruppe.

Narðvík   ♥ Karte 3, C 7

Njarðvík ist eine alte Siedlung, deren erste Kirche 1269 geweiht wurde und die schon auf dem gleichen Platz wie die heutige, 1886 erbaute Steinkirche stand. Seit jeher lebten die Bewohner von der Fischerei und der Fischverarbeitung. Die alte Fischerhütte **Stekkjarkot** gibt ein beredtes Zeugnis vom Leben der Fischer im 19. Jh. (auf Anfrage zu besichtigen, T 421 67 00).

Museum

Die Wikinger-Fahrten gen Westen
Víkingaheimar: Das Museum erklärt die Welt der Wikinger – so die Übersetzung des Namens – in einer multimedialen Ausstellung, die im Jahr 2000 in Washingtons Smithsonian Museum zu sehen war. Im Zentrum des Gebäudes steht das rekonstruierte Wikingerschiff »Íslendingur«, das 2000 von Island in die USA segelte.

Vikingabraut 1, T 422 20 00, www.viking world.is, Febr.–Okt. tgl. 7–18, Nov.–Jan. tgl. 10–17 Uhr, 1500 ISK, Kinder unter 14 J. frei

---

Schlafen

Für alle Jungen
Jugendherberge Njarðvík: Die moderne Jugendherberge ist mit Internetanschluss und Hot Pot ausgestattet. 2- bis 8-Bett-Zimmer. Gute Busanbindung an Keflavík und Reykjavík. Ein Zeltplatz ist angeschlossen.

Fitjabraut 6 a/6 b, T 421 88 89, www. fithostel.is, Mehrbettzimmer 3000 ISK, DZ ab 6900 ISK, Küchen für Selbstversorger

---

REYKJANESBÆR   **R**

Ein großes Schild in der Lava weist auf die Stadt hin, die ein Zusammenschluss von Njarðvík, Keflavík und Hafnir (s. S. 59) ist. Doch jeder dieser Orte hat weiterhin seinen eigenen Charakter und seine Besonderheit.

Essen

Neben dem Wikingerschiff

Víkingaheimar Café: Hier sitzen Sie unter dem Schiff mit Blick auf die Landschaft und genießen natürlich Wikinger-Gerichte – zumindest dem Namen nach. Durchgehend Buffet zu akzeptablen Preisen, frisch gebackenes Brot gehört immer dazu. Starten Sie mit dem Frühstück, 2000 ISK (Eintritt inkl.)

Im Museum Víkingaheimar s. links

Keflavík   ♀ Karte 3, B 7

Amerikanischer Einfluss

Die Stadt Keflavík ist der größte Ort und das Verwaltungszentrum der Region. Sie war durch die Jahrhunderte ein bekannter Handelsplatz, erstmals im 13. Jh. erwähnt, und besitzt heute den zweitgrößten Hafen Islands mit entsprechender Werft. Großen wirtschaftlichen Einfluss hatte auch die Nähe zur amerikanischen Airbase, und so verloren in Keflavík nach dem Abzug der Amerikaner 2006 rund 900 Menschen ihre Arbeit. Das Wachstum wurde durch die globale Finanzkrise etwas verzögert, aber jetzt sieht man wieder etliche Neubauten. Kultur, Natur und die Regionalgeschichte spielen heute für die Präsentation der Stadt eine wichtige Rolle. Reizvoll sind die Küstenwanderungen sowohl in östlicher wie in westlicher Richtung, auf denen man viele Vögel beobachten kann.

Museen

Kulturhaus mit ganz viel Schiff

Duus Hús: Das Kulturzentrum mit seinen drei Ausstellungsstätten befindet sich im alten Stadtteil Keflavíks in der Nähe des Hafens für Kleinboote. Das älteste Gebäude des Komplexes wurde von dem dänischen Kaufmann Peter Duus 1877 erbaut. Außer dem örtlichen Kunstmuseum gibt es die Schiffsmodellsammlung eines ehemaligen Kapitäns sowie ein Regionalmuseum.

Duusgata 2–8, Grófin, T 420 32 45, tgl. 12–17 Uhr, 1500 ISK

Rock'n'Roll

Rokksafn Íslands: Das einzigartige Museum zeigt isländische Musik seit dem 19. Jh. Im Zentrum steht natürlich die Zeit nach 1945, als die Musik eindeutig von den Amerikanern belebt wurde. Alles ist hier klangvoll und informativ präsentiert, man entdeckt auch die bekannten isländischen Stars. Außerdem kann man selbst Instrumente spielen.

Hjallavegur 2, T 420 10 30, www.rokksafn.is, tgl. 11–18 Uhr, 2000 ISK

Schlafen

Es gibt durchaus Hotels in Keflavík, doch einige sind schlicht zu teuer im Verhältnis zum Standard.

Einfach und gut

B&B: Das zentral gelegene Gästehaus bietet nur einen einfachen Standard. Der Transport zum Flughafen wird auch angeboten.

Hringbraut 92, T 421 89 89, 867 44 34, www.bbguesthouse.hostel.com, DZ ab 50 €

Hütten

Hüttenplatz Alex: Der Platz liegt am gleichnamigen Gästehaus, von dort ist es nicht weit zum Flughafen (es wird ein Transfer angeboten). Ideal für Selbstversorger und wenn Sie die letzten Tage Ihres Urlaubs in Reykjanes verbringen wollen.

Aðalgata 60, T 421 28 00, www.alex.is, DZ ab 16 700 ISK, Hütte mit Kochgelegenheit ab 20 900 ISK

An der Nordküste von Reykjanes stimmt die Landschaft auf die vulkanische Schönheit der ganzen Insel ein. Auf den weiten Lavafeldern wächst puscheliges Kissenmoos.

Essen

Fast alle Restaurants findet man entlang der Hafnargata. Auch die meisten Bars reihen sich hier aneinander, am Wochenende bis 5 Uhr geöffnet.

Meerblick
Kaffi Duus: Im Kulturhaus sitzen Sie gemütlich und von vielen Tischen blicken Sie auf den Hafen, Tagessuppe 1290 ISK, abends à la carte Fisch- und Fleischgerichte ab 3900 ISK, Hummer 7500 ISK. Duusgata 10, T 421 70 80, www.duus.is, tgl. 11–22 Uhr

Asiatisch
Thai Keflavík: Trotz der großen Auswahl sind die Gerichte alle zu empfehlen,

natürlich gibt es zahlreiche vegetarische Variationen; Suppen, Currys oder Sushi ab 2190 ISK. Hafnargata 39, T 421 86 66, http://thaikeflavik.is, Mo–Fr 11.30–22, Sa/So 16–22 Uhr

Bewegen

Walbeobachtung
Whale Watching Reykjanes: Walbeobachtungs-, Angel- und im Winter Bootsfahrten, um Polarlichter zu beobachten. Der Fang beim Angeln kann mitgenommen werden. Nur kleine Gruppen, 3–4 Std. Walbeobachtung ab 10 900 ISK, Puffin-Tours um 5400 ISK, auch privat vereinbarte Touren sind möglich. Reykjanesveg 2, T 779 82 72, www.whalewatchingreykjanes.is

Kaffeeduft

Kaffitár: Es ist die isländische Antwort auf Starbucks, Kaffitár betreibt in Reykjavík eine Kaffeehauskette. In Keflavík befindet sich die Rösterei, die man besichtigen kann, Kaffeeproben inklusive. Entsprechendes Gebäck und köstliche Karamellbonbons sind im Angebot, Laden.
Stapabraut 7, T 420 27 00, http://kaffitar.is, telefonische Anmeldung erforderlich

Infos

• **Reykjanes Information Center:** Duus Hús, Duusgata 2–8, T 420 32 46, www.visitreykjanes.is, Sommer Mo–Fr 9–17, Sa/So 12–17, Winter tgl. 12–17 Uhr.
• **Nacht des Lichts:** 1. Wochenende im September. Am Jachthafen von Keflavík ragt eine Basaltklippe ins Meer, die entsprechend beleuchtet wird.
• **Bus:** www.straeto.is. Tgl. Busse zwischen Reykjavík und Keflavík. Zwischen Keflavík, Njarðvík und Hafnir Linienbusse.

Nordwestküste von Reykjanes

Entlang der Nordwestküste liegen nur drei kleine Orte. Aufgrund des flachen Landstrichs eröffnet sich eine enorme Weite, die besonders eindrücklich bei der Strandwanderung von Garðskagi zum nur 5 km entfernten Sandgerði zu erleben ist. Zahlreiche Zugvögel versammeln sich hier im Frühjahr und Herbst, und nicht selten sieht man Robben auf den Felsen liegen. Der Weg führt vorbei an dem Hügel Kirkjuhóll, an dem im Namen des Glaubens mörderische Taten vollzogen wurden, z. B. die blutige Rache an den Vollstreckern der Hinrichtung von Jón Arason.

Garðskági und Garður
♦ Karte 3, B 6/7

Landspitze mit Leuchttürmen

Der wohl beste Ort, um weit, weit, weit aufs Meer zu blicken, ist die äußerste Westspitze der Reykjanes-Halbinsel: **Garðskagi.** Von der Landspitze, wo zwei Leuchttürme stehen, kann man über die gesamte Bucht Faxaflói bis zum Snæfellsjökull blicken. Der ältere Turm wurde 1897 erbaut, und der jüngere von 1944 ist sogar der höchste Islands (s. Lieblingsort S. 58). Zahlreiche Seevögel kann man hier beobachten, auf Schildern sind viele von ihnen abgebildet und beschrieben. Das 9 km westlich von Keflavík entfernt liegende Dorf **Garður** ist bekannt als früher Siedlungsplatz – eine Tante von Ingólfur Arnarson soll hier gelebt haben.

Schlafen

Fantastische Ausblicke
Lighthouse Inn: Das kleine, rustikal anmutende Hotel bietet funktionale Zimmer, aber exzellenten Service und Ruhe. Hier haben Sie Natur pur mit Komfort. Restaurant im Haus, üppiges Frühstück. Die Leuchttürme sind fußläufig erreichbar.
Norðurljósavegur 2, lighthouseinn@simnet.is, DZ ca. 20 000 ISK (je nach Buchungsplattform)

Mitternachtssonne total
Camping Garðskagi: direkt am Leuchtturm, einfache Ausstattung, aber dafür sensationelle Fernsicht über den Atlantik.

Sandgerði
♦ Karte 3, B 7

Ein hübscher Küstenort, der seine besten Zeiten als dänischer Handelsplatz

Lieblingsort

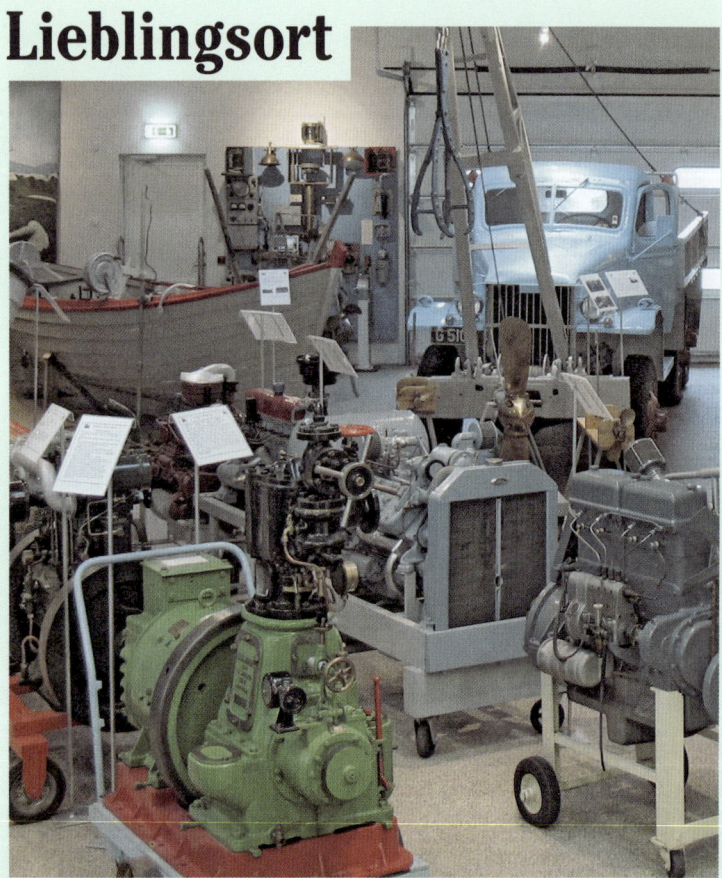

Zeit zum Stöbern und Entdecken

Das schlichte, helle Gebäude in Garðskagi mit dem Charme einer Groß-
garage beherbergt ein wunderschönes Museum, **Byggðasafn Garðskaga,**
mit einem netten Café. Wohnungseinrichtungen, Kühlschränke, Radios, kurz
alles, was die Bürger der Region nicht mehr wollten, weil es alt war, ist hier
ausgestellt. Besonders beeindruckend in der privaten Sammlung ist die Mo-
torenhalle. Bunt und geordnet stehen rund 60 Kraftmaschinen in dem großen
Schauraum, die älteste von 1920. In dieser Sammlung kann man immer
wieder etwas entdecken. Danach genießt man bei selbstgebackenem Kuchen
den Blick über die Bucht Faxaflói – oder die Mitternachtssonne (Sandgerði,
♀ Karte 3, B 7, Skagabraut 100, 250 Garður, T 422 72 20, April–Okt. tgl.
13–17 Uhr, Eintritt frei; Café: auf Facebook, Stichwort The Old Lighthouse
Café – Röstin Restaurant, April–Okt. tgl. 12–20.30 Uhr).

erlebte. Heute herrscht im ausgebauten Hafen ein reger Fischereibetrieb. Am Ortseingang fällt die Skulptur »Verzauberung« von Steinunn Þórarinsdóttir auf, ein schwankender Mann vor drei Stahlwellen. Nicht nur die schöne Lage lohnt den Besuch, sondern vor allem auch das Nature Center.

Museum

Alles über das Meer

Fræðasetrið Nature Center: Das naturkundliche Museum ist zugleich auch Forschungszentrum und wirkt zunächst etwas spröde, doch die Bestände sind spannend, vor allem die Ausstellung über das Leben auf dem Meeresgrund. Geradezu sensationell ist die Sammlung über den französischen Polarforscher Baptiste Charcot, einer der ganz großen Polarexperten seiner Zeit, der hier mit seinem Schiff untergegangen ist.

Garðvegur 1, http://thekkingarsetur.is, Mai–Sept. Mo–Fr 10–16, Sa/So 13–17, sonst Mo–Fr 10–14 Uhr, 600 ISK

Infos

- **www.sandgerdi.is:** Informationen über den Ort und seine Einrichtungen.
- **Bus:** www.straeto.is. Tgl. Busverbindung von Keflavík aus.

Hvalsnes ♀ Karte 3, B 7

Die Kirche Hvalsneskirkja in der kleinen Siedlung Hvalsnes ist ein beliebtes Motiv in isländischen Krimis und auch auf Buchtiteln. Der Passionsdichter Hallgrímur Pétursson war 1644–51 hier Pfarrer. Während dieser Zeit verstarb seine kleine Tochter, für die er eigenhändig den Grabstein beschriftete, der

jetzt in der Kirche steht. Die heutige Kirche wurde 1885–87 gebaut. Von Hvalnes kann man entlang der Küste wandern, vorbei an einem deutschen Handelsplatz aus dem 15. und 16. Jh. Vor der Küste ereigneten sich auch etliche Schiffsunglücke, denn bis zum Ende des 18. Jh. waren hier wichtige Handelsplätze. Rund 10 km entfernt liegt der Ort Hafnir.

Südwestküste von Reykjanes

Hafnir ♀ Karte 3, B 7

Hafnir an der Südwestküste von Reykjanes zählte einst zu den wichtigen Fischereiorten, doch heute deuten nur noch die malerische Lage und einige alte Häuser wie die Holzkirche aus dem Jahr 1861 darauf hin. Von Hafnir aus führt auch ein alter Verbindungsweg quer über die Halbinsel, der **Prestastigur,** der ehemals Kirchspiele der Region miteinander verband.

Entlang der Küstenstraße Nr. 425 ♀ Karte 3, B 7

Von Hafnir bis Grindavík führt die Straße Nr. 425 an der Küste entlang mit interessanten Abstechermöglichkeiten. Hier sieht man einige geologisch faszinierende Formationen und bei kleinen Wanderungen erlebt man die reizvolle Küste. Die Klippen von **Hafnarberg** sind z. B. ein Paradies für Vogelfreunde, zahllose Seevögel nisten hier. Zudem sammeln sich die Vögel in den Felsen auf ihrem Flug nach Grönland. Südlich der

30 m hohen Klippen liegt die Sandbucht **Stóra Sandvík** mit einem der schönsten Strände. Wenn Sie einmal von Europa nach Nordamerika wandern möchten, dann sollten Sie die **Brücke zwischen den beiden Kontinenten** in der Nähe von Stóra Sandvík aufsuchen. Sie überspannt den Graben zwischen der eurasischen und der nordamerikanischen Kontinentalplatte, der sich durch ganz Island zieht und sich auch in Þingvellir gut erkennen lässt (s. S. 65).

Das Hochtemperaturgebiet **Gunnuhver** erreicht an einigen Stellen bis zu 300 °C und besteht vor allem aus Fumarolen und Solfataren. Die Besonderheit des Gebiets liegt darin, dass das Grundwasser reines Meerwasser ist. Der Name geht zurück auf eine Volkserzählung, nach der Gunna hier in einer heißen Quelle ertränkt wurde, da sie angeklagt war, ein Ehepaar, das sie nicht mochte, getötet zu haben.

Eine Ausstellung in dem Kraftwerk **Reykjanesvirkjun** an der Straße Nr. 425 kurz vor dem Thermalfeld (www.grp.is/#energy-is-life, Mai–Sept. tgl. 12.30–16.30 Uhr Besichtigung der Ausstellung möglich, 1500 ISK) informiert über geothermische Energie im Allgemeinen sowie deren Nutzung in Island im Speziellen. Beinahe futuristisch mutet der Bau inmitten der Lavalandschaft an.

Den äußersten westlichen Punkt der Halbinsel markiert der Leuchtturm **Reykjanesvíti**. Der erste Leuchtturm wurde hier 1878 errichtet, doch ein Erdbeben zerstörte ihn. Bei klarer Sicht kann man die 14 km südwestlich gelegene Vogelinsel **Eldey** sehen, die 1974 zum Naturschutzgebiet erklärt wurde und nur mit besonderer Erlaubnis betreten werden darf. Im Jahr 1844 wurde auf dem Eiland der letzte Riesenalk getötet. Den 77 m hohen Steilfelsen aus Palagonittuff bevölkern die mit ca. 40 000 Vögeln wohl größte Basstölpel-Kolonie der Welt.

Grindavík   ♥ Karte 3, C 7

Grindavík verfügt über einen der wichtigsten Fischereihäfen in Island und war schon im Mittelalter ein Handelsplatz von deutschen und englischen Kaufleuten. 1627 überfielen algerische Seeräuber den Ort und verschleppten zahlreiche Einwohner. Von Grindavík aus kann man sehr schöne Küstenwanderungen unternehmen, so nach **Selatangar,** wo die Ruinen des Fischereiplatzes aus dem 19. Jh. noch gut zu sehen sind. Vom nahe gelegenen Berg **Þorbjarnarfjell** (243 m) hat man einen herrlichen Ausblick auf die Landschaft.

Museum

Eingesalzener Fisch

Kvikan: Das Kulturhaus beherbergt neben einer geologischen auch eine Ausstellung über den Autor Guðbergur Bergsson sowie das Salzfischmuseum. Fotos, Arbeitsgeräte und arrangierte Arbeitsszenen vermitteln die harte Arbeit der Fischer und Fischerfrauen. Salzfisch gehört bis heute zu den wichtigen isländischen Exportprodukten. Der Satz »Leben ist Salzfisch« ist ein Zitat aus Halldór Laxness' berühmtem Roman »Salka Valka«, den er z. T. in Grindavík geschrieben hat.

Hafnargata 12 a, keine Website, Mitte Mai–Mitte Sept. tgl. 10–17, Mitte Sept.–Mitte Mai Sa/So 11–17 Uhr, 1200 ISK

Essen

Salzig

Salthúsið: Rustikal und freundlich. Unbedingt den Salzfisch probieren und noch das Dorfleben genießen.

Stamphólsvegur 9, T 426 97 00, www.salt husid.is, Mitte Mai–Mitte Sept. tgl. 12–22 Uhr, Fischgerichte ab 3300 ISK

Seemännisch

Kaffi Bryggjan: Café direkt am Hafen mit nautischem Equipment. Tgl. frische Suppe, hausgemachter Kuchen, alles, was Fischer essen.

Miðgarður 2, T 426 71 00, tgl. 11–23.30 Uhr, ab 650 ISK

Blaue Lagune

📍 Karte 3, C 7

Jeder kennt sie

Die Blaue Lagune (Bláa Lónið) ist wohl der populärste Badeort in Island und fast schon ein Synonym für das Land. Der poetische Name passt so gar nicht zu den prosaischen Fakten, denn es handelt sich um den Abwassersalzsee des geothermischen Kraftwerks Svart-sengi. Das Kraftwerk liegt in einem Hochtemperaturgebiet mit Salzwasserquellen, die Temperaturen bis zu 240 °C erreichen. Mit dem heißen Wasser wird zum einen kaltes Süßwasser erwärmt, das zur Beheizung der Ortschaften und des Flughafens auf Reykjanes genutzt wird, und zum anderen Strom erzeugt, indem der aufströmende Dampf eine Turbine antreibt. Da das Abwasser sehr mineralhaltig ist, führte man 1982 eine Reihe von medizinischen Untersuchungen durch, die eine heilende Wirkung des Wassers bei Schuppenflechte (Psoriasis) und anderen Hauterkrankungen feststellten.

Heute kann man hier die Folgen eines mehr als gelungenen Marketings erleben. Der 1999 eröffnete Bau ist nicht nur architektonisch ansprechend, sondern bot auch bis zu 700 Gästen die Möglichkeit, sich umzuziehen. Da die Besucherzahlen in den letzten Jahren immer höher klettern, musste man an-

Um die 5000 Quadratmeter groß ist der Badesee der Blauen Lagune – ziemlich groß für ein beschauliches Badeerlebnis. Trotzdem zählt das Thermalbad zu den beliebtesten des Landes.

bauen. Auch der See wird stetig vergrößert. Der Farbkontrast zwischen der pechschwarzen Lava, die den See umschließt, und dem milchig-blauen Wasser, das seine Farbe je nach Lichtverhältnissen von Türkis bis Tiefdunkelblau wechseln kann, mutet fast surreal an. Man badet in konstant 38 °C warmem Wasser, außerdem werden verschiedene Massagen angeboten (10 200–16 300 ISK). Das klingt sehr schön, hat aber aufgrund des großen Besucherandrangs leider seinen Reiz verloren.

240 Grindavík, T 420 88 00, www.blue lagoon.com, ab 6990 ISK, Tickets müssen online im Voraus gebucht und gekauft werden, Sie erhalten mit dem Ticket das Datum und die genaue Uhrzeit Ihres Besuchs

Einkaufen

Kosmetika
Blue Lagoon Shop: Adresse s. o. Die Kosmetikserie, hergestellt aus den Mineralien und Algen der Lagune, ist als Mitbringsel sehr geeignet.

Infos

• **Bus:** Tgl. fahren Busse zur Blauen Lagune von Keflavík Airport, Keflavík und Reykjavík.

Krýsuvík und Kleifarvatn

📍 Karte 3, C 7

Für die Rückfahrt von Grindavík nach Reykjavík empfiehlt sich die Küstenstraße Nr. 427, die bei Krýsuvík auf die Straße Nr. 42 stößt. Eine Vulkanlandschaft von faszinierendem Farbenspiel lädt hier zu Wanderungen ein. Allein die Fahrt auf der teils ungeteerten Nr. 42 ist ein Erlebnis und vermittelt einen Eindruck vom isländischen Hochland im Kleinen.

Im geothermischen Gebiet **Krýsuvík** dampfen Erdlöcher, Schlammtöpfe und heiße Quellen. Trotz einiger durchgeführter Bohrungen wird bisher das enorme Potenzial an geothermischer Energie nicht genutzt. Breite Pfade führen durch das Gebiet, in dem es an manchen Stellen stark nach Schwefel riecht. Gegenüber dem Thermalgebiet liegt der See **Grænavatn,** benannt nach seiner intensiv grünen Farbe.

Nördlich von Krýsuvík liegt der 10 km² große, schwarze See **Kleifarvatn,** in dessen Tiefe ein Ungeheuer von der Größe eines Wales hausen soll. Seit einigen Jahren befinden sich am Südufer einige blubbernde Solfatare. Zudem verkleinert sich die Wasseroberfläche, da das Wasser aufgrund von Rissen, die sich nach einem Erdbeben gebildet haben, versickert.

Lava-Wanderungen

Krýsuvík und Kleifarvatn sind gute Ausgangspunkte für Wanderungen, so z. B. zu dem inmitten einer Mondlandschaft liegenden See **Djúpavatn.** In dessen Nachbarschaft befindet sich der Zwillingsvulkan **Trölladyngja** (375 m/393 m), von dem es nicht mehr weit zu einem weiteren geothermischen Gebiet bei **Höskuldarvellir** ist, einer grünen Grasoase. Inmitten der Lavalandschaft steht monolithisch der pyramidenförmige Vulkan **Keilir** (379 m). Ein rund 4 km langer Weg führt vom Kleifarvatn zum **Grænavatn.** Auf der Klippenwanderung zum **Krýsuvíkurberg** sieht man Tausende von Seevögeln wie Kormorane, Eissturmvögel und Dreizehenmöwen (s. Tour S. 63).

TOUR
Tausende Seevögel und dramatische Klippen

Wanderung zum Krýsuvíkurberg

Infos

Start:
Parkplatz an der
Hælsvík,
Karte 3, C 7

Dauer:
3–4 Std. je nach
Verweildauer

Strecke:
14 km hin und zurück

Von der Nr. 42 geht es auf die Nr. 427 in westlicher Richtung, nach rund 4 km folgt ein Abzweig auf eine Schotterpiste, der man mit Geländewagen folgen kann bis zum **Parkplatz**. Im Westen sieht man die 40 m hohe, steil aufragende Küste und in östlicher Richtung erkennt man schon die hellen Vogelnester im grauen Fels und die vielen Vögel, die in der Luft fliegen. Man läuft nun über die sanft geneigten Ausläufer des Hügels **Selalda**. Nach rund 2 km (ca. 30 Min.) erreicht man einen rot-orangenen **Leuchtturm**, ab hier verläuft der weitere Weg direkt oberhalb der Klippe **Krýsuvíkur-berg**. An der höchsten Stelle tost die Brandung in 70 m Tiefe. Es lohnt sich, einen guten und sicheren Platz zu suchen, um die Vögel zu beobachten. Ca. 57 000 Seevögelpaare nisten in den Felsen, Trottel-lummen und Eissturmvögel sind am häufigsten zu sehen. Oberhalb des Leuchtturms haben sich Papa-geitaucher angesiedelt. Der Grasboden ist ideal für ihre Bruthöhlen. Vom Leuchtturm kann man noch weitere 5 km entlang der Steilküste wandern.

Die klassische Tour – Goldener Kreis

Viele landschaftliche und historische Highlights erleben Sie kompakt auf dem Goldenen Kreis, einer Rundtour östlich von Reykjavík, die von vielen Veranstaltern unter diesem Namen angeboten wird. Im Grunde gehört der Goldene Kreis zu Island wie der Petersdom zu Rom, der Drachenfels im Siebengebirge zum Rheinland oder die Lederhosen zu Bayern. Wenn Sie die Tour allerdings tatsächlich wegen der Sehenswürdigkeiten – der Versammlungsstätten von Þingvellir, dem Geysir und dem Wasserfall Gullfoss – unternehmen wollen, dann sollten Sie vielleicht doch besser Abstand davon nehmen, es sei denn, Sie fahren um 5 Uhr morgens dorthin. Oder Sie ignorieren einfach die Massen an den touristischen Hotspots und genießen die Fahrt. Denn wenn Sie die landschaftliche Vielfalt Islands auf kurzer Strecke kennenlernen wollen, dann sind Sie hier richtig. Alles, was Island ausmacht – Feuer und Eis, Meer und Wiesen –, breitet sich vor Ihnen aus. Und am Gullfoss beginnt das Hochland, dessen weiße Gletscherkuppen schon von Weitem zu sehen sind.

An den Top-Sehenswürdigkeiten Geysir und Gullfoss erkennt man allerdings schon die negativen Auswirkungen des Massentourismus. Tausende Besucher überfordern die Infrastruktur, immer neue Wege müssen angelegt werden, um die Besucherströme zu kanalisieren, an Toiletten bilden sich lange Schlangen, die Infocenter sind nur noch auf den Verkauf von Essen oder Souvenirs ausgerichtet. Dennoch lohnt sich die Tour definitiv, weil unterwegs Orte angesteuert werden, die man mit Island unverwechselbar verbindet. Diskussionen über die bessere Verteilung der Besucherströme und mehr Schutz für die einzelnen Gebiete und Denkmäler gibt es durchaus schon länger, doch auf die konkrete Umsetzung warte ich seit Jahren.

ORIENTIERUNG **O**

Strecke: 300 km
Auto: Von Reykjavík auf der Nr. 1 bis Mosfellsbær, nach Osten auf die Nr. 36, über die Nr. 365 nach Laugarvatn, dann Nr. 37 und Nr. 35 bis Gullfoss und weiter gen Süden bis Skálholt und zur Nr. 1.
Bus: Den Goldenen Kreis kann man als Tagesausflug von Reykjavík buchen, tgl. z. B. bei Grayline (www.grayline.is) oder Sterna Travel (www.sternatravel.com).

Mosfellsbær

📍 **Karte 3, C 6**

Der Übergang von Reykjavík zum nördlichen Nachbarort Mosfellsbær ist zwar kaum zu erkennen, doch gilt die Stadt nicht als Schlafstadt von Reykjavík. Zwischen Meer und Heide ist Mosfellsbær reizvoll gelegen. Lange Zeit war hier ein Zentrum für die Wollverarbeitung. Die Räume der ehemaligen Wollfabrik **Álafoss** werden heute für Ausstellungen genutzt, einige Künstler haben hier ihre Ateliers. Der Literaturnobelpreisträger Halldór Laxness (1902–98) lebte fast 50 Jahre in **Gljúfrasteinn,** wenige Kilometer östlich des Ortszentrums (s. auch Zugabe S. 73). 1945 zog der Schriftsteller zusammen mit seiner Frau hier ein, 2002 wurde es der Stadt Mosfellsbær vermacht und ist heute Museum. Der private Charakter des Hauses ist erhalten geblieben, und mit einem Audio-Guide erfährt man viel über das Leben und Werk des Autors. Spaziergänge durch den Garten und in die nähere Umgebung sind möglich. Auf dem Friedhof Mosfell wurde Halldór Laxness begraben.

Glúfrasteinn: www.gljufrasteinn.is, Juni–Aug. tgl. 9–17, Sept./Okt. und Mai Di–So 10–16, Nov.–März Di–Fr 10–16 Uhr, 900 ISK

Þingvellir 📍 **Karte 3, D 6**

Versammlungsplatz, Ort der Staatsgründung, geologisches Schauspiel und UNESCO-Weltkulturerbe. Außerdem ist Þingvellir bei den »Game of Thrones«-Fans bekannt. Für die Isländer gibt es keinen Ort mit ähnlich großer Bedeutung für ihr historisches Selbstverständnis und für das als Nation wie Þingvellir (dt. Ebene der

Volksversammlung). Hier wurde 930 der erste isländische Freistaat verkündet und am 17. Juni 1944 die Republik Island ausgerufen. Für geologisch Interessierte ist der Platz ein Must-see, denn hier treffen Alte und Neue Welt, Europa und Amerika, deutlich sichtbar aufeinander. Kilometerlange Spalten, von Nordosten nach Südwesten verlaufend, prägen den 50 km² großen, 1928 gegründeten Nationalpark. Der Graben Þingvellir, von den Spalten Almannagjá im Westen und Hrafnagjá im Osten begrenzt, ist die Fortsetzung des mittelatlantischen Rückens. Messungen haben ergeben, dass er sich binnen eines Jahres bis zu 8 mm senkt und sich um den gleichen Wert ausdehnt. Die eurasische Platte mit dem östlichen Teil des atlantischen Meeresbodens und die amerikanische Platte mit dem westlichen Atlantikboden driften von hier auseinander.

Durch die Schlucht

Am Aussichtspunkt **Hakið** oberhalb der Almannagjá steht ein Informationszentrum, in dem man alles über die Geschichte und Geologie Þingvellirs erfährt. Die Plattform eröffnet einen guten Blick auf die Umgebung mit dem See Þingvallavatn im Süden und dem Schildvulkan Skjaldbreiður (1060 m) sowie dem Tafelberg Hlöðufell (1188 m) im Norden. Schildvulkane sind aus dünnflüssiger Lava aufgebaut, daher erklärt sich ihre große Grundfläche. Skjaldbreiður steigt mit einer Neigung von 6 Grad ganz gleichmäßig an. Außer auf Island kommt dieser Vulkantyp nur noch auf Hawaii vor. Von Hakið führt ein Weg durch die **Almannagjá** (s. Tour S. 66). Um zu dem rund 10 m hohen Wasserfall **Öxarárfoss** zu gelangen, muss man die Almannagjá am Lögberg vorbei nach Norden verlassen. Der Wasserfall

TOUR
Der Geburtsort des freien Islands

Geschichte erlaufen in Þingvellir

Infos

Start: Aussichts-
punkt Hakið,
📍 Karte 3, D 6

Dauer: 2–3 Std.

Orientierung: Die
Wege sind markiert.

Ab 930 wurde das Althing, die Versammlung der Goden, jedes Jahr im Sommer am See Þingvallavatn abgehalten. Für Þingvellir als Versammlungsplatz sprachen seine verkehrsgünstige Lage im Zentrum des am dichtesten besiedelten Landstrichs Islands sowie das satte Weideland und reichliche Wasser für die Pferde. Händler, Handwerker und Bauern aus dem ganzen Land kamen zu dem zweiwöchigen Jahresereignis; man traf Freunde und Verwandte, schloss neue Bekanntschaften und Ehen. Es war ein Volksfest mit Spielen, Ringkämpfen, Gesang, Bier und Neuigkeiten. Zeitweise hielten sich bis zu 5000 Menschen in Þingvellir auf, die in Zelten oder Stein-Soden-Hütten Unterkunft fanden.

Thingbuden für das Gefolge
Vom Aussichtspunkt **Hakið** führt ein etwas steiler Weg in die **Almannagjá**, die ›Schlucht aller Männer/Leute‹, deren Basaltwände an der Westseite sich bis zu 40 m hoch erheben. Im nördlichen Teil der Schlucht standen im Mittelalter die Thingbuden, die Unterkünfte der Gefolgsleute. Die hier sichtbaren Ruinen stammen aus dem 17. und 18. Jh., die Hütten im Mittelalter waren wohl deutlich größer. Sie wurden aus Steinen und Grassoden mit einer Holzkonstruktion gebaut.

Die Macht der Goden
Thingplätze sind in Island schon für die Zeit vor 930 überliefert. Dort wurde Recht formuliert, ausgelegt und gesprochen, eine exekutive Gewalt besaß das Thing ursprünglich nicht. Den Vorsitz hatten die Goden, Männer, die als Priester und Häuptlinge den Gemeinden, den Godentümern, vorstanden. Ihr Status richtete sich nach dem Ansehen ihrer Siedlervorfahren. Die Godenwürde fußte auf dem Gelöbnis gegenseitiger Treue und Unterstützung zwischen dem Goden und seiner Gefolgschaft, einer Vereinbarung, die von bei-

Ihnen kommt der Þingvellir-Nationalpark irgendwie bekannt vor? Dann sind Sie sicher Game-of-Thrones-Fan. Denn für die 4. Staffel der Kultserie wurden Szenen in Þingvellir gedreht.

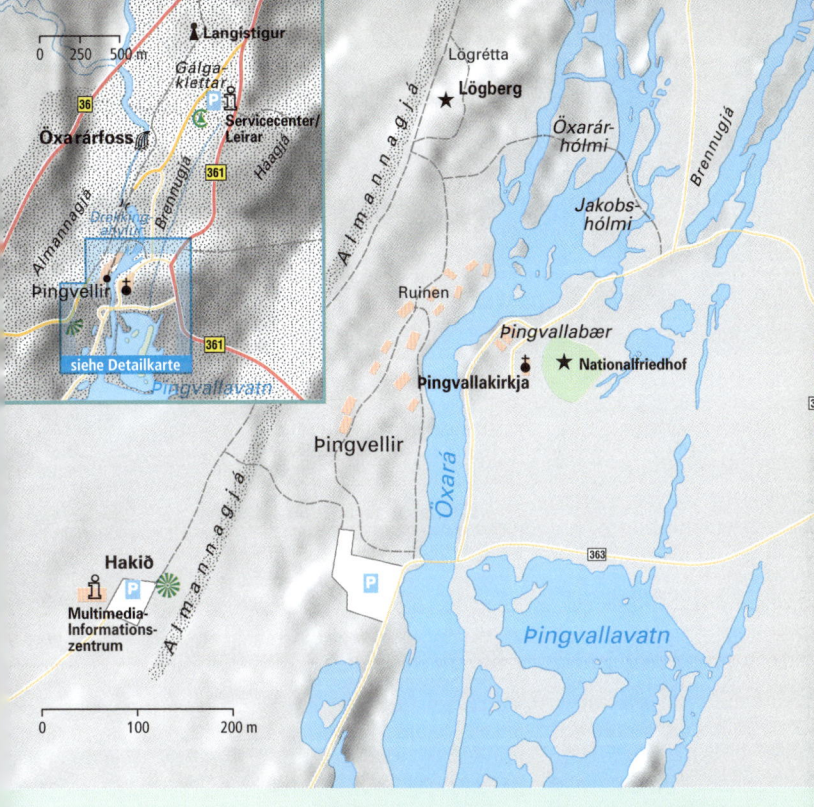

den Seiten gelöst werden konnte. Die Zugehörigkeit zu einem Godentum war nicht von der geografischen Lage abhängig, sondern basierte auf der freien Entscheidung der Bauern.

Berg der Gesetzgebung

Der **Lögberg,** in der Zeit der Goden der Vortragsplatz des Gesetzessprechers, ist heute durch einen Fahnenmast und eine Steintafel gekennzeichnet. Der Gesetzessprecher leitete das Althing und trug im Verlauf seiner dreijährigen Amtszeit alle Gesetze mit Einzelfällen an dieser Stelle auswendig vor. Außerdem musste er die Lögrétta, die Versammlung der Goden, leiten. Er wurde von der Lögrétta gewählt und als Einziger bezahlt. Bis heute konnte nicht geklärt werden, wo genau sich der Lögberg befand, sicher aber in dem Areal. Die anwesenden 36, später sogar 48 Goden bildeten die mit gesetzgebender und -bewahrender Funktion ausgestattete Lögrétta. Sie saßen zusammen mit zwei Beratern unterhalb des Lögbergs. Stimmrecht besaßen

Es gab auch weibliche Goden, die Gyðjar. Im Landnamabók, dem Landnahmebuch mit der isländischen Besiedelungsgeschichte, werden zwei Frauen mit Namen Þuriðr Gyðja erwähnt.

ausschließlich die Goden. Sie ernannten auch die Richter der neu geschaffenen Viertelgerichte, die während eines Althings tagten. Nach Übernahme des Christentums im Jahr 1000 kamen auch die Bischöfe mit ihren Männern dazu. Der norwegische König löste 1262 die Lögrétta auf, anstelle des Gesetzessprechers ernannte er einen Gesetzesmann und die Landesverwalter ersetzten die Goden. An die Spitze der Landesverwaltung trat 1279 der Statthalter des Königs. Die neuen Ämter bekleideten zunehmend Norweger und später Dänen. Das nur noch vier Tage während Althing diente bald ausschließlich als Strafgericht.

Grausame Hinrichtungen

Folgt man dem Weg durch die Almannagjá an Lögberg und Lögrétta vorbei weiter nach Norden, überquert man bald auf einer Brücke die **Oxará.** Der Fluss wurde im Mittelalter in die Ebene umgeleitet. Von der Brücke blickt man auf eine Vertiefung im Wasser, **Drekkingahylur,** in der ab 1618 Frauen, die uneheliche Kinder geboren, Ehebruch begangen oder ihren Ehemann ermordet hatten, durch Ertränken hingerichtet wurden. 18 Ertränkungen sind dort belegt. In der nahe gelegenen Schlucht **Brennugjá** wurden in der Zeit der Hexenverfolgungen im 17. Jh. neun Menschen wegen Hexerei verbrannt. Daher auch der Name der Schlucht: Verbrennungsschlucht.

Stätte nationaler Identität

Im Jahr 1798 kam das Althing zum letzten Mal in Þingvellir zusammen. 1800 wurde es aufgelöst und 43 Jahre später als beratende Versammlung wieder eingesetzt. Neuer Tagungsort war Reykjavík. Þingvellir verlor damit politisch seine Bedeutung, historisch hat es seinen festen Platz im Bewusstsein jedes Isländers behalten, entsprechende Gedenktage erfreuen sich bis heute eines großen Zustroms. Als 1994 das 50-jährige Jubiläum der Republik hier gefeiert wurde, stauten sich die Fahrzeuge kilometerlang in Richtung Þingvellir. Für ausländische Staatsgäste gehört ein Besuch des Weltkulturerbes zum Pflichtprogramm, oft verbunden mit dem Pflanzen eines Baumes im Wald der Freundschaft, der 1990 anlässlich des 60. Geburtstags der damaligen Präsidentin Vigdís Finnbogadóttir angelegt wurde.

Die isländische Journalistin Alda Sigmundsdóttir sammelt Fragen, und zwar von Touristen zu den Sehenswürdigkeiten ihres Landes. So lauteten einige Fragen zur Almannagjá, der Allmännerschlucht, in Þingvellir: »Weshalb wurde die große Mauer gebaut?«, »Wie viele Sklaven haben sie gebaut?« Irgendwie klingt das ganz nach Game of Thrones … Oder: »Wie viel Dynamit wurde für die Schlucht benötigt?« – quasi die modernere Variante.

wurde im Mittelalter künstlich geschaffen, um den Versammlungsplatz mit Trinkwasser zu versorgen.

Jenseits des Flusses

Auf der anderen Seite des Flusses Öxará steht die Kirche **Þingvallakirkja**. Hier hängt die Islandglocke – ein Geschenk König Olafs von Norwegen aus dem Jahr 1018, die rund 900 Jahre später bei der Gründung der Republik läutete. Das mittelalterliche Gotteshaus stand vermutlich auf demselben Platz, auf dem sich auch die jetzige, 1859 geweihte Kirche befindet, und war so groß, dass bei schlechtem Wetter der Vortrag der Gesetze darin stattfand (Mai–Aug. tgl. 9–17 Uhr). Im fünfgiebeligen Haus **Þingvallabær** neben der Kirche wohnte früher der Pfarrer, der zugleich Direktor des Nationalparks war. Heute sind hier nur noch Büros. Auf dem 1939 angelegten **Nationalfriedhof** sollten große Kämpfer für die unabhängige Nation beigesetzt werden. Außer den Dichtern Jónas Hallgrímsson (1807–45) und Einar Benediktsson (1864–1940) hat dort allerdings niemand seine letzte Ruhestätte gefunden. Es geht sogar das Gerücht, dass man die Gebeine eines Fremden statt denen von Jónas Hallgrímsson aus Kopenhagen hierhergebracht haben soll.

Þingvallavatn

Der See Þingvallavatn mit den Vulkaninseln Nesjaey und Sandey ist der größte Binnensee Islands (84 km²) mit einer Tiefe bis zu 114 m. Sein Hauptzufluss ist der Fluss Öxará. Seine heutige Ausdehnung erhielt der See erst durch das Erdbeben im Jahr 1789, als sich die Ebene um

ENTSPANNUNG PUR

Das Bad **Fontana** in Laugarvatn ist ein idealer Stopp, um zu entspannen und die Landschaft auf sich wirken zu lassen. Die Anlage liegt direkt am See und bietet neben Pools auch Dampfbäder und Sauna. Laugarvatn liegt auf dem Weg von Þingvellir nach Geysir an der 37 (Hverbraut 1, T 486 14 00, www.fontana.is, 10. Juni–21. Aug. tgl. 10–23, Winter tgl. 11–22 Uhr, 3800 ISK, Kinder bis 12 J. frei).

60 cm senkte und er sich weiter nach Norden ausbreitete. An seinem Ufer stehen zahlreiche Wochenendhäuser, nicht zuletzt wegen der guten Angelmöglichkeiten. Tauchfreunde können hier auch auf Erkundung gehen, entsprechende Tauchgänge und Schnorcheltouren werden angeboten. Das kristallklare Wasser in der 63 m tiefen **Silfra-Spalte** zwischen der amerikanischen und eurasischen Platte zählt zu den sensationellsten Taucherlebnissen weltweit.

Essen

Fastfood

Information Centre Þingvellir: Im Servicezentrum gibt es Klassiker vom Grill und Sandwiches; es ist derzeit das einzige Restaurant vor Ort. Am Campingplatz von Leirar, Juni–Aug. 9–22, Sept.–April 9–18 Uhr, ab 1200 ISK

Bewegen

Angeln

Visitor Centre Þingvellir: s. S. 70. Hier gibt es Angelscheine für die Saison vom 1. Mai bis 15. Sept.

VORSICHT VERBRÜHUNGSGEFAHR **V**

Nehmen Sie die Hinweisschilder sowie die Absperrungen im Gebiet der Geysire im Haukadalur ernst, denn die Wassertemperaturen liegen z. T. weit über 60 °C! Während der Sommermonate kommt es durchschnittlich zu drei Unfällen durch Verbrühungen in der Woche.

Tauchen

Divelceland.com: Tauchgänge in der Silfra, der Spalte zwischen den Kontinentalplatten. Man kann auch direkt über www.thingvellir.is/plan-your-visit/diving. aspx ein Tauchticket kaufen. Nach neuesten Sicherheitsbestimmungen ist ein Trockentauchanzug-Zertifikat oder der schriftliche Nachweis von 10 Tauchgängen im Trockentauchanzug erforderlich.
Ásbúdartröd 17, 220 Hafnarfjörður, T 699 30 00, www.diveiceland.com

Schnorcheln

Arctic Rafting: Schnorcheln in der Silfra und anschließend heiße Schokolade.
Vatnagarðar 8, 104 Reykjavík, T 562 70 00, www.arcticrafting.com

Infos

- **Visitor Centre:** am Aussichtspunkt Hakið, 801 Selfoss, T 482 36 13, www. thingvellir.is, Juni–Aug. tgl. 9–19, Sept.– April 9–18.30 Uhr, Eintritt frei, Toiletten 200 ISK, Parken 500 ISK.
- **Information Centre Þingvellir:** am Campingplatz von Leirar, T 482 26 60, www.thingvellir.is, Juni–Aug. tgl. 9–22, Sept.–April tgl. 9–18 Uhr.
- **Kirchenkonzerte:** Juli, in der Domkirche. Kontaktadresse in Skálholt: T 821 36 37, 856 15 31, sumartonleikar.skalholt@ gmail.com, Programm auf www.sumarton leikar.is. Seit 1975 finden die Sommerkonzerte statt, mit internationalen Musikern und neuen Kompositionen.
- **Bus:** Tgl. Busse von Reykjavík, ansonsten ganzjährig organisierte Rundfahrten.

Geysir  Karte 3, E6

Einmal wie Robert Bunsen den Ausbruch eines Geysirs sehen – hier geht das, sofern man einen Platz findet. Die berühmte Springquelle (Stóri-)Geysir gab dem Thermalfeld im Tal **Haukadalur** seinen Namen. Das Funktionsprinzip eines Geysirs studierte der Naturforscher 1846 auf seiner Islandreise. Er maß die Wassertemperatur an unterschiedlichen Stellen des Schachtes und stellte fest, dass sie in der Tiefe zunahm. Erklärung: Mit der Wassertiefe steigt der Wasserdruck und damit auch der Siedepunkt. Fällt der Wasserdruck durch das Aufsteigen erster Dampfblasen, siedet das Wasser in der Tiefe schlagartig und es kommt zum Ausbruch. Auch mineralische Stoffe und der Luftdruck spielen eine Rolle bei den Siedepunktsschwankungen. Das Tal Haukadalur war einst reich an Wäldern und Weiden. Mit der Wiederaufforstung versucht man heute an diese Zeit anzuknüpfen.

Die beliebten Springquellen

Der schlafende Riese im Haukadalur, **Stóri-Geysir**, der Große Geysir, wurde erstmals 1294 infolge eines Ausbruchs erwähnt und von Bischof Brynjólfur Sveinsson 1647 unter dem Namen ›Geysir‹ beschrieben. Geologen schätzen sein Alter aufgrund der Sinterablagerungen an seinem Becken auf rund 10 000 Jahre. Seine aktivste Zeit hatte Geysir im 18. Jh., im Jahr 1772 schoss halbstündlich eine Wasserfontäne von bis zu 70 m empor.

Durch die Jahre verringerte sich seine Tätigkeit, bis sie 1915 ganz abbrach. 1935 grub man einen unterirdischen Kanal, der den Wasserspiegel senkte und damit auch den Druck. Der Erfolg nach der Drucksenkung war beeindruckend, hielt aber nur bis 1964 vor. Nach einer weiteren siebenjährigen Ruhepause funktionierte Geysir nach dem ›Prinzip Zufall‹ oder nur dann, wenn ihm einige Portionen Seife zugesetzt wurden. Diese so provozierten Ausbrüche erinnerten sehr stark an überschäumende Waschkessel. Erdbeben im Jahr 2000 belebten kurzfristig die Aktivitäten des Geysirs, aber seit vielen Jahren ruht er wieder. Faszinierend sind die alten Kieselsinter – Geysrit – an dem fast kreisrunden 14 m großen Becken, deren feine Schichten eine Miniaturlandschaft bilden. In der Mitte des Beckens befindet sich die 2 m große Öffnung des Quellschachtes.

Nur 100 m vom Großen Geysir entfernt schießt die Fontäne des **Strokkur** (Butterfass) heute regelmäßig empor, nachdem 1963 sein Quellschacht gereinigt wurde. Beeindruckend ist die mit Luft oder Dampf gefüllte Wasserglocke über dem 2 m großen Schacht, die sich Sekunden vor der Eruption bildet und in den unterschiedlichsten Blautönen schillert.

Außer den Springquellen befinden sich noch viele kleine **heiße Quellen** im Haukadalur, deren Farben je nach ihrer mineralischen Zusammensetzung vom tiefen Türkisblau bis zum leuchtenden Rot reichen.

Essen

Alles unter einem Dach
Geysircenter: s. S. 72. Neben dem Restaurant des Hótel Geysir gibt es

Alle warten auf den Ausbruch: Beim Geysir Strokkur ist dabei nur wenig Geduld erforderlich, da seine Wasserfontäne regelmäßig im Abstand von ca. 10 Minuten in die Höhe schießt.

noch vier weitere Lokale: Geysir Glíma (gehobene isländische Küche), Litli Geysir (leichte Menüs), Kantína (Selbstbedienung) und Súpa (gesunde Kost).

Infos

- **Geysircenter:** Haukadalur, 801 Selfoss, T 480 68 00, www.geysircenter.is, ganzjährig geöffnet, im Sommer bis 22 Uhr. Ein riesiges Center mit Restaurant, Café, Souvenir- und Wollsachenshop – wer Rummel liebt, ist hier gut aufgehoben.

Gullfoss   ♥ Karte 3, E 6

Einer der schönsten Wasserfälle Islands ist unbestritten der Gullfoss, der Goldene Wasserfall, der seinem Namen im Licht der Abendsonne alle Ehre macht. Hier stürzt der Gletscherfluss Hvítá, vom Langjökull kommend, in zwei Stufen, die in einem 90°-Winkel zueinander stehen, insgesamt 31 m tief in die Schlucht Hvítárgljúfur. Der Hvítá hat sich bei Gullfoss eine 3–4 km lange Schlucht in das Hochplateau gegraben, die bis zu 70 m tief ist. Der Fluss benötigte dafür ca. 10 000 Jahre, dem heutigen Flusslauf, d. h. vor allem den nördlichen 400 bis 500 m der Schlucht, folgt der Hvítá erst seit 1766.

Vom Parkplatz aus führen Wege direkt bis an die beiden Kaskaden heran, in deren Sprühregen, wenn man Glück hat, bei Sonnenschein Regenbogen leuchten. Auf dem Pfad dorthin kommt man an einer Basaltsäule mit dem Reliefporträt der Bauerntochter Sigríður Tómasdóttir vom Hof Bratthólt vorbei. Sigríðurs Entschlossenheit verhinderte Anfang des 20. Jh. den Bau eines Wasserkraftwerks bei Gullfoss, den zuerst Engländer und später die Isländer planten. Seit 1979 stehen der Gullfoss und das Gebiet westlich

des Hvítá mit Hvítárgljúfur bis Bratthólt unter Naturschutz. So reizvoll der Wasserfall im Sommer ist, so faszinierend wirkt er im Winter, wenn der Sprühregen zu fantastischen Gebilden gefriert.

Infos

- **Informationscenter:** am oberen Parkplatz. Eine Ausstellung unterrichtet über die Entstehung des Wasserfalls und seine Geschichte. Große Cafeteria und Souvenirgeschäft.
- **Bus:** im Sommer tgl. von/nach Reykjavík, ansonsten organisierte Touren.

Skálholt   ♥ Karte 3, E 6

Von 1056 bis 1785 war Skálholt Bischofssitz und zugleich auch viele Jahrhunderte lang kulturelles und politisches Zentrum des Landes, insgesamt residierten hier 31 katholische und zwölf protestantische Bischöfe. Schon im 11. Jh. erhielt Skálholt die erste Lateinschule, die mit dem Umzug des Bischofssitzes nach Reykjavík auch dorthin verlegt wurde. Heute ist es ein Tagungszentrum sowohl für kirchliche als auch andere Organisationen. Viele Kirchen haben in Skálholt gestanden, alle auf dem Platz der gegenwärtigen. Die Grundsteinlegung für das heutige 30 m lange Gotteshaus fand am 1. Juli 1956 statt, anlässlich des 900-jährigen Jubiläums der ersten Bischofsweihe. Der Grundriss entspricht einem Kreuz. Am Bau beteiligten sich die skandinavischen Staaten mit Geschenken. Die Kanzel datiert aus der Amtszeit des Bischofs Brynjólfur Sveinsson (1639–74). Im Sommer finden hier regelmäßig Konzerte statt, in der Schule werden Zimmer angeboten, ein Restaurant sorgt für das leibliche Wohl (Kirche tgl. 9–19 Uhr, www.skalholt.is).

Zugabe
Besuch bei einer alten Dame

Erinnerungen an Auður Sveinsdóttir

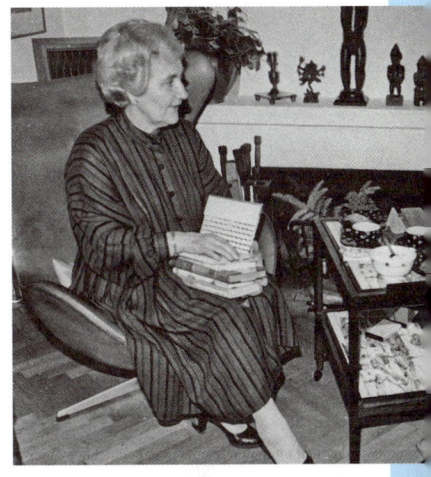

Auður Sveinsdóttir war auch als Schriftstellerin aktiv. 1944 gründete sie »Melkorka«, ein Frauenmagazin.

» Kommt herein, alles ist fertig«, begrüßt uns eine fröhliche alte Dame. Wir, das sind Halldór Guðmundsson, der eine hervorragende Biografie über Halldór Laxness, den isländischen Literaturnobelpreisträger von 1955, geschrieben hat, und ich, die die alte Dame interviewen will für den deutschen Rundfunk. Aber erst einmal gibt es Kaffee und selbstgebackenen Kuchen – natürlich mit *rjómi*, isländischer Sahne.

Seit Dezember 1945 haben Auður Sveinsdóttir und ihr Ehemann Halldór Laxness in Gljúfrasteinn gelebt. Jetzt, 2002, soll das weiße Haus der Stadt Mosfellsbær übergeben werden. Aber noch lebt Auður hier. Sie führt mich herum und erzählt über die Räume, die Bilder und ihr Leben mit Halldór. So hat sie für ihn die Manuskripte abtippen müssen. »Ich war seine Schreibmaschine«, meint sie lachend. Als er auf eine seiner zahlreichen Lesereisen ins Ausland ging, sollte sie in der Zwischenzeit den Swimmingpool bauen lassen, was sie auch tat. Bis die Kinder geboren wurden, arbeitete Auður als Röntgenschwester in Reykjavík: »Im Winter war es nicht immer einfach, dorthin zu fahren.« Es gab nur Wege, matschig oder vereist, kein Vergnügen für die tägliche 15 Kilometer lange Fahrt.

Besonders genossen hat sie die Musikabende …

Sie spricht sehr frei und fröhlich und sogar auf Deutsch: »Ich habe Deutsch in der Schule gelernt.« Besonders genossen hat sie die Musikabende. Laxness, der selbst Klavier spielte, liebte es, bekannte Pianisten und Musiker einzuladen. »Bis zu 80 Menschen waren hier, und ich habe alle verköstigt!« Ich kann mir die drängende Enge in den Wohnräumen gut vorstellen. »Die Gäste haben auch auf der Treppe gesessen. Aber es war sehr schön.«

Der Besuch bei Auður fällt mir jedes Mal ein, wenn ich Gljúfrasteinn sehe. Heute sind die Räume abgesperrt, aber sie hat mir alles gezeigt, sogar ihren Schmuck und ihr Schlafzimmer. Und wie Halldór Laxness habe ich in seinem Arbeitszimmer am Fenster gestanden. Auður Sveinsdóttir Laxness ist 2012 verstorben, doch ihre deutsche Stimme habe ich noch. ■

Südwesten

Grün und dampfend — Hier geht es wirklich hoch her, und nicht erst, seitdem die Touristenzahlen so angestiegen sind. Die Erde bebt, die heißen Quellen sprudeln und die Tomaten wachsen und gedeihen.

Seite 77

Hveragerði

Erdwärme hautnah: In dem Thermalgebiet im Zentrum von Hveragerði erleben Sie die unterschiedlichen Quellen. Die geothermische Energie wird für die gesamte Stadt genutzt, auch zum Kochen.

Tomaten gedeihen in den Gewächshäusern von Hveragerði.

Seite 83

Eyrarbakki und Stokkseyri

Der Gang durch die kleinen schnuckeligen Fischerdörfer ist wie eine Zeitreise. Einst waren hier wichtige Häfen, heute wirkt alles verträumt. Ideal für einen Strandspaziergang und danach ein leckeres Essen mit Hummerkrabben.

Eintauchen

Seite 86

Hekla

Der berühmt-berüchtigte Vulkan mit seinen regelmäßigen Ausbrüchen ragt über die Landschaft. Einmal hinauf zum Höhlenschlund!

Seite 89

Lava Centre

Das neue Museum ist ein Erlebnishaus, in dem Sie alles über Vulkanismus erfahren.

Seite 89

Jugendherberge Fljótsdalur

Malerisch gelegen und ein guter Ausgangspunkt für Wanderungen in der Umgebung.

Seite 90

Zu den Stätten der Sagas

In diesen geradezu lieblichen Landstrichen rund um Hvolsvöllur tobten einst die heftigsten und blutigsten Kämpfe zwischen den verfeindeten Sippen. Man kann es kaum glauben.

Seite 93

Heimaey

Auch Island hat sein Lummerland, die Insel Heimaey, die seit dem legendären Ausbruch 1973 zwei Berge hat.

Seite 96

Einmal rund um die Insel

Wanderungen – ein großes Wort für eine kleine Insel, doch es gibt auf Heimaey wirklich viel zu entdecken. Das Schöne hier ist, dass Sie sich viel Zeit lassen und immer wieder die Ausblicke genießen können.

Seite 99

Schlafend Kunstprojekte fördern

»Für viele Isländer ist Hveragerði heute ein Hippie-Ort, weil jetzt etliche Künstler hier leben« – so wie die Autorin Guðrún Eva Minervudóttir und der Filmregisseur Marteinn Þórsson, die sich 2012 mit Tochter Minerva hier niederließen.

Die Schachlegende Bobby Fisher lebte in Selfoss.

»Wie lieblich die Hänge sind, … die goldenen Äcker und das frisch gemähte Heu. Ich reite nach Hause und werde nicht weggehen.« (Njals saga, Kap. 75)

Tomaten, Sagas und Vulkane

S Stillstand gib es in dieser Region nicht, – unabhängig von den stetig wachsenden Touristenströmen. Die Erde bebt, die Vulkane spucken und die heißen Quellen dampfen. Die Isländer haben es geschafft, diese vulkanischen und geothermischen Aktivitäten für sich zu nutzen. In Hveragerði nutzt man die lokale Erdwärme für große Gewächshäuser, in denen Tomaten, Gurken, Paprika und Erdbeeren gedeihen. Aber auch für den Anbau von Freilandpflanzen wie Karotten, Kohl, Lauch, Blumenkohl, Kartoffeln, Gerste, Roggen und Rhabarber sind die günstiger werdenden klimatischen Gegebenheiten und die fruchtbaren Böden ideal. Die Produktion und der Verkauf von Gemüse, Fleisch und Milchprodukten zählen zum Haupterwerb in den Orten der Region. Neben den Gewächshäusern und den Feldern fallen in der Landschaft auch zahlreiche Probebohrungen auf, vor allem auf Hellisheiði, wo eine der aktiven Riftzonen verläuft. Die große Anzahl an Pferdehöfen macht den Süden außerdem zum Reiterparadies. Der legendäre Vulkan Hekla gehört zu den beliebtesten Wanderzielen, der Fluss Hvítá zu den aufregendsten Rafting-Flüssen des Landes. Apropos Fluss:

ORIENTIERUNG **O**

www.south.is: Auf der Hauptseite des Südens findet man Infos zu einzelnen Gemeinden an der Südwestküste, entsprechende Links leiten weiter. Es gibt zahlreiche Adressen von Pferdehöfen mit Tourenangeboten, Shows, Zucht oder Pferdeverkauf.
Auto: Die Fahrt sowie die meisten Ausflüge ins Hochland führen über die südliche Ringstraße.
Bus: Die regionalen Busverbindungen sind gut. Hveragerði oder Selfoss werden tgl. mehrmals, kleinere Orte einmal am Tag von Bussen angesteuert.

Den Süden durchziehen mit die besten Lachsflüsse!

Schon die ersten Siedler wussten diese Landschaft mit ihren Möglichkeiten zu schätzen. Zahlreiche Höfe waren bereits in der Zeit des isländischen Freistaates bewohnt. Manche wurden in der Neuzeit restauriert, andere sind nur noch als Name präsent, doch alle sind Teil der lebendigen Vergangenheit, die ihren Niederschlag in der alten Literatur, den Island-Sagas, gefunden hat. Der Südwesten ist reich an Abenteuern und abenteuerlichen Geschichten.

Hveragerði

📍 **Karte 3, D 7**

Östlich des Hochplateaus Hellisheiði liegt in einem idyllischen Tal die ›Gartenstadt‹ Hveragerði. Schon die Fahrt von Reykjavík auf der Straße Nr. 1 dorthin führt durch eine faszinierende Lavalandschaft mit den Pseudokratern **Rauðhólar,** deren Material für den Straßenbau und die Startbahn von Keflavík benutzt wurde und die heute unter Naturschutz stehen. Westlich vom Berg **Vífilsfell** (655 m) – mit einem Aussichtspunkt auf dem Gipfel – führt die Straße ins Skigebiet des **Bláfjöll.** Kein Wunder, dass der italienische Künstler Claudio Parmiggiani diese Umgebung als Kulisse für seinen Leuchtturm »Il faro d'Islandia« nutzte, der anlässlich des Reykjavík-Kulturjahres 2000 errichtet wurde.

Es grünt so grün

Die Stadt Hveragerði ist vor allem bekannt geworden durch die in Island-Bildbänden der 1960er- und 1970er-Jahre immer wieder auftauchenden Fotos von Bananen. Die geschützte Tallage und die zahlreichen Thermalquellen, daher der Name – er bedeutet so viel wie ›Mauer der warmen Quelle‹ –, haben dazu beigetragen, dass Hveragerði heute eine der Gartenstädte Islands ist. Mit den ersten Häusern baute man 1929 zugleich auch die ersten Gewächshäuser. 1939 wurde die staatliche Gartenbauschule gegründet, die u. a. Versuchsprogramme für Gewächshäuser und künstlich erwärmte Freibeete durchführte und heute eine Dependance der Hochschule für Landwirtschaft in Island ist. Hveragerði ist auch als Rehabilitationszentrum für Rheumaerkrankungen anerkannt, und 1955 wurde hier das **Kurheilbad** des Isländischen Homöopathenverbandes eröffnet (Thermalgebiet,

Es hat sich herumgesprochen: Durch das Reykjadalur bei Hveragerði fließt ein warmer Fluss, in dem man herrlich baden kann. Auch im Winter lohnt es sich, die Badesachen einzupacken.

TOUR
Überall dampft es

Wanderungen rund um Hveragerði

Infos

Schwarze Tour:

Start: Hveragerði,
📍 Karte 3, D 7

Länge: hin und
zurück 20,2 km, ab
Parkplatz 14,6 km

Hinweis: Bade-
sachen einpacken

Baden im warmen Fluss (schwarz)

Über die Straße, die nach Norden aus Hveragerði hinaus-
führt, gelangt man zu den Wanderwegen ins **Reykjadalur.**
Man braucht ca. eine Stunde bis zum Einstieg in das Tal.
Man kann bis dorthin aber auch mit dem Auto fahren,
dort befinden sich ein **Parkplatz** und im Sommer ein
Café. Besonders beliebt ist **Klambragilslaug,** in dem Teil
des Flusses wird gern gebadet. In der Umgebung sollte
man feste Schuhe tragen, denn es gibt sehr heiße Stellen,
oft dampfend, in die man auch einbrechen kann. Während der Sommermonate sind hier sehr viele Besucher.
Auf dem gleichen Weg geht es wieder zurück.

Zwei Runden durch die Lavalandschaft (rot/grün)

Das **Hengill-Massiv** (803 m) besteht aus Basalt, Rhyolith
und Tuff. Unter dem Gebirge befindet sich in 2 km Tiefe
eines der größten Hochthermalgebiete des Landes mit
einer Temperatur von 400 °C. In den zahlreichen Tälern
und Klammen, die sich aus dem nördlich gelegenen Hengill-Gebirge bis Hveragerði
herunterziehen, stößt man
immer wieder auf Dampf-
und Schlammquellen. Im
Kraftwerk **Hellisheiðarvirkjun**
wird die Wärme in Strom umgewandelt (s. S. 295). Nördlich des Kraftwerks befindet
sich ein Einstieg für eine
kleine (rot, 10,5 km) und
eine große (grün, 15,7 km)
Rundwanderung durch das
Hengill-Gebirge. Es ist eine
beeindruckende Lavaland-
schaft in Braun-Grün-Grau,
in der man sich bewegt. Die
gut markierten Wanderwege
führen bis nach Nesjavellir
und weiter zum Þingvallavatn.

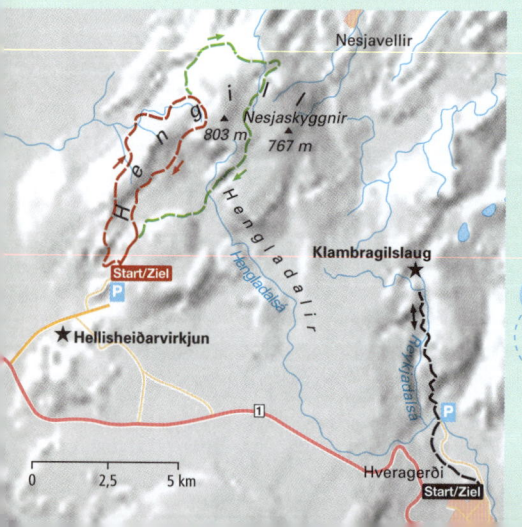

Hveramörk 13, T 483 50 62, Mai–Aug. 8–18 Uhr, Sa/So 12–16 Uhr). Um Touristen zu gewinnen, bietet die Klinik auch Wellnessprogramme wie Massagen und Schlammbäder für jedermann an.

In einem ausgewiesenen Thermalgebiet im Zentrum der Stadt können Sie sich mit den unterschiedlichen Quellen, ihrer Beschaffenheit und Wirkungsweise vertraut machen. Die geothermische Energie wird für die gesamte Stadt genutzt, für die Beheizung der Wohnhäuser, des Schwimmbads und der Gewächshäuser. Gemüse und vor allem Schnittblumen und Topfpflanzen wachsen hier reichlich. 2008 machte die Region Schlagzeilen, als hier ein Erdbeben stattfand. Einige Inneneinrichtungen gerieten dabei ziemlich durcheinander.

In der Umgebung von Hveragerði bieten sich verschiedene **Wanderungen** an, s. Touren S. 78. Wo das heiße Wasser für die Gewächshäuser herkommt, erfährt man beim Besuch des Kraftwerks **Hellisheiðarvirkjun** an der Hengill-Südseite (s. S. 295).

Museen

Klein. aber fein

Kunstmuseum: Das moderne Museum (Listasafn Árnesinga) hat seinen Sammlungsschwerpunkt auf Gegenwartskunst gelegt. Es gibt bemerkenswerte Ausstellungen sowohl von internationalen als auch isländischen Künstlern, die keine Mainstream-Kunst zeigen. Café im Haus.
Austurmörk 21, www.listasafnarnesinga. is, Mai–Sept. tgl. 12–18, Okt.–April Do–So 12–18 Uhr, Mitte Dez.–Mitte Jan. geschl., Eintritt frei

Alles über das Erdbeben 2008

The Quake 2008: In dem Einkaufszentrum wird eine Ausstellung über die Folgen des Erdbebens im Mai 2008 gezeigt. Damals wurden einige Gebäude in Mitleidenschaft gezogen. Zu sehen sind u. a. Einrichtungsgegenstände, die bei dem Beben, das die Stärke 6,3 auf der Richterskala erreichte, demoliert wurden, und im Erdbebensimulator kann man erleben, wie sich ein Erdstoß anfühlt.
Sunnumörk 2–4, Ausstellung freier Eintritt, Erdbebensimulator kostenpflichtig

Schlafen

Gartensiedlung

Backyard Village: Zwei kleine Hütten bieten Platz für vier Personen und Selbstversorgern alle Möglichkeiten. So können Sie den Ort und seine Umgebung entspannt erkunden, sich abends in die Sauna setzen und vielleicht einen Plausch mit Eva und Matti führen (s. Zugabe S. 99), oder auch ein gemeinsames Abendessen planen. Seit März 2018 gibt es diese schöne Anlage. Ideal, um von hier aus im Südwesten herumzufahren.
Laufskógar 11, T 822 89 58, www.backyard. is, 140 € pro Nacht

Essen

Etwas anders isländisch

Kjöt og Kúnst: ›Fleisch und Kunst‹, so der übersetzte Name, ist Laden und Restaurant zugleich. Geboten werden isländische Gerichte und Vollwertkost, auch zum Mitnehmen. Außerdem wird mit heißem Dampf gegart.
Breiðamörk 21, T 483 50 10, www.kjotog kunst.is, Mo–Sa 11.00–21 Uhr, Hauptgericht ab 2690 ISK

Typisch isländisch

Conditori Hverabakarí: Die Bäckerei des Ortes, nicht nur für Selbstversorger, hier bekommt man auch kleine Gerichte und Sandwiches, guten Kuchen sowieso.
Breiðumörk 10, T 483 48 79, tgl. Mo–Fr 7.30–18, Sa/So ab 8–17 Uhr

Bewegen

Zu Pferd
Eldhestar: Reittouren von einfach bis anspruchsvoll. Für erfahrene Reiter ist der Schafabtrieb im September ein Erlebnis, 1 Tag ab 186 €, 6 Tage 1865 €.
Vellir, T 480 48 00, www.eldhestar.is

Schwimmen
Sundlaugin Laugaskarði: Es ist nicht nur eines der schönsten, sondern auch eines der ältesten Schwimmbäder in Island. Architektonisch stilvoll und ansonsten gemütlich. 50-m-Becken, Hot Pots, Sonnenbank und Sauna.
Reykjamörk, T 483 41 13, 15. Mai–15. Aug. Mo–Fr 6.45–21, Sa/So 10–19, 16. Aug.– 14. Mai Mo–Do 6.45–20.15, Fr 6.45–17.15, Sa/So 10–17.15 Uhr, 900 ISK

Infos

- **Regional Information Center:** Sunnumörk 2, T 483 46 01, www.south.is, Sommer Mo–Fr 8.30–18, Sa 9–16, So 9–14, Winter Mo–Fr 8.30–17, Sa 9–13 Uhr.
- **Blooming Days:** Hveragerðis Blumenfestival im August mit Ausstellungen, Märkten. Der ganze Ort erblüht.
- **Bus:** Alle Busse zwischen Reykjavík und Höfn halten hier, außerdem Verbindung nach Þorlákshöfn.

Þorlákshöfn

📍 **Karte 3, D 7**

Seit Jahrhunderten ist Þorlákshöfn ein Fischerort, der zum Wohlstand der Region beitrug. Fischfang und Fischverarbeitung bilden die wirtschaftliche Basis der Bewohner. An der Südküste zwischen Grindavík und Höfn im Südosten ist Þorlákshöfn der einzige gute **Hafen.** Bis Sommer 2010 lief ausschließlich von hier die Fähre nach Heimaey (s. S. 93) aus. Bemerkenswert an der Hafenanlage ist der Wellenbrecher aus 2930 Felsblöcken mit einem Gewicht von 9,3 t, der in dieser Art hier erstmals in Island gebaut wurde. Einen Besuch lohnt auch die architektonisch gelungene **Kirche,** die dem Heiligen Þorlák geweiht ist.

Þorlákshöfn ist ein idealer Ausgangspunkt für Strandwanderungen. Seit dem Bau der Brücke 1988 bestehen unmittelbare Busverbindungen zu den südlichen Küstenorten Eyrarbakki und Stokkseyri.

Einkaufen

Glasig
Hendur í höfn: Sehr schöne Glaskunst, auch Schalen oder Schüsseln. Angeschlossenes Café, Suppe 2490 ISK, Salat 3190 ISK.
Unubakka 10–12, T 848 33 89, http://hendurihofn.is/en, tgl. 11–17 Uhr

Bewegen

Schnell und entschleunigt
Black Beach Tours: Der eine mag es schnell und abenteuerlich, wie eine Fahrt im Rib-Boot oder mit einem ATV durch die Lava und am Strand entlang. Doch der schwarze Sand lädt auch zum Entschleunigen ein, z. B. bei einer Yogastunde. Yoga 1 Std. 5000 ISK, ATV-Touren ab 13 900 ISK.
Hafnarskeið 17, T 625 05 00, https://blackbeachtours.is

Infos

- **Bücherei Ölfuss:** Hafnarberg 1, T 480 38 30, www.olfus.is/bokasafn, tgl. 9–12, 13–16 Uhr.

Lieblingsort

Grün-rote Ranken

Ich liebe Tomatensuppe! Die beste gibt es in Reykholt, wo ich umringt von riesigen Tomatenpflanzen meine Suppe genieße. Es ist wohlig warm in dem großen Gewächshaus, ein bisschen fühle ich mich wie im Dschungel – nun, zumindest wie in einer Art Dschungel. Hier ist das Tomatenparadies von Island. Auf den Tischen stehen Töpfe mit frischem Basilikum, daneben liegen Kräuterscheren zur Selbstbedienung. Ich runde mein Menü noch mit einer Healthy Mary mit Ingwer, gepresst aus grünen Tomaten, und einem Tomateneis ab. **Friðheimar** (♥ Karte 3, E 6) heißt dieser herrliche Gemüsehof (1,3 km östl. von Reykholt, T 496 88 94, www.fridheimar.is, tgl. 12–16 Uhr, Tomatensuppe 2290 ISK, Tomateneis 1390 ISK, Reservierung empfohlen).

Ja, manchmal muss es Luxus sein. Besonders schön gelegene und luxuriös ausgestattete Apartments und Zimmer bietet die Anlage **Grimsborgir**. Als Standort für Ausflüge wie z. B. zum Goldenen Kreis oder zu den Küstenorten ist sie ideal. Die Außenanlage ist mit Hot Pots besonders attraktiv gestaltet. Im Restaurant werden ausgezeichnete Gerichte mit Fisch oder Lamm und vegetarisches Essen serviert (Ásborgir 30, nördl. von Selfoss, an der Nr. 36, über die Nr. 35 zu erreichen, T 555 78 78, www.grimsborgir.com, Dinner um 4900 ISK, DZ ab 56 600 ISK).

- **Bus:** www.straeto.is. Von Selfoss fährt Mo–Fr ein Bus, Linien 71, 75, über Eyrarbakki und Stokkseyri.

Selfoss ♥ Karte 3, D 7

Die Milch-Stadt

Die Orte Selfoss, Eyrarbakki und Stokkseyri hat man aufgrund ihrer Nähe zu der neuen Gemeinde Árborg verbunden. Die ursprünglichen Ortsnamen sind aber weiterhin in Gebrauch. Die Stadt Selfoss am Gletscherfluss Ölfusá ist das Handelszentrum des Südens. Die Einwohner leben vor allem vom Handel mit Landwirtschaftsprodukten, so wurde 1929 eine der ersten Molkereien Islands, **Mjólkurbúð Flóamanna,** hier eröffnet. Die heutige Molkerei gehört zu einem Verbund und produziert vor allem Skyr (s. S. 283). Der Brückenbau bei Selfoss im Jahr 1891 war nicht nur das größte Bauwerk seiner Zeit, sondern veränderte vor allem die Infrastruktur im Süden.

Eyrarbakki, 1000 Jahre lang Zentrum für Handel und Verkehr, verlor dadurch seine bedeutende wirtschaftliche Stellung. Im September 1944 brach die Brücke, die nicht für den schweren Lastenverkehr geplant war, unter zwei Molkereifahrzeugen zusammen. Schon drei Monate später konnte die neue **Hängebrücke** eingeweiht werden.

Der Reiz der Stadt erschließt sich dem Reisenden nicht sofort, denn sie wirkt von ihrer Anlage her mit den Einfamilienhäusern und der rechtwinkligen Straßenführung wie ein amerikanischer Vorort. Doch auf Spaziergängen entlang des Flusses Ölfusá oder durch die kleinen Straßen kann man schöne Winkel entdecken. Selfoss bemüht sich sehr, touristisch attraktiv zu werden. Kultur, Sport- und Unterbringungsmöglichkeiten sind in den letzten Jahren ausgebaut worden, ebenso wie das Angebot, Ausflüge an die Südküste oder nach Geysir, Gullfoss etc. von hier aus zu unternehmen. Auch Schachfreunde werden den Ort mögen, denn hier lebte zuletzt Bobby Fischer.

Ingólfsfjall

Der Berg Ingólfsfjall (551 m) vor der Stadt ist nach dem ersten Siedler Islands, Ingólfur Arnarson, benannt, der in einem Hügel auf dem Berg begraben sein soll. Von dem Tuffberg hat man einen ausgezeichneten Blick auf die Südküste bis zu den Vestmannaeyar. Auch wenn die Felsen schlimmsten Steinschlag befürchten lassen, braucht es dafür doch ein Erdbeben, wie es im Jahr 1896 stattfand.

Museum

Der Schachweltmeister

Bobby Fischer Center: Der US-amerikanische Schachweltmeister hatte seine

Liebe zu Island entdeckt, wo er auch verstarb. Sein Grab liegt an der Laugardaelakirkja, etwas außerhalb von Selfoss (nordöstlich des Ortszentrums). Im Museum gibt es Memorabilien und regelmäßig finden Schachmeisterschaften statt.
Austurvegur 21, T 894 12 75, www.fischer setur.is, 15. Mai–15. Sept. tgl. 13–16 Uhr, 1000 ISK

Schlafen

Sicher fällt das Hotel am Fluss als Allererstes ins Auge, doch gibt es kleine Gästehäuser mit preiswerteren Unterkünften.

Zentral
Hostel Selfoss: Ansprechende Atmosphäre, mit Garten und auch einem Hot Pot auf der Terrasse. Küche und Waschautomat stehen zur Verfügung. Man kann auch Mahlzeiten ordern, entsprechend vorab absprechen.
Austurvegur 28, T 482 16 00, www.hostel.is, DZ ab 90 €

Lauschig
Zeltplatz: Zentral gelegen neben dem Gesthús und gut ausgestattet, z. T. gibt es richtig lauschige Ecken, in die man sein Zelt stellen kann. Bäume und Büsche bieten guten Schutz bei Wind.
Engjavegur, www.gesthus.is, 2000 ISK/Pers./ Nacht

Essen

Sehr gemütlich
Kaffi-Krús: Neben Kuchen und Gebäck gibt es auch kleine und große, hübsch präsentierte Gerichte. Das altertümliche Haus und die Einrichtung laden zum Verweilen ein.
Austurvegur 7, T 482 12 66, www.kaffikrus. is, tgl. 8.30–22 Uhr, Salate ab 2380 ISK, Hamburger 2400 ISK

Infos

• **Upplýsingamiðstöð Árborg:** in der Bibliothek, Austurvegur 2, T 482 42 41, 15. Mai–Aug. 10–18, Sa 11–14 Uhr. Hier gibt es Karten für Wanderungen in der Umgebung und u. a. Internet.
• **Bus:** tgl. Busse von Selfoss nach Reykjavík sowie Stokkseyri, Eyrarbakki und Höfn. Weitere Touren ins Hinterland wie etwa nach Gullfoss, Geysir oder ins Hochland, Abfahrt Fossnesti (Austurvegur 46). Selfoss ist ein Verkehrsknotenpunkt.

Eyrarbakki ♥ Karte 3, D 7

Die gute alte Zeit
Eyrarbakki mit seinen zahlreichen alten Häusern wirkt recht unberührt und sehr anheimelnd. Der Ort war jahrhundertelang der einzige Hafen an der Südküste und damit ein wichtiger Handelsort. Erst als Selfoss die Brücke erhielt, verlor der Platz seine Bedeutung. Für leidenschaftliche Köche ist Eyrarbakki ein lohnendes Ziel, denn hier werden die besten Pfannkuchenpfannen des Landes produziert. Von hier aus brach auch Eyrarbakkis berühmtester Sohn, Bjarni Herjólfsson, auf. Als er zu seinem Vater nach Grönland wollte, der 985 mit Eirík rauði ausgewandert war, trieb sein Schiff bis an die amerikanische Küste, aber aus Furcht vor den Indianern betrat er nicht das Land.

Für Strandspaziergänge und Wanderungen in das Naturschutzgebiet **Flói** an der Mündung der Ölfusá ist Eyrarbakki ein guter Ausgangspunkt. In dem Schutzgebiet kann man Vögel beobachten und außerdem sehr gut Lachse angeln. Ein ausgewiesener Weg führt durch das Terrain, in dem auch Watvögel brüten.

EISLAND SOLL GRÜN-LAND WERDEN

E

Gunnarsholt ist eine staatliche Versuchsstation zur Renaturierung der durch Erosion gefährdeten Landstriche. Das ist immer noch ein riesiges Problem, obwohl man schon 1907 die Landgræðsla ríkisins, die staatliche Einrichtung für Bodenerhaltung und -schutz, gründete. Die Südküste Islands ist besonders stark gefährdet, da hier die nährstoffreiche Bodendecke durch Stürme besonders leicht weggeblasen wird. Deshalb züchtet man in der Versuchsstation witterungsresistentere Pflanzensorten und sät auf weiten Flächen Gräser und Strandhafer aus. Auch für die zahlreichen Lupinenfelder, deren intensives Blau im Sommer schon von Weitem auffällt, ist die Station verantwortlich (s. Zugabe S. 119). Einen guten Eindruck von ihrer Arbeit erhalten Sie in der Ausstellung des Besucherzentrums (Gunnarsholt, T 488 30 00, www.land.is, nur Gruppen).

Museum

Was ist in den alten Häusern?

Heimat- und Seefahrtsmuseum: Das älteste Haus, Húsið, ist von 1765. Das ehemalige Wohnhaus eines dänischen Kaufmanns beherbergt heute das lohnende Heimatmuseum (Byggðasafn Árnesinga) mit Exponaten aus der damaligen Zeit. Zum Heimatmuseum gehört noch ein weiteres Haus von 1881. Die Exponate in dem benachbarten Seefahrtsmuseum erzählen vor allem von der Geschichte Eyrarbakkis als Hafenort, u.a. sind Fischereizubehör und ein Fischerboot von 1915 zu sehen.

Eyrargata 50, T 483 15 04, www.husid.com, Mai–Sept. tgl. 11–18 Uhr sonst nach Vereinbarung, 1000 ISK

Schlafen

Romantik rundum

Seaside cottages: Zwei alte renovierte Häuser sind stilvoll mit alten Möbeln eingerichtet. Das eine Haus ist für max. zwei Personen und das andere für vier. Ein idealer Platz, um zu entspannen und die Umgebung zu erkunden (von Reykjavík nur 40 Fahr-Min. entfernt), Fahrräder vorhanden.

Eyrargata 37a, T 898 11 97, https://seaside cottages.is, ab 560 € (im Sommer)

Essen

Fisch und Kunst

Rauða húsið: In einem alten Haus, umgeben von Kunst, können Sie Fischgerichte wie Salzfisch oder die beliebten Hummerkrabben genießen.

Búðarstíg, T 483 33 30, www.raudahusid.is, tgl. 12–21 Uhr, abends Fisch ab 4100 ISK, Hummerschwänze 6650 ISK

Stokkseyri ♀ Karte 3, D 7

Östlich von Eyrarbakki liegt der kleine Ort Stokkseyri, der sich heute mit Galerien und kleinen Museen präsentiert. Hier steht eine alte Fischerhütte, Þuríðarbúð, die jedermann zugänglich ist. Benannt wurde die Hütte nach Þuríður Einarsdóttir, einer der wenigen Frauen, die als ›Steuermann‹ auf einem Ruderboot mitfuhr (Juni–Aug. ganztägig).

In der kleinen, alten Molkerei, der ersten Islands, **Rjómabúið á Baugsstöðum**, 5 km östlich des Ortes, sind

Einrichtungen und Geräte aus der Zeit um 1900 untergebracht (Juli–Aug. Sa/So 13–18, sonst T 483 10 82).

Museum

Mich gruselt, mich gruselt
Draugasetrið und Icelandic Wonders: Gruselfreunde und Geisterliebhaber werden das schaurig-schöne Museum Draugasetrið genießen. Im selben Haus im Erdgeschoss kann man sich im Icelandic Wonders noch mit den Wichteln und Elfen Islands vertraut machen und in einer 200 m² großen Kältekammer bei −5 bis −10° C zusammen mit Nordlichtern und Eisbrocken frieren. Originelle Seiten von Island lernt man hier kennen.
Hafnargötu 2, www.draugasetrid.is, Sommer tgl. 13–18, Winter nur für Gruppen, T 854 45 10, Eintritt pro Museum 2000 ISK

Essen

Am Meer, aus dem Meer
Fjöruborðið: Dieses Restaurant ist berühmt für seine Hummerkrabben, die man nach Menge bestellt. Es zieht seit Jahren Reykjavíker – und auch Touristen – hierher. Von vielen Plätzen haben Sie einen schönen Meerblick. Die Einrichtung ist gemütlich bis rustikal, aber schließlich sind Sie wegen der Hummerkrabben hier.
Eyrarbraut 3A, T 483 15 50, www.fjorubordid.is, tgl. 12–21 Uhr, Hummerkrabben ab 5550 ISK

Bewegen

Kajaktour
Kajakaferðir: Touren finden entlang der Küste und auf Seen im Umland statt, je nach Können. Sie werden auch abgeholt.
Heiðarbrún 24, T 695 20 58, 868 90 46, www.kajak.is, ab 4950 ISK pro Pers.

Hella

⚲ Karte 3, E 7

Es kann kaum einen größeren Unterschied geben: hier das grüne, durch landwirtschaftliche Nutzung geprägte Hella und dort, nur wenige Kilometer entfernt, ein riesiges Lavagebiet, in dessen Zentrum der berühmte Vulkan Hekla seit ewigen Zeiten aktiv ist. Das erste Haus in Hella an dem Fluss Ytri-Rangá wurde 1912 gebaut, doch am Westufer des Flusses befinden sich bei dem Hof **Ægisíða** zwölf Höhlen mit Eingravierungen, die vermutlich von irischen Mönchen aus der Zeit vor der Besiedlung im 9. Jh. stammen.

Hella ist heute vor allem ein Dienstleistungszentrum und versorgt die landwirtschaftlichen Gebiete der Umgebung, die auf Tierzucht und Milchproduktion spezialisiert sind. Es gibt drei Supermärkte, Tankstellen, ein Hotel und ein Schwimmbad mit 25-x-11-m-Becken, Hot Pots und Sauna. 4 km östlich gelangt man über die Nr. 266 nach **Oddi.** Im Mittelalter gehörte der Hof einer der bedeutendsten Familien des Landes, den Oddaverjar. Ihr wohl berühmtestes Mitglied war Sæmundur fróði (1056–1133), der Gelehrte. Sæmundur hatte an der Sorbonne studiert, wurde 1078 hier Priester und einer der ersten Geschichtsschreiber Islands. Er errichtete eine Schule in Oddi und legte damit die Basis dafür, dass Oddi zum wichtigsten kulturellen Zentrum des Mittelalters in Island wurde.

Schlafen

Mit Flussblick
Árhús: Am Fluss Rangá liegen die gemütlichen einfachen bis gut ausgestatteten Hütten und der Zeltplatz. Ein idealer Ort, um zu relaxen.
Rangárbakkar, T 487 55 77, www.arhus.is, Hütten ab 9000–13 500 ISK

Essen

Neben zwei Restaurants in Þrúðvangur gibt es den preiswerteren Grill an der Tankstelle und gute Selbstversorgungsmöglichkeiten.

Klein, aber fein
Restaurant Árhús: Adresse S. 85. Direkt an der Hüttenanlage werden Abendessen und tagsüber kleine Gerichte (zwischen 2600–4900 ISK) angeboten. Tgl. 11–21 Uhr

Infos

- **Touristeninformation:** im Servicecenter der Árhús-Hüttenanlage, Adresse S. 85.
- **Bus:** Alle Busse zw. Reykjavík und Höfn halten hier sowie im Sommer die nach Landmannalaugar und Þórsmörk.

Hekla
♀ Karte 3, E/F 7

Der Höllenschlund
Dominierend und oft schneebedeckt ragt das 1491 m hohe Hekla-Massiv aus der Lavalandschaft empor. Der 4 km lange Bergrücken des Spaltenvulkans erstreckt sich von Südosten nach Nordosten. Er ist nicht nur der aktivste Vulkan Islands, sondern auch der berühmteste und vor allem der berüchtigtste. Hekla galt in ganz Europa bis ins 17. Jh. als Tor zur Hölle, aus dem das Jammern und Klagen der gepeinigten Seelen drang. Wie sollten sich auch die Menschen der damaligen Welt die verheerenden Ausbrüche dieses Vulkans erklären, von denen zwölf in der Zeit zwischen 1104 und 1693 stattfanden? Untersuchungen der unterschiedlichen Ascheschichten ergaben, dass die Hekla erstmals vor etwa 7000 Jahren ausbrach. Da die Laven um den Berg herum zur Zeit der Landnahme schon dicht bewachsen waren, nimmt man an, dass der Vulkan damals bereits seit 200 bis 300 Jahren ruhte. Das war wohl auch der Grund, dass erste Siedler ihre Häuser in unmittelbarer Nähe der Hekla errichteten. Der Ausbruch von 1104, der auch in den Annalen der Insel erwähnt wird, zerstörte die damals blühende Siedlung im Þjórsárdalur. Das ausgespuckte Bimsgestein bildete noch 220 km weiter nördlich im Land eine 10 cm dicke Ascheschicht. Selbst in Skandinavien konnte Asche von diesem gewaltigsten Ausbruch in Island nachgewiesen werden. Der längste Hekla-Ausbruch begann am 5. April 1766 und endete im Mai 1768. Die nach allen Richtungen ausgeflossene Lava bedeckte eine Fläche von 65 km². 1947, bei der größten Eruption des Vulkans im 20. Jh., wurde die Asche bis nach Helsinki getragen, außerdem erhöhte sich der Gipfel um 50 m. Der Ausbruch dauerte bis zum 21. April 1948 an. Zuletzt brach der Vulkan nach neunjähriger Pause im Februar 2000 aus. Doch die Eruption war nicht so heftig wie 1991, als die Rauchwolke innerhalb von 10 Minuten eine Höhe von 11,5 km erreichte. Aktuell warten alle in Island auf den nächsten Ausbruch, der 2010 hätte stattfinden sollen.

Schlafen, Essen

In Hekla-Nähe
Hótel Leirubakki: Der Familienbetrieb besteht aus einem Neubau mit Hotelzimmern, von denen Sie auf die Hekla blicken können. Im alten Gebäude, dem ursprünglichen Bauernhof, befinden sich Schlafsackplätze. Von hier aus lassen sich Wanderungen oder auch Reit- und Angeltouren unternehmen. Man wird Sie gerne dabei unterstützen. Zur Entspan-

Das Hekla-Massiv überragt die Landschaft im Südwesten. Die häufigen Ausbrüche des Vulkans führten zur Entsiedlung des Gebietes, da die Menschen den Ausfall von Ernten nicht mehr verkraften konnten.

nung gibt es einen Lava-Hot-Pot. Im dazugehörigen Restaurant können Sie à la carte essen, regionale Produkte stehen auf der Karte.

An der Nr. 26, T 487 87 00, www.leirubakki. is, DZ ohne Bad 26 400 ISK, DZ mit Bad 33 000 ISK, Schlafsack 6100 ISK, alle mit Frühstück

Infos

• **Hekla-Zentrum:** gehört zum Hótel Leirubakki, s. links, tgl. 10–22 Uhr, Eintritt 900 ISK. Hervorragend multimedial präsentierte Informationen über den Vulkan und die Umgebung.

• **Bus:** Im Sommer hält hier der Bus nach Landmannalaugar.

Hvolsvöllur   9 3, E7

Hvolsvöllur entwickelte sich ab den 1930er-Jahren zu einem Dienstleistungs- und Handelszentrum für die Region, nachdem hier viele Brücken errichtet worden waren und der Co-op-Laden seine Tore geöffnet hatte. Bis heute ist er ein Versorgungsort für die Region, Dienstleistungen und Handel schaffen die meisten Arbeitsplätze. Ansonsten hat er einen eher spröden Charme, aber als Reisender kann man von hier aus auf den Spuren der Njáls saga wandeln (s. Tour S. 90), so z. B. nach **Fljótsdalur** in Fljótshlíð mit zahlreichen Wasserfällen. Ein besonderes Highlight ist das **Lava Centre.**

TOUR
Hinauf zum Höllenschlund

Besteigung der Hekla

Infos

Start:
Parkplatz Pistenende,
📍 Karte 3, F 7

Strecke:
hin und zurück 10 km,
600 Höhenmeter

Dauer:
ca. 4 Std.

Hinweis:
Nur mit Geländewa-
gen kommt man bis
zum Parkplatz.

Nicht zuletzt wegen des wunderbaren Ausblicks in Richtung Norden auf die Gletscher Langjökull und Hofsjökull lohnt eine Besteigung der Hekla (1491 m). Faszinierend bei der Wanderung ist es auch, die unterschiedlichen Laven der verschiedenen Ausbrüche zu sehen, von denen einige sogar noch etwas warm sind. Für Vulkanfreunde und ›Bergsammler‹ ein unbedingtes Muss.

Oben angekommen, überwältigt der Rundumblick
Der einfachste Aufstieg erfolgt von Nordosten aus, vom Weg **Landmannaleið** (s. auch S. 232), der nach Landmannalaugar führt. Bei der Erhebung **Skjaldbreið** biegt eine Jeep-Spur in Richtung Hekla ab. Westlich liegen die **Skjólkvíar-Krater,** die bei dem Ausbruch 1970 entstanden und aus denen auch 1991 zwei kleine Lavaströme flossen; östlich befindet sich der rote Krater **Rauðaskál.** Vom **Parkplatz** am Ende der Spur steigt man immer in südwestlicher Richtung an. Der Anstieg ist weder steil noch gefährlich, meist verläuft er über den Rücken. Je nach Schneeschmelze können einige Abschnitte rutschig sein, von daher ist es gut, sich zuvor in Leirubakki nach dem besten Weg zu erkundigen. Der Untergrund besteht aus lockerem Lavageröll und Asche, was beim Abstieg vergnüglich ist, da man dann im Laufschritt hinunterrennen kann. Sehr gut zu erkennen sind die verschiedenen Lavaströme, die schichtweise übereinanderliegen. Im Gipfelbereich muss man auf Dampflöcher und scharfkantige Lava achten – festes Schuhwerk und Handschuhe, falls man stolpert, sind von daher unabdingbar. Die Lavafarben reichen von Schwarz bis Rostrot. Vom **Gipfel** können Sie bis ins Hochland und zum Gletscher Langjökull blicken. Atemberaubend!

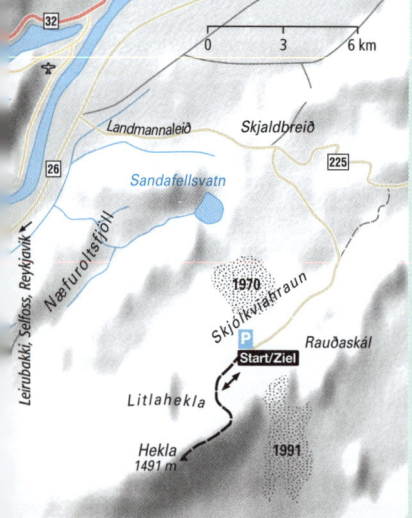

Museen

Die alten Isländer
Saga-Zentrum: Die richtige Einstimmung für eine Tour auf den Spuren der Njáls saga erhält man im Saga-Zentrum (Sögusetrið). In der Ausstellung wird nicht nur die Njáls saga visualisiert, sondern auch viel Wissenswertes über die Lebensumstände in Island zwischen 800 und 1300 sowie über die Seefahrt vermittelt. In einem Raum wird u. a. gezeigt, wie man aus Pflanzen Tinte herstellte. Im selben Gebäude ist auch das Museum zur Geschichte der Co-op-Gesellschaft (Kaupfélag) in Südisland untergebracht. Hliðarvegur 14, T 487 87 81, www.njala.is, Sommer tgl. 9–18 Uhr, Winter geschl., 900 ISK

Alles über Vulkane
Lava Centre: Das neue interaktive Museum ist ein Erlebnishaus, in dem Sie den ganzen Tag verbringen können. Alles über Vulkanismus und die Entstehung Islands erfahren Sie hier. Sie spüren, wie die Erde bebt, und hören die ausströmende Lava. Der Blick vom Dach ist entspannend und Sie sehen, wie schön auch diese Landschaft im Süden ist. Zur Erholung gehen Sie ins Restaurant Katla, wo leckere Gerichte aus regionalen Produkten serviert werden. In der Nähe der Ringstraße, T 415 52 00, www.lavacentre.is, tgl. 9–19 Uhr, Ausstellung und Kino 3200 ISK, Familien mit 2 Ki. 5940 ISK

Schlafen

Kunst und Kaffee
Eldstó Art Café: Das kleine, aber feine Gästehaus hat fünf Zimmer. Die Küche und den Wohnraum können Sie auch benutzen. Frühstück gibt es im gemütlichen Café (s. rechts).

Austurvegur 2, T 482 10 11, www.eldsto.is, tgl. 12–22 Uhr, DZ 159,50 €

Urig
Jugendherberge Fljótsdalur: Malerisch gelegen und ein guter Ausgangspunkt für Wanderungen in der Umgebung. Platz für 15 Pers., deshalb vorher reservieren. Unbedingt ausreichend Lebensmittel mitbringen, denn der nächste Laden ist 27 km (Hvolsvöllur) entfernt. Fljótshlíð, T 487 84 98, www.hostel.is, April–Okt., Hostel ist nicht online buchbar, nur per Telefon oder E-Mail, ab 3850 ISK

Essen

Mit Souvenirs
Café Eldstó: Hübsches Café mit Liebe zum Detail. Guter Kaffee und Sandwiches; außerdem: Keramik aus Heklalava, Suppe ab 1390 ISK, Hauptgericht ab 3190 ISK. Adresse s. Schlafen, tgl. 12–22 Uhr

Infos

- **Touristeninformation:** Hliðarvegur 14, T 487 80 43, www.south.is, im Sommer tgl. 9–18, sonst Sa/So 11–17 Uhr.
- **Bus:** T 551 11 66, www.sternatravel. com und icelandbus.is, tgl. nach Reykjavík/Höfn, 15. Juni–14. Sept. tgl. Þórsmörk (13 900 ISK). Auch: www.straeto.is.
- **www.south.is:** Auf der Hauptseite des Südens findet man Infos zu einzelnen Gemeinden an der Südwestküste, entsprechende Links leiten weiter. Es gibt zahlreiche Adressen von Pferdehöfen mit Tourenangeboten und Shows.
- **Auto:** Die Fahrt sowie die meisten Ausflüge ins Hochland führen über die südliche Ringstraße.
- **Bus:** Die regionalen Busverbindungen sind gut. Hveragerði oder Selfoss werden tgl. mehrmals, kleinere Orte einmal am Tag von Bussen angesteuert.

TOUR
Rache und Vergeltung

Mit dem Auto durch das Land der Njáls saga

Infos

Start: Hliðarendi,
Ziel: Keldur,
📍 Karte 3, E 7

Dauer:
mit dem Auto
2–3 Std. zzgl.
Pausen

Sagahof Keldur:
T 487 84 52, Juni–
Aug. tgl. 10–18 Uhr,
1200 ISK, www.
natmus.is

Allgemeines:
zu Sagas und
Gebäuden www.
sagatrail.is

Wer durch die geradezu lieblichen Landstriche im Südwesten Islands reist, kann sich nur schwer vorstellen, dass hier die heftigsten und blutigsten Kämpfe zwischen den verfeindeten isländischen Sippen stattfanden. Fast jeder Stein und jeder Hügel erzählt eine Geschichte, meist sehen Sie nicht mehr als eine Tafel, aber dafür können Sie Ihrer Fantasie freien Lauf lassen. Die Njáls saga zählt zu den bekanntesten Sagas des Landes, und ihre wichtigen Schauplätze liegen hier. Die Ereignisse um Njáll Þorgeirsson und seine Familie sowie seine Freundschaft zu Gunnar Hámundarson spielen im 10./11. Jh., niedergeschrieben wurde die Saga um 1280. Da sowohl Njáll als auch Gunnar schon in den älteren Landnámabók (Landnahmebuch) erwähnt wurden, nimmt man an, dass die Sagahelden auf reale Personen zurückgehen. Die Mischung aus Realität und Fiktion hat die Menschen schon seit dem Mittelalter begeistert. Die Tour auf den Spuren der Njáls saga ist aber nicht nur kulturgeschichtlich interessant, sondern führt auch durch eine reizvolle Landschaft, geprägt von Flüssen, Gletschern und vor allem dem Vulkan Hekla.

Eine Tragödie des Unausweichlichen

Die Njáls saga liegt in mehreren Manuskripten bzw. Kopien vor, was ihre Beliebtheit durch die Jahrhunderte belegt. Große Themen werden in der Saga angesprochen: Es geht um Liebe und Hass, wie in der Beziehung zwischen Gunnar und seiner rachsüchtigen Frau Hallgerður. Sie verzeiht ihm nicht, dass er sie einmal geohrfeigt hat, und verweigert ihm deshalb ihre Unterstützung in seinem letzten Kampf. Es geht um Rache und unerbittliche Kämpfe zwischen verfeindeten Sippen, an deren Ende nur der Tod stehen kann, wie bei Njáll, der fast mit seiner ganzen Familie in seinem Hof verbrannt wird. Es geht um Gut und Böse, und so entwickelt sich eine kleine Tat eines Einzelnen zu einem

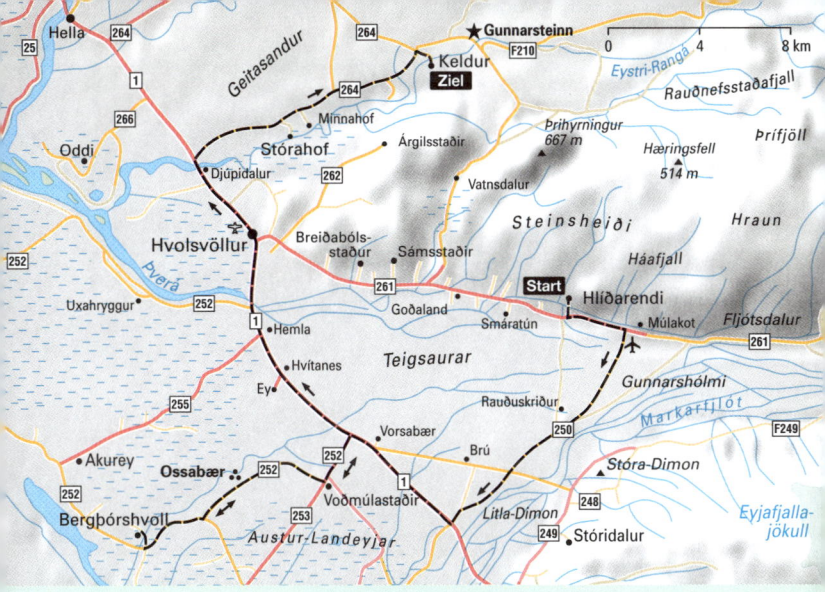

folgenschweren Desaster für alle. Und es geht auch um wahre Helden-Freundschaft, wie sie unverbrüchlich zwischen Njáll und Gunnar Bestand hat.

Das Heim Gunnars

Gunnar ist der strahlende Held, edel und wahrhaftig, doch er bestreitet nur den ersten Teil der Saga. Seine Fähigkeiten sind überwältigend: Seine Schwertschläge sind schnell und kraftvoll, seine Pfeile treffen immer ins Ziel, er schwimmt wie eine Robbe und springt in voller Bewaffnung fast 2 m hoch. Und auch seine schöne Erscheinung wird immer wieder hervorgehoben. Gunnar lebt auf **Hlíðarendi,** einem schön gelegenen Hof in dem Tal Fljótsdalur. Sein Großvater Baugur Rauðason siedelte hier als Erster. Von hier haben Sie einen wunderbaren Blick über die Ebene und den Fluss, umgeben von grünen Hängen. Die kleine Landkirche rundet die Idylle ab. In einem überwältigenden Kampf wird Gunnar in der Saga auf seinem Hof getötet. Heute erinnert eine Tafel an die Ereignisse. Der Pfad über die kleine Brücke führt zu dem Haus der Künstlerin Nina (1892–1965).

Gunnars Entscheidung

In der Saga wird deutlich, wie sehr Gunnar sein Land liebt. Als er sich als Geächteter aufmacht, Island zu verlassen, hält er bei **Gunnarshólmi** inne. Auf diesem Grasland – in der Nähe der Straße 250 – entscheidet er

Die Zeitspanne zwischen 930 und 1030 n. Chr. wird in der isländischen Geschichtsschreibung als das Zeitalter der Sagas bezeichnet. Es war eine Zeit des nationalen kulturellen Wachstums mit der Entdeckung Grönlands und Siedlungsversuchen in Vinland (Kanada).

sich umzukehren und besiegelt damit seinen Tod. Beim Blick auf seinen Hof sagt er: »Wie lieblich die Hänge sind, lieblicher, als sie mir jemals vorher schienen, die goldenen Äcker und das frisch gemähte Heu. Ich reite nach Hause und werde nicht weggehen« (Kap. 75). Nicht weit von Gunnarshólmi ragt der kleine Berg **Stóra-Dimon** einsam in der Flussebene empor. In der Saga heißt er Rauðuskriður und ist Schauplatz eines wichtigen Kampfes. Njáls ältestem Sohn Skarphéðinn gelingt es am Ende des Getümmels, den Fluss auf Eisschollen zu überqueren.

Der Feuertod Njáls

Njál lebt mit seiner Familie auf dem Hof **Bergþórshvoll**, in dem küstennahen Flachland Landeyjar gelegen. Er ist freundlich, reich und vor allem gelehrt und weise. Njál warnt und vermittelt, doch letztlich kann er weder seinen Freund noch seine Familie oder sich vor dem Verhängnis bewahren. Eine 100 Mann starke Truppe umzingelt schließlich Bergþórshvoll und brennt den Hof mit ihm und mehreren Familienmitgliedern darin nieder. Ausgrabungen und archäologische Untersuchungen ergaben, dass an der Stelle des heutigen Gehöfts in der Tat zu Anfang des 11. Jh. ein Gebäude abgebrannt ist. Eine Informationstafel erläutert die Ereignisse.

Der Kampf zwischen Gut und Böse ist ein allgegenwärtiges Thema in spannenden Geschichten – und das nicht erst seit »Krieg der Sterne«. Wer die Njáls saga auf Deutsch lesen möchte, kann dies online tun unter http://sagadb.org/ brennu-njals_ saga.de.

Sagazeit zum Anfassen

Um einen Eindruck von den mittelalterlichen Höfen und den Räumlichkeiten zu erhalten, lohnt ein Besuch des Gehöfts **Stórahof**, das schon seit der Besiedlungszeit existiert. Sein erster Bewohner soll Ketill Þorkelsson gewesen sein, doch für die Njáls saga interessant ist der spätere Bewohner Mörður Valgarðsson, ein Verwandter Gunnars, der zu einem seiner erbittertsten Feinde wurde und auch an seiner Ermordung beteiligt war. Ebenfalls der Hof **Keldur** ist schon in der Besiedlungszeit belegt und gehörte der Familie der Oddaverjar, dem mächtigsten Clan des Südens. In der Njáls saga heißt es, dass Ingjaldur Höskuldsson, der Onkel von Njáls unehelichem Sohn Höskuldur, hier lebte. Teile des mittelalterlichen Hofes sind erhalten, so das Langhaus und ein unterirdischer Gang. Jüngere Anbauten stammen aus dem 17. Jh. und die wellblechverkleidete Holzkirche aus dem Jahr 1875.

Vestmannaeyjar

📍 Karte 3, E8

ORIENTIERUNG

Touristeninformation Heimaey:
Safnahús (Museumsgebäude),
Raðhúsströð, T 488 25 55.
www.vestmannaeyjar.is: offizielle
Seite des Ortes, Isl./Engl., Broschüre zum Download u. a.
www.visitwestmanislands.com:
Die Touristenseite mit allen Infos.
Flugzeug: Eagle Air (Ernir), T 562
42 00, www.eagleair.is, tgl. Flüge
zwischen Reykjavík und Heimaey.
Auto- und Personenfähre: Ganzjährig mehrmals tgl. zwischen Lan-
deyjahöfn und Heimaey (Herjolfur,
T 481 28 00, www.herjolfur.is).

Im Südwesten Islands liegt die vorge-
lagerte Inselgruppe Vestmannaeyjar
(Westmänner-Inseln) bestehend aus
rund 15 Eilanden und zahlreichen
Schären. Einst von Katastrophen heim-
gesucht, ist die einzige bewohnte Insel
Heimaey heute ein hübscher Ort mit
zahlreichen Überraschungen. Das Alter des Archipels schätzt man auf 5000
bis 8000 Jahre, wobei einzelne Inseln
durchaus jünger sein können. Surtsey
entstand erst 1963–1967 und ist der
südlichste Punkt Islands. Die Insel steht
unter strengstem Naturschutz.

Der Name Vestmannaeyjar geht auf
folgende Begebenheit zurück: Hjörleifur, der Ziehbruder des ersten Siedlers
Ingólfur, ließ sich mit seiner Familie
und seinen irischen Sklaven südlich
des Mýrdalsjökull an der Küste nieder,
dem heutigen Hjörleifshöfði. Offensichtlich war das Verhältnis zwischen
Herr und Sklaven getrübt, denn diese
erschlugen Hjörleifur und flohen auf die
Inselgruppe. Um seinen Ziehbruder zu
rächen, verfolgte Ingólfur die Flüchtigen
und tötete sie auf Heimaey, der größten
der Inseln. Das Archipel wurde nach den
irischen ›Westmännern‹ benannt.

Heimaey

Eine Insel mit zwei Bergen …
Auch Island hat sein Lummerland, die
Insel Heimaey, die seit dem legendären
Ausbruch 1973 zwei Berge hat. Fast eine
andere Welt, denn die Insulaner sind ein
ganz besonderes Völkchen. Aufgrund
der überschaubaren Größe der Insel, sie
hat eine Gesamtfläche von 11,3 km², lässt
sie sich gut zu Fuß erkunden (s. Tour
S. 96). Der erste offizielle Siedler auf
Heimaey war Herjólfur Bárðarson, der
sich um 900 dort niederließ, doch eine
kontinuierliche Besiedlung blieb aus. Der
Reichtum der Insel wuchs erst ab 1300
stetig, damals gab es schon drei Kirchen,
und ab 1400 wurde Heimaey Handelsplatz der Engländer.

Im Jahr 1627 wurde Heimaey von
nordafrikanischen Piraten überfallen.
36 Einwohner wurden getötet und 242
– rund die Hälfte der Bevölkerung – in
die Sklaverei verschleppt. Obwohl die
Dänen Ende des 16. Jh. zum Schutz
vor Überfällen eine Befestigungsanlage
(Skansinn) bauen ließen, konnten sie
damit das Eindringen der Nordafrikaner nicht verhindern, denn diese
gingen im Süden von Heimaey an Land.
Die meisten der Insulaner starben in der
Sklaverei, erst neun Jahre später wurden
einige vom dänischen König freigekauft.
Unter ihnen war Guðrið Símonardóttir,
an sie erinnert heute eine Skulptur in
der Nähe des Rathauses. Sie heiratete
nach ihrer Rückkehr den Pfarrer und
Psalmdichter Hallgrímur Pétursson.

Heimaey ist die größte und einzige von Menschen bewohnte Westmänner-Insel. Der Inselhafen konnte 1973 vor der Zerstöung durch Lava geschützt werden.

Der Vulkanausbruch

Heimaey, 23. Januar 1973, 1.55 Uhr nachts. Die Bewohner der Insel wurden von dem Vulkanausbruch aus dem Schlaf gerissen. Sie erlebten ein bedrohliches Inferno: Im Osten der Insel war eine 1600 m lange Erdspalte aufgebrochen und daraus schossen feurige Lavafontänen bis zu 300 m hoch. Tonnenschwere Lavabrocken flogen als glühende Bomben umher, zerstörten etliche Gebäude, die anschließend unter der vulkanischen Asche begraben wurden. Breite feurige Lavaströme mit Temperaturen von 1100 °C ergossen sich im Osten ins Meer. Glücklicherweise konnte die Bevölkerung der Insel, 5300 Menschen, in einer einzigartigen Rettungsaktion innerhalb von nur wenigen Stunden auf das Festland gebracht werden.

Fünf Monate dauerte der Ausbruch, der in dieser Zeit zum weltweiten Medienereignis wurde. Immer wieder ließen sich Journalisten über die Insel fliegen, selbst Linienflugzeuge änderten etwas die Route, um ihren Passagieren dieses Schauspiel zu zeigen. Unbedingt verhindern wollte man, dass die ins Meer fließenden Lavamassen die Hafeneinfahrt verschlössen und damit auch die Lebensgrundlage der Bewohner, die Fischverarbeitung, zunichte machten. Aus diesem Grund pumpte man Meerwasser zur Abkühlung auf die Lava, 4 bis 5 Mio. Liter pro Minute, und erreichte somit ein schnelles Erstarren. Als die Erde schließlich zur Ruhe kam, war ein Drittel der 1200 Häuser unter der Lava begraben und die übrigen von einer dicken Ascheschicht – 1,5 Mio. m³ – bedeckt. Nach monatelangen Bergungs- und Reinigungsarbeiten kehrten rund zwei Drittel der Bewohner zurück.

Erstaunlich viel los

Heute ist Heimaey wieder eine florierende Insel, deren Bewohner es durchaus verstanden haben, Nutzen aus dem Vulkanausbruch zu ziehen. Insgesamt vergrößerte sich die Insel um 2,5 km², die neuen Lavamassen im Süden gewähren dem Hafen einen guten Schutz gegen den Nordostwind, und Baumaterial – früher eher Mangelware – ist jetzt im Überfluss vorhanden. Man weiß hier zu leben mit einem toll gelegenen Golfplatz und großen Sportanlagen. Im Zentrum gibt es etliche Geschäfte und gute Restaurants. Im Grunde verlässt der wahre Heimaeyer seine Insel nur ungern.

Historische Stätten

Die Wehranlage **Skansinn** (Skansvegur, 15. Mai–15. Sept. 11–17 Uhr) aus dem 16. Jh. ziert sogar eine kleine Kanone, daneben steht eine **Stabkirche,** Geschenk der Norweger anlässlich der 1000-Jahr-Feierlichkeiten zur Christianisierung im Jahr 2000. Das weitere Gebäude, **Landlyst,** war Islands erstes Geburtskrankenhaus, 1847 errichtet und später hierhin versetzt. Heute ist es ein Museum, in dem u. a. die erste Hebammenausstattung zu sehen ist. Zu den ältesten Steinbauten Islands gehört die **Landakirkja,** 1778 nach einem Entwurf des deutschen Architekten G. D. Anthon fertiggestellt. Gegenüber der Kirche befindet sich der **Friedhof,** dessen Torbogen 1973 weltweit durch eine Fotografie bekannt wurde, auf der er fast weiß aus der schwarzen Asche herausragt und die Inschrift zeigt: »Ég lifa og Þér munduð lifa« (Ich lebe und ihr werdet leben). Westlich des Friedhofs steht die Skulptur »**Alda aldanna**« (Woge des Jahrhunderts, 1902) von Einar Jónsson.

Museen

Museum der Erinnerung

Eldheimar: Ab 2005 wurden einige Häuser, die bei dem Vulkanausbruch 1973 verschüttet worden waren, freigelegt. Das Projekt erhielt den bezeichnenden Namen ›Pompeji of the North‹. Das über das Grabungsgelände gebaute Museum präsentiert eine der freigelegten Häuserruinen als Exponat und möchte so ein Ort der Erinnerung für die ehemaligen Bewohner sein. Die multimediale Ausstellung informiert ausführlich über das Ausbruchsereignis und macht es nachfühlbar. Eine weitere Ausstellung zeigt die Entstehung Surtseys.

Suðurvegur/Gerðisbraut 10, www.eldheimar. is, 6. Mai–14. Okt. 11–18, 15. Okt.–5. Mai 13–17 Uhr, 2300 ISK

Aus der Tiefe des Meeres

Sæheimar: Das Naturkundemuseum gehört mit zu den besten und größten des Landes. Es beherbergt drei Sammlungen: ein großes Aquarium mit vor allem Fischen und Schalentieren aus den Gewässern rund um Vestmannaeyjar, eine Vogelsammlung mit 150 ausgestopften Arten sowie eine Gesteinssammlung.

Heiðarvegur 12, http://saeheimar.is, Mai–Sept. tgl. 10–17, Okt.–April Sa 13–16 Uhr, 1200 ISK

Lokale Geschichte

Sagnheimar: In gut präsentierten Ausstellungen wird das Leben auf der Insel gezeigt. Der Überfall der Nordafrikaner, das Leben der Frauen oder der Ausbruch 1973 sind zeitgemäß aufgearbeitet.

Ráðhúströð, T 488 20 45, Mai–Sept. tgl. 11–17, Okt.–April Sa 13–16 Uhr, www. sagnheimar.is, 1000 ISK

Schlafen

Heimaey ist nicht nur bei ausländischen Touristen beliebt, sondern auch bei Isländern, speziell im August.

Alles da

Gästehaus Hamar: Von der Ausstattung ist es eher ein Hotel als ein Gästehaus, die Zimmer mit Bad und TV.

TOUR
Einmal rund um die Insel

Wandern mit Meerblick auf Heimaey

Wanderungen – ein großes Wort für eine kleine Insel, doch es gibt auf Heimaey wirklich viel zu entdecken. Das Schöne hier ist, dass Sie sich viel Zeit lassen und immer wieder die Ausblicke genießen können.

Der Berg, der sich aus dem Meer erhob (schwarz)
Sie wollten schon immer den jüngsten Berg Islands besteigen? Los geht es. Vom Osten der Stadt aus führen Pisten vorbei an den Ruinen eines mit Lavamassen bedeckten Hauses, zu dem 1973 entstandenen Vulkan Eldfell und in das Lavagebiet **Kirkjubæjarhraun.** Inmitten der Lava erinnert ein **Gedenkstein** an Pfarrer Jón Þorsteinsson, den nordafrikanische Seeräuber am 17. Juli 1627 erschlugen. Mehrere Wege wurden durch das Lavafeld von 1973 angelegt. An einigen Punkten stehen Schilder mit Straßennamen, die die Straßen lokalisieren, die unter der Lava begraben liegen. Auch an einzelne Häuser wird erinnert mit Schildern und Bildern, die die Familien aufgestellt haben. Diese Spazierwege sind dadurch auch anrührend, weil hier deutlich wird, dass die Menschen bei dem Vulkanausbruch von 1973 ihren gesamten Besitz verloren. Nicht weniger spannend ist die Vegetation, die sich in den knapp fünf Jahrzehnten gewaltig entwickelt hat. In un-

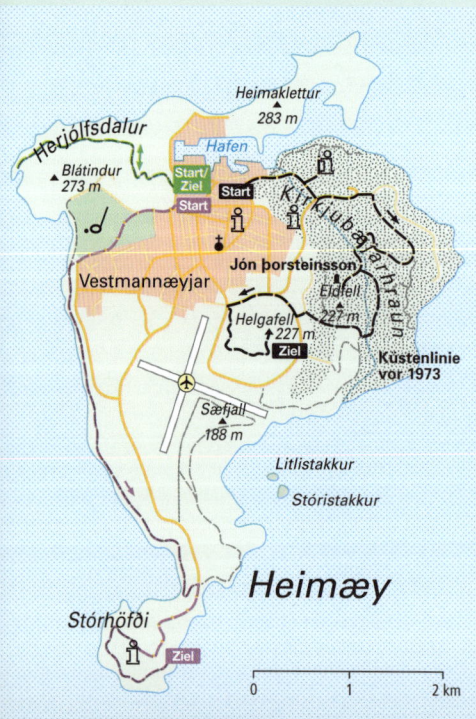

mittelbarer Nachbarschaft von **Eldfell** (227 m) ragt der 5000 Jahre alte Berg **Helgafell** (227 m) empor. Von beiden Vulkanen haben Sie einen weiten Blick über die gesamte Insel und auf die Südküste Islands mit den Gletschern Eyjafjallajökull und Mýrdalsjökull.

Von dem 1973 neu entstandenen Vulkan Eldfell überblickt man fast die gesamte Insel und sieht in der Ferne die Südküste Islands. Der Gipfel von Eldfell ist übrigens heute immer noch warm.

Spaziergang mit Badepause (violett)

Eine Wanderung entlang der **Westküste** der Insel bis zur Südspitze Stórhöfði, von der man bei klarem Wetter die zahlreichen unbewohnten Nachbarinseln sehen kann, ist einfach und erholsam. Der Weg dorthin führt vorbei an einem schönen **Strand**, der im Sommer zum (Sonnen-)Baden aufgesucht wird. Für ornithologisch interessierte Besucher ist die Wanderung ein Vergnügen. Tausende Seevögel nisten in den Klippen, vor allem die großen Kolonien der Papageitaucher. **Stórhöfði** hat eine Wetterstation und einen guten Ausblick nach Surtsey. Ein Schild weist auf die jüngste Insel des Archipels hin.

Steilklippen mit possierlichen Bewohnern (grün)

Wer den Papageitauchern besonders nahe sein will, wandert auf die Klippen um **Herjólfsdalur,** wo die Vögel Erdlöcher in die grünen Hänge gegraben haben. An diesen Hängen kann man inmitten der Kolonien die possierlichen Tiere ausgiebig beobachten, die im Vergleich zu den Möwen ausgesprochen ruhige Zeitgenossen sind. **Blátindur** ist mit seinen 273 m der zweithöchste Berg der Insel und von dort hat man einen exzellenten Ausblick. Von hier aus kann man auch über die Höhen bis zum **Hafen** wandern. Bei dieser Tour ist festes Schuhwerk ratsam. In manchen Klippen hängen Seile, die Sprangan, dem Nationalsport der Westmänner, dienen. Man schwingt an den Felsen entlang, um so zu den Vogelnestern zu gelangen. In der Vergangenheit war das durchaus nicht als Sport gedacht, sondern die Vogeleier dienten als wichtige Ernährungsgrundlage, vor allem in der Zeit, als der Fischfang noch nicht industrialisiert war.

Herjólfsgata 4, T 481 34 00, http://guest
househamar.com, Juni–Aug., DZ um 22 900
ISK, Schlafzellen mit TV 7900 ISK

Für Schlafsackfreunde

**Gästehaus Jugendherberge Sun-
nuhóll:** Die Räume sind einfach eingerichtet, aber angenehm. Gästeküche und
Aufenthaltsraum sind vorhanden sowie
Badezimmer auf jeder Etage.

Vestmannabraut 28 b, T 481 29 00, www.
hostel.is, Schlafsaal 6400 ISK, DZ 13 400–
14 700 ISK, Bettzeugaufschläge

Essen

Das Besondere

Einsi Kaldi: Sehr gelobt wegen der
ausgefallenen kulinarischen Kreationen
wird der Besitzer und Chef. Er ist auf Heimaey aufgewachsen und ist von daher der
Meeresküche sehr verbunden. Natürlich
gibt es hier das Bier der Insel.

Vestmannabraut 28, T 481 14 15, tgl.
11.30–22 Uhr, www.einsikaldi.is, Fisch ab
3890 ISK, 3-Gänge-Menü 7500 ISK

Gut und gesund

GOTT: Beliebt in der Stadt wegen der
guten Küche mit frischen Zutaten, von
Fisch- bis zu vegetarischen Gerichten,
frischen Säften und selbstgebackenem
Brot. Angenehme Atmosphäre. Kurz: Der
Name ist hier Programm, einfach gut essen und sich wohlfühlen.

Bárustígur 11, https://gott.is, T 481 30 60,
11–21 Uhr. Tagesfisch ab 2890 ISK

Bewegen

Inselsightseeing

Viking Tours: Großes Angebot an
Bootsfahrten rund um die Insel (im Sommer, tgl. 11, 16 Uhr, 59 €) oder rund um
Surtsey (auf Anfrage), Walbeobachtungsfahrt (wetterabhängig, Preis tourabhän-
gig), Tiefseeangeln (auf Anfrage, Ausrüstung wird gestellt), Busfahrt über die Insel
(tgl. 13 Uhr). Preise derzeit in Euro.

Strandvegur 65, T 488 48 84, www.
vikingtours.is

Brauerei-Tour

Brothers Brewery: Die örtliche Brauerei bietet Führungen mit Verkostung
(drei Biere) an (2990 ISK). Das Bier hat
2016 einen nationalen Preis gewonnen.
Buchungen über die Internetseite.

Vesturvegur 5, http://thebrothersbrewery.
beer/en

Wanderungen

Eyjaferðir: Wenn Sie nicht alleine wandern möchten, gibt es eine Alternative:
geführte Wanderungen (2–3 Std.). Preise
und Termine auf Nachfrage.

Faxastígur 33, T 481 10 45, http://tourist.
eyjar.is

Termine

- **13. Weihnachtstag:** 6. Januar. Die drei-
zehn Weihnachtswichtel ziehen in Begleitung ihrer Trollelatern mit Fackeln durch
die Stadt; zum Abschluss mit Feuerwerk.
- **Ende des Vulkanausbruchs:** 1. Wochenende im Juli. Mit Musik und Tanz wird
daran erinnert.
- **Nationalfeiertag:** 1. Wochenende im
August. In Erinnerung an die Feier von
1874, an der die Bewohner nicht in Þingvellir teilnehmen konnten. So feierten die
Heimaeyer auf der Insel und behielten die
Tradition bei. Mit Musik und Klippenklet-
tern geht es hoch her. Wer dabei sein
möchte, sollte sich rechtzeitig einmieten.
- **Lundapysa:** Mitte August. Wenn die
jungen Papageitaucher flügge werden,
fliegen sie oft irritiert in den Ort. An Lundapysa, in der sogenannten Nacht der Kinder, retten die Inselkinder die Jungvögel,
sammeln sie in Kartons und bringen sie
am nächsten Morgen ans Meer.

Zugabe
Zu Gast bei Eva und Matti

Schlafend Kunstprojekte fördern

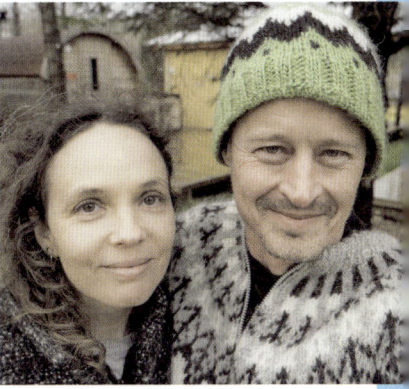

Die perfekte Lösung: Mit dem Geld aus den Vermietungen finanzieren Eva und Matti ihre Kunstprojekte.

Im Winter kommen die Raben zu den Menschen«, sagt Eva, »das gibt meinem Garten etwas Mythisches.« Im *backyard,* dem Garten hinter dem Haus in Hveragerði mit alten, hohen Bäumen stehen mehrere bunte Hütten. Die blaue ist für einige Tage mein Zuhause. Draußen sind es -3 °C, der Wind kühlt noch mehr und die goldene Sonne am Märzabend taucht die Bergzüge in ein warmes Braun und macht das Basaltband an den steilen Hängen noch geheimnisvoller. Dort wohnen die Raben im Sommer.

Eva, Mann Matti und Tochter Minerva ließen sich 2012 in Hveragerði nieder. »Für viele Isländer ist Hveragerði heute ein Hippie-Ort, weil jetzt etliche Künstler hier leben«, meint Eva. Auch sie sind beide Künstler: Guðrún Eva Minervudóttir schreibt wunderbare Romane – 2011 wurde »Der Schöpfer« ins Deutsche übersetzt, 2014 »Alles beginnt mit einem Kuss« – und Marteinn Þórsson, genannt Matti, ist Filmregisseur mit eigener Produktionsfirma. Doch Künstler brauchen eine Basis – finanziell und lokal. Der große Garten ihres Hauses bot Raum für ihre Idee, Gästen eine Unterkunft zu bieten, und somit ist jetzt beides gegeben.

Eva zeigt mir alle Häuser und Tochter Minerva rennt mit hierhin,

> ## Künstler brauchen eine Basis – finanziell und lokal.

dorthin und dazwischen hüpft sie zwei-, dreimal auf dem Trampolin. Es ist Zeit, die Sauna zu befeuern. »Ich bin die Herrin des Feuers«, grinst Eva und entzündet mit kleinen Zweigen die Flamme, um anschließend Holz darauf zu schichten. Nach 30 Minuten ist der Sauna-Ofen warm und wir können uns auf den Besuch vorbereiten. In Island duscht man nackt, aber sitzt im Badeanzug in der Sauna, in Deutschland ist es genau umgekehrt. Eva überlegt, ob sie die Regeln aufschreiben soll.

Die entspannende Wärme, die Eva mit regelmäßigen Aufgüssen gleichmäßig hält, ist ein Genuss. Entsprechend müde ziehe ich mich in das gemütliche Haus zurück, das teilweise mit alten Möbeln der Familie ausgestattet wurde. Von der Schlafcouch im Wohnzimmer kann ich dank des Dachfensters in den Himmel schauen: Der isländische Sternenhimmel mit Tausenden Glitzerpunkten (s. Backyard Village S. 79). ∎

Südosten

Vulkane unter dem Gletscher — Die Urgewalten der Natur haben diese Landschaft geformt und sie sind immer noch am Werk: Feuer und Eis, Wasser und Stürme. Þórsmörk und Skaftafell zählen zu den Top-Wandergebieten der Insel.

Seite 103
Þórsmörk

Der Wald des Donnergottes liegt zwischen den drei Gletschern Eyjafjallajökull im Süden, Mýrdalsjökull im Osten und Tindfjallajökull im Nordwesten. Ein idealer Ort, um die Wanderstiefel zu schnüren.

Der Eyjafjallajökull ist seit 2010 auch in Europa ein Begriff.

Eintauchen

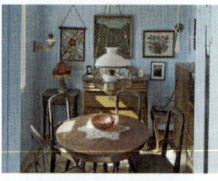

Seite 108
Skógar

Nur wenige Häuser, ein sehenswertes Freilichtmuseum, eine tolle Sicht fast bis zur Küste und ein donnernder Wasserfall, das alles macht den Sprengel Skógar aus! Von hier aus führt eine wasserfallreiche Wanderung über die Gletscher nach Þórsmörk.

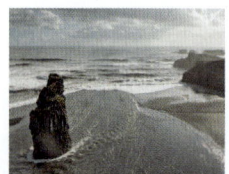

Seite 110
Dyrhólaós

Der schwarze Lavastrand mit der Basalthöhle auf der Nehrung Dyrhólaós zählt zu den schönsten Stränden des Landes.

Seite 112
Mýrdalsjökull

Unter seiner Eiskappe schlummert der sehr aktive Vulkan Katla. Über das Eis führen Jeepfahrten und Wanderungen.

Seite 114
Systrastapi

Der einsame Felsen soll die Ruhestätte zweier Nonnen sein, die sich nicht streng an die Ordensregeln hielten.

Seite 114
Laki-Kraterreihe

Es ist eine der surrealsten und fremdartigsten Landschaften, die je nach Licht gespenstisch bis bizarr wirkt, manchmal dunkel, manchmal leuchtend grau-grün schimmernd.

Seite 115
Skeiðarársandur

In der Sandebene standen einst Höfe, die aber den Ausbrüchen der Vulkane unter dem Gletscher Vatnajökull zum Opfer fielen.

Seite 116
Über Stock und Eis in Skaftafell

Eine Wanderung im Skaftafell verheißt einen wunderbaren Ausflug ins Grüne. Die üppig blühende und vegetationsreiche Oase mit einigen Naturschönheiten und Ruinen vergangener Höfe ist von Gletscherzungen umgeben.

Seite 118
Mit den Mountain Guides unterwegs

Auf mehrtägigen Wanderungen erleben Sie die Landschaften um die Gletscher des Südens hautnah und lernen nebenbei nette Leute kennen. Geführt von den Mountain Guides geht es auch über das Gletschereis und in das Eis hinein.

Wer im Südosten zeltet, kommt den Gletschern nahe.

Laki-Kraterreihe Skaftafell
Tindfjallajökull
Skeiðarársandur
Systrastapi
Kirkjubæjarklaustur
Þórsmörk
Eyjafjallajökull
Mýrdalsjökull
Skógar
Dyrhólaós Vík

0   100 km

Früher lebte hier eine Trollfrau, die den ansässigen Bauern Bjarni und seine Familie über Generationen unterstützte – so lautet eine Volkserzählung.

erleben

Feuer unter dem Eis und eine gnadenlose See

E

Es ist eine der Wow-Regionen Islands: Gletscher und Vulkane, die eine Einheit bilden, weite Lavagebiete und überwältigend schöne schwarze Sandstrände. Die Urgewalten der Natur haben diese Landschaft geformt und sie sind immer noch am Werk: Feuer, Wasser und Stürme. Drei Gletscher folgen hier aufeinander: Eyjafallajökull, Mýrdalsjökull und Vatnajökull. Die spektakulären Ausbrüche ihrer Vulkane sorgen bis heute für Aufregung. Nach der großen Eruption des Eyjafjallajökull 2010/11 wurde für die Region mit den drei Gletschern der Katla-Geopark eingerichtet. Katla ist der aktive Vulkan, der unter dem Mýrdalsjökull schlummert und schon mit viel destruktiver Kraft gewütet hat. Den Gletscher zum Anfassen erleben Sie in Skaftafell im Nationalpark Vatnajökull, wo Sie bis an eine Gletscherzunge laufen oder auf den Gletscher wandern können. Mitten zwischen den Ungetümen aus Feuer und Eis liegt das Naturschutzgebiet Þórsmörk, eines der faszinierendsten Wandergebiete Islands.

Und dann das Meer! Die schönsten schwarzen Sandstrände – insbesondere zwischen den Orten Vík í Mýrdal und Skógar – laden zu Spaziergängen ein,

ORIENTIERUNG O

www.south.is: Auf der Hauptseite des Südens findet man Infos zu einzelnen Gemeinden im Südosten und wird über entsprechende Links weitergeleitet.
www.katlageopark.com: Ausführliche Infos über die Geschichte, Geologie und Natur der Region. Viele Sehenswürdigkeiten werden beschrieben.
Auto: Die Fahrt entlang der Küste sowie die meisten Ausflüge ins Hochland führen über die südliche Ringstraße.
Bus: Die Busverbindungen sind hier sehr gut. Alle erwähnten Orte werden täglich angefahren, ansonsten mehrmals wöchentlich.

aber Vorsicht, das Meer greift nach Ihnen! Über Jahrhunderte sind Fischer und Seeleute in den stürmischen Fluten umgekommen, als die kleinen Schiffe noch Spielbälle Neptuns waren. Nicht einen einzigen Hafen gibt es entlang der gesamten Südküste, zu groß ist die Wucht, mit der die Atlantikwellen auf das Land schlagen. Lediglich ein Fährhafen für Heimaey wurde mit viel Kraft erbaut, zwei große Wellenbrecher schirmen ihn vor der Brandung ab.

Þórsmörk ⊙ Karte 3, F 7/8

Der Wald des Donnergottes

Eine fantastische Landschaft breitet sich zwischen den drei Gletschern Eyjafjallajökull im Süden, Mýrdalsjökull im Osten und Tindfjallajökull im Nordwesten aus – Þórsmörk. Durch die Gletscher vor Südostwinden geschützt, herrscht hier ein relativ mildes Klima, in dem Birken, unterschiedlichste Büsche und Sträucher sowie der leuchtend violett blühende Waldstorchschnabel üppig gedeihen. Der Wechsel zwischen lichtem grünem Wald und nacktem grauem Felsen machen das Gebiet, das von den Flüssen Krossá im Süden, Markarfljót im Nordwesten und Þröngá im Nord-

osten begrenzt wird, so abwechslungsreich. In Þórsmörk siedelte vermutlich in der Mitte des 10. Jh. Ásbjörn Reyrketilsson. Dieser weihte die Gegend dem Gott Thor, daher der Name ›Thors Wald‹. Der heutige Birkenwald wurde aber erst im 19. Jh. angepflanzt und lieferte Holz als Brennmaterial. Heute steht Þórsmörk unter Naturschutz.

Zwischen Þórsmörk und Skogar verläuft eine sehr beliebte Wanderstrecke (s. Tour S. 106).

Die Piste F 249 ⊙ Karte 3, E/F 8

Die Fahrt nach Þórsmörk ist allein schon ein Erlebnis. Die Busse starten von Hvolsvöllur (s. S. 87) und über-

Drei große Gletscher schirmen das Gebiet Þórsmörk vor Wind und Regen ab. Dadurch regnet es hier weniger und die Temperaturen liegen etwas höher, was die Pflanzenwelt oasenartig gedeihen lässt.

Lieblingsort

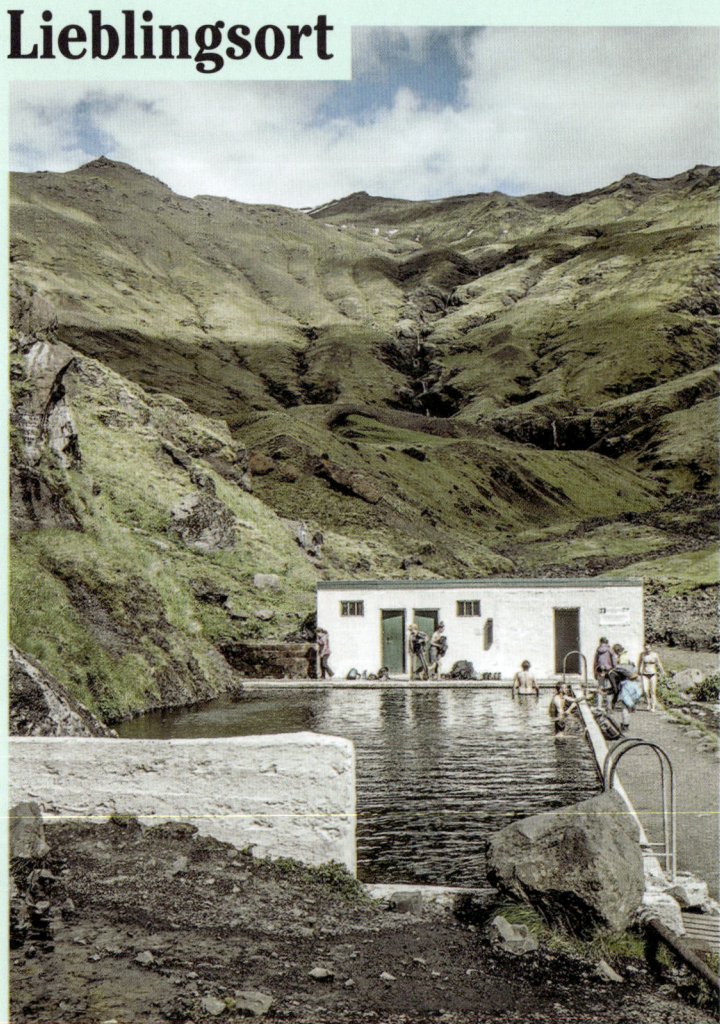

Pool im Nirgendwo

Das Thermalbad **Seljavellir** (♀ Karte 3, F8) wurde 1923 von der Jugend-
bewegung gebaut. Damals ging man noch in die Berge, um zu baden. Wer
nicht so viel laufen möchte, fährt die Nr. 242 bis Raufarfell. Danach geht es
auf einer Piste bis zu einem Parkplatz und von dort sind es noch 20 Min. zu
Fuß. Lassen Sie sich nicht von Algen abhalten, das Bad hat dadurch seinen
besonderen Charme. Für ein Foto ist es auf jeden Fall ein exzellentes Motiv.

queren nach 20 km den Gletscherfluss Markarfljót, der in einem mehrere Kilometer breiten Delta ins Meer mündet. Der weitere Weg verläuft auf der Piste F 249 an der Nordseite des Eyjafjallajökull entlang, dessen zahlreiche Schmelzwasserabflüsse dabei zu furten sind – eine große Herausforderung an jeden Fahrer. Wer das noch nie gemacht, ist in einem bequemen Tourenbus besser aufgehoben, denn fast jedes Jahr werden hier Fahrzeuge, auch Geländewagen, abgetrieben oder der Motor säuft einfach ab. Ich habe das schon beobachtet.

Das größte Hindernis auf dem Weg ist der Fluss Krossá, den man überqueren muss, um zu der Hütte von **Básar** zu gelangen. Trotz aller Warnungen bleiben immer wieder Autos in der Krossá stecken, manche Unfälle enden auch tödlich. Die beiden anderen Campingplätze mit Hütten in Þórsmörk liegen im **Húsadalur** und **Langidalur**. Will man ein paar Tage bleiben, muss man alle Lebensmittel mitbringen, auch wenn es in Langidalur einen kleinen Kiosk und in Húsadalur ein Restaurant gibt. **Hinweis:** Þórsmörk ist zwar ein Wanderparadies, aber an Wochenenden auch ein beliebter Partyplatz der isländischen Jugend!

Schlafen

Angenehm
Básar: Die Hütte bietet Platz für 80–90 Pers. Auch Zelten in der Umgebung der Hütte ist möglich. Zu buchen über Útivist (s. S. 250).
www.utivist.is, Schlafsack 6000 ISK

Hüttendorf
Volcano Huts: Drei Häuser im Húsadalur stehen für Gruppen und Einzelreisende mit Küchenbenutzung und Badezimmer bereit. Acht basic ausgestattete Hütten bieten jeweils 4–5 Schlafplätze

(ohne Toiletten). Außerdem Zeltplatz, Restaurant (Frühstück 2200 ISK, Mittag 2700 ISK, Abend-Buffet 4500 ISK) sowie ein Servicehaus mit Sauna, Duschen, Toiletten und Hot Pot.
Húsadalur, T 552 83 00, www.volcanohuts. com, kleine Hütte 29 000 ISK, DZ 26 000 ISK, Schlafsack 8400 ISK

Ursprünglich
Skagfjörðsskáli: Die älteste Hütte im Langidalur hat fünf Schlafsäle für insgesamt 75 Pers., WCs und Duschen im Nebenhaus, Zeltplatz. Zu buchen über Ferðafélags Íslands (s. S. 250).
Langidalur, T 893 11 91, www.fi.is, 15. Mai–Sept., Schlafsack 8000 ISK

Infos

• **Bus:** Reykjavík Excursions, T 580 54 00, www.re.is/iceland-on-your-own/. Mai–Sept. tgl. von/nach Reykjavík und Þórsmörk, Húsadalur sowie Verbindungen zwischen den Hütten (je nach Strecke von 4500 bis 14 000 ISK).

Eyjafjallajökull

📍 **Karte 3, E/F 8**

Der Unaussprechliche
Erinnern Sie sich noch an 2010, als der Zungenbrecher-Vulkan ausbrach und den Flugverkehr in Europa lahmlegte? Zahllose Varianten des Namens waren plötzlich in den Medien zu hören. Die einst weiße Eiskappe bedeckte lange Zeit eine graue Ascheschicht, und noch immer fürchtet man, dass auch der Nachbarvulkan ausbricht. Die letzte Eruption des subglazialen Vulkans vor 2010 datiert auf die Jahre 1821/22. Mit einer Höhe von 1666 m ist der Gletscher Eyjafjal-

TOUR
Islands schönstes Wanderrevier

Wanderstiefel schnüren in Þórsmörk und Skogar

Die Wandervereine Ferðafélags Íslands und Útivist (Adressen s. S. 241) organisieren Gruppenwanderungen von Landmannalaugar sowie Skógar nach Þórsmörk. Außerdem Touren nur in Þórsmörk.

Das Naturschutzgebiet Þórsmörk, das auf drei Seiten von Vulkanen und Gletschern eingerahmt ist, bezaubert schlichtweg jeden Besucher mit seiner Schönheit. Zahlreiche Wanderwege erschließen es.

Auf den Þórsmörk-Panoramagipfel (violett)

Von den **Volcano Huts Þórsmörk** im **Húsadalur** führt ein direkter, gut begehbarer Aufstieg über den Rücken des Berges Assa auf den 458 m hohen **Valahnjúkur.** Vom Gipfel hat man eine ausgezeichnete 360°-Aussicht über das gesamte Gebiet! Von der Höhe läuft man auf einem markierten Weg hinunter ins **Langidalur,** wo man bei den Hütten eine Pause einlegen kann. Es geht im Tal weiter, bis man vorbei an der Höhle Snorraríki den Birkenwald im **Húsadalur** und schließlich wieder die Volcano Huts erreicht. Funde deuten darauf hin, dass in der kleinen Höhle einst Gefangene gehalten wurden.

Von Þórsmörk nach Skógar oder umgekehrt (schwarz)

Eine andere Wanderung verläuft zwischen den beiden Gletschern Eyjafjallajökull und Mýrdalsjökull entlang nach Skógar. Da der Weg von Básar zu den Gletschern ausgesprochen steil ist, wird die Tour meistens von Skógar aus gestartet. In diesem Fall hat man aber einen nicht ganz

Þórsmörk
Landmannalaugar
Start/Ziel
Pronga
Mófell
853 m
Húsadalur
Hamraskógar
Volcano Huts þórsmörk
Langidalur
Valahnjúkur
458 m
Krossá
Ziel
Básar
þvergil
Kattarhryggur
Heljarkambur
Eyjafjallajökull
Brattafönn
1000 m
Fimmvörðuskáli
Fimmvörðuháls
1100 m
Guónasteinn
1651 m
Baldvínsskáli
Kolbeinsskarð
Skógá
Skógsheiði
Skógafjall
Aussichtsplattform
Skógafoss
Brücke
(Ringstraße)
Skógar
þjóðvegur
Start
1
0   2   4 km

Infos

Start:
Volcano Huts
und Skógar,
📍 Karte 3, E/F 7/8

**Volcano Huts–
Valahnjúkur:**
8 km, ca. 2 Std.

**Skógar–Volcano
Huts:**
23 km, 8–10 Std.
Gehzeit, 1–2 Tage

Übernachtung:
in den Volcano Huts,
Reservierung unter
www.volcanohuts.
com, s. S. 105

ungefährlichen Abstieg nach Þórsmörk vor sich. Beim Start in **Skógar** geht es zunächst rechts vom Wasserfall **Skógafoss** hinauf zu einer **Plattform,** anschließend verläuft der reizvolle Weg in östlicher Richtung entlang der **Skógá,** die dem Wanderer in zahlreichen Wasserfällen entgegenkommt. Nach rund 8,2 km erreicht man eine **Brücke,** und weiter geht es am Westufer, den Pflöcken folgend. Es lohnt der Blick zurück: Im Osten erkennt man Dyrhólaey und im Westen die Westmänner-Inseln. Vegetation und Landschaft verändern sich, es wird karger und steiniger. Die erste Hütte, **Baldvinsskáli,** steht am Rand der Schneefelder, eine einfache Schutzhütte, zu der eine Jeepspur führt. Der Pass **Fimmvörðuháls** liegt auf einer Höhe von 1100 m, bei sonnigem Wetter ein Traum, ansonsten kann es sehr verhangen sein, mit ausgesprochen schlechten Sichtverhältnissen. Wenn zusätzlich die Markierungspflöcke umgefallen sind, tapst man etwas orientierungslos über die Schneefelder. Dennoch haben solche Wolkenwanderungen durchaus ihren Reiz. Die Hütte **Fimmvörðuskáli** für die Übernachtung liegt 500 m westlich der Route. Der Weg von der Hütte verläuft über kleine Altschneefelder und Schotterhügel. Nach 30 Minuten stößt man auf neue Lava, die schnell durchquert ist. Nach Überwindung des Passes **Brattafönn** (1000 m ü. NN) geht es im Norden hinab in eine urwüchsige Schluchtenwelt. Einige Abschnitte sind etwas steiler, doch dort finden Sie Ketten und Seile zur Sicherung, so auch an dem Grat **Heljarkambur** (Höllenkamm). Die Ausblicke in die Tiefe sind beeindruckend und nach Überschreiten des Grats **Kattarhryggur** gelangen Sie zur Schlucht **Þvergil.** Von dort ist es nicht mehr weit zum ersten Birkenwald von Þórsmörk und der Hütte **Básar.** Über die Krossá führen Fußgängerbrücken.

Auf dem Laugavegur

Eine beliebte 4-Tages-Tour auf dem Laugavegur nach Landmannalaugar beginnt in Þórsmörk. Der Weg vom Tal **Húsadalur** verläuft durch **Hamraskógar** weiter in nordöstlicher Richtung über Emstrur, Álftavatn und Hrafntinnusker. In den Hütten des Ferðafélags Íslands (Wanderverein Islands) besteht die Möglichkeit zu übernachten. Den notwendigen Schlüssel erhält man beim Hüttenwart der Ferðafélags-Hütte, die im Langidalur in der Nähe der Krossá steht. Startet man die Tour in Landmannalaugar (s. S. 233), hat man weniger Anstiege.

lajökull die höchste Erhebung an der Südküste.

Einer der beliebtesten Wasserfälle – wenn man die zahllosen Besucher sieht – ist der 40 m hohe **Seljalandsfoss**. Er stürzt an den fast senkrechten Bergwänden des Eyjafjallajökull neben vielen anderen herab. Das Besondere an ihm ist, dass Sie hinter ihm hergehen können (Regenzeug empfohlen).

Ca. 3–4 km weiter, westlich des Hofes Fit, befindet sich eine Höhle in der Felswand, genannt **Paradísarhellir.** Den Volkssagen nach hauste hier im 16. Jh. der Gesetzlose Hjalti Magnússon. Runenzeichen zeugen davon, dass hier Leute gelebt haben.

Auf dem Weg nach Skógar lohnt ein Abstecher zum Thermalbad **Seljavellir** (s. Lieblingsort S. 104).

Essen

Pause
Seljalandsfoss: Ein Caféwagen am Parkplatz bietet Snacks und Kuchen und natürlich Kaffee. Wer hier parken möchte bezahlt 700 ISK/Pkw. Alles sehr geschäftstüchtig.

Infos

- **Bus:** Am Seljalandsfoss hält der Bus nach Þórsmörk.

Skógar 📍 Karte 3, F8

Der Hit direkt an der Nr. 1
Nur wenige Häuser, ein sehenswertes Freilichtmuseum, eine enorme Weite mit Sicht fast bis zur Küste und ein atemberaubender Wasserfall, das alles macht den Sprengel Skógar aus!

Skógafoss ist mit seinen 60 m Falltiefe einer der höchsten Wasserfälle in Island. Es heißt, dass der erste Siedler von Skógar, Þrasi, eine Kiste mit Gold dort versteckt habe. Ein Junge wollte sie sich holen, aber er bekam nur den Griff zu fassen, der jetzt im Museum zu sehen ist. Bei Sonnenschein schimmert das Gold durch den Wasserfall, doch weitere Versuche, es zu holen, hat niemand unternommen. Bei einer Wanderung von Skógar auf den Eyjafjallajökull passiert man **Drangshlíð.** Auf der Hauswiese steht ein Fels mit Höhlen, die als Ställe dienten. Der Einstieg für die Wanderung nach Þórsmörk befindet sich rechts des Wasserfalls (s. Tour s. S. 106).

Schlafen, Essen

Landschulcharme
Hótel Edda: Einfache Zimmer mit Waschbecken in dem alten Schulgebäude, das den Sprengel Skógar überblickt. Der Vorteil ist, dass Sie nicht unmittelbar am Parkplatz und dem Wasserfall sind, wo es recht laut sein kann. Hot Pot im Garten. Praktisch, weil alles unter einem Dach ist. Zutaten aus der Region. Frühstück 7.30–10, Abendessen 19–21 Uhr, Frühstück 2400 ISK, Hamburger 1850 ISK, gegrilltes Lamm 4900 ISK.

In der Schule, T 444 40 00, 444 48 30, www. hoteledda.is, Juni–Aug., DZ um 20 000 ISK

Islandfeeling
Zeltplatz: auf einer großen Wiese direkt am Wasserfall. Zudem hat man auch einen wunderschönen Blick in Richtung Küste. Kann recht laut werden und ständig laufen Leute vorbei.

Hallencharme
Skógasafn: s. Kasten rechts. Ideal, da Sie ohnehin das Museum besuchen. Suppen ab 900 ISK.

F

FREILICHTMUSEUM SKÓGAR

Es gibt viele Museen in Island, aber nur wenige, die man wirklich besuchen sollte, **Skógasafn** steht dabei an erster Stelle. Über Jahrzehnte hat der Kurator oder treffender Sammler, Þórður Tómasson, Gebäude, Einrichtungen, Werkzeuge, Fahrzeuge, Boote usw. aus der Region zusammengetragen, die meisten Objekte wurden ihm überlassen. Natürlich gibt es auch eine naturkundliche Abteilung mit ausgestopften Vögeln und einer Eiersammlung. Im Verlauf der Jahrzehnte wurde der Komplex erweitert, und zuletzt kam 2002 das interessante Verkehrs- und Technikmuseum dazu. In den alten Gebäuden des Freilichtmuseums tauchen Sie ein in die früheren Zeiten. Höhepunkt ist sicher, wenn Þórður Tómasson auf dem Harmonium spielt und singt. Hier können Sie sehr schnell viele Stunden verbringen und sich im dazugehörigen Café mit kleinen Snacks stärken (T 487 88 45, www.skogasafn.is, Juni–Aug. tgl. 9–18, Sept.–Mai 10–17 Uhr, 2000 ISK; Café: Juni–Aug. tgl. 10–17 Uhr).

Einkaufen

Regionales

Skógasafn: s. Kasten oben. Außer den üblichen Souvenirs gibt es hier Kunsthandwerk und Strickwaren aus der Region. Einmal vorbeischauen lohnt sich.

Bewegen

Reiten

Skálakot: Hier dürfen Sie auch als Anfänger aufs Pferd. Besonders schön sind natürlich Touren am Strand entlang. Außerdem werden Wanderungen angeboten oder Combo-Touren mit Sauna und Essen. Kurze Ausritte 1 Std., Tagestour 6 Std. ab 7000 ISK, 6-Tages-Touren mit Übernachtungen 124 000 ISK.
6 km westl. von Skógar, T 487 89 53, www.skalakot.com

Eistouren für Anfänger

Mountain Guide: Nur 11 km entfernt liegt die Gletscherzunge Sólheimajökull, dort finden leichte Gletscherwanderungen statt. 2- bis 3-std. Touren ab 10 900 ISK, 5-Tages-Touren 188 900 ISK.

T 587 99 99, www.mountainguide.is, ganzjährig außer 24./25. Dez. und 1. Jan.

Infos

• **Bus:** im Sommer tgl. von/nach Reykjavík und Höfn.

Vík í Mýrdal und Umgebung ♀ Karte 3, F8

Zauberland aus Eis und Strand

Vík í Mýrdal ist der südlichste Ort Islands, der am Fuße des Tuftfelsens **Reynisfjall** (340 m) inmitten saftiger grüner Weiden, umrahmt von schwarzen Sandwüsten liegt. Seine Umgebung und der Vogelreichtum machen Vík besonders, denn der Charme der kleinen Ansiedlung zeigt sich erst bei einem Rundgang. Tourismus und andere Dienstleistungen bilden die wirtschaftliche Basis für die Einwohner. In den Felswänden brüten zahllose Seevögel und vor allem die Küstenseeschwalben haben in Strandnähe ihre Nester. Auf dem Weg zum Strand von Vík mit den markanten Felsnadeln **Reynisdrangar** kommt man an dem Gedenkstein für die deutschen Seeleute der Hochseefischerei vorbei, die bei Schiffsunglücken an der Südküste umkamen. Das Denkmal ist zugleich auch ein Dank an die Isländer, die einige der Schiffbrüchigen retteten. Nach alten Volkserzählungen sollen die Reynisdrangar versteinerte Trolle sein.

Dyrhólaey und Dyrhólaós
♀ Karte 3, F8

Schwarz-weißer Zauber
Die beiden verlandeten Inseln Pétursey (275 m) und **Dyrhólaey** liegen an der Küste westlich von Vík. Dyrhólaey (Türlochinsel) ragt als 120 m hohes, steil nach Süden und Westen abfallendes Kap empor, an dessen südlichster Spitze sich ein Felsentor befindet. Beliebt sind die Bootsfahrten durch das Tor, die von Vík aus unternommen werden. In dem 5 km² großen Naturschutzgebiet um Dyrhólaey brüten Seevögel, und der schwarze Lavastrand der Nehrung **Dyrhólaós** zählt zu den zehn schönsten des Landes (zu erreichen über die Nr. 215 westlich des Reynisfjall). Am Strand taucht man ein in eine Welt aus Steinen und Wellen, aus Klackern und Klickern wie in einem kunstvollen Schwarz-Weiß-Film. Je nach Wetter erkennt man die Umrisse des Kaps Dyrhólaey ganz klar, oder es taucht hinter einem zarten Dunst auf und verstärkt damit den zauberhaften Eindruck des Strandes. Hier erklingt bei jedem Schritt ein eigenes Lied, jeder Blick eröffnet ein neues Gemälde. Beeindruckend sind die Basaltwände mit den unzähligen Säulen, die wie Orgelpfeifen nebeneinanderstehen.

Museum

Deutsche Fischer in Seenot
Brydebúð: Ein Kulturzentrum mit Regionalmuseum ist im ältesten Haus des Ortes untergebracht. Besonders interessant ist der Ausstellungsteil über die Schiffsunglücke vor der Südküste von 1896–1982, unter denen 80 deutsche Trawler waren, sowie die Ausstellung zum Katla Geopark.

Víkurbraut 28, www.visitvik.is/listings/brydebud-1895, Mo–Fr 10–18, Sa/So 12–18 Uhr, 500 ISK

Schlafen

Über dem Ort
Jugendherberge Norður-Vík: Etwas oberhalb des Ortes mit schönem Blick liegt die beliebte Jugendherberge. Aufenthaltsraum, Küchenbenutzung.

Suðurvíkurvegur 5, T 487 11 06, 867 23 89, www.hostel.is, ganzjährig, Schlafsack ab 6500 ISK, DZ 16 700 ISK

Essen

Vielfalt
Ströndin: In der Nähe hält der Bus, von daher auch ein recht beliebter Ort. Es gibt Pizza, aber auch isländische Gerichte, wie Plokkfisch oder Hai. Besonders Hákarl (s. S. 283) mit Brennivín als Vorspeise ist schon sehr speziell. Gute Lammfleischgerichte erhält man aber auch.

Austurvegur 18, neben der Tankstelle, T 487 12 30, www.strondin.is, Juni–Aug. 9–23, Sept.–Mai 9–22 Uhr, 2500–5000 ISK

Haus am schwarzen Strand
Svarta Fjaran: Direkt an der Nehrung Dyrhólaós gelegen, mit guten Gerichten und Snacks ab 750 ISK, Kuchen 990 ISK.

Am Ende der 215, T 571 27 18, http://blackbeach.is, tgl. 11–20 Uhr, im Sommer länger

Am Strand von Dyrhólaós verbinden sich Land und Meer auf besondere Weise: Die schwarzen Lavakiesel werden vom weißen Wellenschaum bewegt, sodass das Farbenspiel vom Klickern der Steine untermalt wird.

Einkaufen

Klassiker
Víkurprjón: Wollwarengeschäft. Gediegene, aber nicht immer sonderlich originelle Sachen, traditionelle Pullover. Man kann auch einen Blick durch die Fenster auf die Strickerinnen werfen.
Austurvegur 20, T 487 12 50, www.icewear. is, tgl. 8–21 Uhr

Wolle von Kopf bis Fuß
The Wool Gallery: Eine kleine Sommergalerie mit Handgestricktem in einem ehemaligen amerikanischen Container. Hier gibt es die ultimativen Filzhüte für windige und kalte Tage.
Vikurbraut 21, www.facebook.com/wool galleryvik

Bewegen

Reiten
Vík Horse Adventure: Einmal das Gefühl von Freiheit und Abenteuer auf dem Rücken eines Pferdes erleben und den schwarzen Strand entlangreiten. Reiten für jeden ab 10 Jahren. Bringen Sie warme Kleidung mit, Helme werden gestellt, 40–60 Min. 10 000 ISK.
Sunnabraut 8, T 787 96 05, www.vikhorse adventure.is

Infos

- **Brydebúð:** Informationen zur Region im Regionalmuseum s. o.
- **Bus:** tgl. von/nach Reykjavík und Höfn.

Mýrdalsjökull   ♥ Karte 3, F 7/8

Vík eignet sich als Ausgangspunkt
für Touren in die Gletscherregion des
Mýrdalsjökull, der mit einer Fläche von
701 km² der viertgrößte Gletscher des
Landes ist. Ca. 200–300 m unter der
Eiskappe schlummert ein überaus aktiver
Vulkan, die Katla. Allein in den 1100 Jahren der Besiedlung haben 17 Ausbrüche
stattgefunden. Unvorstellbare Wasser-
und Schlammfluten – mehrere tausend
Kubikmeter pro Sekunde – stürzen bei
einer Eruption zusammen mit Eisbergen
vom Gletscher herab über die Sander
und sind wesentlich gefährlicher als die
langsameren Lavaströme. Im Isländischen
heißen diese Schlammströme *jökulhlaup*
(Gletscherlauf). Beim letzten großen Ausbruch 1918 wurden 400 m³ große Stein-
blöcke 14 km weit mitgenommen. Die
Katla-Ausbrüche ereignen sich alle 40–80
Jahre. Im Jahr 1955 beobachtete man einen verstärkten Gletscherlauf, aber die
eigens zur Überprüfung der Katla in Vík
und in Kirkjubæjarklaustur aufgestellten
Seismografen konnten keinen Ausbruch
feststellen. In den jeweiligen Centern stehen die Seismographen und Sie können
die Ausschläge der Nadeln verfolgen.

Bewegen

Auf den Vulkan-Gletscher
Arcanum: Es geht hinauf auf den Gletscher, spannend, wenn Sie sich vorstellen, dass unter Ihren Füßen der Vulkan
schlummert. Besonders begehrt sind die
Vulkantouren in Superjeeps zur Katla und
den neuen Vulkanen von 2010, tgl. Abfahrt
10, 12.30, 14 Uhr, Gletscherwanderungen 2 Std. 9490 ISK, 3 Std. 14 990 ISK;
tgl. 1-std. Skidoo-Tour, Abfahrt 10, 12.30,
15 Uhr, 26 990 ISK.
Ytri-Sólheimar 1, 871 Vík, T 487 15 00, www.
arcanum.is

Mýrdalssandur   ♥ Karte 3, F/G 8

Einst schwarz, heute blau
Mit 700 km² ist Mýrdalssandur südöstlich des Mýrdalsjökull die erste große
Sanderfläche des Südens. Gebildet haben sich diese riesigen Gebiete durch
nacheiszeitliche Gletscherströme, die
Sand und Schotter zur Ablagerung
brachten. Der Sedimenteintrag setzt sich
bis heute fort, sodass sich die Küstenlinie von Jahr zu Jahr immer weiter ins
Meer hinausschiebt. Man schätzt, dass
die Schuttzufuhr der Gletscherflüsse auf
die Sanderflächen pro Jahr 49 Mio. t beträgt. Neben der Versandung besteht auf
den Sanderebenen auch Überschwem-
mungsgefahr. Heute sieht man aufgrund
der riesigen blauen Lupinenfelder nur
wenig von dem schwarzen Sand.

Östlich von Vík ragt inmitten von
Mýrdalssandur die verlandete Insel
Hjörleifshöfði 221 m empor. Sie wurde
benannt nach Ingólfur Arnarsons Ziehbruder Hjörleifur, der sich dort 874 niederließ. Der Überlieferung nach wurde
Hjörleifur jedoch von seinen irischen
Sklaven erschlagen. Die Sklaven flohen
auf die Vestmannaeyjar, wo Ingólfur sei-
nerseits Rache für seinen Freund nahm
und sie erschlug (s. S. 93).

Kirkjubæjar-
klaustur und
Umgebung   ♥ G 7

Die Strecke von Westen nach Kirkjubæjarklaustur führt durch die moos-
bewachsene Lavafläche **Eldhraun,**
die beim Laki-Ausbruch von 1783/84
entstand und deren Südseite von zahlreichen Pseudokratern bedeckt ist. Der

kleine Ort Kirkjubæjarklaustur – kurz Klaustur – fand schon früh Erwähnung in den Annalen. Die ersten Bewohner – noch vor den nordischen Siedlern – waren irische Mönche. Es heißt, von ihnen stamme der Schwur, dass nur Christen hier leben könnten. Der erste Siedler, laut Landnámabók (Landnahmebuch), war der Christ Ketill hinn fíflski. Nach dessen Tod wollte sich der Heide Hildir Eysteinsson hier ansiedeln, aber kaum, dass er das Weideland des Hofes erreicht hatte, fiel er tot um. Sein Grabhügel, **Hildishaugar,** liegt östlich des Ortes. Es heißt auch, dass sich später einige Nonnen des Benediktinerklosters hier regelmäßig mit Mönchen aus einem weiter westlich von Klaustur gelegenen Kloster trafen. Kurz: Dieser Ort birgt viele Geschichten und Geheimnisse.

Die heutige **Kirche** wurde 1974 zum Gedenken an Pfarrer Jón Steingrímsson erbaut. Nicht weit von ihr stand das alte Gotteshaus, in dem Jón am 20. Juli 1783 seine berühmte Feuermesse hielt, nach der der Lavastrom, der die Gemeinde bedrohte, einhielt. Dieser erkaltete Strom war Teil der größten Lavamenge, die je bei einem Ausbruch in Island geflossen ist, und zwar aus der 25 km langen Spalte Lakagígar im Südwesten des Vatnajökull. Kirkjubæjarklaustur ist Ausgangspunkt für Touren zur **Laki-Kraterreihe** (isl. Lakagígar) u. a. und deshalb an Sommerwochenenden auch bei Isländern äußerst beliebt. Etwas außerhalb, an der Straße Nr. 203, befindet sich der **Kirkjugólfið,** der sogenannte Kirchenboden, eine 80 m² große Fläche aus sechseckigen, von Gletschern glattgeschliffenen Basaltsäulen.

Schlafen

Malerische Lage
Hörgsland: Die kleine Hütten-Feriensiedlung liegt nicht nur sehr schön, son-
dern bietet auch ein Restaurant (Frühstück 2400 ISK, Abendessen 4600 ISK), Hot Pot und gute Angelbedingungen.

5 km östl. von Kirkjubæjarklaustur, T 487 66 55, www.horgsland.is, Hütte für 2 Pers. ab 24 200 ISK, DZ ohne Bad 24 200 ISK

Zelten mit Komfort
Kirkjubær: Zeltplatz direkt im Ort, sehr beliebt bei Isländern, vor allem bei Wohnwagencampern.

Zelten rustikal
Kleifar: Zeltplatz am Ortsrand an der Nr. 203. Für Outdoor-Fans.

Essen

Leckeres Lamm
Systra Kaffi: Café und Bar mit angenehmem Ambiente. Auf der abwechslungsreichen Karte findet sich für jeden etwas, besonders zu empfehlen ist das Lammfleisch. Meeresfrüchte-Salat 2500 ISK, Hamburger ab 1950 ISK, gegrilltes Lamm 4600 ISK.

Klausturvegur 13, T 487 48 48, www.systra kaffi.is, tgl. 12–21 Uhr

Schnelles Essen
Skaftárskáli: Typisch isländischer Tankstellen-Imbiss mit dem gängigen Angebot, Sie werden definitiv satt, und typisch isländisch ist es auch noch.

Klausturvegur 29, Juni–Aug. 9–21 Uhr, um 1700 ISK

Infos

• **Touristeninformation:** im Skaftárstofa, Klausturvegur 10, T 487 46 20, auch unter www.visitklaustur.is. Ausstellungen zu den Laki-Ausbrüchen und zum Katla Geopark.
• **Bus:** www.sternatravel.com. Im Sommer tgl. Busse zwischen Höfn und Reykjavík, die in Kirkjubæjarklaustur an der Tankstelle

und am Hotel halten und nach einer Pause weiterfahren. Auch Busse über Landmannalaugar (s. S. 233).

Systrastapi und Systravatn

Das 1185 errichtete Benediktinerinnenkloster existierte bis zur Reformation im Jahr 1550. Der einsame Felsen **Systrastapi,** westlich von Klaustur, soll die Ruhestätte zweier Nonnen sein, die sich nicht streng an die Ordensregeln hielten und deshalb verbrannt wurden. Die eine habe sich dem Teufel verkauft und sich auch noch den Männern hingegeben, die andere unsittlich über den Papst geredet. Nach der Reformation wurde der Letzteren ihre Missachtung verziehen, seitdem wachsen auf ihrem Grab Blumen – im Gegensatz zu dem ihrer Betschwester.

Oberhalb von Klaustur befindet sich der See **Systravatn,** in dem die Nonnen badeten. Eines Tages, so wird erzählt, ragte eine Hand mit einem goldenen Kamm aus dem Wasser, nach der zwei Nonnen gierig griffen und die sie für immer in die Tiefe zog.

Laki-Kraterreihe   ♀ G 6/7

Landschaft einer anderen Welt
Es ist eine der surrealsten und fremdartigsten Landschaften, die Sie mit ihrer Schönheit betören wird. Die Atmosphäre, die von ihr ausgeht, ist einzigartig: Kaum ein Laut ist zu hören, je nach Licht wirkt sie gespenstisch bis bizarr, manchmal dunkel, manchmal leuchtend. Überlassen Sie sich einfach Ihrer Fantasie und nehmen Sie sich Zeit, um diese Fahrt zu genießen!

Im Skaftafell-Nationalpark und Umgebung werden Sie sich inmitten der beeindruckenden Natur klein und zerbrechlich fühlen. In Begleitung eines erfahrenen Bergführers kommen Sie den Gletschergiganten nahe.

Auf dem Weg zu den Laki-Kratern, die zum Nationalpark Vatnajökull gehören, kommen Sie an der Schlucht **Fjaðrárgljúfur** vorbei. Hier hat sich der mäandrierende Fluss Fjaðrá tief in das weiche Gestein eingegraben. Der Wasserfall **Fagrifoss** (dt. schöner Wasserfall) macht seinem Namen mit den beiden Hauptfallarmen, die sich nach unten zu Schleiern verbreitern, alle Ehre. Der Berg **Laki** (818 m) gliedert die Spalte in zwei gleich große Teile. Über 100 Krater sind an ihr von Südwesten nach Nordosten aufgereiht. Von dem Berg haben Sie den optimalen Blick auf die Kette, die sich bis zum Vatnajökull erstreckt.

Die Folgen des Ausbruchs, der am 8. Juni 1783 begann und bis zum 7. Februar 1784 dauerte, gerieten für die Bevölkerung zur Katastrophe. Unmittelbar betroffen von der ausgeflossenen Lava waren 14 Höfe, die von den Gesteinsmassen bedeckte Gesamtfläche betrug 565 km². Als dramatischer erwiesen sich aber die Auswirkungen des Ascheregens und eines blauen Dunstes – bestehend aus Kohlendioxid und schwefliger Säure –, welche die Gewässer und Weideflächen verseuchten, wodurch 11 000 Rinder (50 %), 200 000 Schafe (79 %) und 28 000 Pferde (76 %) in jenem Winter verendeten. Innerhalb von drei Jahren verringerte sich die Bevölkerung Islands um 20 %.

Infos

- **Bus:** www.re.is, 20. Juni–Aug. tgl., ca. 4-std. Pause bei Laki.

Auf dem Weg nach Skaftafell   📍H6/7

Die Ringstraße durchquert das grüne Gebiet des **Brunasandur** am Rande des Brunahraun, eines Lavastroms aus den Lakagígar. Kurz dahinter zieht sich das Buschwaldareal **Núpstaðarskógur** an den Hängen des Eystrafjall hoch, die anschließende beeindruckende tiefe Schlucht reicht vom westlichen Skeiðarárjökull bis südlich des Grænalón. Mehrere Wasserfälle, u. a. der **Hvítárfoss**, findet man in dem Gebiet. Den Gletschersee **Grænalón,** der 15 km entfernt ist, kann man nur zu Fuß erreichen.

Die Schwemmlandebene **Skeiðarársandur** erstreckt sich über eine Fläche von 1000 km². Zahlreiche breite und reißende Gletscherflüsse durchziehen sie, was bis 1974 für die Verkehrsanbindung ein Problem darstellte. Erst damals, anlässlich der 1100-Jahr-Feier der Besiedlung, wurde die letzte Brücke über Skeiðará fertiggestellt und damit die Ringstraße endgültig geschlossen. Auch wenn jetzt die größten Flüsse Núpsvötn, Sandgigjukvísl und Skeiðará mit – hoffentlich – überflutungssicheren Brücken versehen wurden, müssen doch jedes Jahr Reparaturen an der Ringstraße vorgenommen werden.

Ehemals sollen sich im Gebiet des Skeiðarársandur zahlreiche Höfe befunden haben, die aber den Ausbrüchen der Vulkane des Gletschers Vatnajökull zum Opfer fielen. So brach z. B. 1362 der **Öræfajökull** aus und begrub die Siedlungen in der Region unter einer 30 cm dicken Ascheschicht. Der Name Öræfasveit (Einödgemeinde) für das Gebiet zwischen Skeiðarársandur und Breiðamerkurjökull stammt aus dieser Zeit. Weitaus gefürchteter sind die **Grímsvötn**, eine 35 bis 40 km² große Caldera mit Kratern und Solfataren, die fast in der Mitte des Vatnajökull liegen. Die Ausbrüche sind mit vernichtenden Gletscherläufen sowie Schwefelgasen verbunden und treten seit 1934 etwa alle 10 Jahre auf. Der gewaltigste Gletscherlauf des 20. Jh. ereignete sich im Herbst 1996. Teile der damals zerstörten

TOUR
Eis mit grüner Garnierung

Über Stock und Eis in Skaftafell, Vatnajökull-Nationalpark

Im Skaftafell-Nationalpark wächst das arktische Weidenröschen, das im Juli und August für pinke Farbtupfer in der Landschaft sorgt. Die Blumenart kommt in Europa nur in Island vor.

Eine Wanderung im Skaftafell verheißt einen wunderbaren Ausflug ins Grüne. Die üppig blühende und vegetationsreiche Oase mit einigen Naturschönheiten und Ruinen vergangener Höfe ist von Gletscherzungen umgeben. In der Nähe des Gletschers zu siedeln barg immer eine Gefahr, denn unter dem Eis liegt einer der aktivsten Vulkane des Landes. Das Faszinierende an diesem Ort des Vatnajökull-Nationalparks ist das Nebeneinander von Gletschern und üppiger Vegetation. Wenn Sie einen Tag zum Wandern einplanen, beginnen Sie am besten mit dem, was diese Landschaft geprägt und geformt hat: Gletschereis.

Erster Eindruck vom Eisstrom (schwarz)
Nur ein großer Spaziergang (1 Std. hin und zurück) ist es vom **Besucherzentrum** aus zu dem namengebenden Gletscher, dessen Zunge schon vom Parkplatz gut zu sehen ist. **Skaftafellsjökull** ist einer der hier typischen Talgletscher, der sich, wie alle isländischen Gletscher, schon deutlich zurückgezogen hat. Noch um 1940 war er mit dem Nachbargletscher Svínafellsjökull südlich des Berges Hafrafell verbunden. Heute können Sie die Schleifspuren an den Felsen sehen, die zeigen, wie hoch er einmal herausragte. Jährlich zieht sich der Gletscher rund 50 m zurück.

Rundweg über Skaftafellsheiði (violett)
Dieser Rundweg, der insgesamt 6 Stunden dauert, führt zum einen zu dem Wasserfall Svartifoss und zum anderen kommen Sie zu einem guten Aussichtspunkt mit Blick auf die Gletscherzungen. Außerdem erlebt man die vielfältige Vegetation in unterschiedlichster Form,

Infos

Start:
am Zeltplatz,
📍 H/J 6/7

Hinweis:
Am Zeltplatz befindet
sich an der Nordseite
ein Eingang in den
Buschwald. Dort
stehen auch die je-
weiligen Wegweiser
mit Zeitangaben.

Dauer:
je nach Wanderung
1–6 Std.

Wanderkarte:
im Besucherzentrum
erhältlich

die Gerüche und auch die Dichte der Sträucher. Im Juli finden Sie auch Beeren. Zunächst halten Sie sich am **Zeltplatz** an die Ausschilderung zum Aussichtspunkt **Sjónasker**. Von dort können Sie gut den Verlauf des Skaftafellsjökull sehen. Von Sjónasker geht es nun weiter in nördlicher Richtung über die Heide, hinauf auf **Skerhól**, von wo man einen guten Blick auf den Wald Bæjarstaðarskógur und den Gletscher Skeiðarárjökull hat. Danach geht es in nordöstlicher Richtung zu den beiden Bergen **Fremri-** und **Nyðri-Hnauka**. Von dem letzteren, 706 m hohen Berg schauen Sie auf das Tal Morsárdalur, in das der Gletscher Morsárjökull mit einer Gletscherlagune ragt. Unterhalb des nächsten Berges **Kristínartindar** geht es Richtung Osten auf **Gláma** zu. Von hier sehen Sie den Liparitberg Kristínartindar besonders eindrucksvoll sowie den Gletscher Skaftafellsjökull. Der Rückweg erfolgt nun am Ostrand der Heide bis nach **Sjónarnípa**, den Aussichtsfelsen. Beim Blick vom Felsrand erkennen Sie deutlich die Zerklüftung und die Spalten der Gletscherzunge. Auch das hat im Laufe der letzten Jahre zugenommen, ein weiteres Zeichen für das Abschmelzen. Zurück geht es nun durch die kleine Klamm **Eystragil**.

Das alte Skaftafell (gelb)

Ein Spaziergang zum Hof Sel dauert 1,5 Stunden. Wieder beginnen Sie am **Zeltplatz** und wenden sich nach Westen. Im Mittelalter war in der Nähe des Hofes **Sel** der alte Hof Skaftafell, der auch Thingplatz (s. S. 65) war und eine Kirche hatte. Die geschützte Lage, vor allem durch den aufragenden Öræfajökull, ließ und lässt die Vegetation hier bestens gedeihen, was den Flecken zum idealen Siedlungsplatz mit weiten Heuwiesen machte. Welche Gefahren unter dem Vatnajökull schlummern, erlebten die Siedler erst im 14. Jh., damals brach der Vulkan Öræfajökull aus und sein Ascheregen zerstörte den Nachbardistrikt Litla Hérað. Skaftafell hatte mehr Glück, doch mit Anstieg des Flusses Skeiðará wurde immer mehr Boden von den Hängen weggespült. Aus diesem Grund verlegte man den Hof im 19. Jh. rund 100 m höher. Die alten Ruinen sind noch zu sehen. Der Hof Sel ist ein schönes Beispiel für einen Grassodenhof. Er wurde restauriert und kann im Sommer besichtigt werden, er gehört wie viele historische Gebäude zum isländischen Nationalmuseum.

In Anbetracht der wasserreichen Umgebung ist Wanderern meist nicht bewusst, dass in Island dazu angehalten wird, nicht in der offenen Landschaft zu rauchen – wegen der Brandgefahr durch glühende Zigarettenasche.

Brücke kann man von der Straße aus sehen. Der letzte Ausbruch war 2011, dieses Mal zum Glück ohne Wasserläufe.

Skaftafell   📍 H7

Grün inmitten der Gletscher

Wie eine vegetationsreiche Oase mutet das Gebiet um den erloschenen Vulkan Skaftafell an. Es wurde 1967 zum Nationalpark erklärt und danach stetig vergrößert, bis es 2008 Teil des Vatnajökull-Nationalparks wurde. Zu der Gegend gehören drei Talgletscher, deren größter der Skeiðarárjökull ist. Klimatisch geschützt durch den Öræfajökull mit dem höchsten Bergmassiv Islands, Hvannadalshnúkur (2119 m), wachsen hier Birken- und Ebereschenwälder. Bis zu 12 m hohe Bäume findet man in **Bæjarstaðarskógur** an der Westseite des Morsárdalur. Hier stehen 22 ha unter dem Schutz der staatlichen Wiederaufforstung. Außerdem gedeihen in Skaftafell Farne, Baldrian, der Waldstorchschnabel und seltene Orchideenarten. Zahlreich sind die Vogelarten, wie Bekassine, Wiesenpieper, Zaunkönig und die auf dem Sander brütenden Schmarotzer-, Raub- und Mantelmöwen.

Der Reiz des Parks sind die vielen Wandermöglichkeiten zu den landschaftlichen Attraktionen. Der **Svartifoss** fällt vor einer Wand aus regelmäßig gebildeten schwarzen Basaltsäulen nieder. Vom Aussichtspunkt **Sjónarsker** hat man einen hervorragenden Blick auf den Sander und die Talgletscher. Die Gletscherzunge des **Morsárjökull** kalbt in einen kleinen See. Die einzigen heißen Quellen im Nationalpark (bis zu 80 °C) befinden sich westlich des Bæjarstaðarskógur. Alle Wege sind gut markiert und auf einer Karte verzeichnet, die man beim Parkaufseher er-

hält. Geführte Gletschertouren werden vom Zeltplatz aus angeboten (s. Touren S. 116). Für einen Aufenthalt in Skaftafell sollten Sie genug Zeit einplanen, um die Vielfalt der Gegend genießen zu können.

Schlafen

Direkt im Nationalpark gibt es nur einen Zeltplatz, ansonsten finden Sie in der Umgebung Hotels – entsprechend teuer.

Camping in allen Variationen
Zeltplatz: Einfache Ausstattung. Aufgeteilt in die Bereiche für Zelte und Wohnmobile bzw. Pkws mit Schlafeinrichtung. Wer weite Wege nicht scheut, findet ruhige Plätze.
Im Nationalpark

Bewegen

Auf Islands höchsten Gipfel
Mountain Guide: ganzjährig geführte Touren im Nationalpark und auf den Gletscher, 3,5-std. Wanderung auf dem Eis 14 900 ISK, 7 Std. 19 900 ISK, Aufstieg zum Hvannadalshnúkur April–Mitte Aug. 12–15 Std. 43 900 ISK, Eisklettern Juni–Aug. 5 Std. 23 900 ISK.
In der Nähe der Information am Parkplatz, Holzhütte, T 894 29 59, 587 99 99, www.mountainguide.is

Infos

- **Skaftafell-Besucherzentrum:** T 470 83 00, www.vatnajokulsthjodgardur.is, ganzjährig geöffnet, Sommer 8–19, sonst ab 9 bzw. im Winter ab 10 Uhr. Hier erhält man eine Karte mit eingezeichneten Wanderwegen. Ausstellung über den Gletscher.
- **Bus:** tgl. von/nach Reykjavík und Höfn, auch über den Fjallabaksleið nyrðri.

Zugabe
Die blaue Insel

Die Geister, die man rief

Island im Juni – da erleben Sie Ihr blaues Wunder, denn dann blüht die Alaska-Lupine. Einst als ideale Waffe im Kampf gegen Bodenerosion gepriesen, gleicht der farbintensive Schmetterlingsblütler heute einem Konquistador. Wohin ihre Samen fliegen, da schlagen sie Wurzeln. Außerdem sind Lupinen genügsam, gedeihen auch auf Sandflächen wie den Sandern Südislands und kommen mit Halbschatten zurecht. Sie bilden ein dichtes Wurzelgeflecht und sorgen so dafür, dass sich lockere Böden verdichten. Mit ihren Wurzelknöllchen geht die Lupine eine symbiotische Beziehung ein mit Bakterien, die Stickstoff aus der Luft binden können. Auf diese Art wird der Stickstoffgehalt im Boden angereichert, weshalb die Lupine auch als Gründüngungspflanze bezeichnet wird. Das klingt alles positiv und wirklich effizient, und das ist die Alaska-Lupine: effizient. Die Lupinen breiten sich über ihre weit verzweigten unterirdischen Wurzelausläufer unkontrolliert immer weiter aus, jetzt erklimmen sie schon die Hänge und verdrängen dabei die einheimischen Pflanzen. Zudem werden sie z. B. von Schafen nur ungern gefressen. Daran schuld sind vermutlich die Bitterstoffe, die sich in den Samen befinden. Die erste Begeisterung in Island ist einer gewissen Wut gewichen. Wie soll man dieser Wucherpflanze nur wieder Herr werden? ∎

Osten

Von Eisgiganten und Fjorden — die vielfältige und abwechslungsreiche Region bietet vielleicht in Island am meisten für Abenteurer, Seefahrer, Steine- und Sinnsucher.

Seite 123

Vatnajökull ⭐

Einmal träumen in der Eislandschaft – am Vatnajökull wird es möglich. Der Gletscher zählt mit seinem massiven Eisschild zu den Giganten weltweit. Seine über 20 Auslassgletscher durchschneiden die Region.

Seite 124

Jökulsárlón

Im Sommer können Sie mit dem Boot über den Gletschersee gleiten. Die Fahrt zwischen den Eisbergen ist ein Erlebnis: Blau bis schwarz schimmern die bizarren Klötze, ein beliebtes Fotomotiv. Im Hintergrund eine Gletscherzunge des Vatnajökull.

1906: Seyðisfjörður geht ans europäische Telefonnetz.

Eintauchen

Seite 128

Lónsöræfi

Ausgezeichnete Wandermöglichkeiten inmitten von farbenprächtigen Liparitbergen.

Seite 129

Búlandnes

Die Landzunge, auf der das Fischerdorf Djúpivogur liegt, ist mit ihren zahlreichen Seen ideal, um Vögel zu beobachten.

Seite 130

Stöðvarfjörður

Im steinreichen Osten finden Sie interessante und sehenswerte Steinsammlungen. Viele Mineralien stammen vom Stöðvarfjörður.

Seite 136

Seyðisfjörður

Von hier geht und ging es in die Welt, der technische Fortschritt begann in dem kleinen Fischerort. Heute fühlen sich Künstler von seiner Lage im gleichnamigen Fjord angezogen.

Seite 141

Einmal um den Lögurinn

Kultur, Natur und der größte Wald des Landes machen die Fahrt um den sogenannten See zur abwechslungsreichen Tour. Das Kulturzentrum Skriðuklaustur ist ideal für eine Pause, die Küche bietet viel Regionales.

Seite 140

Kárahnjúkar

Der umstrittene Staudamm ist der größte technische Bau Islands. Machen Sie sich selbst ein Bild von der gigantischen Staumauer!

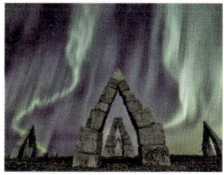

Seite 144

Melrakkaslétta

Möchten Sie den Polarkreis fast erspüren? Die Musik von Meer und Wellen und Vogelgezwitscher hören? Den Wind erleben und silbergraues Treibholz bewundern? Im Nordosten Islands sind Sie oft noch völlig ungestört in der Natur – einer der letzten Geheimtipps.

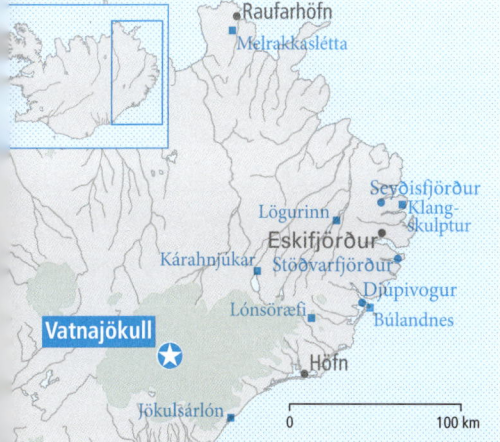

In der Klangskulptur Tvísöngur sollte jeder einmal selbst singen.

»Da schritten alle Rater zum Richterstuhl, / …, und beratschlagten, / wer das Volk der Zwerge erschaffen sollte.« (Weissagung der Seherin, Str. 9)

erleben

Zu Füßen des Eisgiganten

E gal aus welcher Richtung Sie kommen, egal wie das Wetter ist, der Gletscher Vatnajökull kreiert eine ganz eigene Atmosphäre und Landschaft. Je weiter es in den Osten geht, desto grüner wird es und entsprechend mehr Bauernhöfe stehen hier. So sah es im Mittelalter hier aus, als sich die ersten Siedler niederließen. Bis Höfn säumen weite Sanderflächen die Küste, die die sedimentreichen Gletscherläufe des Vatnajökull gebildet haben. Höfe, Wiesen und Felder wurden immer wieder von Wassermassen und Sand zerstört. Der Vatnajökull, Europas größter Gletscher, bietet Wanderern und Bergsteigern ein Eldorado. Eines der angesagtesten Ziele ist die Gletscherlagune Jökulsarlón mit ihren weißen, blauen und schwarzen Eisbergen. Doch weitere Gletscherlagunen haben sich gebildet, die weniger überlaufen und ähnlich reizvoll sind. Die Gletscherregion endet bei dem Ort Höfn. Die Ostküste nördlich von Höfn prägen dagegen beeindruckende Fjorde mit etlichen kleinen, alten Orten, hier spürt man noch etwas von der Einsamkeit, die Island einstmals ausmachte.

Der Hauptort des Ostens, Egilsstaðir, liegt nicht mehr an der Küste, sondern an dem Fluss Lagarfljót. Ganz

ORIENTIERUNG

Touristeninformation: Für den Vatnajökull ist das Büro in Höfn (s. S. 125), für die Ostfjorde das in Egilsstaðir (s. S. 138) zuständig.
www.visitvatnajokull.is: Website für das Vatnajökull-Gebiet.
www.east.is: Adressen von Höfn bis Vopnafjörður, gute Planungshilfe.
Auto: Die Nr. 1 führt in die Region.
Bus: Das Busnetz ist ausgezeichnet. In Höfn muss man aber übernachten, wenn man nach Egilsstaðir von Skaftafell kommend weiterfahren möchte.
Flug: Von Reykjavík werden Höfn und einige Orte angeflogen.

in der Nähe befindet sich der Kárahnjúkar-Staudamm, dessen Kraftwerk der riesigen Aluminiumschmelze der Firma Alcoa in Reyðarfjörður die nötige Energie liefert. Das Megabauwerk, das die Umweltschützer in Island Sturm laufen ließ, geht auf den politischen Willen zurück, den Osten wirtschaftlich aufzurüsten. Doch trotz solcher massiver ökologischer Eingriffe ist der Reiz des Ostens vielfältig, und die Landschaft wirkt vielerorts immer noch unberührt. Die Halbinsel mit der Ebene Melrakkaslétta im äußersten Nordosten zählt sogar noch zu den Geheimtipps im Land.

Vatnajökull ⭐

📍 G–K 5/7

»Die another day«

Einmal sich wie James Bond fühlen, mit dem Boot zwischen Eisbergen entlangrasen und die Gletscher raufrennen … einmal träumen in der Eislandschaft. Hier am Vatnajökull wird es möglich, denn seine Größe – eine Fläche von 8300 km² – lässt jeden Betrachter schrumpfen. Es ist Europas größter Gletscher und sein Eisschild erhebt sich rund 700 bis 800 m über den Meeresspiegel. Die Eisdicke erreicht bis zu 1000 m. Sein Name, ›Gewässergletscher‹, deutet auf die zahlreichen Gletscherflüsse hin, die ihm entspringen.

Rund 20 Auslassgletscher gehen von ihm ab, entweder als steile Talgletscher oder breite, löffelförmige Eisloben mit geringer Hangneigung. Auch in Island schmelzen die Gletscher verstärkt ab, so auch der Vatnajökull, was sich an der Bildung immer neuer Gletscherlagunen zeigt.

Bis ins 16. Jh. wurde der Vatnajökull regelmäßig in Nord-Süd-Richtung überquert, da er die kürzeste Verbindung zwischen den Landesteilen Islands war. Die erste Überquerung als Expedition leitete im Jahr 1875 der Engländer William Watts. Gletschertouren auf den Vatnajökull werden heute in vielfältiger Form unternommen, mit Schneekatzen, Motorschlitten, Skiern oder auch mit Jeeps – und 1992 erstmals sogar mit Mountainbikes von jungen isländischen Wanderführern.

An der Gletscherlagune Jökulsárlón werden Sie nie allein sein, denn alle wollen die schönen blau, weiß, schwarz schimmernden Eisberge sehen.

LAUTLOS ZWISCHEN EISBERGEN **E**

Durch das Abschmelzen des Vatnajökull haben sich neue Lagunen gebildet, **Fjallsárlón** und **Breiðárlón,** die beide westlich des Jökulsárlón liegen. **Heinabergslón** liegt östlich. Allen gemeinsam ist der Anblick von Eisbergen vor dem Gletscher. Eine verzaubernde Stimmung, die an verhangenen Tagen noch intensiviert wird. Dann schimmern die Eisberge besonders intensiv blau, geradezu magisch. Wege führen entlang der Lagunen, doch besonders schön ist eine Kajakfahrt. Der Veranstalter Iceguide bietet Touren zu den unterschiedlichen Lagunen an, wo es mit Kajaks aufs Wasser geht (T 661 09 00, www. iceguide.is/tours, Heinabergslón Juni–Sept. 9 und 14 Uhr Abfahrt, insg. 3,5 Std. 15 900 ISK).

Südlicher Vatnajökull
Auf dem Hof **Svínafell** in der Nähe der gleichnamigen Gletscherzunge im Süden des Vatnajökull lebte Flosi Þórðarson, mitverantwortlich für Njáls Tod (s. S. 35). Die alte Ansiedlung **Hof** (dt. Tempel) besteht aus sieben Bauernhöfen und der 1883/84 gebauten Kirche. Sie wurde wohl auf dem Platz des früheren Tempels errichtet – einer Kultstätte zu Ehren der altnordischen Götter, die der Siedlung ihren Namen gab.

Rund 10 km südlich von Fagurhóls mýri ragt die Landzunge **Ingólfshöfði** ins Meer. An ihrer höchsten Stelle misst sie 76 m, reizvoll sind vor allem ihre Vogelklippen mit den zahllosen Seevögeln. Erreichen kann man die Halbinsel mit dem Traktor. Benannt wurde die Landzunge nach Ingólfur (s. S. 36), der hier seinen ersten Winter verbrachte.

Bewegen

Treckertour
From Coast to Mountains: Vergnügliche Fahrt mit dem Heuwagen nach Ingólfshöfði in Hofsnes.
T 894 08 94, www.fromcoasttomountains. com/ingolfshofdi-puffin-tour, 10. Mai–20. Aug. Mo–Sa 10.15, 13.30, bei Bedarf auch 11.45 und 14.30 Uhr, 7500 ISK

Jökulsárlón und Umgebung ⦿J7

Wer kennt sie nicht, die Gletscherlagune – oft gesehen in Filmen wie »James Bond« oder »Game of Thrones« sowie in zahllosen Werbeclips. Die Kulisse mit dem großen Gletscher im Hintergrund und den auf dem **Jökulsárlón** treibenden Eisbergen ist äußerst beeindruckend. Im Sommer besteht die Möglichkeit, auf dem Gletschersee eine Bootstour zu unternehmen – die Fahrt zwischen den Eisbergen ist ein Erlebnis: Blau bis schwarz schimmern die bizarren Klötze, eines der beliebtesten Fotomotive in Island. Der kürzeste Gletscherfluss Islands, der Jökulsá á Breiðamerkursandi, entspringt aus dem 160 m tiefen Gletschersee Jökulsárlón, in den der Breiðamerkurjökull kalbt, und mündet nach 1500 m ins Meer. Vom See ist es nicht weit bis zum Gletscher, der sich im Verlauf dieses Jahrhunderts immer weiter zurückgezogen hat. Erst 1992 entdeckte man unter der Eiskappe einen 25 km langen und 5 km breiten Fjord. Wer mehr für sich sein will, stoppt an der rund 4 km westlich gelegenen Lagune **Breiðárlón.** Blauschimmernd kriecht die Gletscherzunge auf den Felsen. Die große Sanderfläche **Breiðamerkursandur** ist einer der Hauptbrutplätze der

Skua, vermutlich nisten hier 2000 bis 3000 Brutpaare, außerdem tummeln sich Robben in der Jökulsá. 13 km östlich des Jökulsárlón an der Ringstraße informiert das Museum **Þórbergssetur** auf dem Gehöft Hali über das Leben und Werk des isländischen Schriftstellers Þórbergur Þórðarson (1889–1974). Den modernen Museumsbau entwarf der Architekt Sveinn Ívarsson (mit Gästehaus, T 478 10 78, www.thorbergur.is, tgl. 9–20 Uhr, 1200 ISK).

Essen

Blick auf die Eisberge
Jökulsárlón-Café: Sandwiches, Fischsuppe, Kuchen und Erfrischungen sind im Angebot. Nachteil: sehr voll im Sommer, da viele Reisegruppen hierhin kommen.
Am Seeufer, T 478 22 22, http://icelagoon.is/ the-cafe/, Juni–Sept. 9–19, Okt., März–Mai 9–18, Nov.–Febr. 9–17 Uhr

Modernes Ambiente
Cafeteria: Etwas Landleben und Kultur, dazu gibt es leckere Kuchen und isländische Gerichte, sowohl Fisch als auch Fleisch.
Im Museum Þórbergssetur, T 478 10 78, ganzjährig, Öffnungszeiten s. o.

Bewegen

Auf Jökulsárlón
Bootsfahrt: Man kommt den Eisbergen ganz nahe.
http://icelagoon.is/tours/, T 478 22 22, Juni–Aug. jede halbe Stunde bis 19 Uhr, 30–40 Min., Amphibienfahrzeug 5700 ISK, Zodiak 1 Std. 9800 ISK

Erlebnistour
Glacierjeeps: Touren mit Four-Wheel-Drive-Jeeps und Snowmobilen auf den Vatnajökull (z. B. 3 Std. mit 1 Std. auf dem Skidoo/Pers. 24 000 ISK). Oben auf dem Gletscher wird von dem Veranstalter die Hütte Jöklasel bewirtschaftet, das höchstgelegene Restaurant Islands (840 m).
Abfahrt von der Ringstraße, Abzweig F 985, T 478 10 00, www.glacierjeeps.is, ganzjährig

Höfn í Hornafjörður und Umgebung ♀ K6

Höfn í Hornafjörður mit dem wahnsinnigen Blick auf den Vatnajökull versteht sich als Gletscherstadt. Das kann man leicht nachvollziehen. Nach den recht einsamen Landstrichen ab Vík wirkt Höfn geradezu städtisch. Das liegt auch am Tourismus, der wirtschaftlich eine wichtige Rolle spielt. Der ständig wachsende Ort lebt außerdem sowohl vom Handel als auch von der Fischindustrie, vor allem Hummerkrabben werden gefangen. Bedeutung erlangte Höfn erst, als im 19. Jh. der Handelsplatz von Papós hierher verlegt wurde.

Im **Visitor Center** (Gamlabúð) am Hafen informiert eine Ausstellung über die Geologie und Geschichte der Region. Das historische Haus stand ursprünglich in Papós in Lón und wurde 1897 nach Höfn transportiert. Das historische **Pakkhús** nebenan stammt aus der Zeit nach 1930, heute ist dort ein Restaurant untergebracht (s. S. 127). In weiteren alten Gebäuden veranschaulichen Ausstellungen das frühere Leben der Fischer.

Nicht weit vom Hafen liegt das Vogelschutzgebiet **Ósland,** in dem zahlreiche Vogelarten nisten. Ein Pfad mit Informationen über die Planeten führt entlang der Küste, ein schöner Spaziergang mit Blick auf den Gletscher.

*Im September treiben die Schafzüchter wie hier bei Höfn ihre Tiere
zusammen, um sie in die Winterquartiere zu bringen. Dabei kommt der
Spaß nicht zu kurz: Wenn die Knochenarbeit beendet ist, wird gefeiert.*

An der Küste

Zwischen den Steilhängen des **Skarðtindur** (488 m) und **Klifatindur** (888 m)
verläuft der Pass, an dessen höchster
Stelle man einen hervorragenden Blick
auf die südlichen Gletscherzungen des
Vatnajökull und in der anderen Richtung
auf den Papafjörður und die Landzunge
Papós hat. Von 1860 bis 1897 war Papós
Handelsplatz, danach wurde es von Höfn
abgelöst. In der Nähe der Ruinen aus jener
Zeit sieht man noch ältere Gebäudereste,
die vermutlich von den irischen Eremiten
stammen, die vor der Besiedlung Islands
hier lebten; die alte Flurbezeichnung Pa-
patætur weist darauf hin. Papar wurden
die irischen Mönche genannt.

Schon manchen Reisenden hat es
an der Piste, die am Fuß von Klifatindur
bis zum Leuchtturm auf der Halbinsel
Stokksnes verläuft, überrascht, plötzlich
vor einem **Wikingerdorf** zu stehen. Das
Rätsel ist schnell gelüftet: Die Gebäude
waren einst als Filmkulisse für einen Wi-
kingerfilm errichtet worden, der jedoch
nie gedreht wurde. Das Dorf dämmerte
jahrelang vor sich hin, bis der Bauer, dem
das Land gehört, beschloss, es aus dem
Dornröschenschlaf zu reißen. Er errichtete
vor Ort ein schräges Café – wörtlich zu
nehmen – und erhob für die Besichtigung
des Dorfes ab sofort Eintritt. Nach kür-
zester Zeit kam noch ein Gästehaus mit
Charme dazu – sprich Zimmer in Con-
tainern (https://vikingcafe-iceland.com).

Schlafen

Pluspunkt: die Lage
Hótel Edda: Es ist zwar ein Kettenhotel,
doch seine Lage – in der Nähe von Ósland

– mit Blick auf Meer und Vatnajökull macht es so besonders. Die Räume und Zimmer sind freundlich und hell ausgestattet.

Ránarslóð 3, T 444 48 50, www.hoteledda.is, DZ ab 29 000 ISK

Sehr beliebt

Jugendherberge Nýibær: Die Jugendherberge zählt zu den beliebtesten, was zum einen an der praktischen Ausstattung liegt, so kann man auch sein Fahrrad unterstellen, und zum anderen, weil sie wirklich ein Treffpunkt ist. Viele machen hier einen Stopp. 2-Bett- bis 6-Bett-Zimmer werden angeboten, neben den üblichen Einrichtungen gibt es eine Waschmaschine.

Hvannabraut 3, T 478 17 36, 864 21 59, www.hostel.is, Schlafsack 7700 ISK

Essen

Am Hafen

Pakkhús: Hummersuppe, Brathühnchen aus der Region, frische Fischgerichte (ab 3800 ISK) in einer gemütlichen und urigen Atmosphäre, was will man mehr. Vielleicht noch ein lokales Bier dazu, das den passenden Namen Vatnajökull trägt.

Krosseyjarvegi 3, T 478 22 80, www.pakkhus. is, Küche tgl. 12–22 Uhr

Alles Hummer

Humarhöfnin: Der Name in dem Haus ist Programm, Langusten (isl. *humar)* auf Pizza (2900 ISK) und natürlich 300 gr pur (6900 ISK). Sie landen direkt vom Hafen frisch auf dem Teller.

Hafnarbraut 4, T 478 12 00, www.humarhof nin.is, Mai–Sept. tgl. 12–22, Jan.–April tgl. 12–21, Nov. 12–21 Uhr, Dez. geschl.

Rustikal

Kaffi Hornið: Das gemütliche Holzambiente des Lokals sowie seine zentrale Lage zieht schon lange Gäste aus dem Ort und Reisende gleichermaßen an. Das Angebot reicht von à la carte (Hauptgerichte ab 2000 ISK) bis zum preiswerten Tagesgericht (1000–1900 ISK), Salatbar und der Spezialität des Ortes: Hummer (5000 ISK).

Hafnarbraut 42, T 478 26 00, http://kaffihor nid.is, Sommer tgl. 11.30–22 Uhr

Bewegen

Entschleunigen

Höfn-Local Guide: Höfn mit Hulda kennenzulernen ist genussvoll, da sie sehr viel weiß. Sie bietet auch Spaziergänge mit Yoga an und Sie können mit Leuten aus dem Ort essen. Vergessen Sie Wifi und lauschen Sie den Vögeln.

Hafnarbraut 41, T 864 49 52, www.hofnlocal guide.com

Infos

- **Höfn Visitor Centre:** in der Gamlabúð am Hafen, Heppuvegur 1, T 470 83 30, Juni–Aug. tgl. 9–19, Mai/Sept. tgl. 9–18, sonst tgl. 9–17 Uhr. Wichtigste Informationsstelle für das Gebiet Vatnajökull. In zwei weiteren Gebäuden Exponate zum Fischfang und zum Leben der Fischer.
- **Hummerfest:** 1. Wochenende im Juli, ein fröhliches Familienfest rund um den Hummer.
- **Bus:** tgl. nach Reykjavík und Egilsstaðir morgens vom Zeltplatz ab.
- **Flug:** www.eagleair.is. Tgl. mehrere Flüge zwischen Höfn und Reykjavík.

Stafafell ♀ L6

Stafafell ist ein altes Gehöft an der Ringstraße östlich von Höfn, das bis 1920 bewohnt war und heute als Herberge bewirtschaftet wird (s. S. 128). Der Gletscherfluss Jökulsá í Lóni, vom Vatnajökull kommend, ist hier über die 247 m lange Brücke leicht passierbar. Südlich des Flusses führt ein Jeep-Track in das seit 1977 bestehende Naturschutzgebiet **Lónsöræfi,** das für seine ausgezeichneten Wandermöglichkeiten bekannt ist. Die farbenprächtigen Liparitberge und die formenreichen Täler und Schluchten bieten viel Abwechslung. Lónsöræfi ist Ausgangsort einer mehrtägigen Wanderung bis zum Snæfell (s. S. 142).

Schlafen

Im Grünen
Stafafell: Neben hellen Zimmern auf dem Hof gibt es Hütten, einige Zimmer mit Dusche/WC. Ein Zeltplatz ist angeschlossen. Abendessen nach Vereinbarung, ansonsten Selbstversorger. Ein idealer Ausgangspunkt für Wanderungen und Spaziergänge. Organisierte Touren ab 3500 ISK.
Lón, T 478 17 17, 478 22 17, www.stafafell.is, Schlafsack ab 4800 ISK, DZ ab 15 800 ISK, Frühstück 2400 ISK

Entlang der Ostfjorde

Kaum haben Sie den Tunnel durchfahren, gelangen Sie in eine andere Landschaft: rechts das Meer und linker Hand die steil aufragenden Basaltberge des Hochplateaus mit engen Taleinschnitten – den Fjorden der Ostküste. Die Küstenstraße ist sehr gut ausgebaut, mit Parkplätzen, Informationstafeln und ausgewiesenen Vogelbeobachtungsstellen. Die überaus reizvolle Umgebung mit ihrer vielfältigen Natur bietet gute Wandermöglichkeiten. Die oft malerisch gelegenen Küstenorte warten darauf, entdeckt zu werden, zumal sie ihr touristisches Angebot kontinuierlich ausbauen.

Djúpivogur   📍 L 5

Vögel, Kunst und Kunsteier
Djúpivogur? Das ist doch der kleine Ort mit den Graniteiern in Ostisland? Genau! Seitdem Sigurður Guðmundsson 2009 34 Steineier entlang der Küstenstraße in der Bucht Gleðivík aufgestellt hat, ist der Ort in aller Munde. Die um ein Vielfaches vergrößerten Eier sind in ihrer Form den echten Vorbildern von heimischen Vögeln nachgeformt (Foto S. 131). Der Granit für das Kunstwerk stammt aus China, wo der Künstler auch ein Atelier hat. Bei einer Wanderung lassen sich die Vögel der Region beobachten, s. Tour S. 129.

Obwohl Djúpivogur schon 1589 ein Handelsplatz wurde, gibt es hier nur wenige historische Zeugnisse. Die alten Gebäude im Ortszentrum stammen aus der Zeit der dänischen Kaufleute, die über Jahrhunderte den Handel beherrschten. Heute leben die Einwohner vor allem von Fischfang, Landwirtschaft und Tourismus. Im Gebäude **Langabúð,** einem ca. 200 Jahre alten Laden, ist das Regionalmuseum untergebracht (www.langabud.is, Juni–Aug. tgl. 10–18 Uhr, 1000 ISK, angeschlossenes Café). Außer Gerätschaften aus der Region ist auch eine Büstensammlung des Holzschnitzers Rikarður Jónsson zu sehen.

Schlafen

Schöne Lage
Jugendherberge Berunes: Der ehemalige Bauernhof von 1907 bietet eine gemütliche Ausstattung, u. a. mit einer kleinen Bibliothek. Außerdem gibt es einen Zeltplatz. Die Jugendherberge zählt zu den

TOUR
Ei, wer piept denn da?

Mit Fernglas und Wanderstock auf Tour um Djúpivogur

Vögel beobachten ist in! (schwarz)

Die Landzunge **Búlandnes,** auf der das Fischerdorf Djúpivogur liegt, ist mit ihren zahlreichen Seen ein ausgewiesenes Gebiet für Vogelbeobachtungen, entsprechende Hinweistafeln hat man dort aufgestellt. Der wunderschöne Rundweg beginnt oberhalb der Schule. Umgeben von Vogelgezwitscher und vielen Blumen gehen Sie durch die weite Landschaft mit Blick über das Meer. Etwa 26 Vogelarten nisten und leben rund um die Gewässer – von Stockenten und Singschwänen bis hin zu den langhalsigen Lummen oder den hübsch gemusterten Harlekin-Enten. Das Besondere sind hier allerdings nicht die vielen Arten, sondern die schiere Anzahl der Vögel. Vergessen Sie Ihr Fernglas nicht!

Faszinierende Berg- und Kristallwelt (ohne Karte)

Auch wer hoch hinaus will, hat in Djúpivogur dazu Gelegenheit. Westlich des Ortes erhebt sich die 1069 m hohe ebenmäßig geformte Basaltpyramide **Búlandstindur.** Wie der Snæfellsjökull in Westisland gilt dieser Berg als ein ›geistiges Energiezentrum‹. Der markierte Pfad auf den Gipfel beginnt direkt hinter der Brücke über die Búlandsá. Auf dem Weg dorthin passiert die Ringstraße den Bauernhof **Teigarhorn.** Seine Umgebung ist weltweit als Fundstätte für Zeolithe bekannt. Faszinierend sind die Skolezithe, nadelige Kristalle aus radialstrahligen Büscheln. In dem Museum sind schöne Exemplare zu bewundern (meist 13–15 Uhr). Außerdem ist Wissenswertes über Eiderenten präsentiert. Wege führen durch das Gelände, das unter Naturschutz steht.

STEINREICHER OSTEN **S**

Sowohl Breiðdalsvík als auch Stöðvarfjörður, ein kleiner, aber sehr schöner Fjord, verfügen über besondere Mineralienvorkommen und vielfältige Bergformationen. Im Osten lohnt es sich, Steinsammlungen wie die **Steinasafn Petru Sveinsdóttir** anzuschauen. Die Hobbysammlerin Petra Sveinsdóttir hat während ihres langen Lebens zahllose Steine zusammengetragen, die nun in einer bizarr-amüsanten Weise präsentiert werden (Fjarðarbraut 21, Stöðvarfjörður, Sunnuhlíð, T 475 88 34, www.steinapetra.is, Mai–Sept. tgl. 9–18 Uhr, 1500 ISK, Café Sunnó, Juni–Mitte Sept. tgl. 10–17 Uhr, Kaffee, Tee, Snacks). Auch in Eskifjörður gibt es eine Privatsammlung, **Steinasafn Sörens og Sigurborgar,** mit isländischen Gesteinen und zahlreichen Mineralien aus anderen Ländern. Kontakt bekommt man über das Gästehaus Mjóeyri (s. S. 135). Djúpivogur bietet ein weiteres Museum, **Steinasafn Auðunnes,** denn auch in dieser Region gibt es viel für Mineralogen zu sehen (Mörk 8, tgl. 10–18 Uhr, T 861 05 70).

besten des Landes. Frühstück 2400 ISK, Abendessen bei Anmeldung.
Zwischen Djúpivogur und Breiðdalsvík, T 478 89 88, 869 72 27, www.berunes.is, Schlafsack ab 5600 ISK, DZ ab 13 400 ISK

Essen

Antik
Café Langabúð: Etwas antikisiert eingerichtet, aber gemütlich. Die Küche serviert kleine leckere Gerichte wie Suppen und Kuchen.

T 478 88 20, Anfang Mai–Sept. So–Do 10–18, Fr/Sa 10–1 Uhr

Treffpunkt für alle
Við Voginn: Zentral an der wichtigsten Straße gelegen, ein Laden ist angeschlossen. Hier trifft man sich bei Fish'n'Chips, die jungen Bewohner des Ortes und natürlich die Reisenden.
Vogaland 2, T 478 88 60, Sommer tgl. 9–21 Uhr

Musik und Organik
Havarí: Etwas ländlich, aber schön gelegen. Hier bieten die Gastgeber nicht nur vegetarische Gerichte wie die Wurst Bulsur, sondern hin und wieder gibt es auch Konzerte. Der Ort zum Entspannen und Genießen.
Karlsstaðir, T 663 55 20, www.havari.is, tgl. 8–21 Uhr

Bewegen

Geführte Touren
Papeyjarferðir: Neben schönen Wanderungen entlang der Küste kann man auch Tagestouren zu der vorgelagerten Insel Papey unternehmen (Juni–Aug. tgl. 13 Uhr Abfahrt nach Papey, Rückfahrt nach 4 Std., um 12 000 ISK). Der Name der Insel leitet sich ab von den irischen Mönchen, den Papar, die hier bis zur Besiedlung durch die Norweger ein kontemplatives Leben führten. Hochseeangeln auf Anfrage möglich, Vogel- und Robbenbeobachtung 11 000 ISK.
T 478 81 19, 862 43 99, https://djupivogur.is/Djupivogur/Nattura/Papey/

Infos

- **Touristeninformation:** am Zeltplatz, T 478 82 04, 693 40 55, www.djupivogur.is, Juni–Aug. geöffnet.
- **Bus:** tgl. von/nach Egilsstaðir und Höfn.

Breiðdalsvík   ♀ L5

Möchten Sie das Leben in einem winzigen Dorf kennenlernen? Dann sind Sie in Breiðdalsvík mit seinen gerade 140 Einwohnern genau richtig. Der Ort ist relativ jung, er existiert erst seit 1960, selbst die Besiedlung fand erst Ende des 19. Jh. statt. Die Einwohner leben hauptsächlich von der Fischindustrie. Außerdem ist man bestrebt, die vielfältigen Wandermöglichkeiten der Region und damit den Tourismus auszubauen. Auf den Inseln in der gleichnamigen Bucht kann man Eiderenten und Seehunde beobachten. Aufgrund der geografischen Lage erreicht man viele schöne Naturziele des Ostens sehr schnell. Breiðdalsvík empfiehlt sich deshalb als Standort.

Im ältesten Haus, **Gamla Kaupfélag,** dem alten Geschäft aus dem Jahr 1906, ist eine interessante Ausstellung zur Geologie der Region, darunter ein Bohrkernarchiv, untergebracht.

Gamla Kaupfélag: Sæberg 1, T 470 55 65, www.breiddalssetur.is, Ende Mai–Mitte Sept. tgl. 11–18 Uhr, 500 ISK

Schlafen, Essen

Schön gelegen

Hótel Bláfell: Das gemütliche Holzhaus im Landhausstil bietet mehrere Unterkünfte: Zimmer im Hotel oder in der Berg-Lodge mit fantastischer Aussicht sowie modern eingerichtete Apartments. Alle Preise erfragen. Das Hotel hat ein Restaurant mit traditioneller Küche und

Der Osten ist zum einen bekannt für seine Mineral- und Steinvorkommen, zum anderen für seine Vogelwelt. Die 34 Graniteier von Sigurður Guðmundsson an der Küstenstraße von Djúpivogur inszenieren beides.

auch eine Sauna. Der engagierte Besitzer hilft gern bei Tourenplanungen.

Sólvellir 14, T 470 00 00, www.hotelblafell.is/, DZ ab 180 €

Bewegen

Outdoor
Travel East Iceland: Super-Jeepfahrten und Bootsausflüge sind im Angebot, aber auch Wander- und Fahrradtouren, 5-Tages-Tour 112 500 ISK, Rentier-Safari 34 900 ISK.

Sólvellir 14, T 471 30 60, www.traveleast.is

Schwimmen
Im Sportzentrum: Kleines Bad, das der Stolz des Ortes ist.

Selnesi 25, T 470 55 75, Juli–Aug. Mo–Fr 8.30–12.30, 16–20, Sa/So 16–20, Aug.–Juli Mo–Fr 14–20, Sa/So 16–20 Uhr

Infos

• **Touristinfo:** Gamla Kaupfélag, S. 131

Fáskrúðsfjörður   📍 L4

Französische Freundschaft
An der Wende zum 20. Jh. diente der Ort Fáskrúðsfjörður im gleichnamigen Fjord als Hauptstützpunkt der französischen Fischer, die hier ihr eigenes Krankenhaus und ihre eigene Kirche mit Friedhof errichteten. Rund drei Jahrhunderte hatten sie vor der isländischen Küste gefischt. Auf die französisch-isländische Freundschaft verweisen die zweisprachigen Straßenschilder und eine engagierte Memorabilienpflege. Seit jeher leben die Einwohner hauptsächlich vom Fischfang. Im Gebiet um Fáskrúðsfjörður sind zahlreiche Wanderwege markiert worden.

Östlich des Fjords liegen der Küste vorgelagert die beiden Inseln **Skrúður** und **Andey.** Andey ist eine relativ flache Grasinsel mit einer großen Eideerenten-Population. Auf der immergrünen Felseninsel Skrúður lebt eine der größten Papageitaucher-Kolonien sowie Islands größte Silbermöwen-Kolonie neben Alkenarten, Eissturmvögeln, Basstölpeln.

Museen

Ein Stück Frankreich in Island
Französisches Museum: Von Mitte des 19. Jh. bis zum Ersten Weltkrieg kamen die Fischer nach Fáskrúðsfjörður und bauten den kleinen Ort auf. Multivisionsinstallationen und nachgestellte Szenen veranschaulichen die Zeit und das Leben der französischen Fischer vor Ort. Die Ausstellung (Frakkar á Íslandsmiðum) ist im ehemaligen Haus des Doktors und im alten französischen Krankenhaus sowie in einem Verbindungstunnel zwischen beiden Gebäuden untergebracht.

Hafnargata 12, T 475 11 70, Mai–Sept. tgl. 10–18 Uhr, 1500 ISK

Ein Traum in Bunt
Auroras Iceland: Nordlichter in dieser Umgebung mit den hohen Bergen des Ostens sind schon beeindruckend. Eine Fotoausstellung mit Bildern der beiden Fotografinnen Jónína und Jóhanna zeigt das. Lassen Sie sich umfangen und vielleicht möchten Sie auch in Zukunft auf einem Nordlichtkissen ruhen.

Hafnargata 7, Wathnes Haus, T 783 95 00, www.auroras.is/exhibition/, 22. Mai–15. Sept. tgl. 10–18 Uhr, 1000 ISK

Essen

Französisch
L'abri: Hier genießt man französische Küche aus isländischen Zutaten à la carte

(18–22 Uhr). Sehr beliebt. Auch Café und Weinbar.

Hafnargata 9, neben Fosshotel, T 470 40 70, Café tgl. 12–22.30 Uhr

Infos

- **Touristinformation:** im Fosshótel, Hafnargata 11–14, T 470 40 70, http://en.visitfjardabyggd.is/travel-info. Informationen zu Fáskrúðfjörður, aber auch zu Reyðarfjörður, Eskifjörður, Norðfjörður und Stöðvarfjörður, die alle zur Gemeinde Fjarðabyggð gehören.
- **Nationalfeiertag:** Am 17. Juni heißt es hier auf die Berge mit der ganzen Familie.
- **Französischer Nationalfeiertag:** 14. Juli. Die isländische und die französische Flagge werden im Ort feierlich gehisst. Das ist der einzige Ort, an dem auch ein anderer Nationalfeiertag ein Flaggentag ist.
- **Französische Tage:** Ende Juli. Familienfestival.
- **Bus:** http://en.visitfjardabyggd.is/travel-info/transport/public-transport nach Egilsstaðir und in die Nachbarfjorde.

Reyðarfjörður ♀ L4

Zeugnisse des Zweiten Weltkriegs

Am Reyðarfjörður, dem mit 30 km Länge und 7 km Breite größten Fjord an der Ostküste, unterhielten die Alliierten im Zweiten Weltkrieg eine bedeutende Militärbasis. Danach entvölkerte sich der Fischereiort zunehmend. Während des Baus des Aluminiumwerks und des nahe gelegenen Kárahnjúkar-Staudamms stieg die Einwohnerzahl durch den Zuzug der Arbeiter auf über 2000 an, die Infrastruktur wurde verbessert, Häuser, eine Fußballhalle und ein Kino wurden gebaut. Mit den beiden Tunnels wurde die Anbindung an Höfn verbessert. Doch leider hat sich die Einwohnerzahl nach Inbetriebnahme der Aluminiumschmelze im Jahr 2007 nicht gehalten, sondern sank wieder auf um die 1000 Bewohner, viele Neubauten stehen deshalb wieder leer. Kürzere Spaziergänge kann man entlang des Flusses Búðará machen, ansonsten heißt es hinauf in die Berge.

Museum

Über die Besatzungszeit

Íslenska Stríðsárasafnið: Das Museum zeigt, welche nachhaltigen Auswirkungen die englische Besatzungszeit nach sich zog, so legte sie u. a. die Basis für späteren Wohlstand. Doch auch die Reibungsverluste im Miteinander waren vorhanden, was die Ausstellung z. T. darzustellen versucht. Eine in mancher Hinsicht eigenwillige Sammlung und Präsentation, dennoch nicht uninteressant.

Hospital camp v/Hæðargerði, T 470 90 63, Juni–Aug. tgl. 13–17 Uhr, 1100 ISK

Schlafen, Essen

Ein Haus mit Geschichte

Gästehaus Tærgesen: Die Zimmer im ältesten Haus des Ortes sind vor wenigen Jahren renoviert worden. Vier Gemeinschaftsbäder. Ein Haus mit Charme, zudem zentral gelegen und mit Terrasse. Im Restaurant reicht das Angebot von Suppen, Fleisch- und Fischgerichten bis zu Hamburgern und Nachos. Hier findet jeder etwas und die Portionen sind auch ausreichend. Fisch ab 3890 ISK, Hamburger ab 1480 ISK.

Búðugata 4, T 470 55 55, www.taergesen.com, DZ mit Gemeinschaftsbad 16 300 ISK, mit Privatbad 26 900 ISK

Für Vogelfreunde

Zeltplatz: im Ort am Ententeich. Recht gut ausgestattet. Es gibt eine Vogelbe-

Die roten Fischerhäuser an den alten Holzstegen in Eskifjörður sind immer noch bewohnt. Sie gehören zur historischen Bebauung im Ort, die auf die Norweger zurückgeht.

obachtungshütte, was den Aufenthalt interessant gestaltet.

Infos

- **Bus:** Mo–Sa zwischen den einzelnen Orten und nach Egilsstaðir.

Eskifjörður   📍 L 4

Eskifjörður entwickelte sich mit dem norwegischen Heringsfang im 19. Jh., zuvor war der Ort ein wichtiger Handelsplatz. Bis heute ist die Fischverarbeitung ein wichtiger Wirtschaftszweig, verbunden mit dem Wachstum, das durch die

Aluminiumschmelze erfolgt ist. Beim Spaziergang durch den Ort, der von den beiden Bergen Eskja und Hólmatindur, die über 900 m hoch sind, dominiert wird, kann man immer noch der alten Fischergeschichte nachspüren. Alte Gebäude wie das Holzhaus Randulfssjóhús von 1890 und die Piers erzählen davon.

Am Nordufer des Reyðarfjörður bei **Helgustaðir,** ca. 9 km weiter östlich, liegt eine der besten Doppelspatminen, die vom 17. bis ins 20. Jh. genutzt wurde. Doppelspat wurde vor allem für optische Präzisionsgeräte verwendet. Zahlreiche Doppelspatexponate in Museen stammen von hier, so ein 230 kg schweres Exponat im National History Museum in London. Heute ist das Areal um die Mine Landschaftsschutzgebiet.

Museum

Maritime Erinnerungen

Seefahrtsmuseum Ostislands: Das
Haus von 1816, Gamla Búð, beherbergt
das Seefahrtsmuseum Ostislands (Sjó-
minjasafn Austurlands). Es war ursprünglich der Laden und das Lagerhaus des
Ortes und im Erdgeschoss sieht man auch
noch Teile der alten Ladeneinrichtung. Ansonsten widmet sich die Ausstellung vor
allem dem Herings-, Haifisch- und Walfang in der Region mit zahlreichen alten
Fotos und auch Booten. In der 1. Etage
ist ein Modell des Ortes aus dem Jahr
1923 zu sehen. Zu dem Museum gehört
die alte Fischerhütte Randulffssjóhús, die
so renoviert wurde, dass man dort heute
einen Eindruck der Lebensumstände um
die Jahrhundertwende erhält.
Strandgata 39b, T 470 90 00, Mai– Aug. tgl.
13–17 Uhr, 1100 ISK

Schlafen

Direkt am Meer

Gästehaus Mjóeyri: Die kleine Ferien-
anlage ist sehr schön am Fjord in der Nähe
eines Leuchtturms gelegen. Nicht zuletzt
wegen der Hütten, die Platz für 6–7 Personen bieten, kommen auch Isländer im
Sommer gern hierher. Die Zimmer selbst
sind einfach, aber angenehm ausgestattet.
Ideal für Wanderungen, zumal man gute
Informationen erhält. Abendessen möglich.
Ca. 3 km östl. vom Ortszentrum, Strandgata
120, T 477 12 47, www.mjoeyri.is, Schlafsack
6100–8100 ISK, DZ 14 900–19 400 ISK,
Hütten 21 800–34 900 ISK

Bewegen

Outdoor

Gästehaus Mjóeyri: s. o. Das Aktivitä-
tenangebot reicht von Rentierjagd bis zu

Skitouren im Winter. Boote können ge-
liehen werden, 1 Std. kostet 4000 ISK
inkl. Benzinkosten, ein Tag 12 000 ISK.
Schneemobilfahrten, Eisklettern, geführte
Wanderungen am Fjord.

Infos

• **Bus:** Mo–Sa zwischen den einzelnen
Orten und nach Egilsstaðir.

Neskaupstaður ⚲ M4

Der größte Ort Ostislands am Norðfjörður bietet vor allem Wanderern und
Wintersportlern gute Möglichkeiten
und ist seit der Eröffnung des Tunnels
im Frühjahr 2018 gut zu erreichen. Früher gab es nur eine Passstraße, die in
den Wintermonaten auch schon einmal
geschlossen sein konnte. Die Lawinen-
schutzbauten oberhalb Neskaupstaður
sind lohnende Aussichtspunkte. Um die
Wende vom 19. zum 20. Jh. unterhielten die Norweger hier eine größere Heringsstation. Auch heute sind Fischfang
und -verarbeitung die wichtigsten Wirt-
schaftszweige, zudem steht hier Islands
größte Fischgefrieranlage.

Das **Naturschutzgebiet** Folksvan-
gur Neskaupstaðar liegt etwas östlich
des Ortes und bietet sehr schöne Spazierwege. Dort befindet sich an der Küste die Höhle **Páskahellir** (Osterhöhle),
zu der Stufen hinunterführen. Sie wurde
durch die Brandung gebildet und innen sind kleine Löcher zu sehen, die
von Bäumen stammen, die vor 12 Mio.
Jahren von Lava bedeckt wurden. Die
Wege führen durch Feuchtwiesen mit
üppiger Vegetation und bieten reichlich
Gelegenheit für Vogelbeobachtungen.
Felsen mit interessanten mineralischen
Strukturen lassen immer wieder zum
Betrachten anhalten.

Museum

Drei in eins
Safnið: In einem ehemaligen Lagerhaus am Hafen sind gleich drei Museen untergebracht. Tryggvasafn zeigt Werke des hier 1940 geborenen Malers Tryggvi Ólafsson und das Naturkundemuseum Náttúrugripasafnið ausgestopfte Tiere und eine umfangreiche Gesteinssammlung, darunter Doppelspat aus Helgustaðir. Die Seefahrtsausstellung präsentiert die persönliche Sammlung von Jósafat Hinriksson.
Egilsbraut 2, T 470 90 63, Juni–Aug. tgl. 14–17 Uhr, jeweils 1500 ISK

Schlafen, Essen

Zuhause
Hildibrand Hótel: In einem ehemaligen Geschäftslokal befindet sich im Erdgeschoss ein Bistro, oben sind Apartments und Zimmer untergebracht. Geschmackvoll eingerichtet mit interessanten Kunstwerken. Man hat einen schönen Blick auf die Berge oder den Fjord. Die Hotelleitung hilft in allen Fragen.
Hafnarbraut 2, T 477 19 50, www.hildibrand hotel.com, Apartments ab 28 700 ISK, DZ im Nebengebäude ab 18 000 ISK

Bewegen

Kajaktouren
Kajakklúbburinn Kaj: Geführte 2-std. Tour, Anfragen per Mail.
T 863 99 39, http://kaj.123.is, kayakklubbu rinn@gmail.com

Wandern
Ferðafelag Fjarðamanna: Der regionale Wanderverein bietet geführte Touren in die Umgebung an. Hier gibt es auch eine Wanderkarte für die Region.
Melagata 8, ffau@simnet.is, http://ferdafelag.is

Infos

- **Bus:** http://en.visitfjardabyggd.is. Im Sommer tgl. Busse zwischen Egilsstaðir sowie den Nachbarorten.
- **Seemannsfest:** 1. Wochenende im Juni. Jeder Ort hat seine besondere Feier, hier findet regelmäßig ein Wettrudern statt.
- **Funkenflug:** Neistaflug, Aug., http://neistaflug.is. Heavy-Metal-Festival, wurde als bestes kulturelles Ereignis außerhalb Reykjavíks ausgezeichnet. Zugleich mit breitem Familienangebot.

Seyðisfjörður   ♀ L4

Der Ort, der verbindet
Wer mit dem eigenen Wagen auf der Fähre Smyril Line (s. S. 239) reist, landet in Seyðisfjörður an. Der Ort ist malerisch am Ende des gleichnamigen Fjords gelegen und wird von hohen Bergen umgeben. Mit seinen gut erhaltenen Holzhäusern aus dem 19. Jh. und der hübschen blauen Kirche erscheint er wie aus einer Zeitkapsel. Damals war hier die größte Handelsniederlassung Islands, und viele Norweger siedelten sich wegen des Heringsfangs an. Hier gab es schon 1906 die erste Untersee-Telefonleitung, nicht zuletzt wegen der Anbindung nach Europa. Der gute natürliche Hafen machte Seyðisfjörður zu einem wichtigen Umschlagplatz im Land. Die Engländer und Amerikaner richteten während des Zweiten Weltkriegs hier ihre ersten Stützpunkte ein.

Das älteste Kraftwerk Islands, **Fjarðarsel,** stammt aus dem Jahr 1913 und lieferte damals erstmalig Strom in ein Gemeindenetz. Während der Sommermonate kann das Kraftwerk mit Elektrizitätsmuseum besichtigt werden.
Fjarðarsel: 30 Min. zu Fuß stadtauswärts gelegen, T 472 11 22, Besichtigung Juni–Aug. nach tel. Anfrage

Interaktive Klangskulptur

Ein 20-minütiger Fußweg führt vorbei an einem Wasserfall zu den fünf Klangdomen **Tvísöngur**, die der deutsche Künstler Lukas Kühne mitten in der Landschaft errichtet hat. Tvísöngur bezeichnet den isländischen Zwiegesang, dem eine Fünfton-Harmonie zugrunde liegt. Die Klangfrequenz jedes Doms entspricht einem Ton aus dieser Pentatonik. In den einzelnen Räumen sind die Töne regelrecht erlebbar – auch eine ideale Erfahrung für Nicht-Sänger.

Museum

Haus des Fortschritts

Technikmuseum Ostislands: Der technische Fortschritt kam spät nach Island, aber er kam, und oft zunächst in den Osten. Einen guten Eindruck von den technischen Errungenschaften, die zwischen 1880 und 1950 auf die Insel kamen, erhält man im Technikmuseum (Tækniminjasafn), das in dem ehemaligen Wohnhaus von Otto Wanthe eingerichtet wurde. Weitere Gebäude mit ehemaligen Werkstätten gehören dazu. Hier erfahren Sie auch alles über die erste Untersee-Telefonleitung. Pétur ist einer der engagiertesten Museumsleiter, vielleicht haben Sie Glück, und er führt Sie herum.

Hafnargata 44, T 472 16 96, www.tekmus.is, Juni–15. Sept. Mo–Fr 11–17 Uhr, 1000 ISK

Schlafen

Alteingesessen

Jugendherberge Hafaldan: Ein Haus mit familiärer Atmosphäre in der Nähe des Hafens. Küchenbenutzung, Gruppen können nach Absprache auch Mahlzeiten bestellen. Es gibt noch ein schönes Ausweichhaus im Ort, das sogenannte Old Hospital, in dem sich auch die Rezeption befindet (Suðurgata 8, tgl. 17–21 Uhr).

»TRAPPED«

Erinnern Sie sich an die isländische Miniserie im Deutschen Fernsehen 2017? Da gab es einen Mord auf einer Fähre, die in Ostisland angekommen war. Zwar wurde immer von Siglufjörður gesprochen, doch alle Hafenszenen spielten im verschneiten Seyðisfjörður. Der Ort wirkte nicht weniger abgeschlossen vom Rest der Welt.

Ránargata 9, T 611 44 10, http://hafaldan.is, Schlafsack 5390 ISK, DZ ab 12 900 ISK

Mitten in der Natur

Skálanes: Das Natur- und Kulturzentrum bietet neben Unterkunft auch Naturbeobachtungen und geführte Wanderungen entlang der einzigartigen Küste. Ein exzellenter Ort für Vogelbeobachtung ist an einem Felsen, zu dem Sie laufen können. Sie können sich gegen Gebühr von Seyðisfjörður bzw. der ersten Flussfurt abholen lassen. Es wird Essen serviert: Mittagssuppe 1800 ISK, Abendessen um 3000 ISK.

17 km entfernt an der südlichen Spitze des Fjords, T 779 70 08, www.skalanes.com, Mitte Mai–Sept., Übernachtung inkl. Frühstück 19 900 ISK

Essen

Kunst und Kultur pur

Skaftfell: Pizza, Kuchen und leckerer Kaffee. Skaftfell ist das örtliche Kunstzentrum mit wechselnden Ausstellungen und Cafébetrieb. Gemütlich, auch mit Internetcafé.

Austurvegur 42, T 472 16 33, http://skaftfell. is/bistro/, tgl. 15–21 Uhr

Gemütlich

Kaffi Lára: Nettes Café und vor allem gemütlicher Pub, auch bei Bedarf Sportbar.

Gehört vor allem zur örtlichen Brauerei, die das Bier ›El grillo‹ braut. Hier trifft sich der Ort.

Norðurgata 3, T 472 17 03, www.elgrillobrew. com, So–Do 12–1, Fr/Sa 12–3 Uhr

Bewegen

Kajaks, Mountainbikes
Hlynur Oddsson: Kajaktouren im Fjord ab 1 Std., Mountainbike-Touren ab 2 Std., Bootsfahrten mit Vogelbeobachtung und Angeln. Alle Preise vor Ort erfragen. Kajaks/Fahrräder können entliehen werden.

Hlynur Oddsson, T 865 37 41

Fahrrad und Spaziergang
Seyðisfjörður Tours: geführte Fahrradtouren, Spaziergänge durch den Ort und Wanderungen in die Umgebung, natürlich immer mit Geschichten.

Norðurgata 6, T 785 47 37, Juni–Aug. tgl., Uhrzeiten der Touren auf Anfrage

N

ULTIMATIVES NATURERLEBNIS

Umgeben von der weiten Landschaft liegt der Pferdehof **Húsey**. Doch neben den hinreißenden Vierbeinern, die sich auch von Anfängern reiten lassen, leben nicht weit von hier Seehunde. Was für eine tolle Kombination – Ausritt und Seehundbeobachtung. Wenn Sie die ruhige und entspannte Atmosphäre auf dem Hof länger genießen wollen, können Sie auch übernachten. Bitte informieren Sie sich vorher, welche Lebensmittel Sie mitbringen sollten, einige Bioprodukte können Sie auch auf dem Hof kaufen (www. husey.de, T 471 30 10 und 695 88 32, Abholung von Egilsstaðir kann vereinbart werden).

Infos

- **Touristeninformation:** im Fährhaus, Ferjuleira 1, T 472 15 51, www.visitseydisfjordur.com, Mai–Sept. 8–16 Uhr. Hier erhält man u.a. einen historischen Stadtführer mit Informationen zu den alten Häusern und Buspässe.
- **Art in the Light:** Februar, www.listiljosi.com. Das Festival bringt Seyðisfjörður zum Leuchten, wenn die ersten Sonnenstrahlen wieder den Ort erreichen.
- **Sommerkonzerte:** Juli–Aug. mittwochs, www.bluechurch.is. Konzerte in der blauen Kirche (Bláa Kirkja).
- **LungA:** Juli, www.lunga.is. Internationales Kunstfestival der Jugend, das eine Woche dauert.
- **Bus:** tgl. Verbindungen von/nach Egilsstaðir.

Egilsstaðir   ♀L4

Wer aus dem Süden in den Norden will, oder umgekehrt, stoppt in Egilsstaðir, einer der jüngsten Städte Islands. Ihre Entwicklung begann erst 1944 – und heute ist sie das Dienstleistungszentrum des Ostens. Ihre Besiedlungsgeschichte ist nur bruchstückhaft dokumentiert, allerdings weiß man, dass es im Mittelalter hier einen Thingplatz gab. Anbei, Egilsstaðir liegt als einer der wenigen größeren Orte Islands nicht am Meer. Eine wichtige Rolle schreibt die Stadtverwaltung heute dem Ausbau des Tourismus zu. Die abwechslungsreichen Ausflugsmöglichkeiten machen Egilsstaðir zu einem idealen Standort. Auch das kulturelle Angebot ist in den letzten Jahren erweitert worden. Von Egilsstaðir lohnt ein Abstecher nach Bakkagerði am Borgarfjörður (ca. 68 km, s. Lieblingsort S. 139).

Lieblingsort

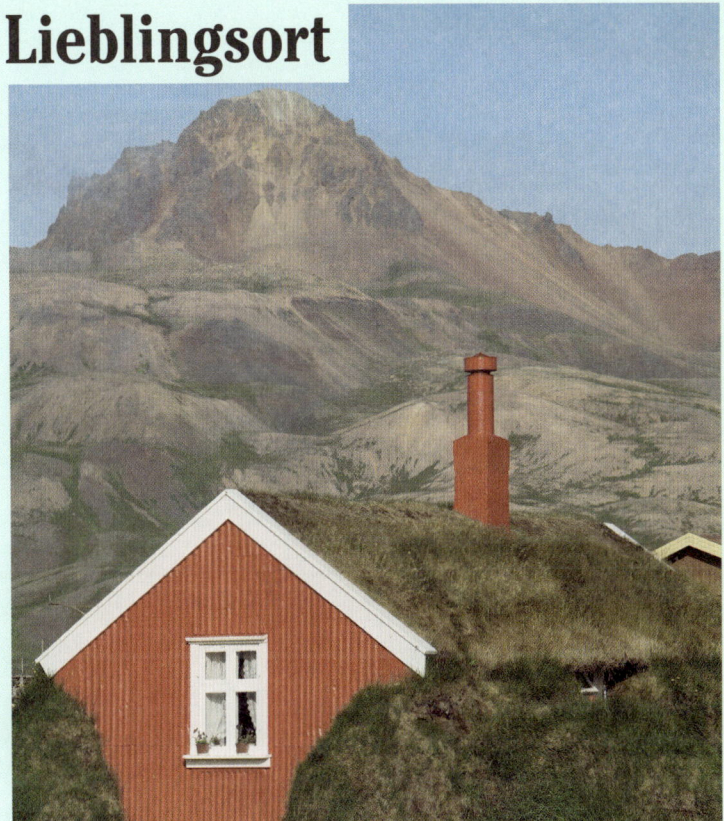

Besuch bei den Elfen

Verborgen und geradezu verwunschen liegt **Bakkagerði** (♀ M 3) umgeben von einer Berglandschaft mit farbenprächtigen Rhyolith- und Basaltbergen wie Dyrfjöll und Staðarfjöll. Nur wenige Häuser stehen in dem kleinen Ort und manche sind geradezu skurril, wie das Lindarbakki, ein fast gänzlich von Grassoden bewachsenes Haus von 1899 mit leuchtend roten Giebeln. Nach und nach habe ich die Elfen – sprich das verborgene Volk – hier lieben gelernt. Deshalb pilgere ich regelmäßig auf den 30 m hohen Basalthügel Álfaborg, dt. Elfenstadt, in der Nähe des Zeltplatzes von Bakkagerði, um der Elfenkönigin dort meine Aufwartung zu machen. Dafür darf ich den Ausblick genießen. Selbst der Maler Jóhannes S. Kjarval (1885–1972), der in Bakkagerði aufwuchs, hat den Hügel in seinem Altarbild in der kleinen Kirche verewigt. Der segnende Jesus steht vor Álfaborg und dem Berg Dyrfjöll. Ein lauschiger Ort zum Staunen, Vögelbeobachten und Wandern. Wer in Bakkagerði länger verweilen will, findet entsprechende Übernachtungsmöglichkeiten.

Museum

Grab aus der Sagazeit
Ostisländisches Heimatmuseum:
Lohnend und auch ausgesprochen interessant aufgearbeitet sind die beiden Ausstellungen im Ostisländischen Heimatmuseum (Minjasafn Austurlands). Die eine präsentiert alles Wissenswerte über Rentiere in Island, die andere vermittelt einen guten Eindruck vom früheren Landleben, u. a. mit Exponaten wie dem medizinischen Equipment des letzten Landarztes der Region.
Laufskógar 1, T 471 14 12, www.minjasafn.
is, Juni–Aug. tgl. 10–18, Sept.–Mai Do–Fr
11–16 Uhr, 1000 ISK

Schlafen

Kleines, feines Haus
Gästehaus Vínland: Geschmackvoll ausgestattet, jedes Zimmer hat einen Kühlschrank und Wasserkocher und natürlich Internet. Einige Zimmer mit schönem Ausblick. Außerdem gibt es ein
Sommerhaus für 4 Pers. mit gemütlicher Ausstattung (ab 195 €/Nacht).
Fellabæ, T 615 19 00, http://vinlandhotel.
is, DZ 9400–19 700 ISK, Frühstück 2100 ISK

Essen

Kuchen und mehr
Café Nielsen: Das beliebte Restaurant befindet sich im ältesten Haus des Ortes. Die abwechslungsreiche Speisekarte bietet auch Vegetarisches sowie Gerichte mit Rentierfleisch. Im Sommer kann man geschützt auf der Terrasse sitzen.
Tjarnarbraut 1, T 471 26 26, http://e.cafeniel
sen.is, Mo–Fr 11.30–23, Sa/So 13–23 Uhr,
Fleischgerichte ab 5650 ISK, Fischgerichte
ab 4150 ISK

Fastfood forever
Söluskáli: Meine Begeisterung für diese Tankstelle ist groß, denn zum einen gibt es fast immer etwas zu essen, und zum anderen ist sie ein idealer Treffpunkt für Reisende.
Tankstelle, Kaupavangur, T 478 12 00, bis
22.30 Uhr

MAUER VON RIESENHAND **M**

Die Fahrt zum Stausee **Hálslón**
📍**J/K 4/5,** westlich des Lögurinn und nördlich des Vatnajökull, ist ein Erlebnis. Die Straße 910 ist die einzige asphaltierte Hochlandpiste Islands, ausgebaut für die Baufahrzeuge, die bis 2006 für die Errichtung des **Kárahnjúkar-Staudamms** hier Baumaterial transportierten. Die Maße von 750 m Länge und 193 m Höhe machen die Staumauer zu einem beeindruckenden Bauwerk. Es ist das größte, das bisher in Island errichtet wurde. Reißend und rasend schnell ist der Überlaufwasserfall.

Bewegen

Fahrradverleih
Skógar Rent a Bike: z. B. um einmal rund um den Lögurinn zu fahren (s. Tour S. 141).
Dynskógar 4, T 471 12 30, www.facebook.
com/skogareg, Mo–Fr 10–18, Sa 10–15 Uhr,
Preise vor Ort

Infos

● **Touristeninformation:** Miðvangur 1–3, T 471 23 20, www.east.is, Juni–Aug. Mo, Do, Fr 8.30–18, Mi 8.30–20.00, Sa 10–16, So 13–18 Uhr, sonst kürzer. Wichtigste Auskunftsstelle für Ostland. Infos zu

TOUR
Einmal um den Lögurinn

Fahrrad- oder Autofahrt rund um den See, der keiner ist

Infos

Start:
Egilsstaðir, 📍 K/L 4

Strecke:
90 km

Dauer:
Auto 4–6 Std.,
Rad 2 Tage

Fahrradverleih:
s. S. 140

Skriðuklaustur:
Juni–Aug. tgl. 10–
18, Mai/Sept. tgl.
11–17, April/Okt. tgl.
12–16 Uhr, 1100
ISK, www.skridu
klaustur.is

Die Rundfahrt beginnt in **Egilsstaðir** am Ostufer des Lögurinn und führt am Westufer über Fellabær zurück an den Ausgangspunkt. Wer genug von den Gletscher- und Lavalandschaften hat und Sehnsucht nach dem Rauschen eines Waldes verspürt, erfreut sich an **Hallormsstaðarskógur,** Islands größtem Wald- und Wiederaufforstungsgebiet, an dem die Route entlangführt. Die ältesten Bäume sind über 100 Jahre alt und einige erreichen Höhen von über 12 m. Sehr interessant ist ein Spaziergang durch den Lehrwald, ein Informationsblatt der dortigen Wiederaufforstungsstelle erklärt die unterschiedlichen Baumarten. Aus der Kirche von **Valþjófsstaður** am Südende des Sees stammt die berühmte mittelalterliche Holztür, die man im Nationalmuseum in Reykjavík besichtigen kann. Die heutige Kirchentür ist eine exakte Kopie. Wenige Kilometer weiter befindet sich der ehemalige Wohnsitz des Schriftstellers Gunnar Gunnarsson, **Skriðuklaustur,** 1939 von dem Architekten Fritz Höger erbaut. Unterstützt wurde das Projekt von den Nationalsozialisten, denen Gunnarsson durchaus freundlich gesinnt war. 1949 schenkte der Autor den Hof dem isländischen Staat. Heute ist ein Kulturzentrum darin untergebracht, mit Ausstellungen zu Gunnarsson und Künstlern aus der Region. Die Ausgrabungen zeigen die Grundmauern des einstigen Klosters. Zu dem mit 118 m dritthöchsten Wasserfall Islands, **Hengifoss,** an der Westseite des Lögurinn führt ein steiler Wanderweg hinauf. Schön ist auch **Litlanesfoss** mit seinen faszinierenden Basaltsäulen. Ohne weitere Attraktionen geht es nun zurück nach **Egilsstaðir.**

Unterkünften sowie Aktivitäten, darunter Touren auf den Snæfell (s. S. 142).

- **Jazz-Festival:** Juni. Es ist ein international bekanntes Jazz-Festival, bei dem vor allem Gruppen aus Island und Skandinavien auftreten.
- **Bus:** tgl. nach Höfn und Akureyri sowie in die kleinen Orte.
- **Flug:** www.airiceland.is. Tgl. Flüge von/nach Reykjavík. Der Flughafen liegt 3 km stadtauswärts in nördlicher Richtung.

Rund um Lögurinn   ♀ K/L4

In dem 30 km langen und bis zu 3 km breiten See Lögurinn bzw. Lagarfljót soll eine Verwandte des schottischen Seeungeheuers Nessie hausen. Obwohl zahllose Quellflüsse im Fljótsdalur in den See münden, bleibt der milchig scheinende Gletscherwassercharakter erhalten. Rund um den See lassen sich schöne Exkursionen unternehmen, s. Tour S. 141.

Schlafen

Im Wald
Sommerhotel Hallormsstaður: Wunderschön gelegen für alle, die den Wald und Ruhe lieben. Angeboten werden auch Ausritte. Hier hat man den ganz anderen Islandeindruck. Das Haus gehört zu einem Komplex, bestehend aus Hotel, Gästehaus und Hütte.
Hallormsstaður, T 471 24 00, www.hotel701. is, DZ ab 21 850 ISK

Zelten am See
Camping Atlavík: Geradezu idyllisch liegt dieser Zeltplatz im Wald direkt an einem See, mit Strandabschnitt. Ab hier

auch Bootsausflüge möglich (Bootsverleih, T 847 00 63).
Hallormsstaður, T 849 14 61, 1500 ISK/Zelt

Essen

Gemütlich und gut
Skriðuklaustur: im Kulturzentrum, s. S. 141. Sehr lohnend ist ein Besuch im Café mit regionalen Gerichten aus frischen Zutaten und hervorragenden Kuchen, Suppen und Brot.

Infos

- **Snæfellsstofa:** Fljótsdalur, in der Nähe von Skriðuklaustur (s. S. 141), T 470 08 40, www.vjp.is, Mai, Sept. tgl. 9–15, Juni–Aug. tgl. 9–17 Uhr. Informationen über den östlichen Teil des Vatnajökull-Nationalparks, außerdem eine sehr gute Ausstellung und geführte Touren.

Snæfell   ♀ K5

Besonders attraktiv sind Ausflüge in das ostisländische Hochland zum Stratovulkan Snæfell, dessen 1833 m hoher Gipfel immer schneebedeckt ist. Auf der Fahrt über den Hochland-Track hat man vielleicht Glück und sieht Rentiere, die in dieser Region frei leben. Vom Snæfell gelangt man auf einem kurzen Fahrweg an den Nordostrand des Vatnajökull. Wer an einer geführten Tour auf den Berg teilnehmen möchte, erhält in der Touristeninformation in Egilsstaðir die Adressen von Veranstaltern (s. S. 140). Die mehrtägige Wanderung von Snæfell nach Lónsöræfi (rund 60 km, s. S. 128) führt über eine landschaftlich faszinierende Strecke, die mit einer Gletscherüberquerung beginnt.

Lieblingsort

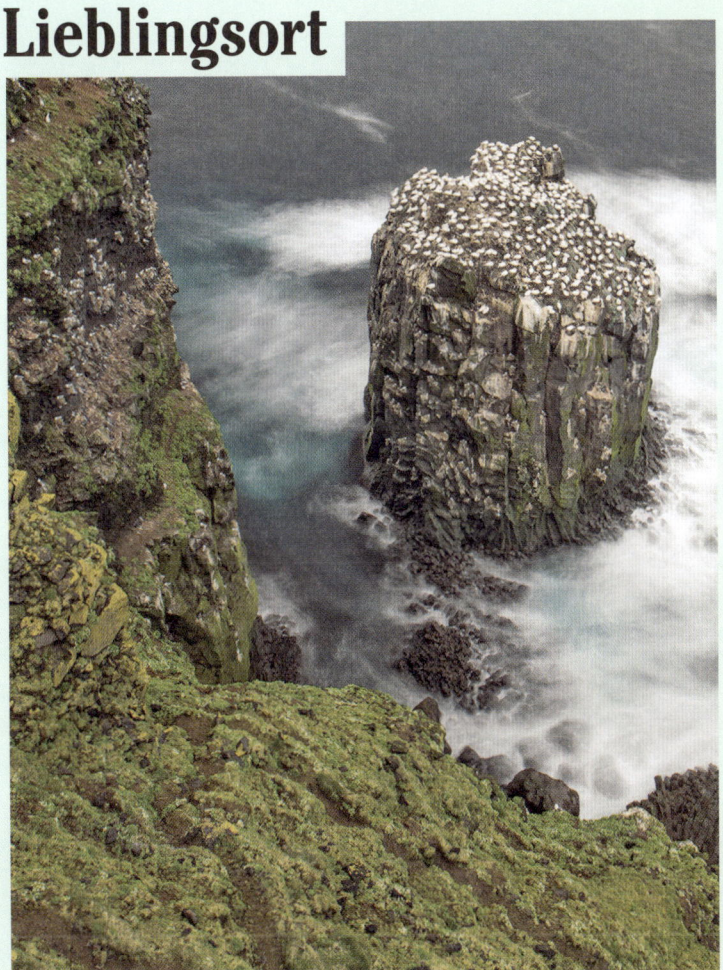

Tausend Vögel und mehr

Vögel über Vögel, aber nicht angriffslustig wie in Hitchcocks gleichnamigem Film. An der Nordseite der rund 40 km langen, entenkopfförmigen Halbinsel Langanes, die sich zwischen Þistilfjörður und Bakkaflói ins Meer erstreckt, gibt es fantastische Vogelklippen, darunter der schönste Vogelfelsen Islands, **Skoruvíkurbjarg** (♥ K 1) mit dem Basaltturm Karl. Auf Karl nisten Basstölpel, ansonsten tummeln sich hier Abertausende von Küstenseeschwalben. Von der 2015 errichteten Aussichtsplattform kann man die Vögel auf den Klippen und Felsen ausgezeichnet beobachten.

Þórshöfn ⚲ K1

Man kann kaum glauben, dass hier etwas los ist, denn die kleine Siedlung wirkt verschlafen und vergessen. Doch der erste Eindruck täuscht, denn die Einwohner von Þórshöfn möchten mehr als Fisch verkaufen. Traditionell basiert die Wirtschaft mit dem günstig gelegenen Hafen auf Fisch- und Muschelfang sowie auf der Verarbeitung der frisch gefangenen Meerestiere. Schon im 16. Jh. diente Þórshöfn als Handelsplatz für ausländische Händler, doch erst 1846 wurde er offiziell dazu ernannt. Die ersten Häuser entstanden 1880, vorher fand der Handel auf den Schiffen statt. Das älteste erhaltene Haus stammt aus dem Jahr 1902 und steht in der Fjarðarvegur (Nr. 14) – so viel zu den Sehenswürdigkeiten. Die Attraktionen von Þórshöfn sind anderer Art, so steht z. B. einer der besten Küchenchefs Islands im Restaurant Barán am Herd (s. Essen rechts). Bei ihm erfahren Sie, wie der Nordosten schmeckt – einfach fantastisch!

Von Þórshöfn aus können Sie Ausflüge und Wanderungen auf die Halbinsel **Langanes** unternehmen, wo Sie entlang der Küste Seevögel beobachten können (s. Lieblingsort S. 143).

Schlafen

Mitten im Grünen
Ytra-Áland: Die Zimmer sind einfach, aber gut ausgestattet. Außerdem gibt es ein Sommerhaus. Ausflüge und Angelscheine werden angeboten, und fast alle Fragen zur Region und dem Landleben beantwortet. Abendessen wird auf Anfrage serviert.
Rund 15 km nördl. von Þórshöfn, T 468 12 90, www.ytra-aland.is, Schlafsackplatz 4500 ISK, DZ 14 000–23 000 ISK

Landlust
Grásteinn Guesthouse: Einfach das Landleben genießen und zugleich in einem der gemütlich eingerichteten Sommerhäuser wohnen. Im Mai können Sie Lämmer streicheln, im Sommer die Weite der Landschaft in sich aufnehmen. Die Lage erlaubt Ausflüge zu vielen Orten des Nordens.
Holti, T 468 12 79, grasteinnguesthouse.is, 20 500 ISK (Frühstück inkl.)

Essen

Cozy & Crazy
Báran: Hier trifft man sich. Restaurant, Bar und Riesen-Bildschirm. Wohl kaum jemand erwartet in diesem Ambiente einen der besten Küchenchefs Islands, genial und kreativ. Der erste Blick in die Karte: Pizza und Hamburger, aber das 3-gängige Tagesmenü (5800 ISK) ist jede Krone wert, natürlich werden lokale Produkte verarbeitet. Freundliche und gute Bedienung. Im Sommer kann man auf der Terrasse sitzen!
Eyravegur 3, T 468 12 50, http://baran restaurant.is/en, Sommer tgl. 10–22, Fr bis 1, Sa bis 3 Uhr

Melrakkaslétta

Möchten Sie den Polarkreis fast erspüren? Die Musik von Meer und Wellen und Vogelgezwitscher hören? Den Wind erleben und silbergraues Treibholz bewundern? Im Nordosten Islands sind Sie oft noch völlig ungestört mit der Natur. Die nördlichste, namenlose Halbinsel, in der die Ebene Melrakkaslétta liegt, ist sogar noch eher ein Geheimtipp. Auf der großen Ebene, der Fuchsebene, sagen sich wahrlich Fuchs und Hase Gute Nacht und die kalten Nordwinde fegen fast ungebrochen über die weite Fläche, denn

TOUR
Unendliche Weite

Wanderungen durch die ebene Landschaft um Raufarhöfn

Spaziergänge rund um den Ort

Ein beliebter, 2 km langer Weg führt von Raufarhöfn zur Landzunge **Höfði (schwarz),** vorbei an der 1927 gebauten Kirche nach Plänen von Guðjón Samúelsson. Von Höfði hat man einen atemberaubenden Blick aufs Meer und in den Klippen nisten zahllose Vögel. Ein markierter Weg führt vom Hótel Norðurljós außerdem zum See **Ólafs-vatn (rot).** Besonders reizvoll ist die abwechslungsreiche Vogelwelt, die man hier antrifft. In der Umgebung des Ortes nisten 45 der im Land brütenden 70 Vogelarten.

Von Raufarhöfn nach Norden (grün)

Eine schöne Tour geht nach **Hraunhafnartangi,** dem fast nördlichsten Punkt auf Island, von hier sind es nur noch 3 km bis zum Polarkreis. Als Hraunhöfn war der Ort im Mittelalter ein sehr bekannter Hafen und endgültig wurde er erst im 19. Jh. aufgegeben. 1945 versetzte man den Leuchtturm von Rif hierher. Ein Weg führt am **Arctic Henge** vorbei nach Norden. Zuletzt zweigt ein Pfad von der 870 ab bis zur Landspitze **Hraunhafnartangi** mit dem Leuchtsignal. Wer nicht die gesamte Strecke hin und zurück laufen will, kann ein Stück mit dem Auto nach Norden fahren.

Auf dem alten Postweg

Weiter südlich bei Vógur oder Hóll kann man auf dem alten Postweg quer über die Ebene **Melrakkaslétta** nach Kópas-ker wandern. Die Markierung ist hier deutlich, es sind die Masten der Überlandleitung (28 km einfach). Die Tour wird geführt und mit Rück-fahrt angeboten (3500 ISK, Hótel Norðurljós, s. S. 146).

Hraunhafnartangi

0   2   4 km

870

Arnar-
vatn

Hraunhafnar-
vatn

Ívannabrekku-
vatn

Eggversvatn

Gegnisvatn

Melrakkaslétta

Arctic Henge

Start/Ziel

Start/Ziel

Start/
Ziel

Höfði

Ólafsvatn

Raufarhöfn

æðar-
vatn

874

Hóll, Vogur

nur wenige schützende Berge erheben sich hier. Selbst die Küste im äußersten Norden wirkt unspektakulär, und doch ist es gerade dieser fast gleitende Übergang von Land ins Meer, der den Eindruck von unendlicher Weite vermittelt.

Tausende Vögel nisten auf der Ebene, doch die Menschen verlassen nach und nach die Gegend, wie zahlreiche verlassene Höfe zeigen. Die Bewohner lebten von der Robbenjagd, dem Fischfang und dem Sammeln von Eiderdaunen. Eiderenten sind noch immer von wirtschaftlicher Bedeutung. Günstiges Bauholz waren die aus Sibirien angetriebenen Baumstämme. Fischfabriken öffneten, schlossen aber wieder. Heute hoffen die Bewohner auf Touristen, also: Fühlen Sie sich eingeladen.

Raufarhöfn   ♀ J1

Der nördlichste Ort Islands wirkt aufgrund seiner Lage wie von der Welt entrückt. Er liegt direkt am Meer und östlich der Ebene Melrakkaslétta. Hier dauern die Tage im Winter am kürzesten und im Sommer am längsten, hier leuchten die fantastischsten Nordlichter und die schönste Mitternachtssonne. Einst war Raufarhöfn ein lebendiger Heringsfischerort, doch heute liegt über allem viel Melancholie. Im Hafen dümpeln einige Boote vor sich hin. Alles strahlt eine Ruhe aus, die sich wohltuend auf den Besucher legt. Mehrere Wandertouren können vom Ort aus unternommen werden (s. Tour S. 145). Die Entfernung zur Hauptstadt Reykjavík beträgt 634 km.

Freier Zutritt
Nördlich von Raufarhöfn knapp südlich des Polarkreises steht der Beginn eines steinernen großen mythischen Sonnenkalenders: **Arctic Henge.** 2006 begann Erlingur Thorodsson sein ehrgeiziges Projekt, ein arktisches Stonehenge zu errichten. Heute erheben sich schon vier Tore und die zentralen Steinbögen aus der Ebene. Das Ganze ist inspiriert von den Edda-Versen, in denen die Weissagerin vom Anfang und Ende der Welt erzählt. Die Entstehung der Welt dauerte lange und so ist es auch mit dem Arctic Henge. Jedes Jahr wächst der Kreis etwas weiter. Von dem Platz aus lässt sich der Lauf der Mitternachtssonne bestens verfolgen, und die Polarlichter leuchten in den pechschwarzen Winternächten hier besonders intensiv. Auch wenn Erlingur leider 2015 verstorben ist, führen die Bewohner Raufarhöfns diesen Bau weiter.

Schlafen, Essen

Nordlichter im Winter
Hótel Norðurljós: Ehemalige Unterkunft der Heringsarbeiterinnen. Gemütlich mit alten Fotos ausgestattete Zimmer. Der Blick aus dem Restaurant mit Terrasse geht auf den Hafen, ein idealer Platz, um die Mitternachtssonne oder Nordlichter zu genießen. Abwechslungsreiche Karte, natürlich Kabeljau (ab 3300 ISK) sowie Lamm (4800 ISK).
Aðalbraut 2, T 465 12 33, www.hotelnordurljos.is, DZ 18 300–25 100 ISK

Infos

- **Touristeninformation:** im Kaffi Ljósfang, Aðalbraut 26, T 465 11 15, nur im Sommer.
- **Slettugangur:** 2. Wochenende im Aug. Informationen unter www.edgeofthearctic.is/things-to-do/events-in-northeast-iceland/slettugangan-hiking. Organisierte Wanderung entlang dem alten Postweg über die Ebene Melrakkaslétta (s. S. 145).

Zugabe
Himmelszauber

Winter ist Polarlichtzeit

Die meist grünen, aber manchmal auch blauen oder roten Lichtschleier wabern über den Himmel, verändern ständig ihre Form, stundenlang können Strahlen, Draperien, Bögen, Wolken und Wirbel über den Himmel tanzen, um dann ganz plötzlich wieder zu verschwinden. Im Mittelalter galt das Polarlicht, ebenso wie das Erscheinen eines Kometen, als Zeichen für einen bevorstehenden Krieg, für Hungersnöte und Seuchen. Auch in der nordischen Mythologie spielte es eine große Rolle, als Tanz der Walküren, als Kampf der Götter und Geister, aber auch als Botschaft gefallener Krieger an die Lebenden. Heute weiß man, dass die Lichter am Nachthimmel auf einer Wechselwirkung des Sonnenwindes mit dem Erdmagnetfeld beruhen. Dringen Sonnenwindpartikel in die oberste Schicht der Erdatmosphäre ein, treffen sie auf Sauerstoff- oder Stickstoffmoleküle, wobei ein Teil ihrer Bewegungsenergie durch den Aufprall in Licht umgewandelt wird. Die Kollisionen mit Sauerstoff führen zu einer grünen, die mit Stickstoff zu einer roten Färbung des Himmels. Insbesondere in den Wintermonaten heben sich die Polarlichter gut vom dunklen Nachthimmel ab. Der Steinkreis Arctic Henge bei Raufarhöfn ist ein idealer Platz, um das überirdische Lichtspektakel zu beobachten (Foto). Vergessen Sie beim Betrachten alle Erklärungen und verfallen Sie einfach dem Zauber des Himmels. ∎

Norden

Dem Polarkreis so nah — die Weite des Meeres mit zahlreichen Inseln, Walen und Papageitauchern, die Urlandschaft am See Mývatn und natürlich viele geschichtsträchtige Stätten.

Seite 151
Húsavík

Im Sommer konzentriert sich das Leben in der Wal-Stadt rund um den Hafen. Hier starten die Boote zur Walsafari und die Terrassen der Cafés laden zum Draußensitzen ein. Im Walzentrum erfahren Sie alles über die Meeresriesen.

Seite 153
Dettifoss

Schon von ferne ist das Donnern des Wasserfalls zu hören, dessen ungeheure Wassermassen auf einer Breite von 100 m in die Tiefe stürzen. Nur schwer kann man sich, in Sprühwasser eingehüllt, der Faszination dieser Kaskade entziehen.

In Árskógssandi können Sie Bier trinken und darin baden.

Eintauchen

Seite 155
Mývatn

Gehen Sie unter die Birdwatcher und beobachten Sie am Museum Fuglasafn Sigurgeirs die hübschen Enten, die auf dem Mückensee leben.

Seite 157
Skútustaðagígar

Die kleinen Krater bilden eine grüne Hügellandschaft am See. Am schönsten ist sie im Spätsommerlicht.

Seite 161
Akureyri

In dem botanischen Garten der Stadt können Sie die isländische und arktische Flora studieren.

Seite 168
Siglufjörður

Drehort schauriger Krimis und einst die Hauptstadt des Herings. Heute gibt es hier den besten Plokkfisch im Fischgeschäft direkt am Rathausplatz, zum Sofortessen oder zum Mitnehmen.

Seite 170
Hólar

Hólar war bis zu seiner Auflösung im Jahr 1798 das kulturelle und kirchliche Zentrum Nordislands.

Seite 174
Glaumbær

Das Leben auf den Grassodenhöfen war in früheren Zeiten nicht sehr romantisch. Der Museumshof zählte zu den großen des Landes; arme Bauern lebten in Katen. Unbedingt auf die kleine Skulptur von Guðríður achten, sie war in Vínland.

Seite 176
Hofsós

In dem schönen Pool Infinity Blue direkt am Meer können Sie sich von 22–24 Uhr im warmen Wasser aalen. Das besondere Erlebnis: Im Winter ziehen Nordlichter, im Sommer die goldene Mitternachtssonne vorüber.

Die Region um den Skagafjörður ist für ihre Pferdehöfe bekannt.

50 km

Siglufjörður
Skagafjörður
Hofsós
Húsavík
Hólar
Akureyri
Dettifoss
Glaumbær
Skútustaðagígar
Mývatn

In Island sehen Sie an vielen Stellen im Norden einsam aufragende Felsen. Es sind versteinerte Trolle, die vom Sonnenlicht getroffen wurden.

&

erleben

Land unter dem Polarkreis

D

Der Norden ist ein Paradies für Aktiv-Reisende – und das ganzjährig. Island hat mehr Skigebiete, als Sie möglicherweise glauben, und der Bergrücken Hlíðarfjall bei Akureyri mit sieben Liften und 24 Abfahrten ist eines davon. Die hohen Gebirgszüge rund um die Stadt und die sich nach Westen anschließende Berglandschaft auf der Halbinsel Tröllaskagi überwältigen mit ihren steilen Zinnen und Hängen – ideale Ziele für Wanderer und Mountainbiker. Akureyri selbst, die malerisch gelegene Metropole des Nordens, strahlt mit vielen historischen Holzhäusern eine anheimelnde Atmosphäre aus. In den tiefen, oft recht schattigen Tälern findet man nur wenige Höfe, die Menschen lebten hier jahrhundertelang vom Fischfang. Geradezu goldene Zeiten erlebten die Fischer der Nordfjorde Anfang des 20. Jh., als die Heringsschwärme noch riesig waren. Heute wirken die einst reichen Fischerorte recht verloren. Ausgenommen Húsavík, das sich zum Zentrum für Walbeobachtung gemausert hat: Täglich fahren mehrere Boote zu den Meeresriesen hinaus. Rund um den Mývatn öffnet sich ein geologisches Bilderbuch mit den unterschiedlichsten Vulkanismusformen wie Tafelvulkane,

ORIENTIERUNG   o

Touristinformation: Die wichtigsten Büros sind in Akureyri (s. S. 167) und Varmahlíð (s. S. 176).
www.northiceland.is: Infos zu Unterkünften, Aktivitäten, Museen etc.
www.northwest.is: Nicht immer vollständig, aber mit vielen Anregungen und Links, teilweise auf Deutsch.
Auto: Straßen sind asphaltiert, nur wenige Abschnitte sind geschottert.
Bus: Fast alle Plätze sind mit Linienbussen zu erreichen.
Flug: Wer sich auf den Norden konzentrieren möchte, kann von Reykjavík aus nach Akureyri fliegen.

Tuffringe, Pseudokrater und ein dampfendes Hochtemperaturgebiet. Riesige Wasservogelkolonien beleben den viertgrößten See Islands und beeindrucken Ornithologen. 50 km von der Küste entfernt, grenzt die Mývatn-Region schon fast ans Hochland – die majestätischen Berge nördlich des Vatnajökull sind am Horizont schon gut zu sehen. Weiter westlich ist die Region zwischen Húnaflói und Skagafjörður vor allem landwirtschaftlich geprägt. Vielfältig sind mittlerweile hier die Möglichkeiten für Touristen: Reiterhöfe bieten Reittouren an, Wanderer können bis ins Hochland gelangen.

Húsavík ♀ H 2

Sommer in Húsavík – und alles konzentriert sich rund um den Hafen. Von hier starten die Boote zur Walsafari, hier sind die Cafés und Restaurants, deren optimistische Besitzer alle Terrassen angebaut haben. Kaum ist man aus diesem Trubelzentrum heraus, können Sie die friedlichste Ruhe genießen. Auch wenn Húsavík als der Walort Nr. 1 in Island gilt, so hat die kleine Stadt auch andere Qualitäten. Ein hübscher Stadtpark, interessante Museen und der Hausberg **Húsavíkurfjall** (417 m), von dem man wunderbar die Region überschauen kann, bieten Entspannug und Kurzweil. Sehenswert ist auch die 1907 geweihte kreuzförmige **Kirche** aus norwegischem Holz, die im Innern drei Emporen hat.

Der schwedische Wikinger Garðar Svavarsson umsegelte im Jahr 870 Island und überwinterte in Húsavík. Als Garðar im Frühling wieder aufbrach, ließ er zwei entflohene Sklaven und eine Magd zurück. Die drei gelten als die ersten dauerhaften Siedler der Region. Die Einwohner leben heute vom Fischfang und vom Tourismus, seit 2018 gibt es hier auch das Silizium-Metallwerk von PCC in Bakki, nördlich von Húsavík.

Museen

Drei in eins
Safnahúsið: Das Museum Húsavík zeigt anschaulich, wie Mensch und Natur in der Region zusammengewirkt haben. U. a. ist ein ausgestopfter Eisbär zu sehen, der 1969 auf der Insel Grímsey strandete und erlegt wurde. Außerdem gibt es noch ein Fotomuseum mit historischen Bildern und eine kleine Kunstsammlung. Beeindruckend ist das Seefahrtsmuseum mit alten Booten und zahlreichen Schilderungen aus der Vergangenheit in einem Anbau.
Stórigarður 17, T 464 18 60, www.husmus. is, Juni–Aug. tgl. 10–18, Sept.–Mai Mo–Fr 10–16 Uhr, 1000 ISK

Rund um den Wal
Walzentrum: Aus dem 1997 eröffneten Walmuseum ist ein riesiges Walzentrum geworden. In der Ausstellung erhält man umfassende Informationen über alle Walarten, die vor Islands Küsten leben, außerdem gibt es lebensgroße Skelette der Meeressäuger zu sehen. Auch das Thema Walfang wird nicht ausgeklammert. Der ideale Einstieg vor einer Walbeobachtungsfahrt.
Hafnarstétt 1, T 414 28 00, www.whalemuseum.is, Juni–Aug. tgl. 8.30–18.30, Mai/Sept. tgl. 9–18, Okt./April tgl. 10–16, Nov.–März Mo–Fr 10–16 Uhr, 1900 ISK

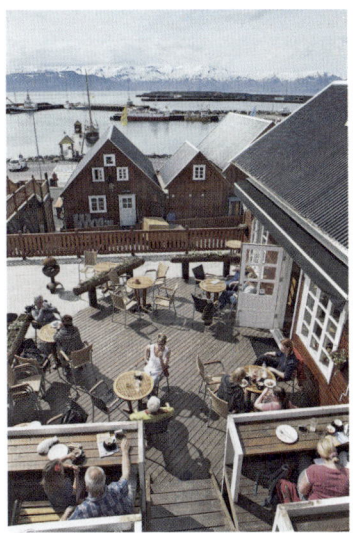

Húsavík ist ein touristischer Hotspot, zum einen wegen des hübschen Hafens, zum anderen wegen der Walsafaris.

Schlafen

Hütten am See
Kaldbakskot: Gut ausgestattete Hütten verschiedener Größe mit schönem Blick und eigenem Teich. Hier können Sie auch mit Schlafsack übernachten.

T 892 17 44, www.cottages.is, im Sommer ab 179 €

Essen

Rustikales Ambiente
Gamli Baukur: In einem urigen Holzhaus mit hölzerner Innenausstattung werden natürlich Fischgerichte und Meeresfrüchte (ab 2600 ISK) serviert. Sehr beliebt, nicht zuletzt wegen der Nähe zum Hafen.

T 464 24 42, www.gamlibaukur.is, tgl. 11.30–0, Küche bis 22 Uhr

Bewegen

Wale, Wale, Wale
Gentle Giants: bieten Walbeobachtungsfahrten (3 Std. 10 400 ISK), Hochseeangeln, Bootstouren und Touren in Kombination mit Reiten an.

Am Hafen, T 464 15 00, www.gentlegiants.is

Der Walpionier
North Sailing: Walbeobachtung und Bootsfahrten in restaurierten Eichenbooten (3 Std. 10 500 ISK). Außerdem noch eine Vielzahl von Bootstouren.

Hafnarstétt 9, T 464 72 72, www.northsailing.is

Wunder-Bad
GeoSea: Seit Sommer 2018 gibt es dieses neue Bad mit wohlig warmem Meerwasser, entspannend und gesund zugleich. Zusätzlich können Sie auch noch kulinarische Kleinigkeiten genießen.

Vitaslóð 1, T 464 1210, www.geosea.is, Sommer tgl. 9–24, Winter tgl. 12–22 Uhr, Sommer 4300 ISK, Winter 4000 ISK

Infos

- **Touristinfo:** Museum Húsavík S. 151.
- **Bus:** www.sba.is. Tagesausflüge im Sommer von Mývatn über Dettifoss, Ásbyrgi, Húsavík nach Akureyri. Ansonsten tgl. nach Akureyri.

Nationalpark Jökulsárgljúfur

Von Húsavík aus ist der Nationalpark Jökulsárgljúfur auf der Straße Nr. 85 gut zu erreichen. Der Park erstreckt sich über ein Gebiet von 120 km² von Ásbyrgi im Norden bis zum Dettifoss rund 30 km weiter südlich und gehört heute zum Vatnajökull-Nationalpark. Durch ihn fließt der Gletscherfluss Jökulsá á Fjöllum, der am Nordrand des Vatnajökull entspringt und der zweitgrößte Fluss Islands ist. Auf seinem Weg durch den Nationalpark überwindet er mehrere Geländestufen. In der Mitte des Nationalparks liegt das Tal Vesturdalur mit Zeltpaltz.

Ásbyrgi ♀ J2

Die hufeisenförmige Schlucht Ásbyrgi begrenzen vor allem im Süden bis zu 100 m hohe Felswände. Aufgrund der Form heißt es, sie sei der Hufabdruck von Odins achtbeinigem Pferd Sleipnir. Entstanden ist der 3,5 km lange und 1 km breite Einschnitt vor Tausenden von Jahren durch die reißenden Was-

Nicht nur der Anblick des mächtigen Wasserfalls Dettifoss ist überwältigend, auch der vibrierende Boden an der Fallkante und das gewaltige Donnern der Wassermassen sind mehr als beeindruckend.

sermassen eines Gletscherlaufs. Noch vor 2000 Jahren gab es einen gewaltigen Wasserfall an der Südkante. Vor dem Schluchteingang erhebt sich der ca. 25 m hohe Inselberg Eyjan aus der Ebene, ein beliebtes Ziel für einen Spaziergang (2,4 km ab Zeltplatz). Ein Fahrweg führt in die bewaldete Schlucht, in der man auch zelten kann. Am Südende befindet sich ein kleiner See mit den wohl zutraulichsten Enten Islands. Am Kiosk des Zeltplatzes startet eine schöne Wanderung durch die Schlucht (s. Tour S. 154).

Dettifoss und Umgebung ⭐
📍 J 2/3

Schon von ferne ist die Gischtwolke des **Dettifoss** zu sehen, dessen unge-

heure Wassermassen auf einer Breite von 100 m 44 m in die Tiefe stürzen. Nur schwer kann man sich, in Sprühwasser eingehüllt, der Faszination dieses gewaltigen Wasserfalls entziehen. Nur 1 km weiter südlich tost der 10 m hohe Wasserfall **Selfoss** herab. Vom Dettifoss kann man einen Gang gen Norden machen und durch den hier beginnenden 120 m tiefen Canyon Jökulsárgljúfur laufen. Mit einer Länge von 25 km ist er der längste Fluss-Canyon Islands. Nur wenige Kilometer vom Dettifoss entfernt gelangt man zum **Hafragilsfoss** (27 m). Man kann die imposante Wasserfallserie auch erwandern (s. Tour S. 154).

Infos

● **Visitor Centre Glúfrastofa:** in Ásbyrgi, am Zeltplatz, T 470 71 00, www.vjp.is,

TOUR
Schlucht der großen Wasserfälle

Zwei Wanderungen entlang der schönen Jökulsárgljúfur

Ásbyrgi- und Jökulsá-Schlucht (schwarz)
Bei dieser Wanderung (12 km) eröffnen sich atemberaubende Einblicke in den Ásbyrgi- und Jökulsá-Canyon. Sie beginnt am **Visitor Centre**, wo es zunächst ca. 0,7 km in südlicher Richtung bis zu einer Kreuzung geht. An der Kreuzung muss man sich links halten und steigt dann direkt zum **Klippenrand** hinauf, ein Seil erleichtert den Aufstieg. Oben angekommen geht es am östlichen Rand der Ásbyrgi-Schlucht entlang in südlicher Richtung bis zur Felsformation **Klappir**. Von hier ist die Einsicht in den Ásbyrgi-Canyon besonders schön. Ab Klappir verläuft der Weg nach Osten bis zum Rand der **Jökulsá-Schlucht**. Mit Blick in die Schlucht geht es zurück zum **Ausgangspunkt**.

Zu den drei Wasserfällen (grün)
Um die Fälle zu erreichen, biegt man von der Straße Nr. 1 nach Norden auf die 864 ab und fährt bis zum **Parkplatz** Dettifoss. Vom Parkplatz verläuft ein Pfad bis zum Rand der Jökulsárgljúfur und bis zur Fallkante des **Dettifoss** (ca. 45 Min.). Achten Sie trotz Begeisterung für das gewaltige Tosen darauf, nicht zu nah an den Abbruch zu kommen. Folgt man dem Pfad weiter in südlicher Richtung, erreicht man nach weiteren 45 Min. den **Selfoss**, der zwar nicht so mächtig wie der Dettifoss, aber dennoch imposant ist. Auf dem gleichen Weg geht es zurück zum **Parkplatz**. Wer noch nicht genug hat, kann noch nach Norden bis zum **Hafragilsfoss** wandern (2,5 km). Der Pfad verläuft oberhalb der Schlucht bis zu einem Aussichtspunkt. Auf dem gleichen Weg läuft man zurück zum Parkplatz. **Hinweis:** Die Startpunkte beider Wanderungen sind zzt. nur mit dem eigenen Pkw erreichbar.

Nov.–April 11–15, 1.–20. Mai/Sept.–Okt. 10–16, 21. Mai–Aug. 9–18 Uhr, 20. Dez.–11. Jan. geschl. Ausstellung, geführte Touren im Nationalpark, Wanderkarte.

● **Bus:** Ausflüge zum Dettifoss und nach Vesturdalur, Jökúlsárgljúfur starten von Húsavík, Akureyri und Reykjahlíð am Mývatn aus.

● **Busshuttle:** Fjallasýn Rúnars Óskarssonar, Smiðjuteigur 7, Reykjahverfi, Húsavík, T 464 39 41, 464 39 40, http://fjallasyn. is. Zu den wichtigen Orten im Nordosten.

An der Straße Nr. 87   📍 H 2/3

Auf dem Weg von Húsavík zum Mývatn kommt man an dem geothermischen Gebiet **Hveravellir** mit dem Geysir Ystihver vorbei, dessen Fontäne 25 m hoch schießt. Das heiße Wasser wird von hier u. a. für die Hausbeheizung nach Húsavík und in Gewächshäuser gepumpt. Das angebaute Gemüse wird im Sommer direkt verkauft (Mo–Fr 8–12, 13–16 Uhr).

Grenjaðarstaður

Einige Kilometer weiter liegt das Freilichtmuseum Grenjaðarstaður im Aðaldalur. Bis 1949 wurde der Torfhof bewohnt und heute ist ein Heimatmuseum darin untergebracht. Die ältesten Gebäudeteile stammen von 1876. Im 11. Jh. war hier der erste Großhof errichtet worden, der zudem einen Pfarrsitz beherbergte. Zu der Anlage gehört auch ein Friedhof, auf dem ein mittelalterlicher Runenstein steht.

T 464 36 88, Juni–Aug. tgl. 10–18 Uhr, zusammen mit Museum in Húsavík 1000 ISK, sonst 700 ISK

Mývatn und Umgebung   📍 H 3

Hier erleben Sie, welche Traumlandschaften der Vulkanismus kreieren kann. Wen wundert es da noch, dass etliche Szenen von »Game of Thrones« rund um den ›Mückensee‹ gedreht wurden. Das Gebiet, das in einer Ebene auf 230 m Höhe liegt, befindet sich genau auf der Riftzone, dem Grabenbruchsystem zwischen der nordamerikanischen und der eurasischen Kontinentalplatte, das sich von Reykjanes im Südwesten (s. S. 60) bis zum Öxarfjörður im Norden erstreckt. Entsprechend treffen Sie hier auf aktive vulkanische Vorgänge, sodass die Umgebung des Mývatn mit zu den geologisch interessantesten Gebieten Islands zählt. Der See selbst gilt mit seinen vielfältigen Entenarten als Paradies für Ornithologen. Die riesigen, im Sommer sehr lästigen Mückenschwärme, die dem See seinen Namen gaben, bieten den Vögeln beste Nahrungsbedingungen. Mit einer Oberfläche von 37 km² ist der Mývatn der viertgrößte See Islands. Er entstand vor 3500 Jahren und erhielt seine heutige Form 1500 Jahre später, als entlang der 9 km langen Kraterreihe Þrengslaborgir-Lúdentsborgir weitere Ausbrüche erfolgten und sich am Südufer sowohl die bei der Siedlung Skútustaðir liegenden Pseudokrater als auch die Lavaskulpturen des Dimmuborgir bildeten.

Reykjahlíð

Das Bemerkenswerteste des Ortes Reykjahlíð am Mývatn ist zum einen der gleichnamige Hof, mit einer Landfläche von 6000 km² der größte Islands, und zum anderen seine Kirche: Bei dem Ausbruch der Spalte Leirhnjúkur in den Jahren 1725–29, der als Mývatnseldar (Mývatn-Feuer) in die Geschichte einging, ergossen sich fünf Lavaströme über das Gebiet. Einer erreichte im August 1729 das Ufer des Sees, zerstörte dabei die Höfe Gröf und Fagranes, verschonte aber die Kirche, die er nur rings umfloss. Im Sommer ist Reykjahlíð der Hauptanlaufpunkt für Touristen und entsprechend überfüllt.

Schlafen

Schlicht
Feraþajónusta Hlíð: Die Hütten sind empfehlenswert, es gibt auch größere mit mehr Komfort.

Hraunbrún, T 464 41 03, www.myvatnaccommodation.is, DZ mit Bad 224 €, Schlafsack 43 €, kleine Hütten ab 154 €

VIELFÄLTIGE VOGELWELT ‹V›

An der Nordwestseite des Mývatn in der Nähe der Halbinsel Ytri-Neslönd zeigt das **Museum Fuglasafn Sigurgeirs** ausgestopfte Vögel der Region. Das klingt angestaubt – ist es aber nicht. Die Exponate werden modern präsentiert. Der architektonisch interessante Bau passt an das Seeufer, ein harmonisches Zusammenspiel von Stein, Holz und Glas. Wer lieber lebende Vögel beobachtet, findet dazu ebenfalls Gelegenheit auf der Terrasse oder im Innenraum der Cafeteria, wo speziell dafür Fernrohre installiert wurden. Unbedingt probieren: das süße Brot mit der Mývatn-Räucherforelle (T 464 44 77, www.fuglasafn.is, Mitte Mai–Okt. tgl. 12–17, Nov.–Mitte Mai 14–16 Uhr, 1500 ISK).

Einfach, aber günstig
Vogahraun Guesthouse: Einfache Budgetunterkunft mit angeschlossenem Zeltplatz (Zelt 500 ISK, Person 1500 ISK). Imbiss mit Pizza und Snacks.

http://vogahraun.is, T 464 43 99, DZ 150–250 €

Essen

Mit der Kuh auf Du
Vogafjós Café: Im Dezember kommen die Weihnachtskerle Sa und So um 17.30 Uhr. In dem ehemaligen Kuhstall sitzt man nur durch eine Scheibe vom Melkstand getrennt. Hausgemachte Gerichte sowie leckerer Kuchen. Suppe 2550 ISK, Hauptgerichte ab 4300 ISK.

Vogarfarm, 2,5 km südl. an der Nr. 1, T 464 38 00, www.vogafjosfarmresort.is, Mai–Okt. 11–23 Uhr

Wie in alten Zeiten
Gamli bærinn: ›Der alte Bauernhof‹ serviert feine Gerichte (ab 2700 ISK) sowie Kuchen oder Pizza (ab 2100 ISK). An Wochenenden gibt es manchmal Livemusik.

Am Hótel Reynihlíð, T 464 42 70, www.myvatnhotel.is/en/menu-gamlibistro, tgl. 11.30–23, Küche bis 21 Uhr

Einkaufen

Regionales
Mývatn Markt: Außer Wollsachen und Souvenirs gibt es hier geräucherte Forelle und dampfgegartes Brot.

An der Nr. 1, Dimmuborgir, im selben Gebäude wie Kaffi Borgir, Juni–Aug. 11–21 Uhr

Bewegen

Ins Hochland
Mývatn Tours: Ausflug zur Askja mit Stopp und Aufenthalt in Herðubreiðar-

lindar (23 000 ISK), tgl. Ende Juni–Anfang Sept., Abfahrt am Samkaup-Supermarkt, in Reykjahlíð um 8 Uhr.
T 464 19 20, www.myvatntours.is

Seerunde
SBA: T 550 07 20, www.sba.is/en/sight seeing-tours. 9-std. Mývatn-Tour ab Akureyri-Flughafen Juni–Sept. Mo–Fr 7.45, Sa/So 8.30 Uhr (17 100 ISK); Zustieg in Reykjahlíð möglich.

Fahrradtouren
Hike and Bike: Hier kann man Fahrräder leihen (5000 ISK/Tag), aber auch Radtouren oder Wanderungen buchen, z. B. Radfahren und Baden (18 990 ISK), Minibus-Tour zur Askja (24 900 ISK), Buggy-Tour um den Mývatn (22 500 ISK). Auch mehrtägige, anspruchsvolle Touren.
Múlavegur 1, T 899 48 45, www.hikeand bike.is

Rundflüge
Mýflug Air: 20 Min. bis zu 2 Std. über alle Sehenswürdigkeiten, außerdem nach Grímsey, mindestens 2 Pers. Natürlich können Sie auch Ihre eigene Flugroute bestimmen (19 000–57 000 ISK).
Flughafen Reykjahlíð, T 464 44 00, www. myflug.is

Infos

- **Touristeninformation:** Hraunvegur 8, T 464 43 90, Mai–Anfang Juni tgl. 9–12, Anfang Juni–Aug. tgl. 7.30–18, Sept. tgl. 9–16, Okt.–Dez. Mo–Fr 9–12 Uhr. Hier gibt es eine Karte mit den markierten Wanderwegen.
- **www.visitmyvatn.is:** Infos zu Touren rund um den Mývatn, per Flugzeug, per Bus und Jeep.
- **Bus:** www.straeto.is. Tgl. im Sommer Busse nach Akureyri und Egilsstaðir, fährt auch nach Skútustaðir, Haltestelle am Hótel Reynihlíð.

Am Seeufer entlang ♀ H 3

Auf der Straße Nr. 848 können Sie das südliche und östliche Seeufer umrunden und passieren dabei viele der Lavagebilde, für die der Mývatn so bekannt ist. Den ersten Stopp sollten Sie bei der kleinen Siedlung **Skútustaðir** einlegen. Von hier aus können Sie sehr schöne Wanderungen unternehmen, z. B. zu den **Skútustaðagígar**, deren zahlreiche kleine Krater eine grüne Hügellandschaft am See bilden. Da die Krater keinen Förderkanal wie normale Vulkane besitzen, der bis in die Tiefe der Erdkruste hinabreicht, bezeichnet man sie als Pseudokrater. Markierte Wege führen durch das Gebiet und der längste Spaziergang dauert 1 Std. Am schönsten ist er im Licht der späten Sommersonne.

Auf der in den See ragenden Landzunge **Kálfaströnd**, einem Terrain mit zerklüfteten Lavaskulpturen, befindet sich der Park **Höfði**, in dem zu Beginn des 20. Jh. Laub- und Nadelbäume angepflanzt wurden. Die Ausblicke auf den See mit zahlreichen kleinen vorgelagerten Inseln und den konisch aufragenden Berg Vindbelgjarfjall (529 m) am gegenüberliegenden Ufer machen den Halt lohnenswert. Der höchste Punkt der Halbinsel ist Hafurshöfði. In dem naturgeschützten Gebiet der **Dimmuborgir** erreichen die Lavablöcke Höhen bis zu 40 m. Wegen ihrer bizarren Formen hat schon manch einer geglaubt, hier Elfen und Trolle gesehen zu haben (s. Tour S. 158).

Bewegen

Erlebnistouren
Sel-Hótel Mývatn: Das Hotel organisiert Ausflüge und vor allem Winteraktivitäten wie Snowmobil- und Super-Jeep-Fahrten, Ausritte im Schnee und Hundeschlittenfahrten sowie Langlaufexkursionen. Im

TOUR
Vulkanische Schönheiten am Mývatn

Spaziergang im Schatten der Dimmuborgir

Infos

Start:
Parkplatz
Dimmuborgir,
 H 3

Dauer:
beide Wanderungen
zusammen – durch
die Dimmuborgir (rot)
und auf den Hverfjall
(grün) – ca. 3–4 Std.

Die Dimmuborgir stecken voller Entdeckungen und Überraschungen. Es ist das Zusammenspiel von grüner Vegetation und pechschwarzen Lavaformationen, das so fasziniert. Auch der anschließende Gang auf den alten Tuffring Hverfjall hat etwas Ungewöhnliches.

Park der versteinerten Elfen und Trolle
Direkt vom Parkplatz führen mehrere Wege in die **Dimmuborgir,** die dunklen Burgen, so die Übersetzung – eine verwunschene, geheimnisvolle Senke, in der bizarre Lavagebilde stehen, teilweise vollständig überwachsen von Birken und Kriechgewächsen. Sie entstand vor rund 2000 Jahren, als an dieser Stelle aus einem Lavasee die noch flüssige Lava abfloss. Zurück blieb eine erstarrte Lavablase mit Lavapfeilern im Innern, von der schließlich die Decke einbrach. Die Pfeiler lassen sich vom Rand aus gut erkennen. Die Lavaskulpturen erinnern bei tiefer stehender Sonne mit ihren langen Schatten an Elfen oder kleine Trolle, je nach Licht scheinen sie sich sogar zu bewegen – aber meist sind es dann doch die Zweige der danebenstehenden Büsche und Bäume, die im Wind schaukeln.

Rundweg zum Kirchentor – Kirkjuhringur (rot)
Die markierten Rundwege dauern von 20 Min. bis zu 1 Std. Besonders empfehlenswert ist der 2,5 km lange Weg Kirkjuhringur, der zu den schönsten Lavagebilden führt. Seinen Namen erhielt er nach einem hohen auffälligen Durch-

gang in der Lava mit sehr schönen Lavastrukturen. Bevor man den offenen Hohlraum, der an das **Tor einer Kirche** *(kirkjan)* erinnert, erreicht, führt ein Abzweig zum **Stuhl des Weihnachts-mannes.** Im November und Dezember werden

Das von grünen Büschen über-wachsene Lava-feld Dimmuborgir gilt als Heimat von Elfen und Trolle – und wer Glück hat, entdeckt vielleicht einen der ›unsichtbaren‹ Gesellen auf den zahlreichen Wanderwegen durch das Gebiet.

hier die Weihnachtstage begangen, besonders berühmt sind die Veranstaltungen mit den Weihnachtskerlen, die dann durch diese Zauberwelt huschen und tanzen (s. S. 158).

Bilderbuchkrater Hverfjall (grün)

Aus den Dimmuborgir führt an der Nordseite ein markierter Weg zunächst durch Lava und anschlie-ßend über die **Hverfjallssandur** zu dem großen und auffallenden Tuffring **Hverfjall.** Er zählt zu den größten und schönsten Explosionskratern der Welt. Entstan-den vor rund 2800 Jahren, ragt er rund 160 m aus der Ebene auf. Sein Durchmesser beträgt 1000 m und er ist 140 m tief, auf dem Boden wölbt sich ein kleiner Hügel. Fast vegetationsfrei liegt er grau und auffallend in der Landschaft. Der Pfad an der Südseite des Kra-ters ist relativ steil, einfacher dagegen ist der Weg vom Parkplatz an der Nordseite. Der Aufstieg lohnt sich allein schon wegen des Blicks über die Landschaft mit der Kraterreihe der Lúdentarborgir, aus der auch die Lava der Dimmuborgir stammt, und ins Hochland.

Naturschutz beachten – Wege nicht verlassen!

Auch wenn die Umgebung des Mývatn schon seit 1974 unter Naturschutz steht und später sogar unter besonderen Schutz gestellt wurde, lässt sich hier gut erkennen, wie stark die empfindlichen, vulkanischen Landschaftsformen durch die hohe Zahl der jährlichen Besucher beeinträchtigt werden. Einige der bröckligen Lavaskulpturen in den Dimmuborgir sind schon zer-stört, weil in früheren Jahren viele einfach querfeldein liefen und so Teile abbrachen. Auch die Versuche, den Hverfjall von allen möglichen Seiten aus zu besteigen, hat zur Erosion der Hänge geführt.

Eine Broschüre zum Naturschutz-gebiet Mývatn ist in der Touristen-information in Reykjahlíð erhält-lich (s. S. 157), sie enthält eine Karte mit allen Wanderwegen durch die Dimmu-borgir.

Sommer Ausritte und Super-Jeep-Fahrten zur Askja oder nach Húsavík vorbei am Dettifoss. Von Sept. bis Mai Nordlichttouren. Das Equipment wird gestellt. In Skútustaðir, T 464 41 64, www.myvatn.is

Reitausflüge
Safarihestar: Reittouren am See, 1–2 Std., auch für Anfänger und Kinder. Buchung und Infos telefonisch. Álftagerði 3, T 464 42 03

Infos

- **Mývatn Marathon:** Ende Mai/Anfang Juni. Rund um den See auch als Halbmarathon mit Barbecue und Lagerfeuer. Weitere Infos und Anmeldung: marathon@visitmyvatn.is., www.myvatnmarathon.com.
- **Weihnachten:** in Dimmuborgir um den 1. Advent bis Mitte Dezember. Besuch der 13 Weihnachtskerle und natürlich des Weihnachtsmannes. Familientage.
- **Bus:** www.straeto.is. Der Linienbus zwischen Akureyri und Egilsstaðir hält hier.

Östlich des Mývatn ♀H3

Entlang der Ringstraße
Immer noch sehenswert, wenn auch nicht mehr als offizielle Badeplätze gedacht, sind die Spalten **Grjótagjá** und **Stóragjá.** Sie erstrecken sich über mehrere Kilometer vom Mývatn nach Osten. Von der Straße Nr. 1 weisen Ausschilderungen dorthin. Einer ihrer zahlreichen Tümpel hat aufgrund von Magmaeindringung eine Temperatur von um die 60 °C.

Das Dampfkraftwerk **Bjarnarflag** westlich des Bergrückens Námafjall (482 m) versorgte bis 1980 die ehemalige Kieselgurfabrik mit Strom. Hier gibt es etliche dampfende Bohrlöcher und einen überwältigend blauen See. Ein Teil des

heißen mineralhaltigen Wassers fließt in die malerisch gelegene Badelagune **Mývatn Nature Baths** (Jarðbaðshólar). Das Wasser stammt aus einer Tiefe von bis zu 2500 m und hat eine angenehme Temperatur von 38 bis 41 °C. Der hohe Mineralgehalt verhindert Bakterienbildung, sodass man den Badespaß unbeschwert genießen kann.
Mývatn Nature Baths: T 464 44 11, www. myvatnnaturebaths.is, Mai–Juni 4700 ISK, Juli–Sept. 5000 ISK, sonst 4200 ISK

Námaskarð und Krafla ♀J3

Hinter dem Bergpass riecht man schon das Solfatarenfeld **Námaskarð** am Fuß des Námafjall. Es zischt, dampft, brodelt und kocht aus zahllosen Öffnungen, die in den unterschiedlichsten Farben schimmern. Bis zu 100 °C heiß sind die Schlammbecken, sodass Vorsicht geboten ist, denn vor allem die hellen Stellen können leicht einbrechen. Hier wurde durch die Jahrhunderte Schwefel abgebaut, den man auf dem europäischen Kontinent für die Schießpulverproduktion verwendete. Heute stellt dieses Thermalgebiet vor allem eine touristische Attraktion dar. Lohnend ist der Ausblick auf den Mývatn und die umgebende Lavalandschaft des Námafjall.

In der Nähe zweigt von der Ringstraße eine Stichstraße zum 818 m hohen Palagonitrücken **Krafla** ab. Das Krafla-Gebiet ist eines der aktivsten Vulkangebiete der Welt, hier driften die nordamerikanische und die eurasische Kontinentalplatte auseinander: jährlich um ca. 2 cm. Das Geothermal-Kraftwerk setzt heißen Wasserdampf in elektrischen Strom um. Nördlich des Berges entstand bei dem Ausbruch 1724

Besonders fotogen: die blauen Sinterablagerungen dieser rauchenden Schlammtöpfe im Hverir-Thermalfeld. Das Gebiet am Ostrand des Námafjall gehört zum Krafla-Vulkansystem.

der Krater Helvíti, in dem das grüne Wasser eines Kratersees schimmert (Krafla-Besucherzentrum, Juni–Mitte Sept. 10–17 Uhr).

Akureyri

Alle reden von Reykjavík, aber Akureyri ist für seine Größe, rund 18 000 Einwohner, sehr urban und vielseitig. Die »Perle des Nordens« verströmt künstlerisches Flair zum einen wegen der vielfältigen Kultur- und Bildungsangebote, zum anderen wegen der gut erhaltenen Häuser der Vergangenheit. Die zahllosen stattlichen Bäume in den Villengärten machen Akureyri außerdem zur grünen Stadt, und nichts erinnert an das baumlose Island.

Die Stadtgeschichte Akureyris beginnt erst 1862, allerdings ließ sich bereits im 9. Jh. der erste Siedler, Helgi magri (dt. Helgi der Magere), hier nieder. Trotz seines späteren Ansehens als Gode verlor Helgi den Beinamen aus seinen Kindertagen, den er nach einem Orkney-Aufenthalt bei Pflegeeltern erhalten hatte, die ihn auf schmale Kost setzten, nie. Helgis Hof Kristnes liegt etwa 7 km südlich von Akureyri, wo sich seit 1927 ein Krankenhaus befindet. Dieses war das erste große Gebäude in Island, das mit Wasser aus heißen Quellen beheizt wurde. Wer sich selbst einen Eindruck von Helgi verschaffen will, sollte sich das Standbild »Der Siedler« von Jónas Jakobsson ansehen (s. S. 162).

1602 wurde Akureyri erstmals als Handelsplatz erwähnt, ohne dass es zu diesem Zeitpunkt eine dauerhafte Siedlung gab. Mit der Aufhebung des dänischen Handelsmonopols erhielt Akureyri im Jahr 1787 das Stadtrecht, was es als königlichen Handelsort mit Reykjavík gleichsetzte. Eine eigenständige Stadt wurde der Ort dann 1862 mit nunmehr 286 Einwohnern. Mit der Gründung der Konsumgenossenschaft KEA (Kaupfélag Eyfirðinga Akureyrar) 1886 avancierte Akureyri zum bedeutenden Handelszentrum.

Akureyri ist nicht nur der wichtigste Wirtschaftsstandort im Norden, sondern auch der kulturelle Mittelpunkt der Region. 1987 wurde hier die zweite Universität der Insel eröffnet. Daneben gibt es noch eine Technische Hochschule sowie eine Musik- und Kunstschule. 1975 gründete man in Akureyri das erste professionelle Theater Islands außerhalb Reykjavíks. Seit 2010 gibt es das architektonisch gelungene Kulturzentrum Hof, mit Theater- und Konzertsaal.

Neustadt

Ein guter Ausgangspunkt für einen Stadtrundgang ist das Monument »Der Siedler« von Jónas Jakobsson an der Glerárgata (s. S. 161). Von hier überblicken Sie die Halbinsel Oddeyri, schauen nordwärts in den Eyjafjörður, den mit 50 km längsten Fjord Islands, und sehen oberhalb der Stadt das Skigebiet Hlíðarfjall und den Berg Súlur. Wenn Sie dann durch die Straßen gehen, spüren und se-

hen Sie es: Moderne Kunstwerke gehören zum Stadtbild und manchmal begegnet Ihnen auch eine Performance. Akureyri versteht sich als Kunststadt, mit seinen Museen und Ateliers genauso wie dem Konzert- und Kongresszentrum Hof. In **Hof** finden regelmäßig Aufführungen des Theaterensembles und von Musikgruppen statt, der runde Bau direkt am Wasser ist nicht zu übersehen.

Besonders schön, gesäumt von Cafés und Geschäften, ist die **Hafnarstræti,** die im Winter beheizte Fußgängerzone im Zentrum der Stadt. Von ihr geht die Kaugvangsstræti ab, die in Akureyri nur **Listagil** (Kunstschlucht) genannt wird, denn hier sind die bildenden Künste zu Hause (s. S. 164). Unbedingt besuchen!

Am Ende der Fußgängerzone sehen Sie die Freitreppe zur **Akureyrarkirkja,** der Kirche von Akureyri (15. Juni–15. Aug. Mo–Do 10–16, So Konzerte ab 17 Uhr). Sicher kommen Ihnen die stilisierten Basaltsäulen bekannt vor, zu Recht, denn auch diese Kirche hat der Staatsarchitekt Guðjón Samúelsson entworfen (s. S. 26). Sehenswert sind die 17 Fenster, jedes zeigt eine Station aus dem Leben Christi sowie ein Ereignis aus der Geschichte des isländischen Christentums. Das älteste Fenster befindet sich über dem Altar. Es schmückte bis 1943 die Kirche in Coventry (England), die während des Zweiten Weltkriegs zerstört wurde. Die auf dem Hügel stehende Kirche ist quasi das Wahrzeichen der Stadt. Unmittelbar neben dem Gotteshaus fällt der architektonisch interessante Bau des **Kongregationshauses** auf, es ist direkt in den Hang gebaut. In der Eyrarlandsvegur Nr. 28 befindet sich das fast hundert Jahre alte Holzgebäude des **Gymnasiums,** in dessen Nachbarschaft die eindrucksvolle Skulptur »**Der Geächtete**« von Einar Jónsson steht.

Es grünt und blüht in der Arktis

Der **botanische Garten** und **Stadtpark** (Lystigarðurinn, www.lystigardur.aku reyri.is, Juni–Sept. Mo–Fr 8–22, Sa/So 9–22 Uhr) ist ein grünes Highlight der Stadt. Hier können Sie die isländische Flora sowie viele Pflanzen aus dem arktischen Raum studieren. Durch die hübsche Oase führen Wege, auf Bänken oder in einem Café können Sie sich zur Pause niederlassen. Die Anlage mit altem Baumbestand zählt zu den schönsten Islands. Gegründet wurde der Park 1912 von Margrethe Schiöth, an die ein Denkmal vor Ort erinnert.

Altstadt

Vom Park führt der Spitalvegur direkt hinunter in den alten Teil Akureyris. Zahlreiche gut erhaltene Häuser stehen dort und anhand von Schildern lernen Sie ihre Geschichte kennen. Die aufgeschlagenen Buchseiten an einigen Pfählen stammen von einem Leseprojekt für Kinder und Jugendliche. An der alten Hauptstraße, Aðalstræti, steht auch das **Nonnahús** (s. rechts), ein gutes Beispiel für ein Wohnhaus aus dem 19. Jh. Auf dem Weg über die Hafnarstræti zurück ins Zentrum kommt man am ältesten Haus Akureyris, dem **Laxdalshús** (Nr. 11) aus dem Jahre 1795, und dem Theater (Leikfélag, Nr. 57) vorbei, das in einem schönen Holzhaus aus der Zeit um 1900, dem **Samkomuhúsið** (Versammlungshaus), untergebracht ist.

DIE MUSEUMSSTADT

Wer in Akureyri an einem Tag mehrere Museen besuchen möchte, sollte eine Tageskarte kaufen, die die Besichtigung von fünf Museen umfasst: Davíðshús, Akureyri Museum, Nonnahús, das Wohnhaus Sigurhæðir und den Museumshof Laufás. An einigen Museen kommen Sie beim Stadtrundgang vorbei, Sie gehen einfach durch die Bjarkarstígur und zur Brekkugata. Davíðshús, Nonnahús und Sigurhæðir sind Autorenhäuser, jedes auf seine Art interessant (s. u.).

Museen

Alles über Akureyri
Regional- und Stadtmuseum: Erfahren Sie alles über die Region und Akureyri, wie es gewachsen und geworden ist. Schön im Grünen gelegen, gehört auch noch die alte Kirche dazu. Sie wurde 1846 in Svalbarðeyri gebaut und kam 1970 nach Akureyri. Eine typische Landkirche des 19. Jh.
Aðalstræti 58, www.minjasafnid.is, Juni–Sept. tgl. 10–17, Okt.–Mai tgl. 13–16 Uhr, 1400 ISK

Die alte Zeit
Nonnahús: Das Haus ist eine Gedenkstätte für den Jesuitenpater und Autor der Nonni-und-Manni-Bücher Jón Sveinsson (1857–1944), der kurze Zeit hier als Kind wohnte. 1911 erschienen seine ersten Bücher, die er auf Deutsch schrieb. 1930 wurde er zum Ehrenbürger Akureyris ernannt. Jón Sveinsson, der sich später selbst ›Nonni‹ nannte, starb 1944 in Köln.
Aðalstræti 54, www.nonni.is, Juni–Aug. tgl. 10–17, Sept.–Okt. Do–So 10–17 Uhr, 1400 ISK

Das Nonnahús ist eines der ältesten Häuser in Akureyri. Im Jahr 1850 aus Holz gebaut, zeigt es die typisch isländische Wohnkultur jener Zeit – richtig gemütlich, besonders wenn draußen kalte Winterwinde pfeifen.

Dichters Rückzug

Davíðshús: In dem 1944 erbauten Haus lebte der Schriftsteller und Dramatiker Davíð Stefánsson (1895–1964) bis zu seinem Tod. Er zählte seinerzeit zu den beliebtesten Autoren des Landes. Die Villa steht im grünen Viertel und spiegelt die 1950er-Jahre gut wider. Sehenswert ist die Privatbibliothek und Kunstsammlung des Autors.

Bjarkastígur 6, Juni–Aug. Mo–Fr 13–17 Uhr, 1400 ISK

Lesen und mehr

Amtsbókasafnið: Die Stadtbibliothek, in der Davíð Stefánsson 1928–51 als Bibliothekar arbeitete, ist eine der größten des Landes. Gegründet 1827, ging sie 1906 in öffentlichen Besitz über. Heute beherbergt die Bibliothek außer den rund 100 000 Medieneinheiten auch das Distriktsarchiv, in dem alle öffentlichen und privaten Dokumente aus Akureyri und dem Distrikt Eyjafjörður aufbewahrt werden. Hier können Sie Zeitung lesen – isländische und internationale – sowie ins Internet gehen. In dem architektonisch gelungenen Gebäude befindet sich auch das Amts-Kaffi-Ilmur, ein nettes Café.

Brekkugata 17, www.akureyri.is/amtsbokasafn, Mitte Mai–Mitte Sept. Mo–Fr 10–19, sonst Mo–Fr 10–19, Sa 11–16 Uhr

Zentrum für visuelle Kunst

Listagil: 2012 haben sich das Akureyri Kunstmuseum (Nr. 12), das Ketilhús und das Deiglan zum Zentrum für visuelle Kunst zusammengeschlossen. Nach einem Umbau 2017/18 bietet das Akureyri Kunstmuseum noch mehr Platz für die Ausstellungen moderner isländischer und internationaler Künstler.

Kaupvangsstræti 8, www.listak.is, 20. Mai–
Sept. tgl. 10–17, Okt.–April Di–So 12–17 Uhr,
1500 ISK; Deiglan ist nur im Zusammenhang
mit Events geöffnet

Der Norden ruft
Into the Arctic: In der Nähe des Hafens
gibt die private Sammlung Into the Arctic
einen guten Einblick in das Leben im hohen Norden, von der Lebensweise der
Copper-Inuit über Boote und Flugzeuge
bis hin zu Seekarten und Navigations-
geräten. Weitere Kojen sind Polarfor-
schern gewidmet: Vilhjálmur Stefánsson,
der die Kartografie der Arktis abschloss,
sowie Vigfús Sigurðsson, Alfred Wegener
und Johan Peter Koch, die das grönlän-
dische Inlandeis überquerten.
Strandgata 53, T 588 90 50, www.visitaku
reyri.is/en/things-to-do/museums/into-the-arc
tic, Facebook: Into the Arctic, 15. Juni–Sept.
Mo–Fr 11–18, Sa/So 11–17 Uhr, 2000 ISK

Vor den Toren Akureyris
Flugsafn Íslands: Das Museum am
Flughafen zeigt zahlreiche alte Flugzeu-
ge und dokumentiert die Geschichte der
Fluggesellschaft Icelandair.
www.flugsafn.is, Juni–Sept. tgl. 11–17, sonst
Sa 14–17 Uhr, 1000 ISK

Wohnen wie anno dazumal
Laufás: Auch das Torfhausmuseum
Laufás ist von Akureyri gut erreichbar.
31 km nordöstl. von Akureyri, Grenivíkurvegur,
Juni–Aug. tgl. 9–17 Uhr, 1200 ISK

Schlafen

Zentral gelegen
Akureyri Backpackers: Beliebter Travel-
ler-Treff, hier können Sie Ihre Erfahrungen
austauschen. Neben der Küchenbenutzung
kann man auch Frühstück erhalten, Sauna
ist im Haus, zudem sind Schließfächer für
Gepäck vorhanden. Hilfe bei allen Fragen.
Es gibt auch reine Frauenzimmer.

Hafnarstræti 98, T 571 90 50, www.akureyri
backpackers.com, Schlafsack ab 5000 ISK,
DZ 14 000 ISK

Mit Hot Pot
Jugendherberge Stórholt I: Ganzjährig geöffnete Jugendherberge, 65 Plätze,
zusätzlich zwei Sommerhäuser. Liegt ca.
2 km vom Busterminal entfernt. Gut ist
die behindertengerechte Ausstattung.
Schlafsäcke sind nicht zugelassen, alle
Betten sind mit Bettwäsche bezogen.
Stórholt/Ecke Hörgárbraut, T 462 36 57,
www.akureyrihostel.com, Schlafplatz ab 5000
ISK, Sommerhaus ab 31 500 ISK, Frühstück
1450–1690 ISK

Lauschig
Zeltplatz Hamrar: 3 km nördlich am
bewaldeten Erholungsgebiet Kjarnaskógur gelegen. Wegen der geschützten
Lage ist der Platz auch beliebt bei Familien. Die Akureyrer fahren einfach gern
in den Wald.
T 461 22 64, www.hamrar.is, 1500 ISK
pro Pers.

DAS ETWAS ANDERE BAD

Björböðin, das Bierbad, erinnert an
gute alte Zeiten, als Herrscher noch
in Milch und Honig badeten oder
eben auch in Bier. Ob alleine oder in
Gesellschaft, ein 25-minütiges Bad
in warmem Bier mit anschließender
Ruhepause ist erholsam. Dazu trinkt
man ein kaltes Bier, für manchen
das ultimative Verwöhnprogramm.
Natürlich ist so ein Bad gut für die
Haut und die Gesundheit. Wer
glaubt, er könne direkt aus dem
Zuber trinken: 37–39 °C sind keine
gute Biertemperatur (33 km nördl.
von Akureyri, in 621 Árskógssandi,
Ægisgata 31, T 414 28 28, www.
bjorbodin.is, 2 Pers. 14 900 ISK).

Essen

Angesagt

RUB 23: Der Ort für besondere Anlässe, delikate Zubereitung mit Gewürzen, die man sich selbst zusammenstellen kann, und ein Sushi-Paradies (14 Stck. 4990 ISK), auch zum Mitnehmen. Hier wird das Allerbeste der Fischer und Bauern des Landes verarbeitet, so ist die Devise.

Kaupvangsstræti 6, T 462 22 23, www.rub23. is, Mo–Fr 11.30–14, So–Do 17.30–22, Fr/Sa 17.30–23 Uhr

Mit Weitblick

Strikið: Der Koch gibt sein Bestes und an sonnigen Tagen kann man die variationsreichen Gerichte auf der Terrasse genießen. Der Blick über die Stadt und den Fjord ist fantastisch. Wenn Sie keinen Hunger haben, können Sie sich einen Drink zum Ausblick bestellen. Fischgerichte ab 4700 ISK, Fleischgerichte um 5000 ISK, Hamburger 4100 ISK.

Skipagata 14, T 462 71 00, www.strikid.is, Mo–Mi 11.30–21.30, Do–Sa 11.30–23, So ab 17 Uhr

Treffpunkt

Bláa kannan: Das Café in dem auffallend blauen Haus ist quasi eine Institution und sehr beliebt. Die Einrichtung hat einen spröden Charme, doch die Gerichte und der Kuchen sind gut – und darum geht es ja. Tagesgericht mit Salat und Suppe ab 1500 ISK.

Hafnarstræti 96, T 461 46 00, Sommer tgl. 8.30–23.30, Winter Mo–Fr 9–23, Sa/So 10–23.30 Uhr

Einkaufen

Alles aus Wolle

Fold-Anna: Fabrikverkauf von Wollprodukten zu Tax-free-Bedingungen.

Hafnarstræti 100, T 461 41 20, Mo–Fr 9.30–18.30, Sa 10–16 Uhr

Für Weihnachtsfans

Jólagarðurinn: Das ganze Jahr über Weihnachtsschmuck und -figuren aus Island und der Welt, denn das nächste Weihnachtsfest kommt bestimmt. Natürlich gibt es auch die traditionellen Weihnachtsbonbons aus den USA. Mit Café.

Ca. 5 km südl. des Zentrums, T 463 14 33, Juni–Aug. 10–21, Sept.–Dez. 14–21, Weihnachtstage und Jan.–Mai 14–18 Uhr

Das Besondere

Flóra: In dem Geschäft finden Sie Kunst und Kunsthandwerk, u. a. aus recycelten Materialien. Etwas Vintage und vieles zum Stöbern: Kleidung, Bücher, Musik, Gewürze, eine herrliche Sammlung. Zugleich auch ein Ort für Lesungen, Musik oder Ausstellungen. Einfach mal vorbeigehen!

Hafnarstræti 90, T 661 01 68, Do–Mo 9–12, 15–19 Uhr

Bewegen

Fahrradverleih

Skjaldarvík: Räder ab 4 Std. (2200 ISK) bis zu mehreren Tagen (Tag 3500 ISK). Für weitere 2000 ISK wird das Rad auch zum Hotel gebracht. Wer lieber auf vier Rädern unterwegs ist, kann auch Buggy-Touren buchen.

Rund 5 km nördl. von Akureyri an der 816, T 552 52 00, www.skjaldarvik.is/en/activities/ bike-rental

Wanderungen

Ferðafelag Akureyri: Der Verein unternimmt Wanderungen in Nordisland, darunter auch im Hochland, auch Nicht-Mitglieder sind willkommen. Wanderkarten der Umgebung können im Büro gekauft werden.

Strandgata 23, T 462 27 20, www.ffa.is

RAUF AUFS RAD

R

Akureyri und Umgebung eignen sich ganz hervorragend zur Erkundung per Rad; Radwege führen beispielsweise entlang dem Fluss Glerá und durch die Naherholungsgebiete Naustaborgir und Kjarnaskógur. In Kjarnaskógur wurde sogar eine Mountainbike-Route angelegt.

Größtes Skigebiet Islands
Hlíðarfjall: Lift-Tagespass 4900 ISK, Skiverleih 1 Tag 5500 ISK (Helm/Stöcke inkl.), im Sommer verkehrt der Sessellift an Wochenenden (Fr–So).
T 462 22 80, www.hlidarfjall.is

Schwimmen
Akureyri Freibad: Drei Rutschbahnen, ein großer Hot Tub mit Massagedüsen, ein Dampfbad, eine Sauna und sogar die Möglichkeit zum Sonnenbaden. Natürlich fehlen auch die Standards nicht: 25-m-Becken sowie unterschiedlich temperierte Hot Pots (950 ISK).
Þingvallastræti 21, T 461 44 55, https://sund laugar.is, ganzjährig Mo–Fr 6.45–21, Sommer Sa/So 8–19.30, Winter Sa/So 9–18.30 Uhr

Wale
Elding Whale Watching: Im Eyjafjörður – vor allem im nördlichen Teil des Fjords – lassen sich häufig Buckelwale und Delfine beobachten. Die klassische Tour dauert 3 Std. (10 990 ISK), die Express-Tour im Gummiboot mit 12 Gästen 2 Std. (19 990 ISK).
Oddeyrarbót 2, T 497 10 00, www.whale watchingakureyri.is

Privat im Superjeep
North Travel: Alle Wünsche werden erfüllt, begleitet von erfahrenen Guides.
Kontakt nur telefonisch oder über Website, T 566 40 00, www.northtravel.is

Ausgehen

Der Treff
Sjallinn: Beliebte und immer volle Club-Bar. Auftritte populärer Bands und DJs.
Geislagata 14, T 897 70 70, Fr/Sa bis 4 Uhr

Livekonzerte
Græni hatturinn: Abwechslungsreiches Livemusik-Programm. Sehr bekannt und gut bewertet.
Hafnarstræti 96, T 461 46 46, https://graenihatturinn.is

Infos

- **Akureyri Tourist Information Centre:** im Kulturzentrum Hof, Strandgata 12, T 450 10 50, www.visitakureyri.is, Juni–Ende Sept. Mo–Fr 8–18.30, Mitte Mai/Sept. bis 17, Okt. bis Mitte Mai bis 16 Uhr.
- **Arctic Open International Tournament:** Juni. Golfturnier. Man spielt in der Mitternachtssonne 24 Std. lang.
- **Wanderwoche:** 1. Juli-Woche wandert man in und um Akureyri, alle Schwierigkeitsgrade. Ideal für alle Aktiven.
- **Akureyri Stadt-Festival:** Am letzten Wochenende im August. Die Stadt begeht ihren Geburtstag und alle feiern mit. Ausstellungen, Konzerte usw.
- **A! Performance Festival:** Vier Tage Anfang Sept., www.listak.is. Performances und Theater in der ganzen Stadt, Video-Kunst wird im parallel stattfindenden Festival Heim gezeigt.
- **Bus:** www.sba.is, www.straeto.is. Tgl. Busse nach Mývatn, Egilsstaðir, Reykjavik, in den äußersten Nordosten und in die Fischerorte am Eyjafjörður sowie Busse über die Kjölur-Route durch das Hochland und Touren zum Dettifoss.
- **Schiff:** nach Hrísey und Grímsey.
- **Flug:** T 460 70 00, www.flugfelag.is. Flugverbindungen nach Reykjavik und zu anderen isländischen Orten.

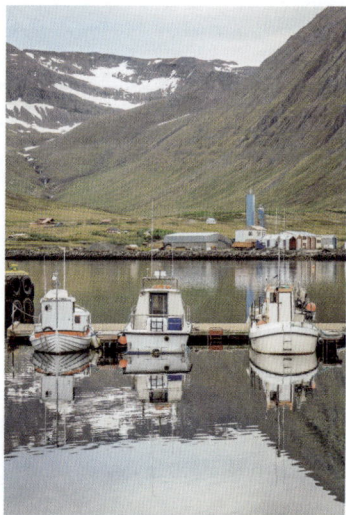

Siglufjörður ist zwar kein wichtiger Fischereihafen mehr, Fischerboote liegen aber immer noch an den Piers.

Siglufjörður ♀ F2

Spätestens seitdem die Mini-Krimiserie »Trapped« im Frühjahr 2017 auch in Deutschland ausgestrahlt wurde, ist Siglufjörður für viele ein Begriff. Doch so eingeschlossen und trostlos-finster wie im Fernsehen wirkt der Ort gar nicht, besonders wenn man im Sommer hierherkommt. Umgeben von einer spektakulären Berglandschaft liegt Siglufjörður – oder Siglu, wie die Isländer es nennen – im Inneren des gleichnamigen Fjords.

Bis in die 1950er-Jahre wirbelten die Menschen durch den Ort und arbeiteten in der Heringsstation, die die Norweger in der Nähe des Hafens errichtet hatten. Fässer rollten, Frauen salzten die Fische im Akkord ein. Heute wirkt alles friedlich und beschaulich, die Berge und Hügel leuchten im Sonnenschein, und wenn man etwas über das damalige Leben erfahren will, geht man ins **Heringsmuseum,** das in der alten Heringsstation untergebracht ist. Der Heringsboom sorgte für Reichtum und Wachstum und so hieß der Ort damals auch ›Klondike des Atlantiks‹. 1968 war der Goldrausch dann mit einem Schlag vorbei: Die Heringe zogen weiter, was auch immer der Grund war; kein Hering ging mehr ins Netz. Die Menschen zogen fort, Siglufjörður wurde zur Geisterstadt (s. S. 264).

Erst die Eröffnung eines Autotunnels 2010, der Siglufjörður direkt an Ólafsfjörður und somit an Akureyri anbindet, brachte die Aufbruchsstimmung wieder zurück. Seitdem haben neue Hotels und Restaurants eröffnet, Reiseveranstalter bieten Touren per Boot, Kajak, Mountainbike oder Skiern an. Anbei: Siglu ist ein fantastischer Wintersportort! Und wer Sehnsucht nach dem Krimi »Trapped« hat: Demnächst gibt es eine Fortsetzung – und in der Zwischenzeit können Sie ja die Krimis von Ragnar Jónasson lesen, die spielen in Siglufjörður, und nicht nur im Winter.

Museen

Der Silberschatz in der See
Síldarminjasafn: Das isländische Heringsmuseum in der 1907 errichteten norwegischen Heringsstation Róaldsbrakki hat seit seiner Eröffnung 1994 schon mehrere Preise erhalten, so 2004 den europäischen Museumspreis. In drei Gebäuden wird der Alltag der Arbeiter anhand von Filmen, Fotos und erhaltenen Schlafräumen wieder lebendig. Nebenan befindet sich ein Nachbau der Anlage, in der Heringe zu Öl und Mehl verarbeitet wurden. Im dritten und jüngsten Gebäude ist das geschäftige Treiben am Hafen während der Tage des Booms mit Original-Trawlern und -Gegenständen

nachgestellt. Regelmäßig finden Vorführungen mit Gesang und Tanz und vor allem gespielten Szenen statt, in denen demonstriert wird, wie damals der Hering verarbeitet wurde.

Snorragata 10, T 467 16 04, www.sild.is, Juni–Aug. tgl. 10–18, Mai/Sept. 13–17 Uhr, 1800 ISK

Fröhliche Lieder

Þjóðlagasetur: Das Isländische Volksmusikzentrum ist im ehemaligen Haus des Pfarrers Björn Þorsteinsson, dem Maððömuhús, untergebracht. Björn sammelte viele der ausgestellten Instrumente und Aufnahmen von traditionellen Liedern, Wiegenliedern und Gesängen. Das Museum ist das einzige dieser Art in Island.

Norðurgata 1, T 467 23 00, www.folkmusik.is, Juni–Aug. tgl. 12–18 Uhr, 700 ISK

Essen

Rustikal

Kaffi Rauðka: Hier kann man nicht nur gut essen, sondern auch gut feiern. Schön ist der Blick auf den Hafen, manchmal werden auch Tische nach draußen gestellt. Tagesgerichte ab 2450 ISK, Sandwiches, Salate und Kuchen.

Am Hafen, T 461 77 33, www.kaffirudka.is/en, So–Do 12–17, Fr/Sa 12–22 Uhr

Auf die Hand

Den besten Plokkfisch gibt es im Fischgeschäft direkt am Rathausplatz, zum Sofortessen oder zum Mitnehmen. An den kleinen Stehtischen findet man mittags nicht immer Platz.

Bewegen

Bootsfahrten und Wandern

Top Mountaineering: Das Familienunternehmen bietet sehr persönliche Touren.

Schlauchboot- oder Kajakfahrten (2–3 Std). Auf geführten Wanderungen lernt man die Landschaft gut kennen.

Hverfisgata 18, T 898 49 39, http://topmountaineering.is

Radtouren

Wild Tracks: Der Name ist Programm, wenn es mit Fat Bikes losgeht. 2–3 Stunden mit Guide in die Natur in kleiner Gruppe (15 990 ISK), Abenteuer und Spaß sind garantiert – Fitness vorausgesetzt.

Snorragata 6, T 788 69 92, www.wildtracks.is

Termine

● **Festival der Volksmusik:** Anfang Juli. Fünf Tage internationale Volksmusik mit Schwerpunkt auf skandinavischen Gästen.
● **Festival Heringsabenteuer:** 1. Wochenende im August. Mit Musik, Tanz usw. ist die Stadt ein einziger Vergnügungsplatz.

Skagafjörður ♀ E/F 2

Alte Saga-Orte, gut erhaltene Bauernhöfe aus dem 19. Jh. und der Bischofssitz Hólar (s. Tour S. 170) zeugen von der Lebendigkeit der isländischen Geschichte in dieser Region. Doch neben den historischen Stätten ist es vor allem die schöne und abwechslungsreiche Landschaft, die den Reiz ausmacht. Der Fjord erstreckt sich zwischen den beiden Halbinseln Skagi und Tröllaskagi, am südlichen Fjordende liegt das sumpfige Mündungsgebiet der Laxá. Skagi ist im nördlichen Teil relativ flach und nur der Berg Tindastóll (989 m) ragt markant empor. Auf Tröllaskagi erhebt sich dagegen die größte Gebirgslandschaft des Nordens, die von ihrem Alter und ihrer Form her den Gebirgen in den Westfjorden ähnelt. Bis zu 1500 m ra-

TOUR
Pferdezentrum und Bischofssitz

Besichtigungsspaziergang durch Hólar

Inmitten des landschaftlich einladenden Tals Hjaltadalur liegt der ehemalige Bischofssitz Hólar. Ein geschichtsträchtiger Ort, 1106 gegründet, mit zahlreichen interessanten Stätten und einer der ältesten Kirchen des Landes. Seit Jahrhunderten ist er auch ein Bildungszentrum. Die heutige Hochschule ist spezialisiert auf Pferdezucht und -haltung, sehr passend für die Region, die bekannt ist für ihre Pferde.

Fährt man weiter in das malerische Tal Hjaltadalur hinein, findet man bei Reykir zwei warme Quellen: die in Stein gefasste Biskupslaug, in der wohl die Bischöfe badeten, und die Hjúalaug für die Bediensteten. Sie müssen auf dem Hof Reykir nachfragen, ob Sie über die Weiden dorthin laufen dürfen.

Hochschule und Kulturzentrum – Hólaskóli
Schon von Weitem erkennt man den Kirchturm und das dahinterliegende Schulgebäude. Hólar war bis zu seiner Auflösung im Jahr 1798 das kulturelle und kirchliche Zentrum Nordislands. Von der Reformation an bis 1802 gab es hier eine Lateinschule. Die heutige Hochschule, **Hólaskóli,** geht allerdings nicht auf diese, sondern auf die 1882 eingerichtete Landwirtschaftsschule zurück. Speziell die fachliche Ausrichtung der Hólaskóli ist interessant. Sie bietet Ausbildungsgänge in den Fachbereichen Fischzucht und Fischbiologie, Pferdewissenschaften sowie Tourismus in ländlichen Gebieten. Doch nicht nur die Studenten haben hier ausgiebig Gelegenheit, das Forschungsobjekt Pferd zu studieren – so können sie sich zu Pferdetrainern ausbilden lassen und dafür auch ihre eigenen Pferde mitbringen –, sondern auch die Besucher erfahren im historischen **Zentrum des Islandpferdes** alles Wissenswerte über Zucht und Besonderheit dieser Rasse (s. auch S. 271).

Gebäude rund um die Domkirche
Als Bischofssitz ist Hólar untrennbar mit der Kirchengeschichte des Landes verbunden. Der erste Bischof von Hólar war Jón Ögmundsson (1106–21), der wohl bekannteste nach der Reformation Guðbrandur Þorláksson (1571–1627).

Biskupssetur
Auðunarstofa
767
Hóladómkirkja   Hólaskóli
Fundstelle   ★ Nýibær
Druckerei
                     M Zentrum des   Hólar
Fundstelle   Islandpferdes
Müllhalde
Hólavegur
                    Nátthagi
767
Reykir,
Biskupslaug, Hjúalaug
0   100   200 m

Start:
Hólar, Hólaskóli,
📍 F3

Internet:
www.holar.is

**Öffnungszeiten,
Preise:**
Zentrum des Island-
pferdes, Juni–15.
Sept. tgl. 10–18 Uhr,
1000 ISK;
Hóladómkirkja und
Nýibær Sommer tgl.
10–18 Uhr

Führungen:
Auðunarstofa tgl.
Führungen

Restaurant:
im Hochschulzentrum

Þorláksson fertigte nicht nur die erste Landkarte Islands an, sondern nutzte auch die Druckpresse in Hólar – 1530 von Jón Arason angeschafft – zur Verbreitung des Evangeliums. 1584 erschien die erste vollständige isländische Bibelübersetzung, die Guðbrandbiblia, die heute in der Handschriftensammlung in Reykjavík zu sehen ist. Der letzte katholische Bischof war Jón Arason, den der dänische König Christian III. 1550 enthaupten ließ. Die älteste Steinkirche Islands, die **Hóladómkirkja,** 1763 eingeweiht, steht hier in Hólar, gebaut aus rotem Sandstein vom Berg Hólabyrða, der über dem Ort thront. Es ist die fünfte Kirche, die an dieser Stelle erbaut wurde. Der Kirchturm wurde 1950 zur Erinnerung an Jón Arason errichtet. Von jenem Kleriker stammt wahrscheinlich die kunstvoll gestaltete Altartafel des Gotteshauses. Das spätmittelalterliche Triptychon – vermutlich 14.–16. Jh. – zählt zu den wertvollsten Kirchenschätzen Islands. Die farbenprächtigen Schnitzarbeiten stellen im Mitteil die Kreuzigung dar und in den Flügeln die zwölf Apostel. Im Chor befindet sich auch der Grabstein von Guðbrandur Þorláksson. Das hübsche Holzhaus unweit der Kirche ist der Nachbau der ehemaligen Arbeitsstube der Bischöfe, **Auðunarstofa,** ursprünglich 1315 erbaut und 1810 abgerissen. Heute beherbergt der originalgetreue Nachbau das Büro des jetzigen Bischofs sowie eine Ausstellung von Kelchen, Gewändern und Büchern aus dem 13. Jh.

Einblicke in die Vergangenheit
Von 2002 bis 2007 wurden in Hólar archäologische Ausgrabungen vorgenommen. Sie förderten neue Erkenntnisse über das Verhältnis von Bischofssitz und umgebendem Dorf sowie über den wirtschaftlichen Wandel des Bischofssitzes ans Tageslicht. Interessant waren die Reste einer mittelalterlichen **Müllhalde,** aus denen entsprechende Rückschlüsse z. B. auf die damalige Ernährung gezogen werden konnten. Außerdem hat man Überreste des Bodens der ehemaligen **Druckerei** gefunden. Die Ausgrabungsstätten befinden sich z. T. in der Nähe der Kirche. In einer Vitrine im Eingangsbereich der Hochschule sind Fundstücke wie Perlen und Scherben zu sehen. Ein weiteres historisches Gebäude veranschaulicht das einfache Leben isländischer Bauern im letzten Jahrhundert: der Grassodenhof **Nýibær.** 1854 errichtet, wurde er noch bis Mitte des 20. Jh. bewohnt (s. auch Tour S. 174).

Nýibær besteht aus drei Giebeln, das mittlere kleinste Giebelhäuschen birgt den Eingang, im Inneren führt ein Gang in die beiden anderen Gebäude.

gen einzelne Berge empor und zwischen den Gebirgszügen liegen enge Täler. Nur wenige Orte sind hier entlang der Küste zu finden. Auffallend sind auch die zahlreichen verlassenen Höfe, denn eine ertragreiche Weidewirtschaft ist an den oft schattigen Hängen nur mühsam möglich. Dieser Teil des Nordens ist vor allem berühmt für seine Pferdezucht und bietet Reitern und Wanderern gute Möglichkeiten.

Sauðárkrókur ♀ F3

Der größte Ort der Region ist der Fischerei- und Dienstleistungsort Sauðárkrókur auf der Halbinsel Skagi. Von hier aus führen schöne Wanderungen auf den Tindastóll. Wer auf den Spuren des Geächteten Grettir Ásmundsson, des Helden der Grettis saga, wandeln will, sollte einen Ausflug auf die Vogelinsel Drangey unternehmen, wo Grettir die letzten drei Jahre seines Lebens lebte. Von dem ehemaligen Hof Reykir, 16 km weiter nördlich, soll er zur Insel geschwommen sein. In der Nähe kann man in der warmen Quelle Grettislaug baden. In Sauðárkrókur selbst sind einige schöne alte Häuser wie das Hotel Tindastóll zu sehen. Südlich des Ortes liegt einer der besterhaltenen Grassodenhöfe Islands, **Glaumbær** (s. Tour S. 174).

Schlafen

Haus mit Geschichte(n)
Hótel Tindastóll: Das älteste Hotel Islands, in dem schon Isländer auf ihre Abreise nach Kanada warteten und Marlene Dietrich übernachtete. Natürlich ist es teuer, aber dafür hat es Geschichte.
Lindargata 3, T 453 50 02, www.arctichotels. is/en/hotel-tindastoll, DZ Hauptgebäude 300 €, Nebengebäude 260 €

Essen

Gemütlich
KK Restaurant: Das schöne Holzhaus in Zartrosa bietet viel Platz und ein umfangreiches Angebot an Fisch- und Fleischgerichten. Die Küche verwendet lokale Produkte. Hauptgerichte 2790–5190 ISK, Pizzas 1000–3700 ISK.
Aðalgata 16, T 453 64 54, www.kkrestaurant. is, So–Do 11.45–21, Fr/Sa 11.45–22 Uhr

Bewegen

Bootsfahrt
Fagranes-Drangeyjarferðir: Tour zur Insel Drangey, Abfahrt Ende Mai–Ende Aug. tgl. 10 Uhr von Reykir (12 500 ISK).
T 821 00 90, 821 00 91, www.drangey.net

Geschichten erzählen
Kristín Sigurrós Einarsdóttir: Kristín bietet Touren zu den Sagaplätzen, aber auch zum Ort der letzten Hinrichtung in der Region an, die in einem Roman verarbeitet wurde.
Nehmen Sie Kontakt auf über T 867 31 64 oder gagnvegur@gmail.com

Schauen und Kaufen
Sútaran: In der Gerberei kann man die unterschiedlichen Fischhäute in allen erdenklichen Farben sehen. Einige Taschen oder Schuhe, Schmuck etc. werden zum Verkauf angeboten. Regelmäßig finden Führungen statt (Mo–Fr 9/14 Uhr, 30 Min. 500 ISK).
Borgarmýri 5, T 512 80 20, www.atlantic leather.is, Mo–Fr 8–16 Uhr

Infos

• **Bus:** Busse zwischen Varmahlíð und Sauðárkrókur und weiter nach Siglufjörður, Hólar und Hofsós. Außerdem Busse nach Reykjavík mit www.straeto.is.

Varmahlíð   📍F3

Varmahlíð ist ein kleiner Ort an der Ringstraße, der schon in früheren Zeiten ein beliebter Rastplatz war, wohl wegen der vorhandenen warmen Quellen. Von dem benachbarten Hügel Reykjarhóll (111 m) kann man den Blick über das Gebiet des Skagafjörður genießen. In der Nähe von Varmahlíð liegen verschiedene Sagaplätze (s. S. 174).

Essen

Regional

Hótel Varmahlíð: Das Hotelrestaurant ist besonders zu empfehlen, weil der Küchenchef vor allem Produkte aus der Region verwendet wie z. B. Forellen. Zum Lunch wird ein abwechslungsreiches Buffet angerichtet (21 € pro Pers.), sonst à la carte Fleisch- und Fischgerichte ca. 29 €. T 453 81 70, www.hotelvarmahlid.is

Bewegen

Reiten und Rafting

Hestasport Activity Tours: Hier kann man kurze Ausritte bis zu mehrtägige Reittouren buchen. Im Angebot ist auch eine Rafting-Reiten-Kombination (2–3 Std., 33 000 ISK). Die rasante Fahrt auf den streckenweise reißenden Flüssen ist ein besonderes Erlebnis.
Vegamót, T 453 83 83, www.riding.is

Rafting und mehr

Bakkaflöt: Das Unternehmen lässt kaum Wünsche offen, ob zu Wasser oder zu Land – Kajakfahren, Jagen, Jeeptouren, Wandern oder Reiten. Man kann auch Paintball spielen. Raftingtouren auf der Vestari Jökulsá und Austari Jökulsá (3–4 Std. 14 500 ISK, 5–6 Std. 24 900 ISK).
11 km südl. von Varmahlíð an der Straße Nr. 752, T 453 82 45, 848 75 24, www.bakkaflot.com

In der Grassodenkirche des Hofs Víðimýri versammelten sich die Hofbewohner jeden Sonntag zum Gottesdienst. Wie damals nimmt man noch heute beim Betreten des Innenraums den erdigen Geruch wahr.

TOUR
Wohnen wie die Hobbits

Eine Autotour vom Grassodenhof Glaumbær nach Flugumýri

In Glaumbær serviert das gemütliche, ganz im Stil des 19. Jh. eingerichtete Café Áskaffi ausgezeichneten isländischen Kuchen (20. Mai–Aug. tgl. 11–18, sonst 11–16 Uhr).

Im Museumshof **Glaumbær,** dem Ausgangspunkt der Tour, können Sie sich einen sehr guten Eindruck von der Lebens- und Wohnkultur auf isländischen Höfen im 19. Jh. machen. Die Grassodenhäuser waren noch bis Anfang des 20. Jh. typisch für Island. Charakteristisch für ihre Bauweise sind die Grasdächer, die jeweils einen einzigen Raum abdeckten. Aufgrund des Gewichts der Grassoden war eine übergreifendere Dachkonstruktion nicht möglich, zumal meistens kaum Holz zum Abstützen zur Verfügung stand. Beim Bau kam es vor allem auf die richtige Neigung an, denn ein zu flaches Dach führte dazu, dass es sich bei Regen vollsog und leckte oder gar wegen des Gewichts einstürzte. War es zu steil, bildeten sich in den Grassoden Risse, dann tropfte es bei Regen in den Raum. Die Seitenwände und die rückwärtige Hausfront waren – ebenfalls wegen der Stabilität – im Fischgrätenmuster aus Grassoden aufgeschichtet. Aus Holz, meist Treibholz, wurden nur der vordere Giebel gebaut. Die Häuser waren in erster Linie sehr klein und verschwanden durch ihren Graswuchs optisch vollkommen in der Landschaft.

Wurzeln im Mittelalter

Die ältesten Teile von Glaumbær datieren aus dem 18. Jh. Auf dem Hof lebten aber schon im 11. Jh. Þorfinnur karlsefni und seine Frau Guðríður nach ihrer Rückkehr aus Vínland (Kanada). Ihr Sohn Snorri baute hier

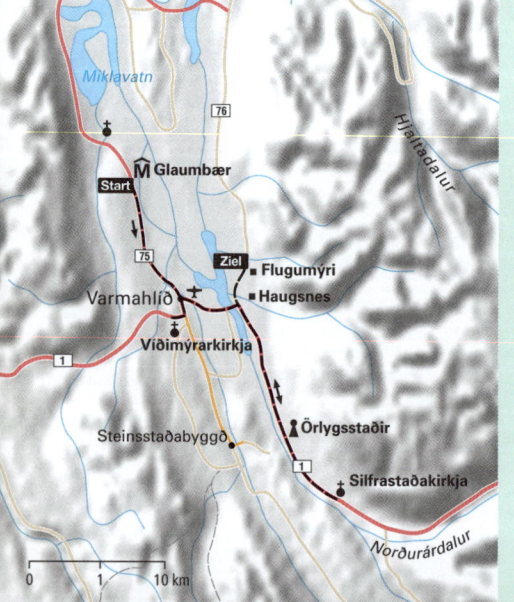

Infos

Start:
Glaumbaer,
♀ F3

Dauer:
4–5 Std. mit Besich-
tigungen

Torfhof Glaumbær:
T 453 61 73, www.
glaumbaer.is/is/infor-
mation, April–Ende
Mai 10–16, Ende
Mai–Ende Sept. tgl.
9–18 Uhr, 1700 ISK

Kirche Víðimýri:
Juni–Aug. tgl. 9–18
Uhr, 1000 ISK

die erste Kirche, und es heißt, er und Guðríður seien hier begraben. Eine kleine Skulptur erinnert an die bemerkenswerte Frau. Die wichtigsten Räume sind zu besichtigen: die Küche (eldhús), in der ständig das Feuer brannte, und die Schlaf-Wohn-Stube (baðstofa). Diese baðstofa wurde ursprünglich – noch bis ins 16. Jh. – beheizt und diente auch als Dampfbad, aber später in den Notzeiten wärmte allein die Körperwärme der Bewohner den Raum auf.

Klein, aber fein anzusehen

Eine der wenigen als Grassodenbau erhaltenen Kirchen Islands ist die Kirche des Hofs Víðimýri, sie wurde 1834 einige Kilometer westlich von Varmahlíð gebaut. **Víðimýrarkirkja** gilt als »eines der besten Beispiele der reinen Form traditioneller, isländischer Kirchen«, wie der ehemalige Direktor des Nationalmuseums und spätere Staatspräsident Dr. Kristján Eldjárn meinte. Heute gehört das Bauwerk zum Nationalmuseum (Foto S. 173). Baulich interessant ist **Silfrastaðir**, südöstlich von Varmahlíð. Seit 1900 steht hier eine hübsche achteckige Holzkirche, nachdem die alte Grassodenkirche ins Freilichtmuseum Árbær gebracht worden war. Da Grassodengebäude ständiger Restaurierung bedürfen, ersetzte man die meisten Mitte des 19. Jh. durch Holzbauten.

Sagenumwobene Schlachtfelder

In der kulturhistorisch interessanten Umgebung von Varmahlíð erinnern zahlreiche Stellen an die kriegerischen Auseinandersetzungen im Mittelalter. So fand in **Örlygsstaðir** 1238 die Schlacht Örlygsstaðabardagi statt, in der der Gode Sturla Sighvatsson, Neffe von Snorri Sturluson, und 50 weitere Männer, u. a. sein Vater und seine Brüder, getötet wurden. Sturlas Tod bedeutete zugleich das Ende der Macht der Sturlunga-Familie. Eine Basaltsäule mit einer Bronzeplakette markiert den Platz. Der Hof **Flugumýri** wurde 1253 bei einem Anschlag gegen Snorris Mörder, Gissur Þorvaldsson, niedergebrannt – von daher gibt es heute dort nur ein flaches Feld zu sehen. **Haugsnes** war Schauplatz der größten Schlacht in Island, in der am 19. April 1246 110 Männer fielen. Über tausend Felsbrocken wurden auf dem Feld ausgelegt, einige sind von Metallkreuzen bekrönt. Jedes Kreuz steht für einen Gefallenen.

Sehr praktisch bei dieser Tour ist, dass alle beschriebenen Gebäude und Schlachtfelder in der Nähe der Ringstraße liegen.

DIE LETZTE HINRICHTUNG **H**

Agnes Magnúsdóttir war die letzte Isländerin, die 1830 in der Nähe von Þingeyrar geköpft wurde. Die junge Magd wurde 1828 zum Tode verurteilt, weil sie den Bauern Natan Ketilsson und den Knecht Pétur Jónsson mit Hilfe eines Paares getötet und verbrannt haben soll. Die Zeit bis zu ihrer Hinrichtung arbeitete sie als Magd auf dem Hof des Distriktbeamten Jón Jónsson. Hannah Kent hat aus diesen Ereignissen einen gut recherchierten Roman geschrieben mit dem Titel »Burial Rites«, auf Deutsch »Das Seelenhaus«.

Infos

● **Touristeninformation:** T 455 61 61, www.visitskagafjordur.is, Okt.–15. Mai Mo–Fr 10–16, 16. Mai–Sept. tgl. 10–18 Uhr. Termine zu Pferdeshows in der Region hier nachfragen. Außerdem gibt es daneben auch die Galerie Alþýðulist, die Kunsthandwerk aus der Region anbietet (T 453 70 00).
● **Bus:** tgl. zwischen Reykjavík und Akureyri.

Hofsós   ♀ F2

Der beschauliche Ort mit einigen gut erhaltenen alten Häusern ist einer der ältesten noch bestehenden Handelsorte an der Fjordküste von Tröllaskagi. Seine Geschichte reicht zurück bis 1600. Das Lagerhaus **Pakkhús** wurde 1772 im typischen Blockhausstil errichtet. In einem historischen Gebäudeensemble ist das **Isländische Emigrationszen-**

trum (Vesturfarasetrið) untergebracht. Im 19. Jh. machten sich Tausende von Isländern in die Neue Welt auf, wo sie auf ein besseres Leben hofften, so auch der Dichter Stephan G. Stephansson (1853–1927), dem in der Ausstellung ein eigener Raum gewidmet ist. Mühsam und ärmlich war meist das neue Leben in den USA und Kanada, wie die Dokumentation zeigt.
Emigrationszentrum: T 453 79 35, www.hofsos.is, Juni–Aug. tgl. 11–18 Uhr, ansonsten nach Anfrage, 1500 ISK für alle Ausstellungen zusammen

Bewegen

Relaxen
Schwimmbad Infinity Blue/Sundlaug: Das schöne Schwimmbad liegt direkt am Meer. Das besondere Angebot ist das Nachtschwimmen tgl. 22–24 Uhr (4900 ISK, nur mit Online-Anmeldung über Kontaktformular auf der Website). Man entspannt im warmen Wasser, sieht im Winter Nordlichter und im Sommer die goldene Mitternachtssonne.
T 455 60 70, http://infinityblue.is, normaler Badebetrieb Juni–Aug. tgl. 7–21 Uhr

Blönduós und Umgebung   ♀ E3

Blönduós ist ein geeigneter Ausgangsort für Erkundungen der Umgebung. Der Ort liegt an der Mündung des 125 km langen Flusses Blandá, der westlich des Hofsjökull entspringt. Seit 1991 wird der Fluss für das gleichnamige Wasserkraftwerk benutzt. Auffallend ist die moderne Kirche, die man sofort von der Ringstraße aus sieht.

Museum

Gestricktes und Gesticktes
Heimilisiðnaðarsafnið: Das kleine
Textilmuseum im Ortsteil östlich der
Blandá genießt ein hohes Ansehen im
Land. In dem modernen Gebäude sind
lokal gefertigte Textilien, Kunsthandwerk
und isländische Trachten ausgestellt. Au-
ßerdem finden Ausstellungen moderner
isländischer Textildesigner statt. Ein Teil
des Museums widmet sich der Lehrerin,
Kunsthandwerkerin und Frauenrechtlerin
Halldóra Bjarnadóttir.
Árbraut 29, www.textile.is, Juni–Aug. tgl.
10–17 Uhr, 1200 ISK

Schlafen

Mit Seeblick auf dem Lande
Hótel Húni: Einladende Zimmer mit
schönem Blick in die Landschaft. Aufgrund der günstigen Lage guter Standort
für die Erkundung der Region. Schwimmbad im Haus. Das kleine Restaurant ist
liebevoll im Retro-Style gestaltet (tgl.
19–21 Uhr, 2-gängiges Menü).
Ca. 10 km westl. von Þingeyrar an der Nr. 724,
am See Svínavatn, T 456 45 00, 691 22 07,
www.hotelhuni.com, ganzjährig,
DZ ab 20 000 ISK

Mit Flussblick im Ort
Glaðheimar: Hütten für 3–8 Pers.
15 420–66 650 ISK, ideal für Familien,
z. T. mit Jacuzzi und Sauna.
Melabraut 21, direkt am Zeltplatz an der
Blandá, T 820 13 00, www.gladheimar.is

Essen

Gesund und beliebt
B & S Restaurant: Restaurant mit großer Karte, regelmäßigen Tagesangeboten
und Salatbar. Man legt viel Wert auf eine
gesunde Küche, entsprechend gibt es ein
reiches vegetarisches Angebot. Außerdem weiß man, was Kindern schmeckt.
Fisch ab 3990 ISK.
Norðurlandsvegur 4, direkt an der Hauptstraße, T 453 50 60, http://bogs.is, im Sommer
tgl. 11–21 Uhr

Infos

- **Touristeninformation:** am Zeltplatz,
T 820 13 00, 690 31 30, www.northwest.
is, Juni–Aug. 9–21 Uhr.
- **Bus:** tgl. von/nach Reykjavík, Akureyri.

Þingeyrar

Südlich von Blönduós sieht man am
Strandsee **Hóp,** der je nach Gezei-
tenstand eine Fläche von 29 bis 44 km²
einnimmt, die Kirche Þingeyrar. In Zeiten des Freistaates befand sich an dieser
Stelle ein Thingplatz, 1133 wurde hier
das erste Kloster Islands errichtet. Es war
eines der bedeutendsten literarischen
Zentren, in dem die meisten Sagas des
Landes geschrieben wurden. In der Nähe
des Abzweigs zur Kirche steht eine Gruppe von drei Hügeln, **Þrístapar,** wo am
12. Januar 1830 die letzte Hinrichtung
in Island stattfand (s. Kasten S. 176).
Klausturstofa: neben der Kirche, https://thin
geyraklausturskirkja.is, Juni–Aug. tgl. 10–17
Uhr, Führungen, Café, 1000 ISK

Húnaþing vestra
📍 D/E 3/4

Westküste von Vatnsnes
Der größte Ort der Gemeinde Húnaþing
vestra ist **Hvammstangi,** Dienstleistungs-

SCHAF- UND PFERDE-ABTRIEB **S**

Nicht nur für Reiter ist der Reiterhof **Brekkulækur** ein idealer Ausgangspunkt für die Erkundung der Region, sondern auch für Wanderer und alle, die die Region aktiv kennenlernen wollen, z.B. beim Schaf- und Pferdeabtrieb. Es ist nicht nur Knochenarbeit, die Tiere wieder zu sammeln, sondern es gehört auch immer der Spaß mit Essen, Trinken und Musik dazu. Alle Gäste vom Hof Brekkulækur sind eingeladen mitzufeiern. Anfang Oktober ist der Pferdeabtrieb am Víðidalstungurétt mit im Programm (Arinbjörn Jóhannsson, T 451 29 38, www. abbi-island.is, DZ 130–156 €).

zentrum der Region. Er liegt an der Westküste der Halbinsel Vatnsnes, an der man häufig Robben beobachten kann. Seit 2006 gibt es in dem alten Haus von 1926 ein Robbenzentrum. Hier erfährt man alles über Robben um Island und ihre frühere Rolle für die Menschen.

Robbenzentrum: Strandgötu 1, www.selase tur.is, Juni–Aug. tgl. 9–19, Mai/Sept. Mo–Fr 9–16, Okt.–April Mo–Fr 10–15 Uhr, 1100 ISK

Ostküste von Vatnsnes
An der Ostseite der Halbinsel ist der See **Vesturhópsvatn,** an dem sich trutzig Borgarvirki auf einem 177 m hohen Hügel erhebt. Man vermutet, dass die von Basaltmauern umschlossene Festungsanlage als Verteidigungsburg von Víga-Barði Guðmundsson erbaut wurde. Von der Ruine, zu der auch zwei Langhäuser gehören, hat man einen guten Blick auf die Bucht Húnaflói.

Der Ort **Laugarbakki** mit seinen warmen Quellen hieß in früheren Zeiten Langafit und war Austragungsstätte für

Pferdekämpfe, die in der Grettis saga beschrieben werden. Unweit befindet sich der Hof Melstaður, Wohnort zahlreicher bedeutender Isländer, wie z. B. Arngrímur Jónsson (1568–1648), der mehrere Bücher über isländische Geschichte und Kultur in Latein verfasste.

Schlafen

Familiär
Gästehaus Hanna Sigga: Gemütliche Zimmer mit schönem Blick, Aufenthaltsraum und Garten, Hot Pot. Kurz: ein Ort zum Wohlfühlen.

In Hvammstangi, Garðavegur 26, T 451 24 07, DZ ab 15 500 ISK, Schlafsack 3500 ISK, Frühstück mit Bioprodukten 1200 ISK

Schöne Lage
Jugendherberge Sæberg: Die Unterkunft besticht vor allem durch ihre ruhige Lage direkt am Meer. Ein Hot Pot und Zeltplatz gehören zum Haus, außerdem werden zwei Hütten (max. 5 Pers.) angeboten. Der nächste Laden ist 15 km entfernt.

An der Nr. 1 südl. von Hvammstangi, T 894 55 04, www.hostel.is, Schlafplatz ab 3600 ISK, DZ ab 9000 ISK

Essen

Hafenblick
Sjávarborg: Beliebtes Restaurant, Grill und Bar, funktional eingerichtet, man erkennt noch die Lagerhalle. Tgl. Suppen ab 2550 ISK, Lachs ab 3600 ISK.

Strandgata 1, T 451 31 31, tgl. 11–22 Uhr

Infos

- **Touristeninformation:** Hvammstangi, im Robbenzentrum, T 451 23 45.
- **Bus:** tgl. Busse von/nach Reykjavík und Akureyri.

Zugabe
Der Knuddelvogel

Alle lieben Papageitaucher

J a, alle lieben sie, und wenn es Richtung Steilküste geht, dann gibt es für die meisten Islandreisenden nur noch eines: Papageitaucher beobachten! Lediglich Wale können diese Begeisterung toppen. Die possierlichen Vögel brüten überall entlang der Küsten am Nordatlantik, von Schottland bis Spitzbergen, Island ist nur eine Station. Dennoch gilt der Vogel für viele Besucher als das Wahrzeichen des Landes – er ist es nicht, denn dann wäre er ja im Wappen abgebildet, aber immerhin halten sich im Sommer in Island die meisten Papageitaucherpaare auf. Von Mitte Mai bis Mitte August trifft man sie an Land an, wenn sie ihre Küken in den Bruthöhlen versorgen, ansonsten leben sie auf dem Meer, ihrem eigentlichen Lebensraum. Der kleine Vogel mit dem bunten Schnabel wirkt so niedlich wie die Pinguine, fast aufrecht stehend und oft etwas fragend blickend, wenn er gerade gelandet ist: »Wie habe ich das nur geschafft?« Er schüttelt seinen Kopf und verschwindet in der Bruthöhle, oder wartet ab. Die menschlichen Beobachter können dann nur noch sagen: »Wie süß!« Der Knuddelfaktor der lustigen Papageitaucher ist so hoch, dass sie in allen Souvenirläden als Stofftiere angeboten werden – natürlich: *made in China*. Puffin Shop – so nennen denn auch die Reykjavíker die Souvenirgeschäfte. ∎

Westfjorde

Geheimnisvoll und einsam — manche behaupten, dass die Halbinsel eher eine Insel, vielleicht sogar ein eigenes Land sei, eine einzigartige Landschaft von rauer Schönheit, ein Paradies für Vogelfreunde, Wanderer und Stilleliebende.

Seite 185
Látrabjarg ⭐

Die Steilküste Látrabjarg fasziniert durch Lage, Größe, Aussehen und ›Bevölkerung‹. Sie ist fast 14 km lang, von ihrem höchsten Punkt fällt sie 441 m senkrecht ab, und in ihren Wänden wohnen Papageitaucher.

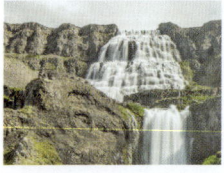

Seite 188
Dynjandi – der Donnernde

Nicht nur seine fächerartige Form, sondern auch die fünf weiteren Wasserfälle, die mit ihm eine der schönsten Wasserfallserien des Landes bilden, machen den Dynjandi zu einer der sehenswertesten Naturattraktionen Islands.

Bei Kajaktouren in den Fjorden wird man selbst zum Kapitän.

Eintauchen

Seite 190
Hrafnseyri

Im Museum lernen Sie den bedeutenden Kämpfer für die Unabhängigkeit Islands Jón Sigurðsson kennen.

Seite 190
Suðureyri

Der Ort an der Westspitze des Sugandafjörður ist heute bekannt für nachhaltige Fischerei und Fischverarbeitung.

Seite 190
Ísafjörður

Einst ein bedeutender Handelsplatz, heute das kulturelle und schulische Zentrum in den Westfjorden.

Seite 194
Strandir

Einst war die Region aufgrund der guten Fischgründe, Robbenvorkommen und vor allem auch wegen des Treibholzes, das sich hier an den Stränden sammelt, ein begehrtes Siedlungsgebiet.

Seite 194
Hólmavík

Hier erfahren Sie etwas über die dunkle Seite Islands, die Zeit der Hexerverfolgung im 17. Jh. in Strandir.

Seite 195
Wanderung zum Hornbjarg

Eine atemberaubende Wanderung führt zum steilen Felsen Hornbjarg. Mehrere hundert Meter fällt die Klippe hier fast senkrecht ins Meer. Das Kreischen der Vögel, die in den Felsen nisten, ist ein steter Begleiter.

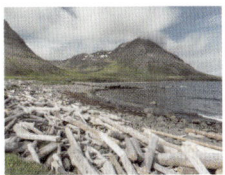

Seite 196
Hornstrandir

Die wohl einsamste Region Islands, auch heute können Sie hier für sich sein. Außer Füchsen begegnen Sie nur noch verlassenen Höfen, Zeugen vergangenen Bauerntums, oder in einigen Buchten neugierigen Robben.

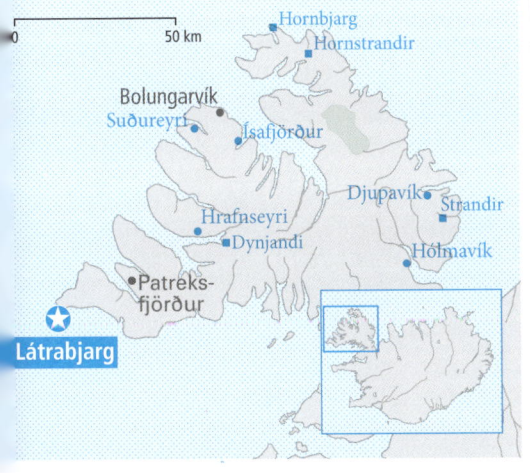

Rostiger Zeuge der Heringsfischerei ist die MS Sudurland in Djúpavík.

Vielleicht begegnet man hier den guten Schutzgeistern, die aus dem Nebel auftauchen, wie in dem Film »Kinder der Natur« von Friðrik Þór Friðriksson.

erleben

Lust auf Einsamkeit

Wie eine Tatze ragt die von Fjorden zerschnittene Nordwest-Halbinsel Vestfirðir ins Meer, eine einzigartige Landschaft von rauer Schönheit, ein Paradies für Vogelfreunde und Wanderer, mit wunderschönen Stränden, den höchsten Vogelklippen, dem imposanten Gletscher Drangajökull sowie vielen Geschichten. Manche behaupten, dass die Halbinsel eher eine Insel, vielleicht sogar ein eigenes Land sei. Von ihrer äußersten Spitze sind es nur noch 300 km bis Grönland, und mit Restisland verbindet sie nur ein 10 km breiter Isthmus. Erdgeschichtlich zählen die Westfjorde zum ältesten Teil Islands, vor rund 14 Mio. Jahren entstanden. Charakteristisch ist die 400–800 m hohe Plateaulandschaft, die an den Küsten steil abfällt. Heute sind die Westfjorde nur spärlich besiedelt, einige Regionen wie Hornstrandir sind völlig verlassen. Als Schafzucht noch ein wichtiger Wirtschaftsfaktor im Land war, gab es hier etliche Bauernhöfe. Auch bei der für die Region bedeutenden Fischerei kam es zu gewaltigen Einbrüchen, zum einen durch das Verschwinden der Heringsschwärme in den 1970er-Jahren (s. S. 263), zum anderen durch das Aufkommen der industriellen Trawler Ende der 1980er-Jahre,

ORIENTIERUNG

Touristeninformation: Für die Westfjorde zuständig ist das Büro in Ísafjörður (s. S. 192).
www.westfjords.is: Das ist die Website mit den wichtigsten Informationen für Reisende in die Region. Viele Bilder, inspirierend und gut gemacht.
Auto: Nur im Juli und Aug. sind alle Straßen mit Pkw befahrbar, sonst nur die Hauptstrecken. Ein Allradwagen ist deshalb zu empfehlen.
Bus: Die Busverbindungen in der Region sind recht gut, damit kommt man zu fast allen Orten.
Fähre: www.seatours.is. Fähre Baldur im Sommer tgl. zwischen Stykkishólmur und Brjánslækur.
Flug: tgl. von Reykjavík nach Ísafjörður mit Air Iceland.

die den Fisch direkt auf hoher See verarbeiten. Zwar spielen die Fischfabriken in den Westfjorden immer noch eine Rolle, doch hat die Bedeutung des Tourismus in den letzten zwei Jahrzehnten stark zugenommen. Dennoch: Die Westfjorde sind wegen ihrer Lage besonders, und wer Einsamkeit sucht, das Ursprüngliche liebt und sich weg von ausgetretenen Pfaden bewegen will, der wird hier fündig.

Von Brjánslækur nach Látrabjarg

📍 A/B 3

Wenn Sie mit der Fähre Baldur reisen, kommen Sie zuerst nach **Brjánslækur** und setzen damit wie einst im 9. Jh. Flóki Vilgerðarson erstmals Ihren Fuß auf den Boden des Nordwestens. Die Ruinen einer Bude aus der Zeit sind bei **Flókatóttir** zu sehen, die ältesten Bauzeugnisse in Island. Oberhalb der Farm ist die Schlucht **Surtarbrandsgil** einer der besten Plätze, um Fossilien aus dem Tertiär zu finden.

Die sich in weiten Bögen windende Küstenstraße zieht die Küstenlinie der Halbinsel nach. Von breiten, tief liegenden Wiesen geht es hinauf auf steile Plateauberge. Je nach Witterung können die 400 Höhenmeter hoch zur **Kleifaheiði** schon ausreichen, um in den Wolken zu stecken. Dann wirkt **Kleifabúi,** die riesige Steinwarte mit den menschlichen Konturen, die 1947 Bauarbeiter errichteten, wie ein Riese aus einem Märchen.

In Serpentinen geht es hinunter zum Patreksfjord, wo **Gaðar,** ›Islands ältestes Stahlschiff von 1912‹, langsam vor sich hin verrottet. Von der Küstenstraße zweigt die Piste 614 nach **Rauðasandur** ab (s. Lieblingsort S. 184).

Infos

- **Bus:** Stjörnubílar, T 456 55 18, www.westfjordsadventure.is, Juni–Aug. Mo, Mi, Sa Busse zw. Ísafjörður und Brjánslækur.
- **Fähre:** s. Orientierung links.

Hnjótur und Hvallátur 📍 A 3

In **Hnjótur** sammelte Egill Ólafsson (gest. 1999) Alltagsgegenstände der Re-

Auf der Nr. 62 Richtung Látrabjarg umfahren Sie die Küstenlinie. Meer umspülte Silhouetten schichten sich voreinander..

Lieblingsort

Der rote Strand des Westens

Nur wenige Gebäude stehen hier noch, einige sind verfallen, andere wie die niedliche Kirche von Saurbær (Foto) noch erhalten – alles umgeben vom Hauch der Vergangenheit. Schier endlos erstreckt sich davor der rote Sandstrand **Rauðasandur** (📍 A 3), der zu Spaziergängen einlädt. Seinen Namen hat er von einer Muschelsandbank, die unter bestimmten Lichtverhältnissen rotgelb leuchtet. Einfach der Sonne entgegen laufen oder gegen den Regen ankämpfen, einfach die Elemente spüren und den Sand unter den Füßen genießen.

gion, vor allem Fischfanggeräte und auch einige Flugzeuge. Das daraus entstandene Museum (Minjasafn) bietet unterhaltsame Einblicke in vergangene Zeiten. In der Museumscafeteria gibt es leckeren Kuchen (www.hnjotur.is, Mai–Sept. tgl. 10–18 Uhr, 1000 ISK).

Etwas oberhalb steht ein Denkmal für die britischen Seeleute, die in den gefährlichen Strömungen vor den Steilküsten untergegangen sind. Zwischen Breiðavík, einem einladenden weiten Strand, und Látrabjarg liegt **Hvallatúr**, das sich als westlichster besiedelter Ort bezeichnet.

Schlafen

In der Weite
Gistiheimilið Breiðavík: Mahlzeiten kann man absprechen. Schön ist die Lage in der Nähe des Strandes. Die Zimmer sind ansprechend und funktional möbliert. In den Zimmerpreisen ist das Frühstück enthalten. Es gibt einen Zeltplatz am Haus (2300 ISK pro Pers.).
T 456 15 75, www.breidavik.is, Schlafsack 16 500 ISK, DZ ohne Bad 22 600 ISK, DZ mit Bad 33 000 ISK

Látrabjarg ♀ A3

Die Steilküste Látrabjarg fasziniert durch Lage, Größe, Aussehen und ›Bevölkerung‹. Sie ist fast 14 km lang, von ihrem höchsten Punkt fällt sie 441 m senkrecht ab und ihre westlichste Spitze, Bjargtangar, ist zugleich der westlichste Punkt Islands und damit auch Europas. Wunderbare Küstenwanderungen lassen sich hier unternehmen. In früheren Jahrzehnten kamen viele Isländer hierher, um Vogeleier zu sammeln, zu fischen oder auch Robben zu jagen. Doch die See ist an diesem Küstenabschnitt besonders

rau und schwierig, sodass so mancher Trawler vor Látrabjarg unterging.

Tausende von Seevögeln leben in den Klippen, und die Papageitaucher haben sich schon so an die Besucher gewöhnt, dass sie sich für das Foto in Pose stellen – vorausgesetzt man begibt sich auf Augenhöhe mit ihnen und verhält sich ruhig. Wer nicht wandern will, lässt den Blick schweifen in der Hoffnung, am Horizont die Konturen Grönlands zu erkennen.

Infos

- **Bus:** www.westfjordsadventure.com, Juni–Aug. Mo, Mi, Sa von Ísafjörður über Brjánslækur nach Látrabjarg.

Patreksfjörður ♀ A3

Patreksfjörður ist die westlichste Siedlung Islands und ein geeigneter Ausgangsort, um die Naturschönheiten der Westfjorde zu erkunden. In dem alten Handelsplatz am gleichnamigen Fjord leben die Einwohner vor allem vom Fischfang und der Fischverarbeitung. Einige Denkmäler erinnern an französische und englische Seeleute. Sehr reizvoll ist der Blick vom Strand auf die kleine Stadt. Erst mit dem Bau von Fischerhütten im 19. Jh. bildete sich ein Ortskern heraus. Schön ist die Wanderung auf den **Tálkni** (472 m), der am äußersten Ende der Halbinsel liegt. Ein einfacher Weg führt durch Litlidalur und dann hält man auf den Gipfel zu. Eine Strecke ist 7 km lang.

Schlafen

Besonders
Ráðageri Hostel: Ein besonders auffallendes Haus, 1945 gebaut, mit einem frei-

en Blick über den Fjord. Einfache Zimmer, in denen die Tischdecken, Bettwäsche, Kissenbezüge etc. aus der Fabrik der früheren Besitzerin stammen. Sehr stimmig.

Aðalstræti 31, Patreksfjörður, T 456 01 81, www.radagerdi.net, DZ ohne Bad 19 200 ISK, DZ mit Bad 23 950 ISK

Essen

Mit Ausblick
Stúkuhúsið: Das beliebte Café und Restaurant liegt quasi im Zentrum und lockt mit seiner Terrasse.

T 456 14 04, www.stukuhusid.is, im Sommer tgl. 11–23 Uhr

Kunst und Kaffee
HÚSIÐ Galerie: Atelier und Café. Hier trifft man regelmäßig Künstler. Der rohe Bau – ein altes Gebäude aus der Hochzeit der Fischindustrie – passt hervorragend.

Eyrargata, www.husid-workshop.com, Öffnungszeiten erfragen

Bewegen

Für alle etwas
Westfjords Adventures: Hier findet jeder etwas – von einfachen Jeep- oder Busfahrten, Bootstouren mit Angeln bis zu Wanderungen und Radtouren. Außerdem kann man sich hier ein Fahrrad leihen.

Þórsgata 8 a, T 840 60 48, www.westfjords adventures.com, 16. Mai–14. Sept. Mo–Fr 8.15–17, Sa/So 10–12, sonst Mo–Fr 9–12 Uhr

Infos

- **Fest der Wanderer:** Ende Juli. Entsprechende Touren ab Tálknafjörður im Nachbarfjord.
- **Bus:** www.westfjordsadventure.is, Mo, Mi, Sa nach Ísafjörður und Brjánslækur.

Am Arnarfjörður

Bíldudalur   📍B3

Bíldudalur wirkt etwas aus der Zeit gefallen, einst einer der wichtigsten Fischereiorte Islands, erlebt man ihn heute äußerst ruhig. Seinen Höhepunkt hatte er um die Wende zum 20. Jh., als der Händler Pétur Thorsteinsson hier führend war. Von hier aus wurde der erste Salzfisch nach Spanien exportiert. Der erste isländische Dampfer, der in der Fischindustrie eingesetzt wurde, kam schon 1898 nach Bíldudalur. Bíldudalur bietet sehr schöne Wandermöglichkeiten entlang des Fjords, direkt nach Tálknafjörður oder auf den Bíldudalsfjall.

Museen

Musik aus beschwingten Tagen
Melódíur minninganna: Absolut lohnend ist das Msikmuseum ›Melodien der Erinnerung‹ des Sängers Jón K. Ólafsson mit Schwerpunkt auf isländischer Musik der 1950er- und 1960er-Jahre.

Tjarnarbraut 5, Juni–Sept. Mo–Fr 14–18 Uhr, 1000 ISK

Monster und Seeungeheuer
Skrímlisetur: Es gibt sie, die Ungeheuer, und mancher hat sie schon gesehen. In zwei Räumen, verdunkelt und gespenstisch dekoriert, informiert das Museum über die Monsterarten in Island und Augenzeugen berichten von ihren Begegnungen. Eine ausgesprochen spannende Seite isländischer Volkserzählungen. Nach dieser ›Begegnung‹ kann man sich im Café stärken.

Strandgata 7, http//:skrimsli.is, T 456 66 66 Mitte Mai–Mitte Sept. tgl 10–18 Uhr, Kinder unter 10 Jahren nur in Begleitung, 1000 ISK

Essen

Treffpunkt
Vegamót: Der typische kleine Imbiss an der Tankstelle mit Snacks zu den üblichen Preisen. Ein Souvenirladen ist angeschlossen.
Tjarnarbraut 2, T 456 22 32

Infos

- **Flug:** Eagle Air, Reykjavík Flughafen, T 562 26 40, http://eagleair.is/schedu le/bildudalur/, Mo–Fr und So. Flüge von und nach Reykjavík.
- **Bus:** www.westfjordsadventure.is, im Sommer Mo, Mi, Sa nach Ísafjörður und Brjánslækur.

Selárdalur   📍 A2

Interessant ist eine Fahrt entlang des Arnarfjörður nach Selárdalur. Die Landschaft ist gleichermaßen lieblich und beeindruckend mit Wiesen, die an schmalen Stränden enden; steil aufragende Basaltberge und -rücken begrenzen tiefe Täler. Nur noch wenige Menschen leben in Selárdalur, viele Höfe sind verlassen. Im Zentrum des Tales steht die alte Holzkirche von 1861. Doch das Bemerkenswerteste ist eine Art **Skulpturenpark:** Löwen, Pferde, Seehunde, Walrosse und auch Menschen zwischen einigen unvollendeten Gebäuden. Samúel Jónsson, genannt ›der Künstler mit dem Herzen eines Kindes‹, hat sich diese Welt geschaffen. Der ehemals arme Bauer verwandte seine Staatsrente, um die Figuren aus Zement zu vollbringen. In einer eigenen Kirche steht ein selbst gebauter Altar, den er der Kirche in Selárdalur vermachen wollte, diese verweigerte ihn

FLÓKI – ISLÄNDER DER ERSTEN STUNDE

Kennen Sie die Fernsehserie »Vikings«? Dann haben Sie auch schon Flóki Vilgerðarson kennengelernt. Nun – der historische Flóki war kein Freund von Ragnar Loðbrók, dem legendären König aus Dänemark – wie in der Serie … Flóki Vilgerðarson war besser bekannt als Hrafna-Flóki, der Raben-Flóki, denn er besaß drei Raben, die ihm beim Navigieren halfen. Er war einer der Ersten, die die im 9. Jh. noch unbewohnte, namenlose Insel erkundeten. Bei seiner Erkundungsfahrt überwinterte er an der Südküste der Westfjorde, so heißt es im Landnámabók, dem Buch der Landnahme (Besiedelung). Flóki war es auch, der der Insel ihren Namen gab. Er und seine Leute waren nicht auf den isländischen Winter vorbereitet, sodass sie erbärmlich unter der Kälte und – nachdem alle Tiere verendet waren – auch an mangelnder Nahrung litten. Als Flóki im darauffolgenden Frühjahr vom Berg aus das ganze Treibeis vor der Küste sah, war alles klar: Ísland von *ís*, Eis, und *land*, Land, sollte die Insel heißen. Trotz dieses abschreckenden Erlebnisses kehrte Flóki nach Island zurück und siedelte am Skagafjörður, offensichtlich mit mehr Fortune. Übrigens: In der fünften Staffel von »Vikings« wird die Geschichte von Flókis Islandentdeckung erzählt.

aber. Samúel ließ sich gern inspirieren, so steht hier ein Miniaturnachbau des Petersdoms in Rom. 1969 starb er im Alter von 85 Jahren (www.sogumidlun. is/pdf/samuel_net.pdf).

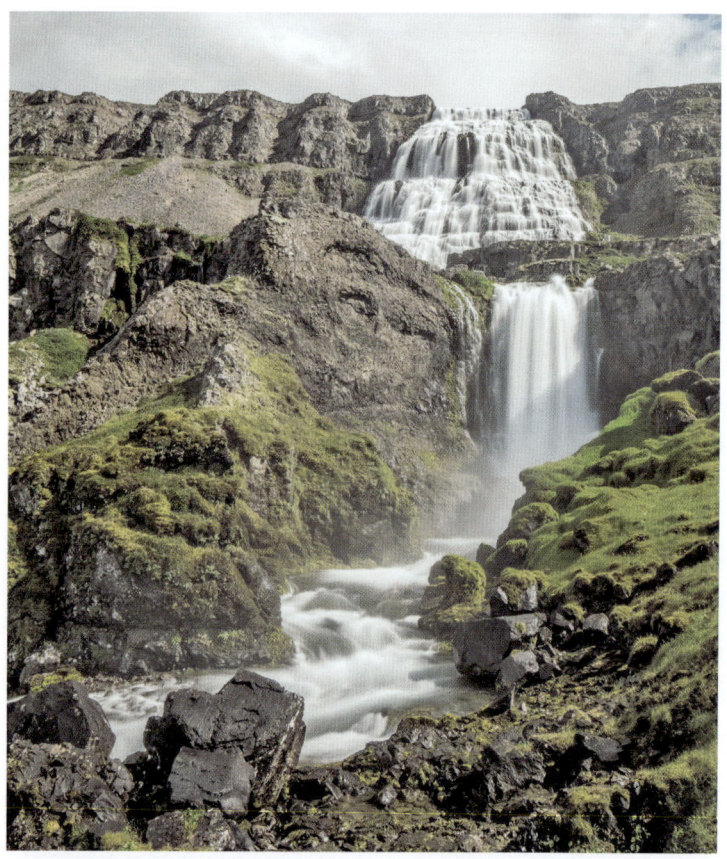

Wasserspiele der Natur: Die Wassermassen des Dynjandi sprudeln über sechs Kaskaden hinab zum Meer. Auf einem Pfad ist die faszinierende Wasserfallserie zu Fuß erlebbar.

Dynjandi   📍B2

Am Ende des Arnarfjörður überwindet der Fluss Dynjandisá in sechs Stufen die 500 m Höhenunterschied von der Hochfläche bis zum Fjord und bildet dabei eine der schönsten Wasserfall-serien Islands. Der beeindruckendste und schönste der Wasserfälle ist der Dynjandi, dessen Wasser sich in etlichen Kaskaden in die Tiefe ergießt und dabei einen fächerförmigen Schleier bildet, der oben eine Breite von 30 m, unten von 60 m misst. Aber auch alle anderen Wasserfälle haben jeweils ihren besonde-ren Reiz, Wege führen an ihnen entlang und hinter dem Wasserfall Göngufoss kann man sogar herlaufen. Dynjandi – der Donnernde – ist heute ein geschütztes Naturmonument. Etliche Jahre hatte man ernsthaft diskutiert, die Dynjandisá wie die nur wenige Kilometer entfernte Mjólká zur Stromgewinnung zu nutzen. Das dortige Kraftwerk wurde 1958 erbaut und 1975 erweitert.

Þingeyri ⚲ B 2

Þingeyri am Dyrafjörður ist der älteste Handelsort der Region, seine Wurzeln gehen zurück bis in die Sagazeit und vermutlich war hier ein Thingplatz. Die günstige Lage am fischreichen Fjord mit gutem Weideland war für die Besiedlung ideal; ein wichtiger Hafen für baskische Walfänger und Fischerboote aus Europa und Amerika. Trotz der schönen Lage sinkt die Einwohnerzahl Þingeyris alljährlich, eine Tendenz, die allgemein im Nordwesten besteht.

Im Ort steht eines der ältesten Lagerhäuser Islands aus dem 18. Jh. Die **Kirche** baute der – zusammen mit Guðjón Samúelsson – erste Architekt des Landes, Rögnvaldur Á. Ólafsson, sie wurde 1911 geweiht. Lohnend ist auch die Besichtigung der ältesten in Betrieb befindlichen **Maschinenwerkstatt** (Vélsmiðja, 1913) von Guðmundur J. Sigurðsson gebaut.
Maschinenwerkstatt: Hafnarstræti 14, www. nedsti.is/velsmidja_gjs_a_thingeyri, 15. Mai–Aug. Mo–Fr 9–17 Uhr und nach Vereinbarung, T 456 83 31

Außerhalb des Ortes
Am Ortsrand befindet sich ein **Wikingerkreis** für feucht-fröhliche Feste, originell mit Fellen ausgestattet. Von dem Berg **Sandafell** (367 m) hat man einen guten Blick auf Þingeyri und den Fjord, der mit 39 km zu den längsten der Region gehört. Wer nicht laufen möchte, kann die Jeeppiste hinauffahren. Die beiden einzeln stehenden Berge, Sandafell und auf der gegenüberliegenden Seite Mýrafell, bilden zwei markante Punkte am Fjord.

Schlafen, Essen

Hafennähe
Sandafell: Das Gästehaus in einem schönen Gebäude von 1947 bietet geräumige, aber einfach ausgestattete Zimmer. Schön ist der Ausblick. Das Restaurant bietet neben Suppen und Sandwiches vor allem Fisch aus den lokalen Fjorden.
Hafnarstræti 7, T 456 16 00, www.hotel sandafell.com, Mitte Mai–Mitte Sept. tgl. 10–22 Uhr, DZ ab 140 €, mit Bad 208 €

Bewegen

Reiten
Knapaskjól: Kurze Ausritte auch für Anfänger, längere für erfahrene Reiter. Pferdeschau.
T 693 18 47, http://stormur.123.is

Café für Aktive
Simbahöllin: Hier kann man gemütlich sitzen oder aktiv sein: Ausritte beginnen um 10, 13 und 13.30 Uhr und kosten für 2,5 Std. 12 900 ISK; ein Fahrrad leihen, um zum Leuchtturm hin und zurück zu fahren, schlägt mit 7500 ISK zu Buche.
Fjarðargata 5, T 899 66 59, www.simbahollin. is, Mai–Sept.

Infos

- **Touristeninformation:** Galleri Koltra, Hafnarstræti 5, T 456 83 04, Juni–Aug. Mo–Fr 10–18, Sa/So 11–17 Uhr.
- **Wikingerfest:** 1. Wochenende im Juli. Familienfest mit Wikingeranklängen.
- **Bus:** T 893 10 58. Mo–Fr nach Ísafjörður, Suðureyri und Flateyri.

WER WAR JÓN SIGURÐSSON? **S**

Hrafnseyri (♀ B 2) ist der Geburtsort des bedeutenden Kämpfers für die Unabhängigkeit Islands (s. S. 288) Jón Sigurðsson (1811–79). Die Erinnerungsstätte an ihn und seine Zeit umfasst ein Museum, eine Kapelle und ein Bauernhaus – ein Nachbau des von Jóns Großvater erbauten Hofs. Auch die frühere Geschichte des Orts ist interessant, so praktizierte hier im 12./13. Jh. der erste ausgebildete Arzt Islands, Hrafn Sveinbjararson, dargestellt auf einem der Glasfenster in der Kirche. Erfrischen kann man sich in der Cafeteria (T 456 82 60, www.hrafnseyri.is, Juni–Anfang Sept. tgl. 11–18 Uhr, 1000 ISK).

in Sólbakki eine Walstation gegründet, die aber nach einem Feuer 1901 wieder geschlossen wurde. Ihr Besitzer, Hans Ellefsen, vermachte daraufhin sein Wohnhaus Hannes Hafsteinn, der es nach Reykjavík holte. Heute steht es als Gästehaus der Regierung in der Tjarnargata (s. S. 20). Traurige Berühmtheit erlangte der Ort, als im Oktober 1995 eine Lawine 19 Häuser unter sich begrub; bei dem Unglück starben 23 Menschen.

Suðureyri an der Westspitze des Sugandafjörður ist der andere Ort, der vom Tunnel direkt profitiert. Im Schatten der steilen Berge gelegen, scheint hier im Winter ganze vier Monate die Sonne nicht. Hier gibt es den sehr interessanten Tourenveranstalter Fisherman, der auf dem sogenannten Seafood Trail (Mai–Sept., tgl. ab 11 Uhr, 5000 ISK) einen guten Einblick in die Fischerei vermittelt. In einem angeschlossenen Restaurant kann man Gerichte mit fangfrischem Fisch genießen (www.fisherman.is).

Flateyri und Suðureyri ♀ B 2

Beide Orte sind durch den Tunnel unter Breiðadalsheiði und Botnsheiði gut erreichbar und an Ísafjörður gut angebunden. Die frühere Straße führt bis auf 700 m Höhe hinauf und ist damit eine der höchsten in Island. Während der Sommermonate muss man immer wieder mit Nebel rechnen, und im Winter ist die Straße wegen der Schneestürme manchmal wochenlang nicht passierbar. Im Sommer ist es dennoch sehr reizvoll, über die Hochebene zu fahren. Man kommt direkt am Zeltplatz von Tungudalur aus, wo im Winter drei Skilifte in Betrieb sind.

Der Fischerort **Flateyri** liegt malerisch auf einer Landzunge. 1889 wurde

Rund um den Ísafjörðurdjúp

Ísafjörður ♀ B 2

Größter Ort und kulturelles, schulisches und wirtschaftliches Zentrum in den Westfjorden ist Ísafjörður. Günstig für die dortige Fischindustrie sind die gute Lage zu den Fangplätzen und der nach allen Windrichtungen hin geschützte Hafen. Schon im 16. Jh. war Ísafjörður zusammen mit den anderen Fischerorten der Westfjorde ein bedeutender Handelsplatz für die Hanse. Zwar erhielt Ísafjörður erst am 28. Januar 1866 Stadtrechte, doch zählte es schon

1854 bei der Auflösung des dänischen Handelsmonopols zu den wichtigsten Handelsplätzen Islands. Die Gründung des Ortes im 9. Jh. geht, laut Landnámabók, auf Helgi Hrólfsson zurück. Er setzte seinen Hof auf die Landzunge Eyri, wo heute der älteste Teil der Stadt steht. Es heißt, dass auch der Name des Fjords Skutulsfjörður, Harpunenfjord, ein Seitenarm des Ísafjörðurdjúp, auf Helgi zurückgeht, er habe nämlich am Strand eine Harpune gefunden.

Bei einem Gang durch die Stadt erinnern viele Häuser noch an die Blütezeit des Ortes, Anfang des 20. Jh. Nachdem in den 1980er-Jahren einiges dem Verfall überlassen wurde, wirken die Straßen heute lebendig und aufgeblüht. In der Nähe des Friedhofs steht das bekannte **Fischer-Denkmal** für all diejenigen, die vor der Küste umgekommen sind. Der nahe gelegene **Park** ist klein, aber sehr blumenreich, unübersehbar der Bogen aus Walknochen. Entlang der alten Hauptstraße, **Aðalstræti**, stehen noch Häuser aus dem 19. Jh.

Vorbei an den Hafenanlagen und der Fischfabrik gelangt man zur äußersten Spitze der Landzunge, wo noch vier alte Häuser aus dem 18. Jh. stehen. Im Turnhús (Turmhaus), dem ehemaligen Lagerhaus mit Fischfabrik, ist heute das **Schifffahrts- und Regionalmuseum** (Byggðasafnið í Neðstakaupstað) untergebracht, das außer zahlreichen Zeugnissen und Exponaten aus der Welt der Seefahrt auch einen Überblick über die Stadtgeschichte gibt (http://nedsti.is/, 15. Mai–Sept. tgl. 9–17 Uhr, 1200 ISK).

Schlafen

Kleine Wohnung
Gentle Space: Drei zentral gelegene Wohnungen, komplett ausgestattet, ideal wenn man längere Zeit in der Region bleiben möchte: 76 m²/4 Pers. 206 €; Fjarðarstræti 6, 77 m² mit Meerblick/4 Pers. 179 €; Túngata 20, 54 m²/4 Pers. 179 €. Mjallargata 1, T 892 92 82 oder info@gentlespace.is, www.gentlespace.is

Historisch
Gästehaus Áslaugar: Zentral in der Stadt gelegen. Gemütlich, da noch nicht so groß. Schlafsackplätze werden auch angeboten und natürlich Frühstück. Die Küchenbenutzung macht das Gästehaus zu einem idealen Standort für Selbstversorger. Apartment im Nachbarhaus. Austurvegur 7, T 899 07 42, gistias@snerpa.is, DZ 15 900 ISK, Schlafsack 5900 ISK, Frühstück 1800 ISK, Apartment 25 900 ISK

Landschaftlich schön gelegen
Tungudalur Camping: Busverbindung in die Stadt vorhanden, gut ausgestattet. In Tungudalur, ca. 4 km von Ísafjörður entfernt, T 864 85 92, www.gih.is, 1800 ISK pro Pers.

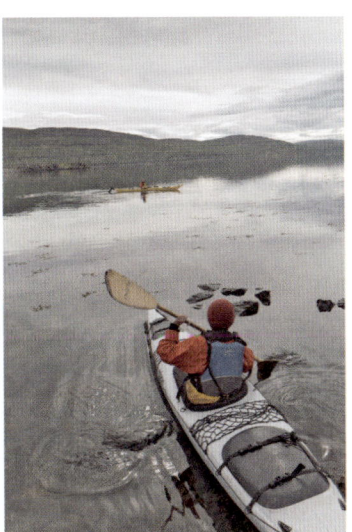

Lautlos das Paddel einstechen und an der Küste vorbeigleiten: In den Westfjorden gibt es dazu Gelegenheit.

Essen

Klassisch
Bistro Edinborgarhús: Im Kulturzentrum der Stadt, einem zugleich historischen Haus, befindet sich das auf amerikanische Küche spezialisierte Restaurant.
Aðalstræti 7, T 456 66 60, www.edinborgbistro.is, Mo–Fr 11–1, Sa/So 11–3 Uhr, Salat ab 2390 ISK, Salzfisch ab 3790 ISK

Wie damals
Tjöruhús: Nettes Restaurant mit Charme, legendär ist das Fischbuffet am Abend, 6000 ISK, Hauptgerichte um 3000 ISK.
Im Schifffahrtsmuseum, T 456 44 19, 12–14, 19–22 Uhr

Einkaufen

Kunsthandwerk
Rammagerð Ísafjarðar: Vielfältiges Kunsthandwerk und auch Design, meist in Island produziert. Umschauen lohnt sich.
Aðalstræti 16

Bewegen

Erlebnistouren
West Tours: Kajaktouren, Fahrradverleih, Ausflüge mit Boot oder Wagen und geführte Wanderungen, alles, was man machen möchte, kann man hier organisieren lassen oder erfahren. Bieten auch Unterkünfte, Zelte und Skitouren an.
Aðalstræti 7, T 456 51 11, www.vesturferdir.is, Sommer Mo–Fr 8–18, Sa 8.30–16.30, Winter Mo–Fr 8–16 Uhr

Bootstouren
Sjóferðir: Neben den regulären Bootstouren nach Hornstrandir oder Vigur kann man auch Boote chartern. Anmeldung über die Touristinformation.
T 456 38 79, www.sjoferdir.is

Ausgehen

Treffpunkt
Edinborgarhús: Kulturzentrum mit wechselndem Programm – Musik, bildende Kunst und Theater. Adresse s. Essen.

Infos

- **Touristeninformation:** im Edinborgarhús, Adresse s. Essen
- **Ski-Festival:** Ostern. Ältestes Skifestival des Landes.
- **Fossavatn:** April/Anfang Mai, www.fossavatn.com. Ski-Langlauf-Marathon.
- **Schlammfußballmeisterschaft:** Aug., www.myrarbolti.com. Europäische Mannschaften.
- **Auto:** In Ísafjörður gibt es mehrere Autovermietungen, sodass man dorthin fliegen und ab dort mit einem Leihwagen fahren kann. Die Preise sind günstiger als in Reykjavík.
- **Bus:** www.straeto.is. Busverbindungen zu den beschriebenen Orten sowie nach Hólmavík und Reykjavík oder Akureyri.
- **Flug:** Air Iceland, T 570 30 30, www.airiceland.is. Tgl. Flugverbindungen von/nach Reykjavík.

Bolungarvík   ♀ B 1

Bolungarvík ist heute ein kleiner Ort, der durch den Tourismus wieder an Betriebsamkeit gewonnen hat. Er zählte seit der Landnahmezeit zu den wichtigsten Fischereiorten, doch das ist Geschichte. Im Jahr 1993 mussten aufgrund der industriellen Umstrukturierungen zwei der Fischfabriken schließen. 1890 entstand der Ortskern, und 1950 wurde die Straße nach Ísafjörður (s. S. 190) gebaut. Wer Ruhe und Gemütlichkeit mag, ist hier richtig.

Museen

Allerlei Getier und Natur

Náttúrugripasafn Bolungarvíkur: Interessante Ausstellung u. a. mit einem ausgestopften Eisbär sowie einer umfangreichen Mineraliensammlung. Auch Informationen über das Naturschutzgebiet Hornstrandir.

Vitastígur 3, www.nabo.is/english, Juni–Mitte Aug. Mo–Fr 9–17, Sa/So 10–17 Uhr, Winter nur nach tel. Vereinbarung T 456 70 05, 1000 ISK, 1600 ISK mit Ósvör

Damals, in der rauen Zeit

Ósvör: Die Freilichtanlage Ósvör am östlichen Ortseingang von Bolungarvík umfasst mehrere rekonstruierte Gebäude, darunter eine Fischereistation, jeweils ein Haus zum Einsalzen und zum Trocknen der Fische sowie ein Trockengestell. Außerdem sind diverse Werkzeuge und historische Bilder ausgestellt, die zeigen, wie der Fischfang früher vonstatten ging und wie z. B. die Fischhäute zu Schuhen verarbeitet wurden. Der Museumsleiter trägt die alte, wasserfeste, weil lebertrangetränkte Lammhautbekleidung der Fischer und erklärt die Herstellung von Hákarl, dem berühmten eingegrabenen Hai.

Aðalstræti 21, www.osvor.is, Juni–Mitte Aug. Mo–Fr 9–17, Sa/So 10–17 Uhr, Winter nur nach tel. Vereinbarung T 456 70 05, 1000 ISK, 1600 ISK mit Naturkundemuseum

Entlang der Fjordküste

📍 B/C 2

Westlich von Ísafjörður schließt sich die typische Fjordlandschaft des Nordwestens an mit ihren zahllosen kleinen Fjorden, auf deren Landzungen sich Tafelberge erheben. Bei **Arnarnes** führt die Straße durch Islands ältesten Tunnel, 1949 ge-

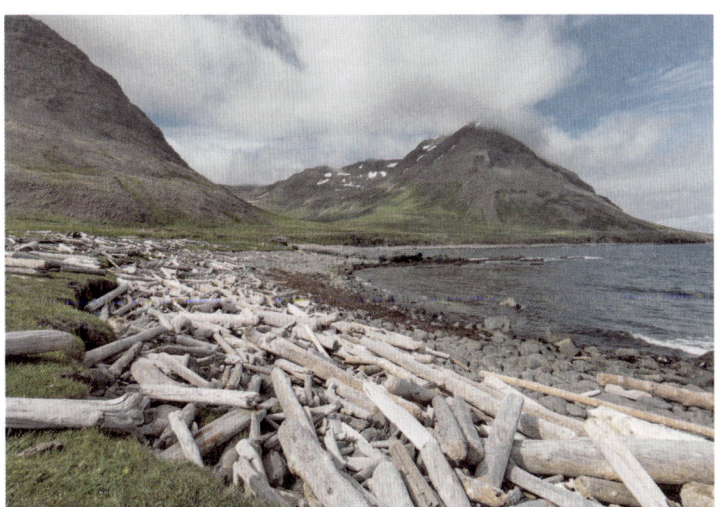

Die Herkunft der Holzstämme, die an die Küste der Westfjorde angetrieben werden, war in früheren Jahrhunderten ein großes Rätsel. Heute weiß man, dass die Bäume einst in Sibirien verwurzelt waren.

baut und 35 m lang. In dem kleinen Ort **Suðavík** am Fuß des monolithisch aufragenden Vulkanschlotes Kofri (635 m) ereignete sich 1995 wie in Flateyri ein Lawinenunglück: 22 Häuser wurden zerstört und 14 Menschen getötet. Die Häuser des alten Dorfes werden seitdem nur noch im Sommer bewohnt. Am Ortsausgang ist die verfallene Walstation Langeyri zu sehen, die von den Norwegern schon 1883 gebaut wurde. Lohnend ist der Besuch des Melrakkasetur, eines kleinen Museums über den arktischen Fuchs (www.melrakki.is, Juni–Aug. tgl. 9–18 Uhr, Mai/Sept. tgl. 10–16, Okt.–April Mo–Fr 10–14 Uhr, 1200 ISK, Café vorhanden).

Von der gegenüberliegenden Seite des Álftafjörður hat man einen außerordentlich schönen Blick auf Suðavík, die Tafelberge und die nur 2 km lange und 400 m breite Insel **Vigur. A**uf dem Eiland leben Tausende von Eiderenten und Papageitauchern, außerdem kann man hier auch Islands einzige Windmühle bewundern. Im Sommer 2018 stand die Insel zum Verkauf. Auffallend ist der Berg **Hestur,** auf der Halbinsel zwischen Seyðisfjörður und Hestfjörður gelegen. In Hestfjörður entdeckte man 1927 die ersten Krabbenbänke.

Djúpmannabúð am Mjóifjörður war vor der Streckenänderung der traditionelle Haltepunkt für Busse und andere Reisende, um sich vor der Fahrt auf die Hochebene zu stärken. Beide Fjorde – Mjóifjörður und Ísafjörður – sind sehr schmal, auffallend sind die kleinen Wälder und geothermischen Gebiete.

Strandir ♀ D2/3

Von Hólmavík über Djúpavík erstreckt sich die Region Strandir, an die sich im Norden ab Furufjörður das heutige Naturschutzgebiet Hornstrandir anschließt.

Einst war die Region aufgrund der guten Fischgründe, Robbenvorkommen und vor allem auch wegen des Treibholzes, das sich hier an den Stränden sammelt, ein begehrtes Siedlungsgebiet. In der ersten Hälfte des 20. Jh. kamen noch die großen Heringsschwärme dazu, die vor der Küste vorbeizogen. Nach dem Verschwinden der Heringe blieben die meisten Fischfabriken als Geisterorte zurück (s. S. 263). Schafzucht und Landwirtschaft bestimmten später die Wirtschaft, doch viele gaben diese witterungsabhängige, harte Arbeit auf. Die vielen verlassenen Höfe zeugen von der kontinuierlichen Abwanderung (s. S. 197). Heute leben gerade noch 800 Menschen in der Region.

Hólmavík

Der Weg nach Hólmavík führt über **Steingrímsfjarðarheiði,** eine schöne Hochebene mit zahlreichen Seen und kleinen Wasserfällen. In früheren Zeiten haben sich hier immer wieder Menschen im Nebel verirrt, weshalb man schon früh auf der Ebene eine Schutzhütte errichtete. **Hólmavík** war ab 1895 ein Handelsort und ist heute Verwaltungszentrum von Strandir. Durchaus sehenswert ist das Museum über Hexerei und deren Verfolgung (Galdrasýning á Ströndum) im 17. Jh. in der Region. Anders als in Europa wurden in Strandir meist Männer der Hexerei beschuldigt. Von Hólmavík empfiehlt es sich, die Küstenstraße entlangzufahren. In den ehemaligen Heringsorten **Djúpavík** (s. S. 263) und **Ingólfsfjörður** stehen noch die alten Fabrikanlagen. Allein die Fahrt über die Hochebene von Kambur mit den hervorragenden Ausblicken auf die Küste lohnt den Weg.

Museum über Hexerei: Höfðagata 8–10, www.galdrasyning.is, Juni–15. Sept. tgl. 10–19 Uhr, 950 ISK

TOUR
Einsames Naturparadies
am Ende der Welt

Wanderung zum Hornbjarg

Infos

Start:
Horn, Bucht Hornvík,
📍 C 1

Länge:
7–8 km

Dauer:
2–3 Std. reine
Gehzeit

Borea Adventures:
Aðalstræti 17,
Ísafjörður,
www.boreaadven
tures.com

Fähre:
www.boreaadventu
res.com/boat_tours/

Die Bucht Hornvík kann wohl zu Recht als das Herz von Hornstrandir bezeichnet werden, eingebettet zwischen den beiden hohen Steilklippen Hælavíkurbjarg und Hornbjarg. Hælavíkurbjarg sieht man in seiner imposanten Höhe vom Meer aus, wenn man von Ísafjörður mit dem Boot nach Hornvík fährt. Man kann eine organisierte Tagestour – Bootsfahrt mit Wanderung – buchen, z. B. bei dem Veranstalter Borea Adventures (s. links, um 41 900 ISK). Es ist auch möglich, mit dem Boot nach Hornvík überzusetzen (einfach 14 500 ISK) und zu einem verabredeten Zeitpunkt wieder abgeholt zu werden.

Entlang der Abbruchkante

An der Anlegestelle bei **Horn** beginnt die Wanderung, die zunächst an der Küste entlangführt bis hinter den Berg **Miðfell**. Jetzt steigt man den Wiesenhang hinauf und kommt direkt zum Felsen **Hornbjarg**. Mehrere hundert Meter fällt die Klippe hier fast senkrecht ins Meer. Das Gekreische der Vögel, die in den Felsen nisten, ist ein steter Begleiter. Wenn man sich in die Wiese legt, kann man Möwen, Küstenseeschwalben oder Papageitaucher gut beobachten, dafür sollte man ausreichend Zeit einplanen. Der Weg führt nun über den Bergrücken des Miðfell, wobei man immer einen gewissen Sicherheitsabstand zur Abbruchkante wahren muss. Den Abstieg auf der anderen Seite des Rückens erleichtert ein Seil, an dem man sich festhalten kann. Anschließend verläuft der Pfad parallel zum Kliff weiter. Zurück zur Anlegestelle geht es danach über die Wiesen in dem Tal **Miðdalur**.

Schlafen

Zentral
Iceland Visit Hostel: Gute Ausstattung und freundliche, einfache Einrichtung. Gute Bewertung.
Hólmavík, Hafnarbraut 25, T 860 66 70, Buchung über www.booking.com, Bett 4500 ISK

Geheimnisvoll und einsam
Hótel Djúpavík: Die Zimmer in der alten Arbeiterinnenunterkunft sind zwar einfach, aber gemütlich. Jedes hat einen eigenen Akzent. Besonders empfehlenswert ist die Küche. Also unbedingt abends hier essen! Am Nachmittag gibt es manchmal Schokoladenkuchen – natürlich mit Sahne.
In Djúpavík, T 451 40 37, www.djupavik.com, DZ 22 600 ISK

Essen

Beliebt
Café Riis: Das Restaurant mit guter Küche (ab 2490 ISK) wird am Wochenende zum Treffpunkt der Region.
In Djúpavík, Hafnarbraut 39, T 451 35 67, www.caferiis.is, tgl. 11.30–21 Uhr

Infos

- **Touristeninformation:** im Museum für Hexerei, s. S. 194.
- **Bus:** Direktbus von/nach Reykjavík http://straeto.is, Fr–Mo, Mi.

Hornstrandir ♀B/C1

Auf der Halbinsel Hornstrandir finden Sie alles, was den Zauber und das Geheimnis des Nordwestens Islands ausmacht. Hier, wo die Bauern ihre Höfe aufgegeben haben und die Gebäude entweder langsam verfallen oder als Sommerhäuser genutzt werden, erobert sich die Vegetation ihr Terrain zurück. Riesiger Engelswurz, sattgrüne Wiesenhänge mit dicken, leuchtend gelben Butterblumen und Löwenzahn prägen das Bild: Natur pur. Dass der Regisseur Friðrik Þór Friðriksson diese Landschaft für seinen Film »Kinder der Natur« auswählte, mag auch an ihrem melancholischen Reiz liegen: die verlassenen Häuser, das Treibholz an den Stränden und das endlos weite Meer, auf das man immer wieder blickt. Und natürlich das Wetter: Nieselregen, Nebelschwaden und tiefhängende Wolken hüllen die Szenerie häufig in einen geheimnisvollen Schleier.

Für erfahrene Wanderer ist Hornstrandir, das 580 km² große Gebiet mit dem Gletscher Drangajökull im äußersten Nordwesten, der Hit. Hier kann man tagelang, ja wochenlang wandern, ohne in bewohnte Orte zu gelangen, keine Autos, keine Radfahrer, nur in der Ferne ein Boot. Aber auch schon Tagesausflüge z. B. nach Hesteyri oder Hornvík, um auf den Hornbjarg zu laufen, sind beeindruckende Erlebnisse, auf der einen Seite grüne Wiesen und zur anderen senkrecht abfallende Klippen. Für die Erkundung Hornstrandirs ist Ísafjörður der ideale Ausgangspunkt (s. S. 190).

Viele Jahre war die Region eine Art Geheimtipp für etwas verschrobene Reisende, die genug hatten von den Geysiren, heute zählt sie zu den beliebten Reisezielen – besonders bei den Isländern selber.

Bewegen

Bootstouren
West Tours: Im Sommer Bootsfahrten nach Hesteyri und Hornvik, auch mehrtägige geführte Wanderungen.
In Ísafjörður, Aðalstræti 7, T 456 51 11, www.vesturferdir.is

Zugabe
Verlassene Welt

Aufgegebene Höfe erzählen von vergangenen Zeiten

Damals, als die Schritte im Haus klangen, die Kinder lachten und durch die Zimmer stürmten, alle geschäftig eilten, damals, als alle sich bewegten und lebten. Heute bläst der Wind durch die kaputten Scheiben, verteilt den Staub in den leeren Räumen und reißt das Holz von den Wänden. Noch steht das Haus, trotzig und doch trostlos, wartend und hoffend zugleich. Vielleicht kommen neue Bewohner? Vögel? Mäuse? Spinnen und Fliegen? Dann summt und zwitschert es wieder gegen die stille Leere.

Einsame Häuser als Zeugnis des Wandels, wer will schon Bauer in den Westfjorden sein, weit entfernt von Menschen und Treiben? ∎

Westen

Naturphänome und spannende Geschichte — vom Nationalpark Snæfellsjökull bis an das Hochland reicht die Region, in der Sie Eirík den Roten und den Sagahelden Egill treffen.

Seite 202

Eiríksstaðir

Bei den lebendigen Führungen durch den Nachbau eines alten Langhauses aus dem 10. Jh. erfahren Sie, wer Leifur Eiríksson war und welche Abenteuer er unternahm.

Seite 204

Nationalpark Snæfells- jökull ⭐

Es ist nicht nur der formvollendete Gletscher, der fasziniert und auf den Gipfel lockt, sondern auch die Strandregion mit ihrer lebhaften Geschichte. Hier waren vormals wichtige Handelsplätze.

Der Gode Snorri Sturluson war ein mächtiger Strippenzieher.

Eintauchen

Seite 210

Stykkishólmur

Mit Gletscherwasser hat die Künstlerin Roni Horn einen meditativen Raum, die Wasserbibliothek, geschaffen.

Seite 213

Flatey

Annähernd 20 Vogelarten haben auf Flatey ihren Brutplatz. Bekannt ist die Insel durch das berühmte Flateyjarbók.

Seite 213

Borgarnes

Die szenisch gestalteten Räume des Landnahmezentrums Landnámssetur vermitteln Geschichte ohne lange Texttafeln.

Seite 215
Reykholt

Der Dichter und Politiker Snorri Sturluson spielte im 13. Jh. eine bedeutende Rolle. Nirgends im Land ist man ihm so verbunden wie in seinem letzten Wohnsitz. Heute ist hier ein Zentrum für Mittelalterforschung.

Seite 216
Lavahöhlen

Das Lavafeld Hallmundahraun birgt eine Reihe der größten und berühmtesten Höhlen Islands. Die Surtshellir ist die tiefste, die Víðgelmir die geräumigste. Wer sie besucht, muss sich warm anziehen: Es herrschen ganzjährig nur 2–5 °C.

Seite 216
Hraunfossar ✪

Zahllose kleine Wasserfälle, die direkt aus der Lava herabfallen – ein besonderes Schauspiel im Herbst.

Seite 218
Hvalfjörður

Da seit dem Tunnelbau der Weg um den Fjord wenig befahren ist, können Sie die malerische Landschaft mit ihren steilen Bergen, den grünen Hängen und den zahlreichen Wasserfällen meist ungestört genießen.

Die Skulptur am Brákarsund bei Borgarnes erinnert an Brák aus der Egils saga.

»Steig hinab in den Krater Sneffels Yocul, welchen der Schatten des Skartaris vor dem ersten Juli liebkoset.« (Jules Verne, Reise zum Mittelpunkt der Erde)

erleben

Naturschönheiten in der Welt der Sagas

I

Im Grunde sind es drei Regionen, die Sie im Westen Islands besuchen können, und jede ist gleichermaßen interessant und besonders: die Gegend zwischen Borgarnes und dem Gletscher Langjökull, die Snæfellsnes-Halbinsel und die Region Dalir. Dalir – quasi die Landverbindung zwischen den Westfjorden und der Halbinsel Snæfellsnes – wird von zahlreichen Tälern durchzogen, was der Landschaft ihren Namen gab. Sie war der Schauplatz der *Laxdæla saga,* und einige Plätze erinnern noch daran, doch vor allem bestimmen grüne Weiden und sanfte Hügel das Bild.

Beim Blick auf die Landkarte fällt die Snæfellsnes-Halbinsel wegen ihrer besonderen Form auf: Wie ein ausgestreckter Finger ragt sie aus den breiten Buchten Faxaflói und Breiðafjörður ins Meer. Die Berge ziehen sich auf ihr wie ein Rückgrat entlang, an dessen äußerstem Ende der 1446 m hohe Stratovulkan Snæfellsjökull aufragt. Eis, Meer und Vulkanismus haben die Halbinsel geformt, die auf einer eigenen Vulkanzone außerhalb des Riftsystems liegt.

Wirklich zu empfehlen ist die Anreise nach Borgarnes über Akranes auf den Straßen Nr. 1 und Nr. 47 rund um den

ORIENTIERUNG

www.west.is: ausführliche Website für die Region mit allen wichtigen Informationen.
Auto: Von Süden über die Nr. 1 und dann auf der Nr. 54 um die Halbinsel Snæfellsnes. Von Norden erreicht man Dalir über die Nr. 1 und/oder die Nr. 60.
Bus: tgl. in die Region von Reykjavík.

ca. 30 km langen Hvalfjörður. Im Fjordinneren wird das Ufer von steil aufragenden Bergen gesäumt, was sehr zum landschaftlichen Reiz beiträgt. Borgarnes ist das kulturelle und wirtschaftliche Zentrum des Westens mit sprödem Charme, aber dafür mit allen notwendigen Einrichtungen. Der Hafen dient vor allem dem Transport der meist landwirtschaftlichen Produkte, die u. a. aus dem Reykholtsdalur angeliefert werden. In dem Tal, das schon bis zum Hochland reicht, sprudeln zahlreiche warme Quellen, ideal für den dort bedeutenden Gemüseanbau in Gewächshäusern.Borgarnes ist außerdem reich an Geschichte, vor allem als Schauplatz der *Egils saga.*

Was ist der Westen? Eine vielfältige Region, in der Sie alles finden: sowohl aufregende Naturphänome als auch spannende Geschichten.

Dalir 📍 C/D 4

Wer sich für die Kultur und Geschichte der Isländer interessiert, der wird diese Region lieben. Der Ort **Búðardalur** ist das Dienstleistungszentrum von Dalir und guter Ausgangspunkt für die Erkundung der Umgebung. Einst befand sich hier der wichtigste Hafen am Hvammsfjörður und entsprechend startete auch die ›Íslendigur‹, der originalgetreue Nachbau eines Wikingerschiffs (s. S. 54), im Jahr 2000 von hier aus via Grönland in die Neue Welt. Die Leifsbúð in der Nähe des Hafens beherbergt eine Ausstellung zu Leifur Eiríksson (https://leifsbud.is/gallery/, Juni–Aug. Mo–So 11–16, 18–21 Uhr).

Vor allem die Schauplätze der Laxdæla saga verteilen sich über die Gegend. **Hjarðarhólt,** wo heute eine Kirche aus dem Jahr 1904 in zartem Rosa steht, soll der Geburtsort des Saga-Helden Kjartan Ólafsson sein. In dem sich vom Fjordende des Hvammsfjörður nach Nordwesten erstreckenden Tal **Sælingsdal** befanden sich die beiden Höfe Laugar und Sælingsdalstunga. Hier lebte Guðrún Ósvífursdóttir nach dem Mord an Kjartan, später siedelte sie nach Helgafell über. Ihr Vater lebte auf **Laugar.** Die Schule von Laugar verwandelt sich im Sommer in ein Edda-Hotel; das Wasser des benachbarten Schwimmbads hat dank der heißen Quellen im Tal eine angehme Wohlfühltemperatur. Im Regionalmuseum sind Exponate aus der Gegend zu sehen (Juni–Aug. tgl. 10–16 Uhr). Von Laugar führt ein Weg zum Felsen **Tungustapi,** wo der Erzählung nach Elfen leben sollen.

Vom historischen Hot Pot oberhalb des Hótel Edda in Laugar überblickt man das hübsche Sælingsdal. Das Hotel ist ein guter Standort für die Erkundung des Tals und der Region.

Schlafen, Essen

Idyllisch

Hótel Edda Laugar: Das Schulheim ist landschaftlich schön und ruhig gelegen, zudem bietet das Edda-Hotel Schlafkomfort für jede Preisklasse. Das Restaurant ist abends geöffnet, dort werden auch isländische Gerichte serviert. Ein Zeltplatz ist ebenfalls vorhanden.
Laugar, T 444 49 30, Reservierung T 444 40 00, www.hoteledda.is, DZ 19 500–26 730 ISK, Frühstück 2400 ISK

Infos

- **Touristeninformation:** Búðardalur, Leifsbúð, T 434 14 41, www.dalir.is, Juni–Aug. Mo–So 11–16, 18–21 Uhr.
- **Bus:** www.straeto.is. Mo, Mi, Fr und So von Borgarnes nach Búðardalur.

Eiríksstaðir ♀ D4

Treten Sie ein, aber passen Sie auf Ihren Kopf auf: So oder so ähnlich sah es in den Langhäusern vor 1000 Jahren aus. Eiríksstaðir im Haukadalur steht südlich von Búðardalur und war der Geburtsort von Leifur Eiríksson (970–1020). Die Anlage erinnert an Leifs Fahrt nach Vínland an der Ostküste Kanadas, im Jahr 1000. Während seinVater Eiríkur noch unfreiwillig nach Grönland segelte, konnte Leifur die kanadische Küste freiwillig erforschen. Die Besucher erfahren von kundigen Wikingerinnen und Wikingern, wie man damals lebte. Das Haus hat die klassische Größe der damaligen Höfe von einfachen, aber nicht ganz armen Bauern.
T 434 11 18, www.leif.is, Juni–Aug. tgl. 9–18 Uhr, 1350 ISK

Südküste von Snæfellsnes

Um von Dalir zur Südküste von Snæfellsnes zu gelangen, fährt man von der Nr. 60 über die Nr. 54 bis zur Nr. 55. Die Nr. 55 stößt auf der Höhe von Eldborg wieder auf die Nr. 54, die rund um die Halbinsel führt. Der Süden von Snæfellsnes ähnelt zunächst der flachen, sehr grünen Weidelandschaft um Borgarnes. An der Küste reihen sich weite Strände aneinander, die sich vor allem durch die Verlandung sowohl von Flüssen als auch vom Meer gebildet haben.

Entlang der Nr. 54 ♀ 3, C5

Der erste Teil der Fahrt auf der Nr. 54 führt durch das Moorland **Mýrar.** Hier geht das ungebrochene Grün der Wiesen langsam in ein von umbrabraunen Lavabrocken, Lavafeldern und Kratern durchsetztes Farbmosaik über. Eine Erhebung ragt besonders heraus, der konisch geformte Ringwallkrater **Eldborg.**
Über einen ausgeschilderten Abzweig erreicht man die beeindruckende Basaltsäulenwand **Gerðuberg.** Von hier ist es nicht weit zu den beiden roten Domen **Rauðukúlur,** die wegen ihrer Farbe und symmetrischen Form auffallen. In der Nähe befindet sich auch die größte Mineralquelle Islands, **Rauðamelsölkelda.** Die Halbinsel ist für ihre zahlreichen Mineralquellen bekannt, die warmes oder kaltes Grundwasser oft mit Eisenanteil führen. Eine kalte Mineralquelle in der Gegend ist **Ölkelda** (Bierquelle), eine warme **Lýsuhólslaug.** Hinter dem Berg Hafursfell (759 m) erheben sich nördlich des Weges Bergrücken, an denen zahllose Wasserfälle hinunterstürzen, und

südlich der Straße sieht man schon die hellen Sandstrände, an denen mit etwas Glück auch Robben liegen.

Búðir
📍 Karte 3, B 5

Ein reizvoller und landschaftlich faszinierender Aufenthaltsort an der Südküste ist Búðir. Am Rande des Lavafeldes **Búðahraun** direkt neben einem hellen Muschelsandstrand liegt der ehemalige Handelsort. Heute stehen dort ein Hof, ein Hotel und die gut restaurierte Kirche von 1848. Herrliche Strandspaziergänge – oder auch Ausritte – sind hier möglich. Ein markierter Weg durch das Lavafeld Búðahraun führt bis zu dem Krater **Búðaklettur** (88 m). In den Lavablöcken verstecken sich unter üppiger Vegetation zahlreiche Spalten, Löcher und Höhlen. Eine Höhle soll sich bis nach Surtshellir am Eiríksjökull erstrecken und mit Gold ausgelegt sein. Geheimnisvoll wirkt das Lavafeld mit seinen Aufwürfen und Vertiefungen, und je nach Wetter und Licht glaubt man sofort die Geschichten von hier verschwundenen Wanderern. Ein idealer Platz zum Sonnenbaden ist **Hraunlandarif** am Westrand des Lavafelds. Im Wechselspiel des Lichtes schimmert der Muschelsand in tausend Rottönen.

Bewegen

Auf den Gletscher
Snæfellsjökull Glacier Tours: Gletschertouren auf den Snæfellsjökull mit Schneekatzen und Snowmobil von Mai bis Aug., Preise bei Buchung.
Treffpunkt Litli-Kambur, T 865 00 61, www.theglacier.is

Rauf aufs Pferd
Stóri-Kambur: Der Familienbetrieb bietet 2-std. Touren mit und ohne Geschich-

tenerzähler an. Die Ausritte führen entlang der wunderschönen Strände.
http://storikambur.is/en, T 852 70 28

Arnarstapi
📍 Karte 3, A 5

Entlang der Küste kann man zu dem alten Fischerplatz Arnarstapi wandern, der heute ein kleines Touristenzentrum ist, mit stetig wachsender Ferienhaussiedlung. Von hier aus lässt sich der Snæfellsjökull besteigen, aber wie immer bei solchen Touren sollte man über ausreichende Gletschererfahrung verfügen und sich nicht zu Alleingängen hinreißen lassen. Zwischen Arnarstapi und der 3 km entfernten Fischersiedlung Hellnar ragen zahlreiche faszinierende Felsformationen aus dem Meer, so z. B. der Torbogen **Gatklettur**. Sehenswert sind auch die Höhlen in der Felsküste.

Schlafen, Essen

Schöne Unterkünfte
Arnarstapi Center: Vom eleganten Hotelzimmer über urige Hütten bis zu einfachen Räumen. Von Arnarstapi kann man ausgezeichnet Ausflüge in den Nationalpark machen. Aus dem dazugehörigen Restaurant hat man einen sehr schönen Blick (10–22 Uhr).
T 435 67 83, Arnarstapi Hotel, Guesthouse, Cottages über www.booking.com buchbar, DZ ab 33 600 ISK, Hütte 37 500 ISK

Bewegen

Eco Tourism
Go West: Der Tourenveranstalter mit Sitz in Reykjavík hat sich auf Touren zu Fuß, per Boot und per Fahrrad auf und rund um den

Snæfellsjökull spezialisiert. Das Tourenangebot entspricht ökologischen Grundsätzen. Snæfellsjökull-Tour 22 000 ISK.
T 695 99 95, 694 95 13, gowest@gowest.is, http://gowest.is

Infos

- **Bus:** www.straeto.is. Tgl. Bustouren mit Stopp in Arnarstapi.

Hellnar   ♥ Karte 3, A 5

Hellnar ist der Geburtsort von Guðríður Þorbjarnardóttir, der ersten europäischen Frau, die zusammen mit ihrem Mann Þorfinnur Karlsefni 1010 in der Neuen Welt – im heutigen Kanada – siedelte und dort auch einen Sohn gebar. Die Statue, die man von der Straße aus bei Laugarbrekka sieht, erinnert an sie, die im Mittelalter bereits acht Seereisen und zwei Europareisen unternommen hatte. Die Figur hier ist eine Kopie des Werkes von Ásmundur Sveinsson. Wer ein imposantes Denkmal erwartet, wird enttäuscht sein, denn die Figur ist nur ca. 60 cm hoch. Westlich von Hellnar ragen die beiden Felstürme **Lóndrangar** empor, auf denen Seevögel nisten (s. S. 207).

Essen

Auch Vollwert
Fosshotel Hellnar: Der schöne Blick aufs Meer verstärkt den Genuss der isländischen Küche mit viel Fisch.
Brekkubær, T 435 68 20, www.fosshotel.is/hotels/fosshotel-in-the-west/fosshotel-hellnar, tgl. 18–22 Uhr

Herrliche Aussicht
Fjöruhúsið: Von der Terrasse des kleinen Cafés kann man aufs Meer und die Steilküste blicken. Neben Kaffee und Kuchen werden auch kleine Gerichte angeboten.
T 435 68 44, www.fjoruhusid.is, tgl. 11–20 Uhr

Nationalpark Snæfellsjökull

♥ Karte 3, A 4/5

1446 m erhebt sich der Vulkankegel Snæfellsjökull, der an klaren Tagen von Reykjavík aus trotz der Entfernung von über 100 km deutlich zu sehen ist. Dem Berg sagt man mystische und magische Kräfte nach. Wie auch immer man dazu stehen mag, die Faszination des Vulkans ist unleugbar. Jules Vernes siedelte seinen fantastischen Roman »Reise zum Mittelpunkt der Erde« am Snæfellsjökull an. Die Aktivitäten dieses Stratovulkans begannen schon während der Eiszeit und endeten vor ca. 2000 Jahren. Ein Großteil seiner Gletscherkappe ist im Verlauf des 20. Jh. abgeschmolzen, das Eis bedeckt heute nur noch eine Fläche von 11 km². Drei steile Felsen überragen den Kraterrand und heben sich im Spätsommer meist schwarz vom umgebenden Eis ab. Doch es ist nicht nur die Schönheit des Gletschers, die in dem Nationalpark fasziniert, sondern es sind auch die Strände mit ihrer Geschichte (s. Tour S. 206).

Hellissandur und Rif   ♥ Karte 3, A 4

Der kleine Fischerort **Hellissandur** bietet sich für ausgedehnte Küstenwanderungen an. So kann man von ihm bis

Der mächtige, eisbedeckte Stratovulkan Snæfellsjökull beherrscht die Landschaft auf der Halbinsel Snæfellsnes. Die günstigste Zeit für seine Besteigung ist in den Monaten von März bis Mai.

zum westlichen Punkt der Halbinsel, nach Öndverðarnes, laufen, wo sich auch das einzige Frischwasser-Reservoir der Gegend befindet. Dieser Weg führt vorbei an Gufuskálar, deutlich erkennbar an dem 412 m hohen Mast (der höchste in Island) einer amerikanischen Radarstation für Flug- und Schifffahrtsnavigation, im Jahr 1959 errichtet. In Hellissandur lohnt ein Besuch des Seefahrtsmuseums (Sjómannagarðurinn), das in einem Fischerhaus untergebracht ist. Es zeigt u. a. einen Achter, einen Bootstyp, der im 19. Jh. noch verbreitet war (Juni–Sept. tgl. 10–17 Uhr).

Bei einem Gang zum Nachbarort **Rif** kommt man zu der mit über 20 000 Paaren größten Küstenseeschwalben-Kolonie Islands. Rif war im Mittelalter ein bedeutender Handelsort. Durch den Hafenausbau macht man dem Nachbarort Ólafsvík Konkurrenz.

Schlafen

Social Hostel

The Freezer: Schlafen ist hier zweitrangig, es gibt 4- bis 8-Bett-Zimmer, aber hier zählen das lebendige Kulturprogramm und vor allem die interessanten Begegnungen. Die Theateraufführungen sind alle auf Englisch. Idealer Standort, um die Region zu erkunden. Touren kann man buchen.
Hafnargata 16, Rif, T 865 9432, www.thefreezerhostel.com, Bett ab 5000 ISK

Essen

Der Genusspunkt

Gilbakki Kaffihús: Das wunderschöne und einladende Haus ist zentral gelegen, ideal, um einen Stopp zu einzulegen. Die Kuchen und vor allem auch die Suppen

TOUR
Geheimnisvolles Gletscherland

Zwei Touren durch den Nationalpark Snæfellsjökull

Der Reiz des 167 km² großen Nationalparks rund um den Snæfellsjökull liegt in dem einzigartigen Zusammenspiel von Ausblicken auf das Meer und den Gletscher, der von bizarren Lavaformationen eingerahmt wird. In der Parkmitte ragt der Vulkan geheimnisvoll und formschön empor. Besonders mystisch wirkt er aus der Ferne, wenn seine weiße Spitze aus den Wolken, die das übrige Land verhüllen, hervorschaut und er über der Landschaft zu schweben scheint. Sein Gipfel ist nur noch teilweise vergletschert, ansonsten bedecken Tuffgesteine den nördlichen und östlichen Abhang, nacheiszeitliche Laven den südlichen und westlichen. Der Gipfelkrater ist 200 m tief und mit Eis gefüllt. Eine Gletschertour – ob nun zu Fuß oder mit dem Motorschlitten – ist ein Erlebnis.

Im Visitor Center in Malarrif gibt es Karten und eine Ausstellung, die gut über den Nationalpark Snæfellsjökull informiert. Außerdem bietet ein schönes Café leckere Snacks.

Rendezvous mit dem Vulkan per pedes (schwarz)

Der bequemste Weg auf den Snæfellsjökull geht von der Jeeppiste 570 ab, dort wo die **Hütte von Snjófell**, eines Touristikunternehmens, steht und auch die Snowmobile starten. Man kann ebenfalls vom **Geldingafell** etwas weiter nördlich aus loswandern. Es lohnt sich, Zeit mitzubringen, um gutes Wetter für die Tour abzuwarten, denn oft hüllt sich der Gletscher in graues Gewölk. Bei klarer Sicht begleiten herrliche Ausblicke auf Meer und Land den bis zu 3 Std. dauernden Aufstieg. Am Gipfel angekommen, blickt man über den 1 km großen Krater mit den steilen, 200 m aufragenden Kraterrändern. Der Aufstieg über die Westseite dauert länger und ist nicht an einem Tag zu schaffen. Grundsätzlich muss man auf Spalten achten und es empfiehlt sich, sich vor dem Start im Nationalparkzentrum zu erkundigen, wo und wann der sicherste Aufstieg möglich ist. Auf dem Gipfel des **Snæfellsjökull** fühlt man sich gleich wie

Infos

Start:
Snjófell-Hütte und
Hellnar,
📍 Karte 3, A 4/5

**Nationalpark Visitor
Centre:**
Malarrif, 9 km westl.
von Hellnar, T 436
68 88, www.west.is,
April–Okt. tgl. 10–17,
Nov.–März Mo–Fr
11–16 Uhr

Dauer:
Wanderung auf
den Gletscher ca.
4–6 Std.,
die Küstentour mit
eigenem Pkw je nach
Pausen 2–6 Std.

Prof. Lindenbrock und sein Neffe Axel, die durch den Krater des Snæfellsjökull zu ihrer abenteuerlichen »Reise zum Mittelpunkt der Erde« aufbrachen.

Klippen und Kraftprobensteine an der Küste anfahren (blau)

Ab Hellnar führt die Straße Nr. 574 an der Nationalparkküste entlang, ideal für eine Autotour rund um den Gletscher. **Svalþúfa** auf der Klippe Þúfubjarg ist der Platz, an dem der Dichter Kolbeinn mit dem Teufel einen Dichterwettstreit austrug, den er zu seinen Gunsten entscheiden konnte. Auch ohne Dichtkunst ist der Ausblick beeindruckend mit den zahllosen Vögeln in den Klippen und den beiden markanten Felsnadeln **Lóndrangar**, 75 m und 61 m hoch. Es handelt sich um die Reste eines Vulkans mit gut erkennbaren Basalthöhlen. Von hier führt ein Küstenwanderweg zum südlichsten Punkt der Halbinsel, nach **Malarrif**. Auf der Weiterfahrt in nördlicher Richtung erreicht man den Parkplatz bei **Djúpalónssandur**. Zahllose Wrackteile liegen an dem schönen Kiesstrand von Djúpalónssandur herum, dessen dunkle Lavasteine die Brandung vollkommen glattgeschliffen hat. Die Schiffsteile stammen von dem englischen Trawler Epine, der am 13. März 1948 an der Küste auflief. Immerhin fünf der 19 Besatzungsmitglieder konnten trotz des sehr schlechten Wetters gerettet werden. Gesunkene Schiffe gehören an dieser Küste zur traurigen Geschichte, vor allem in den stürmischen Jahreszeiten trieb manches Schiff an die Klippen. Außerdem liegen hier vier Kraftprobensteine mit dem Gewicht von 155, 140, 49 und 23 kg, die es zu stemmen galt, um auf einem Schiff angeheuert zu werden – ideal, um selbst zu testen, wie weit man es als Fischer gebracht hätte: Wenigstens 49 kg musste man stemmen, um genommen zu werden. Auch wenn es nicht mehr die Originalsteine sind, so dokumentieren sie doch eine vergangene Lebenswelt. Von Djúpalónssandur führt ein kurzer Spaziergang entlang des Küstenabbruchs nach **Dritvík**, zu einer geschützten Bucht mit Sandstrand, sehr geeignet, um anzulanden. Hier befand sich über Jahrhunderte einer von Islands Hauptfischereiplätzen, 300 bis 400 Leute lebten während der Saison in der Bucht und fuhren in bis zu 60 Booten aufs Meer. Außerdem gab es zehn Camps für die Männer dort. Seit 1860 ist der Ort verlassen.

Organisierte Gletschertouren können Sie buchen über Glacier Tours (S. 203) und Summit Adventure Guides (www.summitguides.is).

Ein dramatischer Wolkenhimmel braut sich über der Ingjaldshólskirkja bei Hellissandur zusammen.

Durch die Lava zum nordwestlichen Leuchtfeuer

Nicht nur Jules Verne hat dem Gletscher Snæfellsjökull mit dem Roman »Die Reise zum Mittelpunkt der Erde« ein literarisches Denkmal gesetzt, sondern auch Halldór Laxness – und das gleich zweimal, so fasziniert war er von seiner kühlen Schönheit. In dem Roman »Weltlicht« beschreibt er den Snæfellsjökull mit den Worten: »Wo der Gletscher aufragt, hört das Land auf, irdisch zu sein, und die Erde hat Anteil am Himmel, dort wohnen keine Sorgen mehr.« Kaum ein Isländer, der diese poetischen Zeilen nicht kennt, die so treffend diesen Berg charakterisieren.

Die weitere Fahrt auf der Straße Nr. 574 in den Norden führt an dem Ringwallkrater **Hólarhólar** vorbei. Die Straße entfernt sich jetzt von der Küste und verläuft durch das Lavafeld **Neshraun**, in dem etliche Krater zu sehen sind. Ein reizvoller Stopp ist an dem Krater **Stóri-Saxhóll**, auf den man ganz leicht – eine Treppe wurde angelegt – laufen kann. Von hier haben Sie einen ausgezeichneten Blick über die Lavalandschaft. Kurz bevor man sich wieder der Küste annähert, zweigt eine Jeeppiste zum westlichsten Punkt der Halbinsel ab: **Öndverðarnes**. Auf der Landspitze steht ein orangeroter Leuchtturm. Unweit davon führen 18 Stufen zu dem alten Brunnen Fálki in die Tiefe. Seinem Wasser sagt man besondere Heilkräfte nach. Es gibt aber auch die Sage, dass sich dort drei Quellen befinden: eine mit Trinkwasser, eine mit Meerwasser und eine mit Wein. Ausprobieren kann man es nicht, denn der Brunnen ist mit einer Steinplatte abgedeckt. Von der Nr. 574 sieht man den 420 m hohen Mast der ehemaligen US-Loran-Station, **Gufuskálar**. Als er 1963 errichtet wurde, war er das höchste Bauwerk in Europa. Unweit davon befinden sich in der Lava zahlreiche Ruinen, die z. T. nur schwer zu erkennen sind. Vermutlich sind sie 500 bis 700 Jahre alt und dienten einerseits als Trockenhütten, aber auch als Fischerbehausungen. Einige Archäologen glauben sogar, dass sich irische Mönche hierhin zurückgezogen hatten. Die Bezeichnung *Írskra bunnur* oder *kirkja* (irischer Brunnen und Kirche) weisen darauf hin. Die Küste der Halbinsel war auf jeden Fall von Beginn der Siedlungsgeschichte an bis ins Spätmittelalter stark besiedelt, da die Fischgründe hier ausgezeichnet waren. Selbst die Engländer kamen im 15. und 16. Jh. hierher, sowohl die gern gesehenen Kaufleute als auch die weniger gelittenen Fischer.

sind nur zu empfehlen. Dass der Kaffee auch gut ist, versteht sich von selbst.
Hellissandur, T 436 10 01, Juni–Aug. tgl. 9–18 Uhr

Infos

• **Bus:** im Sommer tgl. von Hellissandur nach Reykjavík und Stykkishólmur.

Ólafsvík ♀ Karte 3, A 4

Ein nett gelegener Ort, dem man seine einstige Bedeutung nicht sofort ansieht. Aufgrund seiner günstigen Hafenlage war Ólafsvík vom 17. bis 19. Jh. ein wichtiges Handelszentrum, das direkt von Dänemark und später auch von Portugal aus angelaufen wurde. Eine zunehmende Rolle spielt der Tourismus, da der Ort sehr günstig am Gletscher liegt. Man kann von dort hinaufwandern oder über die Piste Nr. 570 hinauffahren (s. Tour S. 206).

Sehenswert in Ólafsvík ist die moderne **Kirche,** 1967 errichtet, mit einer Kanzel aus dem Jahr 1710 und Glasfenstern der Künstlerin Gerður Helgadóttir. Das alte Lagerhaus **Gamla Pakkhúsið** wurde 1844 von einem dänischen Kaufmann erbaut. Die dortige Ausstellung vermittelt durch zahlreiche Darstellungen einen Eindruck vom Arbeitsleben im 19. Jh. (Ólafsbraut 12, Juni–Aug. tgl. 12–17 Uhr).

Essen

Gemütlich und zentral
Hraun: Von dem gemütlichen Holzhaus blickt man auf den Hafen. Die Spezialität des Hauses ist die Fischplatte, ansonsten gibt es Fischgerichte ab 3400 ISK, aber auch Pizza und gutes Gebäck.
Grundarbraut 2, T 431 10 30, tgl. 11–23 Uhr

Infos

• **Touristeninformation:** Kikjutún 2, T 433 99 30, www.west.is, Mitte Mai–Mitte Sept. Mo–Fr 9–17, Sa/So 10–17, ansonsten Mo–Fr 10–16 Uhr. Helfen auch bei der Organisation von Touren.
• **Bus:** im Sommer tgl. von Ólafsvík und Hellissandur nach Reykjavík und Stykkishólmur.

Grundarfjörður
♀ Karte 3, B 4

Grundarfjörður am gleichnamigen Fjord ist ein guter Ausgangspunkt für Bergtouren in der Umgebung. Als einer der schönsten Berge gilt der benachbarte **Kirkjufell** (463 m), den die Dänen ›Zuckerhut‹ nannten. Seine steil aufragende Pyramide ist für Bergsteiger immer wieder eine Herausforderung. An der Meeresöffnung des Grundarfjörður liegt die Vogelinsel **Melrakkaey,** die seit 1974 unter Naturschutz steht. Hier brüten neben Papageitauchern, Kormoranen und Eismöwen sehr viele Eiderenten. Lohnend ist ein Besuch im **Eyrbyggja Geschichtszentrum,** wo man interessante alte Dias aus Grundarfjörður ansehen, in einer kleinen Bibliothek stöbern und gemütlich Kaffee trinken kann (Grundargata 35, T 438 18 81, 15. Mai–15. Sept. tgl. 9–17 Uhr).

Essen

Populär
Láki Haffnarkaffi: Hier stimmt alles. Man sitzt angenehm, blickt auf eine der gefühlt zwei Straßen und genießt entweder Torten – mehr Kalorien als jede

Mahlzeit – oder ein leckeres Gericht des Tages. Ab 1500 ISK.

Nesvegur 5, T 546 68 08, ganzjährig tgl.

Bewegen

Bootsfahrten

Láki Tours: neben Bootsfahrten zur Vogelbeobachtung werden Walbeobachtungsfahrten auch von Ólafsvík aus angeboten. Walbeobachtung 9900 ISK, Papageitauchertour 5500 ISK.

Anmeldung über Láki Kaffi, http://lakitours.com

Abenteuerfahrten

Snæfellsnes Excursions: Der Veranstalter bietet ganzjährig Fahrten an, besonders spektakulär auf den Snæfellsjökull, und auch die Suche nach den Nordlichtern. Preise auf Anfrage, z. B. 3-std. Gletschertour 7900 ISK.

Sólvellir 5, T 616 90 90, http://sfn.is

Infos

- **Touristeninformation:** im Eyrbyggja-Center, Grundargata 35, T 438 18 81, www.grundarfjordur.is, tgl. 9–17 Uhr.
- **Bus:** tgl. nach Stykkishólmur, Ólafsvík.

Stykkishólmur ♀B4

Auf der Landzunge Þórsnes, umgeben von zahlreichen kleinen Inseln liegt der hübsche Ort Stykkishólmur. Am **Drápuhlíðarfjall** (527 m) biegt man zur Stadt ab. Lange nahm man an, dass dieser farbenprächtige Rhyolithberg, an dem man fossile Pflanzenspuren sowie Jaspis fand, auch eine Goldgrube sei, aber die Ausbeute war sehr gering. Bis heute spielt die Fischindustrie eine bedeutende wirtschaftliche Rolle – ein Schwerpunkt liegt in der Verarbeitung der Kammmuscheln. Ein wichtiger Arbeitgeber ist auch der katholische Konvent der niederländischen Franziskus-Schwestern; unter ihrer Leitung steht das 1936 gebaute **Krankenhaus,** dessen Turm mit Kreuz sich über die Dächer der alten Häuser erhebt. Das andere architektonische Wahrzeichen ist die erst 1990 geweihte **Kirche,** deren kühn geschwungener Bau die Stadt überragt.

Stykkishólmur hat viele gut erhaltene Häuser aus dem 19. Jh., doch ist die Ortsansicht heute eher modern. Die Gemeinde legt viel Wert auf Nachhaltigkeit, so führte sie als erste die Mülltrennung ein.

Museen

Die goldene Zeit der Norweger

Norska húsið: Das interessante Haus ließ der Unternehmer Árni Thorlacius 1828 erbauen. Es war das erste zweigeschossige Haus im Land. Heute ist das Heimatmuseum darin untergebracht mit einer hübschen altertümlichen Wohnung sowie einem alten Laden. Árni führte als Erster regelmäßige Wetterbeobachtungen durch. 1845 wurde in Stykkishólmur die erste Wetterstation des Landes errichtet.

Mai–Aug. tgl. 11–18, Sept.–April 14–17 Uhr, www.norskahusid.is/english, 1000 ISK

Vulkane in jeder Form

Eldfjallasafn: In dem ehemaligen Versammlungshaus von 1901 ist das Vulkanmuseum untergebracht. Der Geologe und Vulkanologe Haraldur Sigurðsson zeigt seine große Sammlung an Kunstwerken aller Art zum Thema Vulkanausbruch. Über 40 Jahre hat er gesammelt und geforscht, entsprechend groß ist die Bibliothek. Natürlich erfährt man fast alles über Vulkanausbrüche und kann die verschiedenen Laven betrachten. Regelmäßig finden hier

Vorträge statt und Haraldur führt auch durch die Ausstellung.

Aðalgata 8, T 433 81 54, www.eldfjallasafn. is, Mai–Sept. tgl. 10–17, Okt.–April Di–Sa 11–17 Uhr, 1000 ISK

Ei der Dau(n)s

Æðarsetur Íslands: Im Eiderenten-zentrum dreht sich alles um die Entenart, ihre Haltung und die Nutzung der Daunen, zudem kann man auch Produkte kaufen. Es ist jemand da, der die isländischen Texte übersetzt.

Frúarstígur 6, www.eider.is, vorbeigehen

Schlafen

Familiär

Bed & Breakfast Höfdagata: Nette Zimmer in familiärer Atmosphäre, Daunen-bettdecken, Gartenbenutzung.

Höfðagata 11, T 831 18 06, www.hofdagata. is, DZ ab 16 500 ISK

Essen

Frischer Fisch

Sjavarpakkhusid: Frisch gefangen und schon zubereitet. Das sehenswer-te, über 100 Jahre alte Haus steht direkt am Hafen, entsprechend kann man beim Essen das Treiben dort beobachten. Alte Bilder erinnern an die frühen Zeiten. Au-ßer Fisch sind auch die Muscheln sehr zu empfehlen. Fischgerichte ab 3450 ISK, sonstige 2750–3650 ISK. Zum Nachtisch unbedingt den Skyr essen (s. S. 283).

Hafnargata 2, T 438 18 00, www.sjavarpakk husid.is, tgl. 12–22 Uhr

Historisch

Narfeyrarstofa: Ein gemütliches Café und Restaurant in einem schönen alten Haus mit viel Flair, wenn dazu noch gute Gerichte serviert werden, ideal. Im Sommer kann man sogar auf der Terrasse sitzen. Muscheln und Fisch um 3650 ISK.

Die moderne Kirche von Stykkishólmur wurde auf einem Lavafeld über der Stadt errichtet. Ihre weiße Silhouette hebt sich auch von sehr weit entfernt von dem dunklen Umfeld ab.

Aðalgata 3, T 533 11 19, www.narfeyrarstofa.
is, tgl. 11.30–22 Uhr

Einkaufen

Économusée

Leir 7/Smávinir: Ein offenes Atelier mit
kleinem Café. Die eine Künstlerin fertigt
diverse Keramiken aus isländischem Ton,
die andere kleine Figuren aus Holz. Ein
spannendes Projekt!
Aðalgata 20, www.leir7.is, www.smavinir.is,
Mo–Fr 14–17, Sa 14–16 Uhr

Bewegen

Bootstouren

Seatours: Alles, was mit Bootstouren
zu tun hat: Hochseeangeln, Muschelfang,
Vogelbeobachtung, Walbeobachtung mit
Partner Láki Tours (s. S. 210), Fahrten
nach Flatey (3920 ISK) oder zu anderen
Inseln, Gourmet-Fahrten, auch individuelle
Touren sind möglich.
Smiðjustigur 3, T 433 22 54, www.seatours.
is, Sa geschl.

Per Boot

Go West: Boots- und Angeltouren im
Breiðafjörður ab Stykkishólmur.
Adresse s. S. 203

Schwimmen

Sundlaug: Modernes Schwimmbad mit
Schwimmbecken, Rutsche und Hot Pots.
Das Wasser hat einen pH-Wert von 8,45
und eine mineralische Zusammensetzung, die den Thermen in Baden-Baden
entspricht, ideal bei Psoriasis und anderen Hauterkrankungen – oder einfach nur
entspannend, einige Isländer nehmen das
Heilwasser in Flaschen mit nach Hause.
Borgarbraut 4, T 433 81 50, Juni–Aug.
Mo–Do 7.05–22, Fr 7.05–19, Sa/So 10–18,
Sept.–Mai Mo–Fr 7.05–22, Sa/So 10–17 Uhr,
900 ISK

WASSERBIBLIOTHEK

Oberhalb des Hafens von Stykkishólmur steht ein interessanter Bau
von 1961 mit runder Fensterfront
und Flachdach. Seit Mai 2007 ist
darin die Wasserbibliothek (Vat-
nasafn) zu sehen, eine großartige
Raumgestaltung der amerikanischen Künstlerin Roni Horn. 24
Glassäulen gefüllt mit Wasser
von Islands Gletschern stehen in
dem lichtdurchfluteten Raum, der
gelbe Boden mit den isländischen
Wetterbegriffen verstärkt den
Sonnenschein und der Blick des
Besuchers kann die Weite des
Himmels und des Meeres genießen. Der Einfall des Lichts lässt das
Wasser und den Raum in immer
veränderten Farben und Reflexio-
nen schimmern (Bókhlöðustigur 17,
www.libraryofwater.is, Mai–Sept.
tgl. 10–17, Okt.–April Di–Sa 10–17
Uhr, Tickets im Vulkanmuseum
erhältlich).

Infos

- **Konzerte:** Im Sommer finden regelmäßig Konzerte in der neuen Kirche statt.
Sehr gute Akustik.
- **Bus:** tgl. von/nach Reykjavík und entlang der Nordküste.
- **Fähre:** www.seatours.is. Die Fähre
Baldur von Seatours verkehrt Juni–Aug.
von Stykkishólmur um 9 und 15.45 Uhr,
von Brjánslækur um 12.15 und 19 Uhr,
ansonsten So–Fr 1 x tgl., Sa verkehren
keine Fähren, bis Flatey 3920 ISK, ganze
Strecke 5760 ISK. Auf der Insel Flatey
ist ein mehrstündiger Aufenthalt möglich.
Die Fähre am Nachmittag erreicht man,
wenn man den Bus von Reykjavík nach
Stykkishólmur nimmt.

Þingvellir und Helgafell ♀ Karte 3, B 4

Sehenswürdigkeiten von historischem Interesse bietet die Umgebung von Stykkishólmur. Südlich von Nessvogur befinden sich die Ruinen der Thingstätte **Þingvellir**, eines ehemaligen Viertelsthings. In Hofsstaðir tagte schon 30 Jahre vor der Errichtung des Althings in Þingvellir bei Reykjavík das erste Thing Islands.

Schon vor der Christianisierung galt **Helgafell** als heiliger Ort, von dem man annahm, dass in dem Berg das zukünftige Leben stattfände. Die weiße Landkirche wurde 1903 erbaut. Um auf den Hügel zu gehen, muss man Eintritt bezahlen (400 ISK).

Insel Flatey ♀ Karte 3, B 3

Von Stykkishólmur aus können Sie Bootsfahrten im Breiðafjörður mit seinen unzähligen Inseln – die Zahl liegt um 2700 – unternehmen. Der Fjord ist bekannt für seinen Vogelreichtum u. a. von Eiderenten und auch als Lebensraum verschiedener Robbenarten. Die wohl berühmteste und einzige heute noch bewohnte Insel ist Flatey. Annähernd 20 Vogelarten haben auf Flatey ihren Brutplatz. Bekannt ist die Insel durch das berühmte Flateyjarbók, das sich bis 1647 im Privatbesitz befand und anschließend dem Bischof von Skálholt geschenkt wurde.

Die **Inselkirche** wurde von dem spanischen, in Island lebenden Maler Baltasar ausgemalt. Die Decke zeigt Szenen aus der Geschichte und dem ländlichen Leben Islands. Immer wieder eröffnen sich bei einem Spaziergang fantastische Ausblicke auf die abwechslungsreiche Landschaft des Breiðafjörður, und nicht selten entdeckt man dabei Seehunde.

Schlafen, Essen

Luxuriös

Hótel Flatey: Eine gemütliche Unterkunft mit etwas Luxus. Das Restaurant Samkomuhúsið gehört dazu. Frühstück 2200 ISK, Lunchgerichte um 2800 ISK, Abendmenü um 9800 ISK.
Im alten Pakkhús, T 555 77 88, www.hotel flatey.is, Mai–Aug. DZ 29 900 ISK

Infos

- **Fähre:** s. Fähre Stykkishólmur S. 212.

Borgarnes ♀ Karte 3, C 5

Saga-Liebhaber kommen in Borgarnes auf ihre Kosten. Der erste Siedler war Skallagrímur Kveldúlfsson, Vater des berühmten Skalden Egill Skallagrímsson, des Helden der Egils saga Skallagrímssonar. Dass Skallagrímur Kveldúlfsson seine letzte Ruhestätte wirklich in Borgarnes fand, haben archäologische Funde bisher nicht belegt, dennoch ist der Wikingergrabhügel mit dem Relief im Stadtpark sehenswert. Beim Spaziergang durch den Ort treffen Sie noch auf weitere Spuren, wie die Skulptur am Brákarsund, hier soll Skallagrímur die Amme seines Sohnes Egill, Brák, ermordet haben. In der Egils saga heißt Borgarnes noch Digranes.

Die heutige Stadt bezieht ihr heißes Wasser aus der 33 km entfernten Deildartunguhver (s. S. 215), der größten Heißwasserquelle der Welt. In der Umgebung lohnt der 173 m hohe **Grábrók** einen Ausflug. Ca. 30 km nördlich von Borgarnes führt vom Parkplatz an der Ringstraße ein gut markierter Pfad auf den Kraterrand.

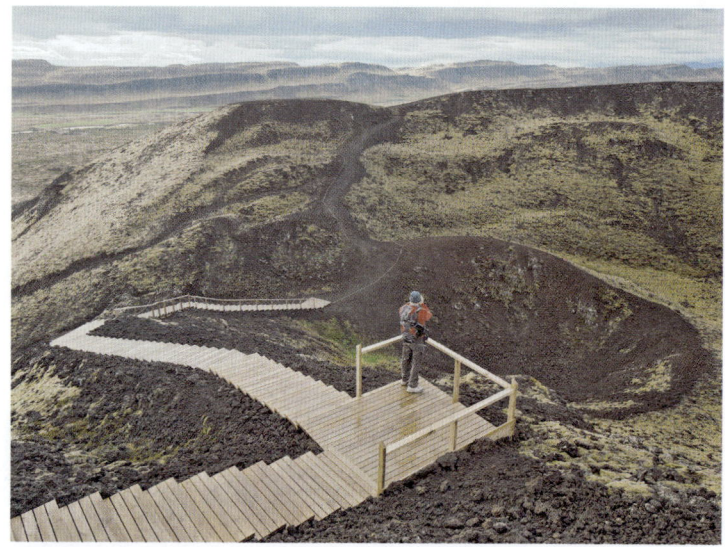

Die drei Grábrók-Krater sind gut mit einem Wanderweg, zum Teil als Plankenpfad, erschlossen, sodass der Aufstieg einfach ist. Von oben eröffnen sich Ausblicke über die Berglandschaft und in die Vulkankegel.

Das **Landnahmezentrum** (Landnámssetur) zeigt zwei Ausstellungen: eine zur Besiedlungsgeschichte Islands und eine zur Egils saga. Beide Abteilungen sind sehr gut inszeniert und informativ. Mit Licht, Geräuschen und Computeranimationen werden die Erzählungen lebendig. **Landnámssetur:** Brákarbraut 13–15, www. landnamssetur.is, tgl. 10–21 Uhr, 2500 ISK

Schlafen

Hübsche Villa

Borgarnes B&B: Schönes, zentral gelegenes Haus, dessen Garten fast ans Meer reicht. Es ist nett und funktional eingerichtet. Die Hausherrin liebt Kühe, von daher sammelt sie Gegenstände in Kuh-Form. Frühstück wird gemacht, ansonsten Küchenbenutzung.

Skulagata 21, T 848 11 29, 779 18 79, www. borgarnesbb.is, DZ ab 19 900 ISK

Essen

Kulturelles Ambiente

Landnámssetur: Gemütlich eingerichtet, wechselnde Gerichte wie Suppe mit Brot (ab 1350 ISK), Mittagsbuffet (bis 15 Uhr, 2400 ISK), abends Hauptgerichte (2700–5300 ISK), Adresse s. links. Juni–Aug. tgl. 10–21 Uhr

Einkaufen

Hausgemachtes

Ljómalind Farmers Market: Von Rhabarber- oder Blaubeer-Marmelade bis zu gestrickten Pullovern oder Socken, hier ist

alles selbstgemacht, auch nette Sachen für zu Hause.
Brúartorg 4, Sommer tgl. 10–18, Winter 12–17 Uhr

Bewegen

Ausflüge
Hvítátravel: Geführte Tour durch die Umgebung – Reykholt, Húsafell, Hvanneyri u. a. – mit einem Kleinbus. Thematische Tour in der Stadt »Auf den Spuren der Egils saga« (4200 ISK).
T 661 71 73, www.hvitatravel.is

Sightseeing
Touristeninformation: Adresse s. Infos. Geführte Saga-Wanderungen durch die Stadt und in die Umgebung, Reit- und Wandertouren.

Stricken im Westen
Esja Travel: Ein ganz anderes Islanderlebnis, 4-tägiger Strickkurs (2690 ISK) mit Besuch einer Schaffarm u. a., sehr intensiv, nur kleine Gruppen und komplett mit und aus Wolle.
www.esjatravel.is/en/moya/extras/guided-small-groups/knitting-in-west-iceland

Infos

- **Touristeninformation:** im Shoppingcenter Hyrnutorg, T 437 22 14, www.west.is, Juni–Aug. Mo–Fr 9–17, Sa 10–16, So 10–14, Sept.–Mai Mo–Fr 9–17 Uhr. Busstopp.
- **http://visitborgarfjordur.is:** touristische Informationen zur Region.
- **IsNord Musikfestival:** Sommer. Musiker aus Island und Skandinavien. Auch Konzerte im Freien.
- **Bus:** tgl. von/nach Reykjavík, Akureyri und Snæfellsnes. Mehrmals wöchentlich nach Reykhólar und am Wochenende nach Reykholt.

Reykholtsdalur

📍 Karte 3, D 5

Im Reykholtsdalur gibt es zahlreiche heiße Quellen. Die größte, **Deildartunguhver,** hat einen Ausstoß von 180 l in der Sekunde, das Wasser ist 97 °C heiß. Von hier verlaufen Heißwasser-Pipelines bis Akranes und Borgarnes. Die größten Ortschaften im Tal sind Reykholt und Húsafell.

Reykholt

Bei der Fahrt durch das Reykholtsdalur auf der Straße Nr. 518 sieht man schon von Weitem das große weiße Schulgebäude von Reykholt, die ehemalige Distriktschule, und die leuchtend roten Dächer der neuen **Kirche** und der **Snorrastofa,** des Ende der 1990er-Jahre eröffneten Zentrums für europäische und isländische Mittelalterstudien. Namensgeber der Snorrastofa war der sicher bedeutendste isländische Dichter und Politiker des 13. Jh., Snorri Sturluson (1179–1241). Snorri spielte im 13. Jh. in Island eine bedeutende Rolle. Nirgends im Land ist man ihm so verbunden wie in Reykholt, seinem letzten und auch wichtigsten Wohnsitz. Vor der alten Schule, entworfen von dem Architekten Guðjón Samúelsson, erinnert ein Denkmal an den wichtigen Sohn des Ortes. Auf der Rückseite des Gebäudekomplexes mit Snorrastofa und neuer Kirche steht die **Holzkirche** von 1885/86, die nach sorgfältiger Restaurierung wieder den alten Charakter hat. Direkt neben der Holzkirche befindet sich der **Friedhof,** wo vermutlich Snorri beerdigt wurde. Einen entsprechenden Erinnerungsstein hat man dort platziert. Schon Snorri wusste ein Bad in warmem Wasser zu schätzen, denn er ließ den **Snorralaug** anlegen. Das Wasser läuft über unterirdische Rinnen von der Quelle Skrifla bis in den Hot Pot. Heute versorgt die Quelle auch das Reykholter Hallenbad und beheizt die Häuser. In dem unterirdischen Gang, der hinter der Holztür beginnt, wurde Snorri ermordet.

Snorrastofa: April–Sept. tgl. 10–18, Okt.–März Mo–Fr 10–17 Uhr, 1200 ISK, mit 30-min. Führung 2000 ISK, deutschsprachige Broschüre

Infos

- **Touristinfo:** in der Snorrastofa, www.snorrastofa.is, T 433 80 00, Mai–Sept. tgl. 10–18, Okt.–April Mo–Fr 10–17 Uhr.
- **Reykholt-Musikfestival:** letzte Juli-Woche, www.reykholtshatid.is. Festival mit klassischer Musik, internationale Gäste.
- **Bus:** www.straeto.is. Von/nach Borgarnes und Reykholt.

Hraunfossar ⭐ ♀ Karte 3, D5

Besonders schön sind die direkt aus der Lava hervortretenden Wasserfälle Hraunfossar kurz vor Húsafell. Ihr kristallklares Wasser fließt unter dem Lavafeld Hallmundarhraun her und fällt in zahllosen Kaskaden über die Länge von einem Kilometer am Lavarand in den trüben Gletscherfluss Hvítá. Wunderbare Farbspiele von Blau bis Türkis bilden sich dabei und im September leuchten dazu die Büsche und Bäume der Umgebung in gelb-roten Herbstfarben.

Húsafell ♀ Karte 3, D5

Húsafell ist ein beliebter Ort für Outdoor-Aktivitäten. Isländer lieben vor allem den reichen Baumbestand – entsprechend zahlreich sind die Wochenendhäuser. Mehrere Wanderwege führen in der Umgebung zu Wasserfällen und Quellen.

In den unmittelbar angrenzenden Lavagebieten findet man Höhlen. Die berühmteste ist **Surtshellir** im Lavafeld Hallmundahraun, mit ca. 1900 m Länge auch die tiefste der Region. **Viðgelmir** ist mit 1585 m Länge und mit ihrem Volumen von 148 000 m³ eine der größten Höhlen Islands. Über die Hochlandpiste **Kaldidalur** fährt man von Húsafell nach Þingvellir. Die steinige Moränenlandschaft wird dominiert von den Schildvulkanen Skjaldbreiður und Ok sowie von den Gletschern Þórisjökull und Langjökull.

Schlafen

Alle anderen Unterkünfte werden über die Touristeninformation (s. u.) vermietet.

Zwischen Bäumen

Hotel Húsafell: Manchmal muss es Luxus sein! Die Architektur ist gelungen in die Landschaft eingepasst, Arbeiten des Künstlers Páll hängen an den Wänden, die Küche ist sehr gut und der Service freundlich – rundum ein Wohlfühlort. Im Preis ist auch der Eintritt ins benachbarte Schwimmbad inklusive. Vom Hotel starten u. a. Gletschertouren.

Borgarbyggd 311, T 435 15 51, www.hotel husafell.com, DZ ab 34 109 ISK

Bewegen

Auf den Gletscher

Activity Group: Tagestour von Reykjavík aus über Húsafell mit Gletscherfahrt (35 700 ISK).

In Reykjavik, Tunguháls 8, T 580 99 00, www.activity.is

BAD-RESORT KRAUMA **K**

Im Wellnessbad Krauma im Reykholtsdalur badet und entspannt man
in dem Wasser der Deildartungu-
hver-Quelle. Die sechs verschieden
großen Wasserbecken sind unterschiedlich temperiert, der Clou ist
das Kaltwasserbecken von 5–8 °C,
in dem der Kreislauf in Schwung
kommt. Zu der Anlage gehören
noch eine Dampfsauna sowie ein
Ruheraum mit Musik. Für leckeres
Essen mit regionalen Produkte sorgt
das Restaurant (Deildartunguhver,
T 555 60 66, www.krauma.is, Sommer tgl. 10–23, Winter tgl. 11–21
Uhr, 3800 ISK).

In den Gletscher
Into the Glacier: Von Húsafell oder
Reykjavík aus geht es in eine Eishöhle
im Langjökull (ab 19 500 ISK vom Gletscherrand).
www.intotheglacier.is

Schwimmen
Sundlaug: Schön gelegenes Freibad mit
modernen Becken, zwei Hot Pots, Floating
wird hier angeboten.
Juni–Aug. So–Do 10–20, Fr/Sa 10–22, im
Winter Mo–Fr 13–19, Sa/So 12–20 Uhr,
Dez., Jan. geschlossen, 1300 ISK

Wandern
Touristeninformation Húsafell: Ge-
führte Wanderungen und Ausflüge.
Adresse s. Infos

Infos

- **Touristeninformation:** am Zeltplatz,
T 435 15 50, www.husafell.is/english. Informationen über Ausflüge in die Region,
auch Reiten oder Höhlenexkursionen.

Akranes und Umgebung ♀ Karte 3, C 6

Manchmal bleibt Akranes etwas links oder
rechts liegen, dabei ist der Ort, den man
deutlich von Reykjavík aus sieht, malerisch
an der Faxaflói-Bucht gelegen. Im Jahr 880
ließen sich die irischen Brüder Þormóður
und Ketill Bresason als erste Siedler an
diesem Ort nieder. Als Ausdruck der
immer noch bestehenden Verbindungen
zwischen Island und Irland schenkte die
irische Republik 1974 der Stadt ein Granit-
monument, das heute vor dem Museum
steht. Der Sandstrand **Langisandur** lädt
im Sommer zum Sonnenbaden oder zum
Schwimmen im Meer ein. Wen es mehr
auf den Berg zieht, dem sei eine Wanderung auf den **Akrafjall** (643 m) empfohlen, von hier hat man einen herrlichen
Blick auf die Umgebung.

Der westlichste Punkt von Akranes
ist **Breiðin** (Mai–15. Sept. tgl. 11–18
Uhr), der alte Leuchtturm. Er wurde
im Jahr 1918 erbaut und dient nach
umfangreicher Restaurierung nun u. a.
als Raum für wechselnde Ausstellungen.
Außerdem bietet sich von oben ein fantastischer Ausblick. Das am Leuchtturm
errichtete Monument erinnert an eine
Schiffshavarie zu Beginn des 20. Jh., bei
der elf Menschen ertranken.

Museum

Am besten mit Führung
Museumsgelände Garðar: Auf dem
Gelände ist das Garðahús mit der historischen Sammlung interessant. Es
bietet einen guten Überblick über die
Geschichte der Stadt und viel Wissenswertes über die Seefahrt. Daneben steht
der 85-t-Kutter Sigurfari, 1885 aus Eiche
gebaut. Lohnend sind auch das Mineral-

und das Tunnelmuseum. Auf dem Gelände befindet sich ein gemütliches Café, das leckeren Kuchen anbietet. Interessant zu wissen ist auch, dass das einzige isländische Zementwerk seit 1958 in Akranes produziert und den gesamten Zementbedarf des Landes deckt. Der isländische Zement wird aus Muschelsand hergestellt.

Garðar: www.museum.is, 15. Mai–15. Sept. tgl. 10–17, 16. Sept.–14. Mai Sa/So nur Führung um 14 Uhr, 800 ISK

Schlafen

Funktional
Gallery Guesthouse Kirkjuhvoll: Einfache, helle Ausstattung, gemeinschaftliches Badezimmer und Aufenthaltsraum mit TV. Von Juni bis August kann man ein Frühstück gegen Aufpreis erhalten. Es werden auch Tandems verliehen.

Merkigerði 7, T 868 33 32, http://staywest.is/galleryguesthouse/, DZ 90 €

Essen

Einfach alles
Gamla Kaupfélagid: Hier trifft man sich, um Fußball zu gucken, Hamburger mitzunehmen oder gemütlich zu essen. Mexikanisch-italienisch orientiert. Hauptgerichte ab 3390–5190 ISK.

Kirkjubraut 11, T 431 43 43, www.gamla kaupfelagid.is, Mo–Do 11.30–21, Fr/Sa 12–22, So 17–21 Uhr

Einkaufen

Bio-Bio
Kaja organic: Für Selbstversorger interessant, der einzige Laden, in dem es zertifizierte organische Produkte gibt, international. Außerdem auch Kunsthandwerk.

Kalmannsvellir 3, T 354 84 01 66, Mo–Fr 14–18, Sa 11–16 Uhr

Infos

• **Touristeninformation:** im Leuchtturm Breiðin, T 894 25 00, www.visitakranes. is, Mai–Sept. Wanderkarte für die Umgebung.
• **Irische Tage:** 2. Woche im Juli. Mehrtägiges Familienfest mit Sport, Trinken, Essen, Musik, Vorführungen. Vorherrschende Farbe: natürlich grün.
• **Bus:** tgl. Busverbindungen von/nach Reykjavík, in den Norden und nach Borgarnes.

Hvalfjörður

📍 **Karte 3, C 6**

Rund 6 km lang ist der 1998 fertiggestellte Tunnel, der unter dem Wasser des Hvalfjörður herführt. Er verkürzt die Strecke von Akranes nach Reykjavík um fast 50 km und ist das einzige Straßenstück in Island, auf dem man Maut bezahlen muss. Wirtschaftlich ist der Tunnel für die Ferrosilizium-Fabrik und das Aluminiumwerk in Grundartangi von großem Wert.

Landschaftlich sehr reizvoll ist die Fahrt um den Hvalfjörður herum. Von Akranes erreicht man die Fjordstraße Nr. 47 über die Nr. 51. Da seit dem Tunnelbau nur noch wenige Isländer den Weg um den Fjord wählen, kann man die malerische Landschaft mit ihren steilen Bergen, den grünen Hängen und zahlreichen Wasserfällen meist ungestört genießen. Folgt man z. B. am Ende des Fjords dem Fluss Botnsá, so gelangt man zu dem höchsten Wasserfall Islands, Glymur, der über 200 m in die Tiefe stürzt. An beiden Ufern des Flusses gehen Pfade entlang, doch der östliche ist besser markiert und ermöglicht einen guten Blick auf die mehrteilige Kaskade.

Zugabe
Die unbeschreibliche Leichtigkeit

Eiderdaunen wiegen nichts

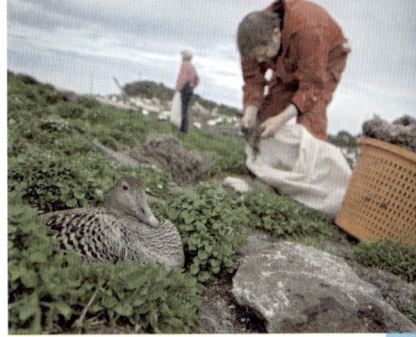

Wer einmal unter einer Eiderdaunen-Decke geschlafen hat, wird begeistert sein – trotz des horrenden Preises.

Erla Friðriksdóttir leitet das Unternehmen King Eider in Stykkishólmur, aber eigentlich ist sie die Königin der Eiderdaunen. Ich treffe mich mit ihr im Eiderentenzentrum (s. S. 211) und in ihrer Firma. In dem kleinen Zentrum liegen Daunen und Daunendecken zum Anfassen aus: Was für ein Erlebnis! Leicht, leichter als jede Feder. »Das Besondere an den Eiderdaunen ist ihre Struktur, es sind keine Federn. Die Daunen haben winzige Haken, sodass sie sich miteinander verbinden und Knäuel bilden. Man kann sie zu kleinen Bällen zusammendrücken und wenn man loslässt, explodieren sie geradezu.« Erla zeigt es mir, es ist wirklich erstaunlich. Aus diesem Grund ist die Isolierfähigkeit auch so ausgezeichnet. »Doch Kleidung mit Eiderdaunenfüllung ist sehr teuer. Daunendecken mit Füllungen von 800 bis 1000 gr kosten rund 4500 €.« Die Bauern sammeln die Daunen zweimal im Jahr. »Die Eiderenten kommen im Mai, brüten und verlassen das Nest wieder mit den Küken Ende Juni. Wir überprüfen am Anfang der Brutzeit die Nester und sammeln die ersten Daunen. Dann sammeln

Wärmend im Winter und kühlend im Sommer

wir noch einmal Ende Juni. Ein Nest ergibt 50–70 g Daunen. Als Kind habe ich meinen Vater regelmäßig begleitet, wenn wir auf seine Inseln im Breiðarfjörður gefahren sind. Er hatte diese Inseln, z.B. eine Gruppe mit 240 kleinen Inseln, zusammen mit Freunden gekauft. Und dort brüteten die Eiderenten. Eine Insel ist so klein, da nistet nur eine Ente.« Die Ufer und Inseln des Breiðarfjörður sind das größte Eiderentenbrutgebiet in Island. Für Erlas Vater war es ein Hobby, doch sie hat ein Unternehmen aufgebaut, das die Daunen reinigt, verschickt und auch Daunendecken fertigt. Hier zeigt sie mir die Abläufe. Besonders vorsichtig muss man beim ersten Reinigen sein, damit die Daunen durch die Wärme nicht zerstört werden. Für die letzte sorgfältige Reinigung braucht man Man-Power, mühsame Kleinstarbeit. Doch das Ergebnis lässt sich spüren: zertifizierte Daunen, die nach Japan und Deutschland verschickt werden. Kuschlige Daunendecken – wärmend im Winter und kühlend im Sommer. ■

Hochland

Riesenwelten — hier hausen sie, die Trolle und Riesen, die Elfen und auch die Outlaws, verstecken sich hinter Felsbrocken oder in grünen Oasen, spielen mit den Bergen wie mit Bauklötzen, werfen sie in die weiten Ebenen.

Seite 224

Hveravellir

Die heißen Quellen schimmern in allen Blautönen, wie Fagrihver, die durch ihr türkises Wasser beeindruckt. Natürlich kann man in einem wohltemperierten Becken baden.

Eine gute Wanderausrüstung ist im Hochland unerlässlich.

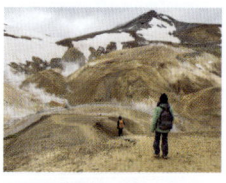

Seite 224

Zu Fuß im Kerlingarfjöll

Ein ideales Wandergebiet zu Solfataren und Eisfeldern oder für Bergsteiger auch hinauf auf die Gipfel der prächtigen Rhyolith-Berge. Hier können Sie mehrere Tage verweilen und immer wieder andere Routen auf markierten Wegen erwandern.

Seite 227

Þjóðveldisbærinn

Die Rekonstruktion eines Hofes aus der Besiedlungszeit vermittelt ein Bild vom beengten Leben im Mittelalter.

Seite 228

Nýidalur

Ausgezeichneter Ausgangspunkt, um die Umgebung der nahen Gletscher zu erkunden.

Seite 229

Aldeyarfoss

Der Fluss Skálfandafljót stürzt 20 m tief in eine enge, aus schön ausgeformten Basaltsäulen bestehende Schlucht.

Eintauchen

Seite 229
Ódáðahraun

Es ist die größte zusammenhängende Lavawüste in Island und mit ihrem grau-schwarzen Gestein zugleich die geheimnisvollste. Ihre Ränder säumen grüne Oasen wie Herðubreiðarlindir.

Seite 230
Herðubreið

Die ›Königin der Berge‹ wird der 1682 m hohe Tafelberg genannt. Er ragt majestätisch über 1000 m aus seiner Umgebung hervor.

Seite 231
Askja

Die große Caldera mit dem tiefsten See des Landes, dem Öskjuvatn, hat schon einen besonderen Reiz. Und auf dem Seegrund verbirgt sich seit über 100 Jahren ein trauriges Geheimnis. Am Nordufer schimmert der türkisblaue Kratersee Vití.

Seite 233
Landmannalaugar

Die vielleicht beliebteste ›Badewanne‹ der Insel umgeben von einer traumhaften Bergkulisse, dem größten Rhyolithgebiet von Island. Am besten im Frühjahr in die warmen Quellen eintauchen, dann sind sie noch sauber und Sie sind fast allein.

Augen auf! Im Hochland treffen Sie eventuell auf diese Trollfrau.

- Aldeyarfoss
- 50 km
- Ódáðahraun
- Herðubreið
- Askja
- Hveravellir
- Nýidalur
- Kerlingarfjöll
- andmannalaugar
- óðveldisbærinn

»… vom Himmel stürzen die hellen Sterne, / es wüten Feuer und Rauch, / große Hitze steigt selbst bis zum Himmel empor.« (Weissagung der Seherin Str. 57)

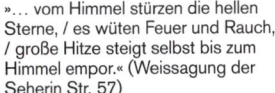
erleben

Mystik und magische Natur

T

Tauchen Sie ein in die ursprüngliche Natur, menschenleer, wüstenähnlich und zugleich vielfältig. Das Hochland aus Lavafeldern, Gletschern und Geröllebenen erstreckt sich über Tausende Quadratkilometer und liegt größtenteils nur rund 500 m über dem Meeresspiegel. Es wird dominiert von monolithischen Vulkanen und den gewaltigen Gletschern Hofsjökull, Langjökull und Vatnajökull, die weiß glitzernd aus der Hochebene aufragen. Wenn Nebelschwaden oder Sandstürme über die Ebenen ziehen oder die Landschaft von tief hängenden Wolken verhüllt wird, erhält die Gegend einen geheimnisvollen und mystischen Charakter. Darum wundert es nicht, dass es in Island immer wieder heißt, diese kargen Schotterwüsten seien noch heute von Trollen und Elfen bevölkert. In früheren Jahrhunderten zogen sich Geächtete in die unwirtliche Region zurück.

Schon im Mittelalter führten die kürzesten Verbindungsstrecken zwischen dem Norden und dem Süden Islands durch das Hochland. Die heutigen Pisten folgen den alten Routen: Sprengisandsleið, Kjalvegur und Öskjuleið sind solche Nord-Süd-Traversen. Die Strecken Landmannaleið und Fjallabaksleið nyrðri, ›Der

ORIENTIERUNG O

www.fi.is: Der isländische Wanderverein betreut nicht nur die meisten Hütten im Hochland, sondern führt auch Wanderungen durch.
Auto: Für das Hochland braucht man immer einen Geländewagen, möglichst mit vorheriger Fahrpraxis sowie Erfahrung im Furten von Flüssen. Den Kjalvegur (Nr. 35) können Sie auch mit Ihrem eigenen Pkw befahren.
Bus: Die Hochlandstrecken werden von Bussen bedient. Verbindungen sind bei den jeweiligen Routen angegeben.

nördliche Pfad hinter den Bergen‹, waren früher wichtige Verbindungen zwischen dem Südwesten und -osten der Insel. An den Strecken liegen mehrere Oasen mit Quellwasser und Weidegründen für die Pferde, so war Hveravellir z. B. schon im 9. Jh. als Rastplatz bekannt. In den heißen Quellen wurde damals gekocht, und für die Pferde gab es ausreichend Gras, das auf dem warmen Boden schnell nachwuchs. Noch weitere pflanzenreiche Orte wie Landmannalaugar, Herðubreiðarlindir, Nýidalur oder Þjórsárver machen den Reiz der sonst vegetationsarmen Region aus.

Kjalvegur (F 35)

Schicksalhafte Route

Viele Isländer kennen diese Nord-Süd-Route, die schon im Landnahmebuch erwähnt wird, nur unter dem Namen des Tals, Kjölur, und nicht unter der Wegbezeichnung Kjalvegur. Das Tal, das sich zwischen den beiden Gletschern Langjökull und Hofsjökull hindurchzieht, liegt rund 600 bis 700 m über dem Meeresspiegel. Die ursprüngliche Route verlief genau durch das Kjalhraun und in der Verlängerung im Süden weiter bis Þingvellir, die Streckenverlegung erfolgte nach einem tragischen Unglücksfall 1780. Damals schickten die Bauern aus dem Norden drei Männer und einen 11-jährigen Jungen nach Süden, die dort Schafe kaufen sollten. Ihre Unternehmung war erfolgreich und so machten sie sich am 28. Oktober mit einer Herde von 180 Schafen und 16 Pferden wieder auf den Rückweg. Kaum aber hatten sie bewohntes Gebiet verlassen, wurden sie im Hochland von einem länger anhaltenden Schneesturm überrascht. Sie erreichten noch den Nordostrand des Bergs Kjalfell, wo sie aber entkräftet starben. Im nächsten Frühjahr wurden ihre Leichen und die Kadaver der verendeten Tiere dort gefunden. Aufgrund der vielen Knochen erhielt der Hügel den Namen Beinahóll (Knochenhügel). Zur Erinnerung an dieses Unglück errichtete man 1971 ein Denkmal an der Stelle.

Die heutige Route führt über Sander- und Heideflächen, von denen man einen Blick auf die beiden Gletscher Langjökull, den zweitgrößten Gletscher Islands, und Hofsjökull hat. Inmitten der Lavawüsten erstrecken sich die fas-

Schon seit der Besiedlungszeit benutzen die Isländer den Kjalvegur zur Hochlandquerung. An der Strecke liegt das besonders schöne Wandergebiet des Bergrückens Kerlingarfjöll.

zinierenden Welten der geothermischen Gebiete Hveravellir und Kerlingarfjöll.

Infos

• **Bus:** www.sba.is. Im Sommer tgl. zwischen Reykjavík/Akureyri mit längeren Stopps in Geysir, Gullfoss und Hveravellir. Außerdem Abstecher in das Gebirge Kerlingarfjöll.

Hveravellir ♥ Karte 3, F 5

Am Nordrand des Lavafeldes Kjalhraun, das ein Gebiet von 450 km² bedeckt, liegt die geothermische Oase Hveravellir. Vor allem die eindrucksvollen Sinterablagerungen an der größten Quelle, **Bláhver** (blaue Quelle), sind ein beliebtes Fotomotiv. Die schönste Quelle ist **Fagrihver,** die durch ihr klares, türkis schimmerndes Wasser entzückt. Holzwege mit Informationstafeln führen zu den unterschiedlichen Quelltöpfen. Ein großer Anziehungspunkt ist der Hot Pot mit angenehmer Wassertemperatur neben einer Hütte. Der wohl berühmteste Geächtete Islands, Fjalla Eyvindur (s. S. 236), lebte mit seiner Frau Halla einige Zeit in Hveravellir, ihre Lavahöhle **Eyvindarhellir** ist zu besichtigen. Es heißt, dass sie ihr Fleisch zum Kochen direkt in das Quellwasser des nahe gelegenen **Eyvindarhver** tauchten. Hveravellir ist nicht nur im Hinblick auf seine faszinierende geothermische Landschaft interessant, sondern auch wegen der Wandermöglichkeiten in der Umgebung (s. Tour S. 225).

Schlafen, Essen

Hochlandidylle
Hütten Hveravellir: Idyllisch gelegen sind die beiden Hütten mit bis zu 55 Schlafplätzen durchaus, doch an manchen Tagen ist hier auch viel los. Wer sich selbst versorgen möchte, muss alles mitbringen, Kochgelegenheiten sind aber vorhanden. Ein Zeltplatz ist angeschlossen.
T 452 42 00, www.hveravellir.is, Bett 7500 ISK, DZ Frühstück inkl. 28 800 ISK, Frühstück 1800 ISK

Geirsalda ♥ Karte 3, F 5

Der ideale Stopp, um die Landschaft auf sich wirken zu lassen, ist bei Geirsalda. Der Pass ist einer der höchsten Punkte des Kjalvegur, 672 m hoch, und hier befindet sich die Wasserscheide zwischen Nord und Süd. Ein Denkmal erinnert an den Straßenbaudirektor Geir G. Zoëga (1889–1959), der vermutlich für die ersten Straßen in Island verantwortlich war. Der Blick auf die Gletscher und das Gebirgsmassiv Kerlingarfjöll überwältigt.

Kerlingarfjöll ♥ Karte 3, F 5

Das Gebirge der Trolle
Die beeindruckende Gebirgskette erstreckt sich vom südöstlichen Teil des Kjalvegur bis an den südlichen Gletscherrand des Hofsjökull. Es ist die Farbigkeit – von Grün-Grau bis Weiß –, die einen fasziniert. Der Name Kerlingarfjöll bedeutet Weibsberge, denn es heißt, dass eine der Felszinnen eine versteinerte Trollfrau sei. Die höchsten Rhyolithgipfel in diesem zum Teil vergletscherten Gebirge sind **Snækollur** (1477 m), **Loðmundur** (1432 m) und **Mænir** (1335 m). In den Tälern gibt es zahlreiche heiße Quellen und Solfatare, einige liegen in unmittelbarer Nachbarschaft zum Eis. Zahlreiche gut markierte Wanderwege, von wenigen Kilometern bis zu einem 50 km langen Rundweg, erschließen das Gebiet.

TOUR
Warme Quellen, grüne Täler und ein Gletschersee

Lohnenswerte Wanderziele ab Hveravellir

Infos

Start:
Hveravellir, 📍 3, F 5
Dauer:
3 Std. bis 3 Tage je
nach Tour
Wanderkarte:
Sérkort Kjölur,
1 : 100 000,
Mál og menning.

Eine einfache Wanderung führt von der Hochlandoase **Hveravellir** durch das Kjalhraun zum **Strýtur**, einem Schildvulkan mit seinem auffallenden Krater (grün, 13 km hin und zurück). Der Weg läuft mit leichtem stetigem Anstieg geradewegs auf den Gipfel zu.

Ein weiterer gut markierter Weg, die alte westlichere Route des **Kjalvegur (**Kjalvegur vestri) führt von **Hveravellir** bis zum Hvítárvatn (schwarz, 40 km einfach). Die Strecke ist in drei Tagen gut zu schaffen. Zunächst quert man die **Þjófadalir**, schöne grüne Täler am Moränenrand des Langjökull, später läuft man, ohne größere Höhenunterschiede überwinden zu müssen, am Gletscherrand weiter bis zur Hütte **Hvítárnes** am Hvítárvatn. In den 30 km² großen Gletschersee kalbt eine Zunge des Langjökull. Heute ist diese alte Reitspur aufgrund der im Abstand einer Tagesetappe voneinander entfernt liegenden Hütten eine beliebte Wanderstrecke. Eine gute Wanderausstattung ist aber notwendig. Um in den Hütten zu übernachten, muss man sich rechtzeitig beim isländischen Wanderverein Ferðafélag Íslands (www.fi.is) anmelden. Der Bus von sba (www.sba.is) hält an der Haltestelle Hvítárnes/Crossroads an der Nr. 35 und fährt vormittags nach Akureyri, nachmittags nach Reykjavík.

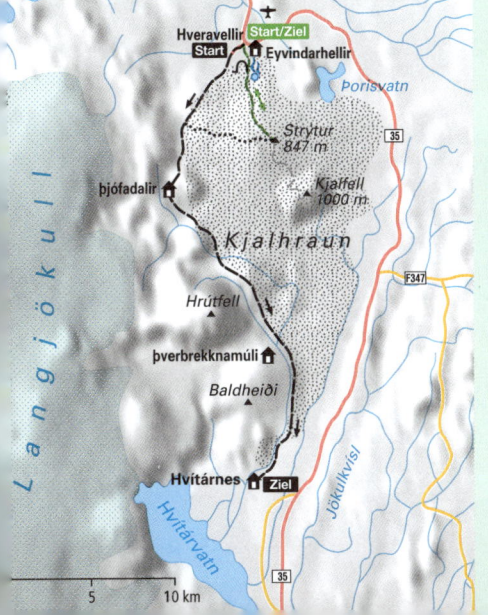

Schlafen, Essen

Vielfalt

Kerlingarfjöll: Das einst rustikale Outdoorzentrum bietet heute auch Hoteltouristen jeden Komfort. Ansonsten gibt es gemütliche Hütten und auch einen Schlafsaal (Schlafsack). Dazu gehören das Restaurant (Frühstücksbuffet 2300 ISK, Hauptgerichte ab 3100 ISK) und der weitläufige Zeltplatz. Besonders reizvoll ist der Hot Pot am Fluss.

T 664 70 00, 664 78 78, www.kerlingarfjoll. is, Schlafsack ab 5833–7833 ISK, DZ ab 26 833 ISK, Hütte bis 5 Pers. 54 333 ISK

Sprengisandsleið (F 26)

Zwischen Schrecken und Hoffen

Der Name Sprengisandur für die unwirtliche Wüstenei leitet sich von dem Verb *sprengja* ab, was so viel wie ›abhetzen‹ (›mit dem Pferd davonsprengen‹) bedeutet, d. h. die Reiter setzten alles daran, so schnell wie möglich das Gebiet wieder zu verlassen. Eindrücklich brachte im 19. Jh. Grímur Thomsen diese Stimmung in dem bekannten Sprengisandur-Gedicht zum Ausdruck, das durch die spätere Vertonung zu einem der beliebtesten Volkslieder avancierte.

Die öde Steinwüste Sprengisandur im mittleren Streckenabschnitt ist geprägt von den beiden Gletschern Vatnajökull und Hofsjökull. Nur einzeln stehende Berge säumen die Piste bis nach Nýidalur, so der Þveralda (728 m), von dem man einen guten Blick auf die Rhyolithberge Hágöngur hat. Als kleine Farbtupfer in dieser fast grenzenlosen braungrauen Weite leuchten die pinkfarbenen Kissen des Stengellosen Leimkrauts.

Diese alte Nord-Süd-Route wurde im Mittelalter vor allem von dem Bischof von Skálholt auf seinem Weg nach Ost-Island benutzt. Im 18. und 19. Jh. entdeckte man sie als Weg durch das Land wieder neu, aber ihr haftete immer etwas Unheimliches an, zumal der nördliche Teil direkt an der Wüste Ódáðahraun vorbeiführt, in der sich nicht selten Wegelagerer versteckten. Die ursprüngliche Route verlief weiter westlich, aufgrund der Wasserkraftwerke und der damit verbundenen Brücken verläuft die Strecke heute östlich der Þjórsá.

Infos

- **Bus:** Reykjavik Excursions, www.re.is, 27. Juli–Ende Aug. Von Landmannalaugar und Reykjavík über Sprengisandur nach Mývatn, jeweils So, Di, Do, zurück Mo, Mi, Fr. Mehrere längere Stopps, Ticket um 30 000 ISK.

Stöng   📍 Karte 3, E/F 6

Zeugnis aus alten Zeiten

Bei dem Hekla-Ausbruch 1104 wurde das ehemals landwirtschaftlich sehr fruchtbare Gebiet durch die niederfallende Bimssteinasche verwüstet. Heute stehen hier nur noch zwei Höfe, im Mittelalter wurden dagegen 20 Gehöfte im Þjórsárdalur bewirtschaftet, wie Ausgrabungen belegen. Einer dieser ausgegrabenen Höfe ist **Stöng.** Die Ausgrabungsstätte ist überdacht und kann jederzeit besichtigt werden.

Nordöstlich von Stöng liegt die Schlucht **Gjá,** in die mehrere kleine Wasserfälle stürzen, von denen der Gjáinfoss der größte ist. Entlang des Fossadalur stößt man an dessen nörd-

Letzte Tankstelle vor dem großen Nichts: Wer auf dem Sprengisandsleið unterwegs ist, sollte am Hochlandzentrum Hrauneyar in der Nähe des Hrauneyarfoss noch einmal volltanken.

lichem Ende auf Islands zweithöchsten Wasserfall, den **Háifoss** (122 m).

Kraftwerk Búrfell und Umgebung 📍 Karte 3, E 7

Wasserkraft und Wasserfälle

Das 1969 in Betrieb genommene Kraftwerk **Búrfell** ist das älteste der insgesamt drei Wasserkraftwerke, die die Flüsse Þjórsá und Tungnaá nutzen. Das Betriebsgebäude ziert ein Relief des Bildhauers Sigurjón Ólafsson (1908–82). Die Þjórsá, der längste Fluss Islands, fließt über eine Strecke von 230 km und führt 400 m³ Wasser pro Sekunde mit sich. Vom Hofsjökull kommend, überwindet sie insgesamt eine Höhe von 690 m. Die Tungnaá entspringt dem Vatnajökull und

mündet bei Sultartangi in die Þjórsá. In der Nähe des Kraftwerks lohnen der von Basaltsäulen gesäumte Wasserfall **Hjálparfoss** sowie die Langhaus-Nachbildung **Þjóðveldisbærinn** an der Nr. 32 einen Halt. Für die Rekonstruktion, die man 1974 anlässlich der 1100-Jahr-Feierlichkeiten beschloss, stand der 1939 ausgegrabene Hof Stöng Pate. Zu sehen ist ein mittelalterlicher Großhof, dessen Ausstattung einen guten Eindruck vom Leben in vergangenen Jahrhunderten vermittelt (www.thjodveldisbaer.is, Juni–Aug. tgl. 10–17 Uhr, 750 ISK).

Auf dem Weg ins Hochland fährt man an den beiden anderen Kraftwerken vorbei: **Hrauneyjarfoss**, auf der Höhe des gleichnamigen Wasserfalls, sowie **Sigalda** oberhalb des Sees Krókslón. Alle drei Stationen gehören zum staatlichen Energiekonzern Landsvirkjun.

NATIONALPARKPLÄNE **N**

Das ist eine gute Idee: Um die empfindliche Natur einer der letzten Wildnisse in Europa zu schützen, sollte das gesamte Hochland ein Park werden. Zwar ist der Vatnajökull-Nationalpark stetig gewachsen, doch nach den Vorstellungen der Umweltorganisationen reicht das nicht aus. Bisher haben sich alle isländischen Politiker um eine konstruktive Entwicklung und positive Entscheidung gedrückt. Mögliche ökonomische Perspektiven spielten dabei auch eine Rolle. Sehr informativ ist die Website heartoficeland.org.

Schlafen, Essen

Das Zentrum im Nirgendwo

Hochlandzentrum Hrauneyjar: Unterschiedliche Unterkünfte gibt es hier und natürlich auch ein Restaurant. Hilfreich sind die vorhandene Tankstelle mit dem kleinen Warenangebot für den Notfall. Sie erhalten natürlich auch kenntnisreiche Informationen zu den Möglichkeiten in der Umgebung, von daher auch ein idealer Standort, wenn Sie Tagestouren machen möchten. Wanderkarten und Angellizenzen erhältlich.
An der F 26, T 487 77 82, www.thehighlandcenter.is, ganzjährig, DZ 280–330 €, Schlafsackplatz für 2 Pers. 96–107 €

Sprengisandur ♀ G 4/5

Auf fast 800 m Höhe befindet man sich in dem fast vegetationsfreien, grauschwarzen Sprengisandur-Gebiet. Lediglich in den muldenförmigen Tälern blitzen hin und wieder grüne Moosflecken auf. Bei schönem Wetter wird man diese wohltuende, weite Monotonie sehr genießen, bei Nebel oder Regen wirkt sie fast mystisch. Sprengisandur erstreckt sich über 70 km in Nord-Süd-Richtung, eine faszinierende Wüste. Sie war in alten Zeiten nicht nur wegen der Sandstürme, der Elfen, Trolle und Gesetzlosen gefürchtet, sondern auch weil die Weidegebiete für die Pferde weiter als einen Tagesritt auseinanderlagen.

Beeindruckend ist der Blick von der Hütte im Tal **Nýidalur,** deren Umland trotz der hohen Lage von 800 m über dem Meeresspiegel wohltuend grün ist. Der drittgrößte Gletscher Islands, **Hofsjökull,** dominiert die Landschaft im Westen. Seine Fläche beträgt 995 km², seine Höhe 1760 m. Bei neueren Untersuchungen hat man festgestellt, dass sich eine bisher unbekannte Caldera unter dem Gletscher befindet. Vom Nýidalur gelangt man zu dem Naturschutzgebiet **Þjórsárver** am Südostrand des Hofsjökull, das sich über ein Areal von 375 km² erstreckt. Es ist ein Feuchtgebiet mit typischer Moorvegetation, das von unzähligen Abflüssen des Hofsjökull durchzogen wird und in dem sich zahlreiche Seen und Tümpel befinden. Außerdem ist Þjórsárver ein bevorzugtes Brutgebiet für Kurzschnabelgänse: Rund 60–75 % der gesamten Insel-Population leben hier, annähernd 11 000 Brutpaare.

Auch die Region um den Gletscher **Tungnafellsjökull** (1520 m) mit einem der größten Thermalgebiete des Landes lädt zu einer Wanderung ein.

Auf der F 26 weiter nach Norden kommen Sie zunächst an dem See **Fjórðungsvatn** vorbei, der im Sommer häufig austrocknet. Fast genau an dieser Stelle befindet man sich auf dem Mittelpunkt Islands. Weiter nördlich erreicht man die Felsschlucht **Kiðagil,** deren 6 km langer Canyon sich westlich des Skálfandafljót entlangzieht. Die Schlucht, die im ›Sprengisandur-Lied‹

als ersehntes Ziel besungen wird, markiert das nördliche Ende des Gebiets.

Schlafen

Hütten Nýidalur: Zwei Hütten mit 79 Schlafplätzen. Kochgelegenheit, Duschen und WC sowie ein Zeltplatz sind vorhanden. Hier können Sie nachempfinden, wie sich die Reisenden in früheren Zeiten gefühlt haben: endlich Wasser und schlafen. T 860 33 34, www.fi.is, Schlafsack 8000 ISK

Aldeyjarfoss   📍 H 3

Wasserfallzauber
Den Endpunkt des Sprengisandsleið bildet der malerische Wasserfall Aldeyjarfoss, wo der Fluss Skálfandafljót 20 m tief in eine enge, aus schön ausgeformten Basaltsäulen bestehende Schlucht stürzt. Diese 4500 Jahre alten Säulen stammen von einem Ausbruch des Schildvulkans Trölladyngja am Nordrand des Vatnajökull.

Öskuleið (F 88)

Der fast 90 km lange Jeep-Track Öskjuleið nach Süden ist eine der aufregendsten Hochlandpisten Islands, denn die zu furtenden Flüsse sind oft eine Herausforderung für Jeep und Fahrer. An dem 1875 entstandenen Lavafeld Nýjahraun mit dem alten Explosionskrater Hrossaborg beginnt die Askja-Piste durch die Lavawüste Ódáðahraun (Lavafeld der Missetäter), aus deren Ödnis sich nur die solitär stehenden Tafelberge und Schildvulkane abheben. Wer sich auf diese Strecke begibt, braucht einen ausreichenden Wasservorrat!

Ódáðahraun   📍 H/J 4

Schrecklich schön
Allein der Name verbreitet schon Furcht – Missetäterwüste. Was erwartet einen? Zunächst eine über 4550 km² große Lavawüste, die sich zwischen den Flüssen Skálfandafljót und Jökulsá á Fjöllum erstreckt. Ódáðahraun ist die größte zusammenhängende Lavafläche Islands. Sie breitet sich auf einer Höhe von 500 bis 700 m über dem Meeresspiegel aus, Lava, Sand und Palagonitberge prägen sie, schwarz, abschreckend und trocken. Einzeln stehende Schildvulkane ragen majestätisch aus der Ebene auf. In dem losen und porösen Gestein, das zum Teil älter als 5000 Jahre ist, versickert der Regen so schnell, dass keine Pflanzen die Feuchtigkeit nutzen können. Nur an den Rändern der Lavawüste, wo das Grundwasser in kleinen Quellen austritt, bilden sich grüne und fruchtbare Oasen wie Herðubreiðarlindir oder Grafarlönd. In diese Ödnis flohen die Geächteten, die »Missetäter«, denn niemand begab sich freiwillig in dieses Gebiet, dessen Lavagebilde und Verwerfungen wie bedrohliche Geister wirken, die plötzlich aus dem Nebel aufzutauchen scheinen.

VORSICHT GEFAHR   V

Nur wenige Kilometer von den Touristenzentren des Hochlands wie Nýidalur oder Hveravellir entfernt ist man in völliger Einsamkeit. Aber so einladend das Hochland vom Bus aus auch wirkt, wer sich dorthin alleine aufmacht, zu Fuß, mit dem Mountainbike oder per Jeep, sollte sehr gut vorbereitet sein. Es gibt keine Tankstellen oder Läden und das normale Mobiltelefon funktioniert nicht.

Verhangene Tage mit Erscheinungen sind hier im Hochland nicht selten.

Herðubreiðarlindir 📍 J4

Oase Nr. 1

Herðubreiðarlindir ist eine liebliche Oase, die man nach den vorangegangenen Eindrücken kaum erwartet. Aus der Lava treten zahlreiche Quellen hervor, die sich zu dem Fluss Lindaá vereinen. Über 100 unterschiedliche Pflanzenarten gedeihen hier und entsprechend vielfältig ist auch das Vogelleben. Auf einem markierten Weg durch das Lavafeld kommt man an den Fuß der ›Königin der Berge‹, der **Herðubreið**. Der 1682 m hohe Tafelberg mit Gipfelkrater ragt über 1000 m aus seiner Umgebung hervor. Er wurde 1908 zum ersten Mal bestiegen.

Aufgrund seiner lockeren Gesteinsmassen, des feinen glashaltigen Auswurfmaterials, ist ein Aufstieg nicht nur äußerst beschwerlich, sondern auch gefährlich: Es droht Steinschlag. Die sicherste Aufstiegsmöglichkeit bietet sich von der Westseite, jedoch sollte man vorher mit dem Parkranger bei Herðubreiðarlindir sprechen.

Schlafen

An den Quellen

Hütte Þorsteinsskáli: Die Hütte bietet Platz für 30 Personen und hat einen Hüttenwart. Der angeschlossene Zeltplatz ist gut ausgestattet und idyllisch gelegen. In den Büschen sind Vögel unterwegs. Nach der Stille der Lavawüste ein Genuss. Ferðafélag Akureyrar, T 462 27 20, 822 51 91, www.ffa.is, Schlafsack um 7000 ISK

Wenn Sie auf der Erde an einen Ort reisen wollen, an dem es wie auf dem Mond aussieht, dann sollten Sie im Hochland die große Caldera Askja mit ihren Kraterseen besuchen.

Askja ♀ H/J4

Askja ist eine Attraktion und ein Mythos, nicht zuletzt weil sich tragische Geschichten mit dem Ort verbinden. Die Fahrt führt an dem 8 km langen Bergrücken des Herðubreiðartögl vorbei. Bald eröffnet sich der Blick auf den Schildvulkan **Vaðalda** (941 m) und westlich davon stößt man auf das Vulkanmassiv **Dyngjufjöll**. Zuvor überquert man noch eine riesige Ebene aus heller Bimsasche, die von einem der nicht seltenen, von Süden kommenden Sandstürme über 100 km weit transportiert werden kann. Das Vulkanmassiv Dyngjufjöll besteht aus einer Vielzahl von Bergen, welche die große Caldera **Askja** umgeben, und ist seit 1978 als Naturdenkmal ausgewiesen. Die Gipfel erheben sich 600 bis 700 m über die Umgebung, mit Þorvaldstindur (1510 m) als höchstem im Süden des Massivs.

Der erste bekannte Ausbruch der Askja ereignete sich 1875, damals entstand der Víti-Krater. Ein riesiger Aschenniederschlag bedeckte das Land östlich der Askja, und viele Bewohner der Region Jökuldalsheiði verließen ihre Höfe, um in die USA zu emigrieren. Aufgrund anhaltender Westwinde wurde die Asche bis nach Schweden getragen. Wenige Wochen nach dem Víti-Ausbruch brach die Caldera im südöstlichen Teil ein, und der See Öskjuvatn entstand. Die letzte Eruption erfolgte 1961 und bedeckte eine Fläche von 11 km^2 mit Lava. Durch die junge Lava **Vikrahraun** führt heute ein Track fast bis zum Víti, wo sich auch der größte Einschnitt im Dyngjufjöll, **Öskjuop**, befindet, der den leichtesten Eingang in die Caldera bietet.

Víti am Nordufer des Öskjuvatn hat einen Durchmesser von rund 100 m. Sein Wasser ist zwar warm, aber die aufsteigenden Schwefeldämpfe laden nur die Unempfindlichen zum Baden ein.

ZU DEN DRACHEN

Direkt hinter der Hütte Dreki führt ein Weg in die faszinierende Schlucht **Drekagil** ›Drachenschlucht‹. Sie folgen dem Bachlauf, der sich tief in die Felsen des Dyngjufjöll eingegraben hat. Bizarre Lavagebilde finden Sie hier, die an Drachenköpfe oder gar an versteinerte Dinosaurier erinnern. In den z. T. senkrechten und bemoosten Wänden sind Lavablöcke mit glänzender, glasiger Oberfläche eingeschlossen und an einigen Stellen stürzen Wassermassen von den Wänden herab. Ein lohnendes Ziel für den Gang ist der mehrstufige Wasserfall am Ende der Schlucht.

Im **Öskjuvatn,** dem mit 217 m tiefsten See Islands, kamen 1907 auf bis heute ungeklärte Weise der Geologe Walther von Knebel und der Berliner Maler Max Rudloff ums Leben. Am Norduferer, man folgt dem Pfad vom Víti aus, erinnert ein Hügel mit Tafel an das Unglück. Die kleine Kraterinsel Eyja im Süden des Sees entstand bei einem Ausbruch im Jahr 1926.

Schlafen

Geschützt

Hütte Dreki: Es ist fast eine kleine Hüttenanlage zusammen mit dem Waschhaus und der Unterkunft des Hüttenwarts. Die beiden Schlafhütten bieten Platz für 60 Personen. Kochstellen mit Geschirr sind vorhanden. Außerdem gibt es daneben auch noch einen großen Zeltplatz. Am Anfang der Drekagil-Schlucht an der Ostseite des Dyngjufjöll. Ferðafélag Akureyrar, Hütte (60 Pers.), T 822 51 90 oder 462 27 20, www.ffa.is, Schlafsack 8000 ISK

Hvannalindir   📍 J5

Oase Nr. 2

Die F 88 endet bei der Askja. Über die F 910 erreicht man eine weitere grüne Oase an der F 903: Hvannalindir. Inmitten der trostlosen Landschaft quellen unter der Lava einige Flüsse hervor. Obwohl Hvannalindir rund 650 m über dem Meeresspiegel liegt, ist der Reichtum an höher wachsenden Pflanzenarten beeindruckend. Auch hier befinden sich noch Ruinen in der Lava, die auf Fjalla-Eyvindur verweisen.

Kverkfjöll   📍 J5

Feuer und Eis

Kverkfjöll liegt am Nordrand des Vatnajökull zwischen den beiden Gletschern Dyngjujökull und Brúarjökull an der

---

NEUES LAVAFELD   **L**

Das jüngste Lavafeld ist **Nýja Holuhraun**, es entstand 2015 bei dem sechs Monate währenden Ausbruch des Bárðarbunga, eines Vulkans unter dem Vatnajökull. 85 km² sind jetzt von grauer, aufgeworfener und extrem scharfkantiger Lava bedeckt. Einige Wege führen durch das ausgewiesene Gebiet. Versuchen Sie aber erst gar nicht auf dieser messerscharfen Lava zu laufen, Ihre Schuhe werden es Ihnen danken. Auch so ist es ein Erlebnis, bei dem Sie sich fast so wie die Astronauten 1968 bei ihrem Training in der Lava fühlen können. Bitte achten Sie auf die Hinweise. Sie erreichen Nýja Holuhraun über die F 910 in Richtung Süden.

F 902. Es ist ein großer Zentralvulkan, in dessen Gipfelbereich sich eine eisgefüllte Caldera befindet. An der Westseite gelangt man in das Geothermalgebiet **Hveradalur**. Unterhalb des Gletschers bilden sich immer wieder faszinierende Eishöhlen und -tunnel. Zwei Hütten, eine am Fuß des Kverkfjöll bei Biskupsfell und die andere direkt auf dem Gletscher, ermöglichen einen längeren Aufenthalt an diesem Ort, der Feuer und Eis so offensichtlich miteinander vereint.

Infos

- **Bus:** SBA-Norðurleið, www.sba.is, Ende Juni–21. Aug., Mo, 3 Tage, nur Transport und Führung 58 500 ISK. Von Akureyri über Mývatn nach Herðubreiðarlindir, Askja, Kverkfjöll. Hüttenübernachtung pro Pers. 6500 ISK.
- **Mývatn Tours:** T 464 19 20, www. askjatours.is, 20. Juni–Anfang Sept. tgl. 8 Uhr ab Mývatn Reykjahlíð, 23 000 ISK. Tagesbustour vom Mývatn nach Herðubreiðarlindir und zur Askja.

Landmannaleið und Fjalla baksleið nyrðri (F 225, 208)

Die Hochlandstrecke führt durch das geologisch faszinierende, vom Vulkanismus geprägte Naturschutzgebiet Fjallabak, in dessen Zentrum das 470 km² große Areal Landmannalaugar liegt. Von den von farbenprächtigen Liparitbergen umgebenen ›Warmen Quellen der Landmänner‹ gelangt man zu der kilometerlangen Ausbruchsspalte Eldgjá im Südwesten des Vatnajökull. Der erste Streckenabschnitt verläuft über den Landmannaleið nördlich des Hekla-Massivs. Die Piste Fjallabaksleið nyrðri beginnt weiter nördlich in der Nähe des Sigalda-Kraftwerks. Beide Wege treffen östlich der Hekla aufeinander.

Nördlich der Hekla ♀ 3, F7

Das Lavafeld **Sölvahraun** nördlich der Hekla war bis 1980 eine idyllische Graslandschaft, die seit dem damaligen Hekla-Ausbruch mit schwarzer Asche bedeckt ist. Diese Lavalandschaft mit ihren Spalten und Kratern vermittelt eine ausgesprochene Endzeitatmosphäre.

Nach Durchqueren der Hekla-Laven in östlicher Richtung gelangt man in ein Tal, von wo man auf die südlich gelegene Berggruppe **Rauðufossafjöll** blickt, die ihren Namen aufgrund des auffallend rötlich gefärbten Wasserfalls erhielt. Der weitere Weg führt durch die Graslandschaft **Kringla**, umgeben von mehreren 1000 m hohen Bergen, der höchste ist **Löðmundur** (1074 m) im Norden.

Landmannalaugar ♀ 3, F7

Warme Quelle und bunte Berge

Kaum ein Ort in Island wird so sehr mit Badespaß in einer heißen Quelle gleichgesetzt wie Landmannalaugar. Allerdings ist der Spaß heute eingeschränkt, denn die vielen Gäste im Sommer beeinflussen deutlich die Wasserqualität. Gehen Sie lieber im Frühjahr dort baden.

Die ›Warmen Quellen der Landmänner‹ liegen inmitten des größten Rhyolithgebiets von Island. Rhyolith ist ein kieselsäurehaltiges rötliches, gelb-bräunliches oder grünliches Ergussgestein. Je nach Sonnenstand und Luftfeuchtigkeit leuchten die Rhyolithberge in den schillerndsten Farben. Außer der beeindruckenden Berglandschaft bietet der Ort, wie der Name sagt – warme Quellen, die den Hochlandreisenden schon in früheren Jahrhunderten als Badeplatz dienten.

Kurz bevor man zu dem See **Frostastaðavatn** gelangt, sieht man schon die farbenprächtigen Berge von Landmannalaugar. In der Nähe des Sees trifft der Landmannaleið auf den Fjallabaksvegur nyrðri. Von hier führt auch eine Piste zu dem Maar **Ljótipollur,** einem Explosionskrater von 1 km Durchmesser, dessen Wasser tiefblau schimmert. Entlang dem Gletscherfluss Jökulgilskvísl kommt man nach Landmannalaugar.

Vom **Bláhnúkur** (943 m), der wegen seiner blaugrünen Farbe auffällt, hat man einen guten Überblick, ebenso wie vom **Brennisteinsalda** (881 m), an dessen Fuß sich ein Solfatarenfeld befindet. Zu dem Feld gelangt man durch das Labyrinth des Laugahraun. Dieser 30 bis 50 m hohe, erkaltete Lavastrom besteht aus Obsidian, einer pechschwarzen, glasigen und kieselsäurehaltigen Lava, die schnell erstarrte. Beim Zerschlagen eines Lavastücks erkennt man seine muschelig brechende Struktur. Weitere Wanderungen sind in den imposanten Schluchten möglich, oder man startet zu einer 4-tägigen Tour nach Þórsmörk.

Schlafen

Sehnsucht
Hütte Landmannalaugar: Zwar gibt es Platz für 75 Pers., aber dennoch ist die Hütte fast immer belegt. Unbedingt vorab buchen. Im Juli/August gibt es einen Verkaufswagen für Lebensmittel an dem großen Zeltplatz. Es ist ein Sehnsuchtsort, der sich zum Riesen-Zeltlager entwickelt hat. Ferðafélag Íslands, T 860 33 35, www.fi.is/en/mountain-huts/landmannalaugar, Schlafsack 9000 ISK

Beim Anblick der Eldgjá stockt einem der Atem! Um die Erdspalte ganz zu überblicken, besteigt man den Berg Gjátindur.

Vulkanspalte Eldgjá 📍 G 7

Die F 208 erreicht bei dem Berg **Herðu-breiðarháls** (769 m) ihre höchste Stelle. Vom Berg hat man einen ausgezeichneten Blick in alle Richtungen und erhält einen guten Eindruck von den Ausmaßen der Eldgjá.

Über 30 km erstreckt sich die Feuerschlucht – so die Übersetzung – vom Mýrdalsjökull im Südwesten bis zum Berg Gjátindur im Nordosten, wo sie am beeindruckendsten ist. Sie ist die größte Vulkanspalte der Erde. Hier bildet sich eine 5 km lange Schlucht, die 600 m breit und bis zu 270 m tief ist. Entdeckt wurde die Spalte 1893 von Þorvaldur Thoroddsen. Sie entstand aufgrund mehrerer Ausbrüche, der letzte war im Jahr 938. Bei klarem Wetter empfiehlt sich eine Wanderung entlang der Schlucht mit atemberaubenden Einblicken, s. Tour S. 235.

Schlafen

Erholsam
Hólaskjól: Vom Schlafsackplatz bis zu individuellen Hütten und Zeltplatz hat man hier jede Möglichkeit zu übernachten. Kochgelegenheiten sind auch vorhanden. 7 km südl. der Eldgjá, T 855 58 12, www.holaskjol.com, Schlafsack ab 7500 ISK

Infos

● **Bus:** www.re.is, Mitte Juni–Mitte Sept. tgl. Reykjavík–Landmannalaugar und zurück, Ende Juni–Aug. tgl. Skaftafell–Landmannalaugar und zurück. Längere Aufenthalte in Landmannalaugar und Eldgjá.

TOUR
In der größten Erdspalte der Welt

Wanderungen zum Ófærufoss und auf den Gjátindur

Schöne Tagestour (schwarz)

Von der F 208 zweigt eine Piste zu einem **Parkplatz 1** in der Eldgjá ab. Ab hier verläuft ein ansteigender Wanderweg (128 Höhenmeter) entlang des Baches in die Schlucht bis zum Wasserfall **Ófærufoss.** Nach etwa 2 km eröffnet sich ein erster schöner Blick auf die Kaskaden, die in zwei Stufen in die Schlucht stürzen. Seitlich kann man bis oberhalb der ersten Wasserfallstufe aufsteigen. Von hier kehrt man auf dem gleichen Weg wieder zurück (gesamt 4,4 km) oder man setzt die Wanderung bis zum **Gjátindur** fort. Vom Gjátindur-Gipfel (935 m) bietet sich ein atemberaubender Einblick in die Eldgjá (s. Foto links). Dafür steigt man gegen Ende der Schlucht zur Abbruchkante auf, um dann den direkten Gang zum Berggipfel in Angriff zu nehmen. Oben angekommen, bietet sich ein faszinierender Blick (Foto links). Für die Rückkehr zum **Parkplatz 1** kann man einen anderen Weg entlang der Abbruchkante laufen (gesamt 14,5 km).

Kurze Varianten (rot und grün)

Eine weitere Piste zweigt von der F 208 zu den Parkplätzen oberhalb der Eldgjá-Schlucht ab und bringt näher an den Gjátindur heran. Nur 15 Minuten sind es vom **Parkplatz 2** bis zum Wasserfall Ófærufoss. Für die Besteigung des Gjátindur folgt man dem Verlauf der Schlucht und steigt an ihrem nördlichen Ende durch den losen Schotter empor (30 Minuten). Der kürzeste Aufstieg verläuft ab **Parkplatz 3.** Der Hin-und-Rückweg beträgt nur 5 km.

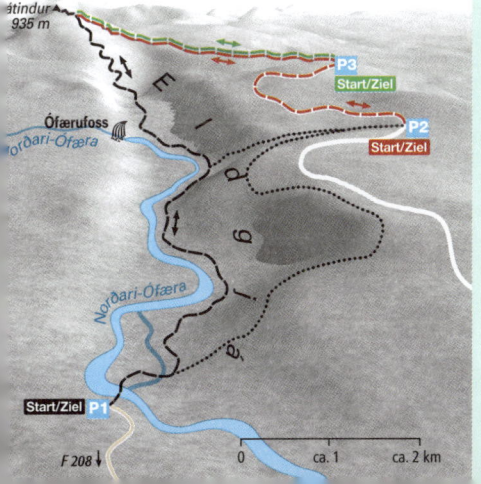

Flucht in die Lavawüste

Das Schicksal der Geächteten

Islands wahre Helden sind die Geächteten, friedlose Männer, die sich in den Weiten der Lavawüsten vor ihren Häschern versteckten. Reich ist die Literatur über diese kühnen Mannen, die weder Einsamkeit noch Kälte, weder Feind noch Gefahr fürchteten. Die größte Lavawüste in Zentralisland heißt Ódáðahraun, was Missetäterwüste bedeutet, da sich in diese unwirtliche Region des Hochlands bis ins 19. Jh. zahlreiche Kriminelle flüchteten. Nach dem mittelalterlichen Recht der *grágás* galt die Ächtung als schwerste Strafe, die den Verurteilten zu einem Vogelfreien erklärte, der von jedem straflos getötet werden konnte.

Prominente Ausgestoßene des Mittelalters waren Eirík rauði (Erik der Rote, s. S. 265), Gísli der Geächtete und Gunnar von Hlíðarendi. Toughe Männer, die zwar Furcht und Schrecken verbreiteten, aber zugleich auch – bis heute – Bewunderung und Sympathie hervorrufen: die Inkarnation des isländischen *lonesome hero*. Der Bildhauer Einar Jónsson (1874–1954) hat vor allem diesen Aspekt in seiner Skulptur »Der Geächtete« dargestellt: Ein Mann trägt auf seinem Rücken die tote Frau und auf seinen Armen seinen kleinen Sohn, neben ihm läuft niedergedrückt sein einziger Freund, der Hund. Sein Blick ist ängstlich und unstet, das Gesicht sorgenvoll und vom Schicksal geprägt. Zu sehen ist das bronzene Standbild an der Ecke Suðurgata/ Hringbraut am Friedhof in Reykjavík und am Eyrarlandsvegur auf dem Weg zum Gymnasium in Akureyri.

Auf Fahrten durch das Hochland stoßen Sie immer wieder auf die Spuren des wohl berühmtesten Gesetzlosen aus dem 18. Jh., Fjalla-Eyvindur, Eyvindur aus den Bergen, der mehr als 20 Jahre im rauen Hochland zubrachte. Zunächst ließen sich seine Frau Halla und er in der Lavawüste von Hveravellir nieder (s. S. 224), nachdem sie, des wiederholten Diebstahls angeklagt, nicht länger in den Westfjorden bleiben konnten. Sie bauten sich eine Hütte in der Lava, deren Reste bis heute erhalten sind und zu denen in Hveravellir ein ausgeschilderter Weg führt. Halla und Eyvindur lebten vor allem von Überfällen auf Reisende, die den Kjalvegur entlangritten. Zusätzlich stahlen sie freilaufende Schafe. Als es für sie in dem Gebiet zu unsicher wurde,

> Günstig an seiner Felsenhöhle war, dass in ihr eine kleine Quelle sprudelte, ansonsten bot sie ihm gerade Raum, um sich kauernd darin aufzuhalten.

zogen sie in die Gegend südöstlich des Hofsjökull – heute Eyvindarver genannt –, wo sie weitere fünf Jahre verbrachten. Nachdem sie aufgrund eines Zufalls gefangen genommen wurden, brachte man sie nach Reykjahlíð am Mývatn. Von dort konnte Eyvindur entkommen und floh in die Ódàðahraun.

Bei der Oase Herðubreiðarlindir (s. S. 230) fand er einen Unterschlupf, der ihm genügend Schutz bot, um einen der härtesten Winter des Jahrhunderts zu überleben. Er ernährte sich einzig von dem rohen Fleisch eines Pferdes und der dort weit verbreiteten Pflanze Engelswurz. Günstig an seiner Felsenhöhle war, dass in ihr eine kleine Quelle sprudelte, ansonsten bot sie ihm gerade Raum, um sich kauernd darin aufzuhalten. Nicht ohne Stolz und Bewunderung weist eine Tafel an dem Unterschlupf in Herðubreiðarlindir auf Eyvindur hin, der der Einsamkeit, Kälte und unwirtlichen Natur wie ein echter Wikinger-Nachfahre trotzte. Natürlich gelang es Eyvindur, seine Frau Halla einige Jahre später zu befreien. Nach 20-jähriger Ächtung wurden sie begnadigt und konnten wieder in die Westfjorde zurückziehen, wo sich auch ihre Gräber befinden.

Geächtete wurden gerne in den alten Sagas als Übermenschen dargestellt, so ist Gunnar in der Njáls saga strahlend und tatkräftig (s. S. 90), ja selbst der eher mürrische und jähzornige Eirík rauði hat in der Eiríks saga rauða das Zeug zum Helden. Interessanterweise sind die Figuren der späteren Sagas – wie Grettir und Gísli – weniger als Sieger angelegt. Sie tragen das Unglück in sich, quasi schicksalhaft, und sind zudem wenig sozialverträglich. Imponierend ist nur ihre Stärke wie bei Grettir, und so wird er heute zur – touristischen – Leitfigur stilisiert wie z. B. bei den Grettir-Tagen in Bjarg in Nordwestisland (s. S. 172). ■

Unglaublich erscheint es beim Anblick der vegetationslosen Lavawüsten des Hochlandes, dass hier Menschen überleben konnten; im Bild die Wüste Ódáðahraun mit dem Einzelvulkan Herðubreið.

Das Kleingedruckte

*Leuchttürme – wie hier in
Akureyri – stehen an besonders
exponierten Landspitzen entlang
der isländischen Küste.*

Anreise

... mit dem Flugzeug

Von Deutschland, Österreich und der Schweiz gibt es Non-Stop-Flüge zum Internationalen Flughafen in Keflavík, von dort fährt der Flybus nach Reykjavík (ca. 45 Min., Fahrkarten kauft man am Schalter im Ankunftsbereich, www.flybus. is). Ganzjährig Flüge bieten die beiden isländischen Fluggesellschaften, besonders interessant sind Kooperationen bei WOW air mit anderen Low-Fare-Airlines. Aktuelle Verbindungen findet man auf der Internetseite des Flughafens:

www.keflavikairport.is
Icelandair, www.icelandair.de
WOW air, http://wow-air.de

... mit dem Schiff

Die Autofähre ›Norröna‹ der Smyril Line verkehrt fast ganzjährig. Smyril Line bietet auch entsprechende Rundreisen in Island (inklusive Überfahrt) an. Besonders reizvoll ist die Möglichkeit, einige Tage auf den Färöer-Inseln zu verbringen.

www.smyrilline.de

Bewegen und Entschleunigen

Angeln

Island gilt als Anglerparadies für Lachs- und Forellenangeln. Ein schönes, aber teures Vergnügen, denn die Lizenzen müssen rechtzeitig bestellt und die mitgebrachte eigene Angelausrüstung muss vor der Einreise desinfiziert werden (s. S. 241). Angellizenzen für Forellengewässer sind kurzfristig an Bauernhöfen und auch an Tankstellen bei den Gewässern zu beziehen. Informationen und Lizenzen für Lachsangeln:

Icelandic River Owners, www.angling.is

STECKBRIEF **S**

Lage und Fläche: Island liegt auf dem Mittelatlantischen Rücken zwischen 63° 17'30" und 67° 07'05" nördlicher Breite und 13° 16'07" und 24° 32'12" westlicher Länge. Die Nord-Süd-Ausdehnung beträgt ca. 300 km, die West-Ost-Ausdehnung rund 500 km.
Einwohner: rund 338 000
Größte Städte: Reykjavík (210 000 Einw.), Kópavogur (30 000 Einw.), Hafnarfjörður (26 000 Einw.), Akureyri (18 000 Einw.)
Zeit: MEZ −1 Std., MESZ −2 Std.
Staat und Verwaltung: Island ist eine parlamentarische Republik mit einem direkt vom Volk gewählten Präsidenten als Staatsoberhaupt. Island ist in acht Bezirke gegliedert: Reykjanes, Reykjavík, Vesturland, Vestfirðir, Norðurland vestra und eystra, Austurland und Suðurland.
Wirtschaft: Die Wirtschaft basiert auf Fischfang sowie auf energieintensiven Industrien wie die Aluminiumproduktion. Wichtigste Exportgüter sind Meeresprodukte, Aluminium und Ferrosilizium. Der Tourismus hat sich in den letzten Jahren zum wichtigen Devisenbringer entwickelt und hat die Einnahmen aus der Fischerei längst überholt.

Bergsteigen

Dieser Sport ist in Island reizvoll, weil man fast nie auf ausgetretenen Pfaden wandert, aber aufgrund des lockeren Gesteins vieler Berge nicht ganz ungefährlich. Vor einer Bergbesteigung sollte man sich über Wetteraussichten und Bergverhältnisse informieren. Ratsam ist es auch, eine Nachricht bei entsprechenden Stellen wie Hüttenwarten zu hinterlassen. Wichtig ist, einbrechende Wetterstürze abzuwarten, daher gehört zu einer Bergtour immer eine Notausrüstung mit Biwaksack und Alu-Decke. Nur wirklich erfahrene Bergsteiger können vielleicht auf ortskundige Bergführer verzichten, alle anderen sollten sich organisierten Gruppen anschließen. Die Wandervereine erteilen Auskünfte:

Ferðafélag Íslands, www.fi.is
Útivist, www.utivist.is

Wichtige Sicherheitshinweise stellt folgende Internetseite bereit:

https://safetravel.is/de

Golf

Golf ist in Island ein sehr beliebter Breitensport, darum findet man Golfplätze auch in kleinen Orten im ganzen Land. Alle Golfplätze stehen ausländischen Besuchern offen, es wird lediglich eine geringe Tagesgebühr erhoben. Einige Plätze sind landschaftlich sehr schön gelegen.

The Golf Union of Iceland, www.golf.is

Marathon

Jedes Jahr findet um den 20. August der Reykjavík-Marathon statt. Beim Laugevegur Ultra Marathon wird von Landmannalaugar nach Þorsmörk die klassische Wanderroute von 55 km gelaufen. Beim Suzuki Mitternachtssonnenlauf im Juni, der in Reykjavík stattfindet, sind drei Distanzen möglich: Halbmarathon, 10 km und 5 km. Man kann sich aber auch für alle drei Strecken anmelden. Ende Mai/Anfang Juni gibt es noch den Mývatn-Marathon. Anmeldung:

www.marathon.is
www.myvatnmarathon.com

Radfahren

Radfahren ist für viele die beliebteste Fortbewegungsart in Island, entsprechend viele Radler sieht man. Auf der Internetseite des isländischen Mountainbike-Klubs findet man Informationen zur Kleidung, zu Straßen und Adressen für Fahrradverleihe und Fahrradwerkstätten. Alle Fahrradfahrer sind auch herzlich zum Besuch des Klubhauses eingeladen. Auch die Touristeninformationen halten Listen der Mountainbike-Vermieter und Radtourenveranstalter bereit.

Mountainbike-Klubhaus, Brekkustígur 2, 101 Reykjavík, T 562 00 99, www.fjallahjola klubburinn.is

Rafting

Diesen beliebten Sport kann man vielerorts ausüben. Auskünfte erhält man in den Touristeninformationen sowie bei

www.arcticrafting.is

Reiten

Die Möglichkeiten sind vielfältig, sie reichen vom kurzen Ausritt für den Anfänger bis zum mehrwöchigen Hochlandritt. Informationen findet man u. a. in Reitermagazinen sowie in der Hey-Iceland-Broschüre »Self-Drive in Iceland«, wo die Höfe mit Reitmöglichkeiten angegeben sind.

www.heyiceland.is/about-us/brochures
www.islanderlebnis.de

Wandern

Eine qualitativ hochwertige Ausrüstung, die den stark schwankenden Witterungsbedingungen gewachsen ist, ist ein Muss. Mehrtägige Sandstürme sind keine Seltenheit, und mit Temperaturstürzen oder länger anhaltendem, heftigem Regen mit starkem Wind muss man immer rechnen. Darum sind mehrtägige Wanderungen sehr sorgfältig zu planen und am besten holt man dazu den Rat erfahrener Islandwanderer ein. Dass man mit Karte, Kompass und GPS umgehen kann, ist selbstverständlich, aber man sollte niemals davon ausgehen,

dass die Karte immer recht hat, Flussläufe verändern sich z. B. mit der Zeit. Bei Hochlandwanderungen sind oft (Gletscher-) Flüsse mit starker Strömung und niedrigen Temperaturen zu queren. Gehen Sie nicht ohne Watstange – Teleskopskistöcke sind ideal. Hören Sie auf die Warnungen isländischer Wanderführer und erfahrener Wanderer, denn Selbstüberschätzung bringt jährlich Touristen in lebensbedrohliche Situationen. Beliebte Strecken haben meist den Vorteil, dass sie mit Sticks markiert sind. Wanderwege, wie man sie sonst kennt, gibt es auf Island nicht. Wer Lavawüsten erwandern will, muss sich nur anhand der Karte orientieren können. Die Wandervereine erteilen Auskünfte:
Ferðafélag Íslands, www.fi.is
Útivist, www.utivist.is

Wichtige Sicherheitshinweise stellt folgende Internetseite bereit:
https://safetravel.is/de
Wanderkarten: Wanderkarten (Sérkort, 1 : 100 000), eine Hochlandkarte mit GPS-Koordinaten an Kreuzungen und

Wandern erlaubt – Wildzelten und Drohnen-Fliegen-Lassen verboten!

Hütten, Íslands Atlas (1 : 100 000). Erhältlich bei:
Forlagið, Landakort, Bræðraborgarstíg 7, 101 Reykjavik, T 575 56 00, www.forlagid.is
Ferðakort, Brautarholt 8, 105 Reykjavík, T 517 72 10, www.ferdakort.is

Wellness
In Reykjavík und der Blauen Lagune (s. S. 61) gibt es spezielle Wellness-Angebote, doch Island ist das Land der Hot Pots. Jedes Schwimmbad, viele Hotels oder Sommerhäuser haben so einen Relax-Pool mit schöner Aussicht und manchmal auch sprudelnd. Braucht es mehr zur Erholung?

Einkaufen

Läden haben Mo–Fr 9–18, Sa 10–16 Uhr geöffnet. In einigen Supermärkten kann man bis 24 Uhr und auch sonntags einkaufen, so z. B. in Reykjavík. Während der Sommermonate (Juni–Aug.) sind manche Geschäfte Sa geschlossen, ausgenommen Souvenirläden. Die großen Einkaufszentren Kringlan (www.kringlan.is) in Reykjavík und Smáralind (www.smaralind.is) in Kópavogur haben u. a. Do lange und So geöffnet. Beide Malls bieten neben den bekannten internationalen Marken auch große isländische Labels und kleine Design-Geschäfte. Kioske *(sjópa)* verkaufen meist bis 23.30 Uhr, außer Süßigkeiten und Getränken erhält man dort auch einige Lebensmittel. Die Möglichkeit, die Mehrwertsteuer zurückzuerhalten, macht Einkäufe ab 6000 ISK günstiger, s. Kasten.

Einreisebestimmungen

Für Reisende aus Schengen-Ländern besteht keine Passkontrolle, dennoch empfiehlt es sich, Pass oder Ausweis mitzunehmen. Für Schweizer Bürger genügt der

TAX-FREE

Ausländischen Besuchern wird die Mehrwertsteuer für bestimmte in Island erstandene Waren zurückerstattet, das sind bis zu 15 % des Einzelhandelspreises. Die Summe auf einem Kassenzettel muss mindestens 6000 ISK betragen. Wie die Rückerstattung der Mehrwertsteuer funktioniert steht unter www.tollur.is/english/individuals/customs/traveling-to-iceland/tax-free-vat-refund.

Pass ebenso wie für ausländische Staatsbürger mit einer Aufenthaltsgenehmigung in Deutschland. Der Reisepass muss nach der Rückreise noch drei Monate gültig sein. Jedes Kind, das ins Ausland reist, benötigt unabhängig vom Alter einen eigenen Reisepass. Die Mitnahme von Devisen ist unbegrenzt.
www.tollur.is/English

Zollvorschriften

Zoll- und steuerfrei dürfen pro Erwachsenem (bei Alkohol Mindestalter 20 Jahre) eingeführt werden: 1 l Spirituosen bis 47 %, 0,75 l Wein und 3 l Bier oder 3 l Wein und 6 l Bier oder 1 l Spirituosen bis 47 % und 6 l Bier oder 1,5 l Wein und 12 l Bier oder 18 l Bier, 200 Zigaretten bzw. 250 g anderer Tabakwaren, Lebensmittel bis 3 kg. Nicht eingeführt werden dürfen Tiere, Rausch- und Betäubungsmittel, Frischfleisch, Milchprodukte, Eier, Waffen.
www.tollur.is/english/individuals/customs/traveling-to-iceland/duty-free-imports/

Einreise mit dem Pkw

Bei der Kfz-Einfuhr müssen Reisepass, internationaler Führerschein, Kfz-Schein und internationale Versicherungspolice vorgezeigt werden. Die Grüne Karte oder andere Versicherungen sind obligatorisch, ohne entsprechenden Nachweis muss bei der Ankunft eine Haftpflichtversicherung abgeschlossen werden. Bei der Ankunft in Island wird das Fahrzeug kontrolliert und eine für einen Monat befristete Einfuhrgenehmigung erteilt. Detaillierte Informationen zum Thema Kfz-Einfuhr liefert das Directorate of Customs auf seiner Homepage unter
www.tollur.is/english/individuals/customs/traveling-to-iceland/

Einreise mit Sportausrüstung

Angelausrüstung sowie Reitkleidung und -ausrüstung, die außerhalb Islands benutzt wurden, müssen von einem Veterinär vorab desinfiziert werden und eine entsprechende, offizielle Bescheinung muss man bei der Einreise vorlegen. Andernfalls werden die Sachen kostenpflichtig bei der Einreise desinfiziert.

Essen und Trinken

Essen gehen

Das Angebot an Restaurants ist in Reykjavík und den größeren Orten vielfältig, von typisch isländischen Gerichten über Hummer, Lamm bis zu Sushi und Tapas reicht die Palette. Zu einem richtigen Dinner gehört zunächst ein Aperitif, den man an der Bar oder in gemütlichen Sofaecken trinkt, währenddessen wird alles für die Vorspeise vorbereitet. Anschließend der Hauptgang bei Wein und Kerzenlicht. Wer auf das Dessert verzichtet, nimmt auf jeden Fall einen Kaffee und dazu Cognac oder Likör. Diese opulenten Abende leisten sich die Isländer mit Vorliebe am Wochenende, und dann muss man schon reservieren, um noch einen Platz im Restaurant seiner Wahl zu erhalten. Die Kosten liegen bei rund 70 € pro Person, je nach Alkoholkonsum. Preiswerter sind dagegen die Mittags- bzw. Tagesgerichte dagsréttur, die einige der Restaurants anbieten (rund 15 €). Entsprechende

Tafeln weisen schon draußen darauf hin. Außerhalb der großen Orte bieten die Hotels entsprechende Restaurants von unterschiedlicher Qualität. In den kleinen Weilern bleibt manchmal als einzige Möglichkeit die Tankstelle, zu der in der Regel ein Fastfood-Imbiss gehört. Manchmal sind es nur Hamburgervariationen, andere haben auch Fischgerichte im Angebot.

Mahlzeiten des Tages
Frühstück: Das Frühstück *(morgunmatur)* ist reichhaltig und meist wird bei den Unterkünften ein Buffet angeboten. Neben Säften gibt es Tee, Kaffee und natürlich Frischmilch. Das Cerealienangebot reicht vom Müsli bis zu unterschiedlichen Flakes. Traditionell gehören auf jeden Fall Cornflakes dazu, die mit *súrmjólk* (Sauermilch) und braunem Zucker gegessen werden. Neben Toast gibt es verschiedene Brotsorten, meist auch das isländische süße, dunkle Roggenbrot. Neben Marmeladen, Butter, Käse- und Wurstaufschnitt gehört Fisch zum Angebot, Hering *(síld)* in den unterschiedlichsten Variationen oder auch Lachs. Tomaten, Paprika und Gurken werden aufgeschnitten.

Mittagsgericht: Das kleine Mittagessen *(hádegismatur)* findet zwischen 12 und 14 Uhr statt. In der Zeit haben auch die Angestellten der Firmen und Verwaltungen ihre Pause und entsprechend gut besucht sind in größeren Orten die Lokale. Einige Restaurants bieten einen relativ preiswerten Mittagstisch, bestehend aus Suppe und Tagesgericht *(dagsréttur,* rund 2300 ISK). Entsprechende Tafeln – meist auf Englisch – weisen draußen darauf hin. Dazu gibt es Brot, Wasser und Kaffee. Andere Angebote bestehen aus Salatbuffets, oft auch kombiniert mit einer Suppe.

Abendessen: Das Abendessen *(kvöldmatur)* ist die Hauptmahlzeit des Tages und findet zwischen 18 und 21 Uhr statt. Wer am Abend essen geht, muss für die Mahlzeiten deutlich mehr bezahlen als

UNBEDINGT PROBIEREN

Auch die jungen Isländer haben ein Lieblingsgericht: *pylsur,* bei uns als Hot Dog bekannt. Dazu gibt es ein Soßensortiment und Zwiebel, wer alles zusammen haben will, bestellt *með öllu* (mit allem). Hot-Dog-Fans beschwören, dass die isländischen Würste ausgezeichnet sind.

am Mittag. Lammgerichte kosten oft ab 3700 ISK. Fischgerichte sind in der Regel preisgünstiger, hier kann man schon ab 2400 ISK ein Hauptgericht bekommen – außer bei Wildlachs und Hummer.

Für zwischendurch
Am Nachmittag zwischen 15 und 17 Uhr gibt es ein breites Angebot an Kuchen aller Art. Neben zuckersüßen, hohen Sahnetorten bietet man auch *pönnukökur* (hauchdünne Pfannekuchen) gefüllt mit Sahne oder Marmelade, *kleinur* (Schmalzgebäck) oder *vinarbrauð* (Gebäck) an. Als herzhafte Ergänzung kann man Hangikjöt auf *flatbrauð* (geräuchertes Lammfleisch auf Roggenfladenbrot) essen. Auch ein Sandwich mit *rækja* (Krabben) zählt zum Nachmittagsimbiss.

Feiertage

1. Januar: Neujahr
Gründonnerstag, Karfreitag, Ostermontag
3. Do im April: 1. Sommertag
1. Mai: Tag der Arbeit
Christi Himmelfahrt
Pfingsten
17. Juni: Nationalfeiertag
1. Mo im August: Handelsfeiertag
24. Dez. ab Mittag: Heiligabend
25./26. Dez.: Weihnachten
31. Dez. ab Mittag: Silvester

Informationsquellen

www.iceland.is
Das ist die offizielle Seite, auf der sich Island präsentiert: Natur, Kultur, Wirtschaft, Politik etc. Die Website ist aufgefrischt und man wird unmittelbar zu deutschen Infos geleitet.

www.iceland.de
Gute und aktuelle Informationen über Island auf Deutsch mit zahlreichen Serviceangeboten, u. a. Reiseveranstalter, die sich auf Island konzentrieren, oder Bücher- und Musikhinweise.

www.nat.is
Diese Reise-Website auf Englisch bietet eine Fülle an Informationen zu den Regionen, einzelnen Orten mit Buchungsmöglichkeiten etc. Man muss sich entsprechend durchklicken, aber es ist ein guter Einstieg, vor allem auch mit Angeboten.

Vor Ort
Das größte Touristeninformationszentrum ist in Reykjavík, hier sind in der Regel auch alle regionalen Broschüren und Informationen erhältlich, sodass man die Reise von dort aus gut strukturieren kann. Ansonsten sind im Reiseteil die jeweiligen örtlichen Informationsstellen angegeben. Die Mitarbeiter sprechen in der Regel Englisch, in Reykjavík auch einige Deutsch.

Internetzugang
Fast im ganzen Land hat man eine gute Internetverbindung. Viele Unterkünfte, Restaurants, Cafés etc. bieten ihren Gästen kostenfreies WLAN.

Kinder

Island ist ideal für Familien, nicht zuletzt weil die Isländer ausgesprochen kinderlieb sind. Man erhält überall Vergünstigungen für Kinder bis 12 Jahre, für Kleinkinder braucht man oft gar nichts zu bezahlen. Zeltplätze sind meist mit Spielplätzen ausgestattet, in den Orten gibt es schöne Schwimmbäder. ›Ferien auf dem Bauernhof‹ oder eigene Hütten bieten viel kindgerechte Abwechslung.

Klima und Reisezeit

Klima
Der Satz »Wenn dir das Wetter nicht gefällt, dann warte nur einen Augenblick« ist typisch für das wechselhafte Wetter Islands, das durch mehrere Faktoren beeinflusst wird: Feuchtwarme, zum Teil tropische Luftmassen aus dem Süden treffen auf trockene, kalte Luftmassen aus der Polarregion; der Irmingerstrom, ein Arm des Golfstroms mit Wassertemperaturen bis zu 12 °C, umspült von Süden kommend die Süd- und Westküste, während von Norden der kalte Ostgrönlandstrom im Nordwesten vorbeistreicht; er bringt polares, 0–3 °C kaltes Wasser. Trotz der nördlichen Lage weist die Insel keine extremen Temperaturen auf: Die Sommer sind kurz und derzeit noch relativ kühl, die Winter lang, aber recht mild. Die überwiegend südlichen und südwestlichen Winde in Island bringen Wolken und hohe Luftfeuchtigkeit mit sich. Während es im Norden kühl und trocken ist, regnet es im wärmeren Süden häufiger. Winde mittlerer Stärke sind kennzeichnend für das isländische Wetter, und im Winter kommt es nicht selten zu heftigen Schneestürmen.

Reisezeit
Die Hauptsaison liegt noch immer im Sommer von Juni bis August, doch langsam weitet sie sich aus z.B. auch auf den Mai, was sich an den Preisen zeigt. Die touristischen Angebote sind am vielfäl-

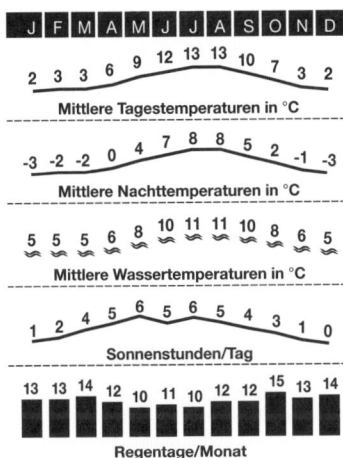

J	F	M	A	M	J	J	A	S	O	N	D

2 3 3 6 9 12 13 13 10 7 3 2

Mittlere Tagestemperaturen in °C

-3 -2 -2 0 4 7 8 8 5 2 -1 -3

Mittlere Nachttemperaturen in °C

5 5 5 6 8 10 11 11 10 8 6 5

Mittlere Wassertemperaturen in °C

1 2 4 5 6 5 6 5 4 3 1 0

Sonnenstunden/Tag

13 13 14 12 10 11 10 12 12 15 13 14

Regentage/Monat

Das Wetter in Reykjavík

tigsten, die Isländer am lebendigsten, die Touristen am zahlreichsten und die Natur am üppigsten. In der Zeit sind auch die Zeltplätze und Berghütten geöffnet und somit steht einem aktiven Outdoor-Urlaub wenig im Wege. Die Sommermonate Juni, Juli, August sind auch die Zeit mit der höchsten Tageslichtdauer, so geht im Juni die Sonne erst gegen 23.30 Uhr unter, um um ca. 3.30 Uhr wieder aufzugehen. Im Juli liegt der Sonnenuntergang sogar bei ca. 24 Uhr und der Sonnenaufgang bei ca. 3 Uhr. Erst im August werden die Tage wieder langsam kürzer. Der Herbst dauert nur von September bis Mitte Oktober – eine ideale Reisezeit, da weniger Touristen im Land sind. Erfahrene Geländewagenfahrer können jetzt auch noch ins Hochland fahren, die Landschaft wird in warme Goldtöne getaucht. Außerdem finden der Schaf- und der Pferdeabtrieb statt, beliebte Volksfeste. Am preiswertesten sind die Wintermonate – mit Ausnahme der Weihnachtstage und des Jahreswechsels –, doch dann muss man mit nur vier Stunden Tageslicht auskom-

men! Dennoch: Der Schnee verzaubert die Landschaft geradezu und der Frost verwandelt die Wasserfälle in Eispaläste. Die zahlreichen Wintersportangebote sind ebenso lohnend wie Gletscherausflüge mit Superjeeps. Im Dezember sind die Straßen in ganz Reykjavík strahlend erleuchtet und alle sind in Weihnachtslaune. Das Hochland ist in dieser Zeit nicht zugänglich.

Kleidung und Ausrüstung

Gute Regensachen und Schwimmzeug sowie Sonnenschutz und Sonnenbrille gehören unbedingt ins Gepäck. Ansonsten sollte die Kleidung auf das wechselhafte Klima abgestimmt sein. Deshalb unbedingt Fleecejacken oder Pullover einpacken sowie leichte T-Shirts. Selbst Mütze und Handschuhe können im Sommer notwendig sein. Wichtig sind bei Hochlandtouren – motorisiert oder zu Fuß – feste Schuhe und windundurchlässige Kleidung. Für den gehobenen Restaurant- oder Diskothekenbesuch in Reykjavík benötigt man entsprechende Garderobe – die Isländer mögen es schick. Ein Zelt sowie Schlafsack und Kochutensilien geben die Freiheit, auch im Hochland zu übernachten. Fast jedes Dorf hat einen ausgewiesenen Zeltplatz. Nicht bei der Qualität des Zeltes sparen, denn das muss auch Stürmen standhalten. Für Wanderungen empfiehlt sich, dass man Teleskop-Stöcke mitnimmt, denn das Terrain ist nicht immer eben. Gerade wenn man Flüsse furten muss, sind die Stöcke zum Stabilisieren hilfreich, zumal einige Gletscherflüsse eine stärkere Strömung haben. Wer längere Wanderungen unternimmt, sollte entsprechende wasserdichte Schuhe zum Furten einpacken, entweder Trekkingsandalen oder Gummistiefel. Das Gepäck wird auf Busfahrten durch Wasser, Staub und Sand z. T. sehr strapaziert, deshalb reisen die meisten Touristen mit Rucksäcken.

Jan	Feb	Mär	Apr	Mai	Jun	Jul	Aug	Sep	Okt	Nov	Dez

Hauptsaison

Nebensaison

Vorsaison · Hauptsaison · Nachsaison · Nebensaison

Haupt-saison

Ein Reykjavík-Trip ist zu jeder Jahreszeit lohnenswert

beste Zeit für Reykjavík mit Reykjavíkern

beste Zeit zum Wandern

beste Zeit für Walbeobachtung

Reisen im Hochland

Mitternachtssonne

nur 4–5 Stunden Tageslicht

nur 4–5 Stunden Tageslicht

beste Zeit für die Polarlichtbeobachtung

beste Zeit für die Polarlichtbeobachtung

Gletschertouren

beste Zeit für Selbstfahrer mit eigenem Auto

Skisaison

○ 1.1. Neujahr

○ 3. Do im April 1. Sommertag

○ 1.5. 1. Mai ○ 17.6. Nationalfeiertag

○ Mai Pfingsten ○ Juni Christi Himmelfahrt

○ Mitte/Ende April Ostern

○ 1. Mo im Aug. Handelsfeiertag

○ 24.–26.12. Weihnachten

○ 31.12. Silvester

Lesetipps

Kristín Marja Baldursdóttir: Die Farben der Insel, Frankfurt/M. 2009. Das Leben der Künstlerin Karítas, voller Widerstände und Kampf um Anerkennung. Die Autorin schildert dieses vielschichtige Leben in Paris und Island mit sehr großer Intensität.
Sabine Barth: Island 151, Meerbusch 2016. In 151 Momentaufnahmen von A bis Z wie Aluminium, EU, Fußball, Já, Rabe, Tourismus oder Zeitmanagement zeigt die Autorin den Facettenreichtum der nordischen Insel.
Einar Kárason: Die Sturlungen, München 2017. Vier Romane, die den Kampf der mächtigsten Familien im 13. Jh. in Island beschreiben. Spannend und mit atmosphärischer Dichte erzählt Einar von den Intrigen und Gemetzeln, in deren Folge sich die isländische Gesellschaft veränderte.
Sjón/Bernd Koberling: Gesang des Steinesammlers, Münster 2006. Der zweisprachige Gedichtband mit den Aquarellen von Bernd Koberling ist in vieler Hinsicht ein Genuss. Sjón gehört mit seiner faszinierenden Bildersprache zu den besten Lyrikern des Landes. Koberlings Arbeiten korrespondieren damit ohne zu illustrieren.
Halldór Laxness: Atomstation, Göttingen 1989. Der Roman, für den Laxness 1955 den Nobelpreis erhielt, spiegelt die Unruhe in Island wider, als 1946 das isländische Parlament beschloss, den USA den Flugplatz Keflavík als Stützpunkt zu überlassen.
Guðmundur Óskarsson: Bankster, Frankfurt 2011. Markús verliert in Folge der Finanzkrise seine Stelle bei der Bank. Als auch seine Freundin Harpa arbeitslos wird, bricht das Lebensmodell des Paares zusammen. Humorvoll und aus erster Hand erzählt, der kongeniale Roman zur isländischen Bankenkrise.

Reisen mit Handicap

Bei entsprechender Planung sind Reisen in Island für Behinderte durchaus möglich. Die Broschüren des Hotel- und Gaststättenverbandes verweisen auf für Rollstuhlfahrer geeignete Einrichtungen. Größere Supermärkte sind in der Regel für Rollstuhlfahrer zugänglich. Auch Küstenfähren und die Fluggesellschaften sind auf Passagiere mit Handicap eingerichtet. Bei vorheriger Anfrage stehen einige Inlandbusse Rollstuhlfahrern für Spezialtouren zur Verfügung. Infos:
Sjálfsbjorg, Hátun 12, 105 Reykjavik,
T 550 03 60, www.sjalfsbjorg.is (nur Isl.)

Reiseplanung

Island zum ersten Kennenlernen
Ein Tag in Reykjavík mit dem Besuch des Nationalmuseums, einem Krabbenbrot im Hafen oder einem Kaffee auf dem Austurvöllur vermittelt Ihnen erstes Islandflair. Aber Reykjavík ist nicht nur Hauptstadt, sondern auch ein hervorragender Standort, um ganzjährig Tagesausflüge zu unternehmen. Die nahe Halbinsel Reykjanes mutet mit ihren Lavafeldern und dem geothermischen Gebiet Krísuvík schon wie das isländische Hochland an. Im kleinen Fischerort Grindavík lernen Sie den Salzfisch kennen, eine landestypische Art der Fischverarbeitung. Zur Erholung fahren Sie in die Blaue Lagune und entspannen in Islands bizarrster Badewanne. Wenn Sie den Vatnajökull im Inseloesten sehen wollen, fliegen Sie nach Höfn und unternehmen eine Gletschertour – abends geht es dann wieder zurück nach Reykjavík.

Nicht verpassen
Neben Reykjavík sind Islands Vulkanlandschaften für die meisten Besucher das Ziel der Reise. Besonders beeindruckend

präsentieren sie sich an folgenden Orten: Über das UNESCO-Kulturerbe Þingvellir erreichen Sie die Geysire im Tal Haukadalur. Wenn Sie eine Rundreise machen, wandern Sie im Süden auf den Vulkan Hekla und halten in Skógar für den 60 m hohen Wasserfall Skógafoss und am Fuß des Vatnajökull für den Gletschersee Jökulsárlón. Im Osten liegt der hübsche Ort Seyðisfjörður, mit seinen alten Häusern in eine malerische Berglandschaft eingebettet, die einen Abstecher lohnt. Zu den Natur-Highlights des Nordens gehören der See Mývatn und die Schlucht Jökulsárgljúfur mit dem mächtigen Dettifoss, zum anderen die Stadt Akureyri mit ihren Museen. Auf dem Weg nach Westen kommen Sie am ehemaligen Bischofssitz Hólar vorbei, der wegen der dortigen Ausgrabungen und der Kirche einen Stopp lohnt. Im Nordwesten bzw. im Gebiet der Westfjorde gehören die Klippen von Látrabjarg zu den Top-Sehenswürdigkeiten Islands. Sie sind die höchsten Küstenfelsen und zudem sehr vogelreich. Im Westen lockt die Halbinsel Snæfellsnes mit dem herausragenden Gletscher Snæfellsjökull und schönen Stränden im Nationalpark. Das Hochland ist ein Must an sich, und wenn Sie nur wenig Zeit haben, so ist die Lavawüste Ódáðahraun um den Berg Herðubreið an erster Stelle zu nennen, vom Mývatn aus ein beeindruckender Tagesausflug.

Welches Wandergebiet ist am schönsten?

Für diejenigen, die nur Tageswanderungen machen wollen, empfehle ich das Naturschutzgebiet Skaftafell und den Gebirgszug Kerlingarfjöll. Die Wandermöglichkeiten reichen von 2-stündigen ›Spaziergängen‹ bis zu Tagestouren. Wer längere Zeit mit Rucksack, Zelt und ausreichend Verpflegung unterwegs sein will, begibt sich ins Hochland und wandert vom Snæfell im Osten bis nach Lónsöræfi. Diese abwechslungsreiche Wanderung bietet Glet-

scher, Schluchten mit Wasserfällen und zuletzt eines der schönsten, in allen Farben schimmernden Liparitgebirge. Fast schon legendär ist Hornstrandir im Nordwesten mit vielen interessanten Buchten, warmen Quellen und idealen Zeltplätzen.

Bus oder Jeep – wie fährt man am besten?

Das reguläre Busnetz – Linien- und Ausflugverkehr – ist in den Sommermonaten ausgezeichnet. Sie kommen an jeden Punkt der Insel, und da man in Island recht flexibel überall aus- und zusteigen kann, ist das Reisen mit dem Bus sehr angenehm – aber nicht unbedingt billig. Wer gern selbst fährt und die Insel auf eigene Faust erkunden möchte, ist natürlich mit einem Mietwagen gut bedient. Um ins Hochland zu gelangen, braucht man unbedingt einen Jeep. Unbedingt beachten: Im Hochland sind die Pisten anspruchsvoll. Lieber einmal mehr zögern und Vorsicht walten lassen, als mal eben in einem Gletscherfluss abtreiben!

Spartipps

Günstige Angebote finden Sie im Internet sowohl bei den Fluggesellschaften als auch den Unterkünften. Ansonsten gilt generell: Besuchen Sie Island im Herbst oder Winter (s. S. 244). Bei Lebensmitteln lohnt es sich, in den preiswerten Discountern Bónus und Krónan einzukaufen. Falls Sie größere Anschaffungen planen, z. B. Modeartikel, so achten Sie darauf, ob ein *útsala,* ein Schlussverkauf, ausgeschrieben ist. Bei manchen Bauernhöfen findet man Hinweisschilder, dass hier Gemüse günstiger verkauft wird, ideal für Selbstversorger.

Sicherheit und Notfälle

Vor jeder Wanderung oder Bergbesteigung sollten die Sicherheitsempfehlungen auf https://safetravel.is/de abgerufen werden. Die Seite informiert ausführlich über Straßensperrungen, Erdrutschgefahren, Brückenschließungen, gefährliche Flussfurten u. Ä. In Island gilt die Notrufnummer 112 für Feuerwehr, Polizei und Notarzt. www.road.is ist die englischsprachige Website zu den isländischen Straßenzuständen.

Botschaften

Deutsche Botschaft
Laufásvegur 31, 101 Reykjavík
T 530 11 00, www.reykjavik.diplo.de
Mo–Fr 9–12 Uhr

Österreichisches Konsulat
Orrahólar 5, 111 Reykjavík
T 557 54 64, arni-siemsen@simnet.is

Schweizer Konsulat
Laugavegur 13, 101 Reykjavík
T 551 71 72, reykjavik@honrep.ch

Übernachten

Hotels

Die meisten Hotels sind von mittlerem Standard und haben Zimmer mit Dusche/WC. Häuser ab vier Sternen bieten durchaus gehobenen Standard. Die Icelandair Hotels sind ganzjährig geöffnet und verfügen meist über einen relativ guten Ausstattungsstandard. In Pauschalangeboten von Icelandair wird man häufig dort untergebracht. Mit zur Icelandair-Familie gehören auch die Edda-Hotels, die alle nur im Sommer geöffnet und größtenteils in Internatsschulen untergebracht sind, häufig mit Schwimmbad und Restaurant. Im Internet findet man regelmäßig Angebote.

www.icelandairhotels.com
www.hoteledda.is
www.fosshotels.is
www.keahotels.is
www.centerhotels.com

Gästehäuser und Privatunterkünfte

In fast jeder Ortschaft Islands gibt es solche Übernachtungsmöglichkeiten (gistiheimili, gistihúsið). Gästehäuser bieten auch häufig die Möglichkeit der Schlafsackunterkunft. Es handelt sich aber mitnichten um eine Übernachtungskategorie mit einheitlichem Standard. So reicht die Zimmerausstattung von zwei schmalen Betten mit zwei Stühlen und Haken bis zu wirklich komfortablen Unterkünften. Auch die Preise sagen nicht unbedingt etwas über die Qualität und den Standard aus.

Ferien auf dem Bauernhof

Unter dem Namen ›Hey Iceland‹ bieten die zu einer Dachorganisation zusammengeschlossenen Bauernhöfe und Gästehäuser neben den Übernachtungen noch eine Reihe von Aktivitäten wie Reiten, Angeln, Jagen, Schwimmen und Schafabtrieb an. Übernachtungen (auch Schlafsackunterkunft) mit Frühstück werden entweder in den Bauernhöfen, separaten Häusern oder Sommerhäusern angeboten.
Hey Iceland, www.heyiceland.is

Ferienhäuser

Es gibt mehrere Möglichkeiten, ein Sommerhaus oder auch ein Ferienhaus zu mieten. Zum einen gehören Sommerhäuser zu manchen Bauernhöfen oder Gästehäusern dazu. Entsprechende Hinweise findet man in den Broschüren »Self-Drive in Iceland« (www.heyiceland.is/about-us/brochures). Zum anderen vermieten etliche Isländer Häuser als Feriendomizile. Einige Reiseveranstalter bieten diese Häuser an, doch hier muss man oft eine Woche buchen, z. B. www.katla-travel.is. In Island gibt es den Anbieter Viator (www.viator.is, auch auf Deutsch).

Jugendherbergen

Etliche der 34 Jugendherbergen sind nicht nur in den Sommermonaten geöffnet und stehen jedem ohne Altersbegrenzung

offen. Das Angebot an Zimmern und Aktivitäten ist vielfältig. Die Übernachtungspreise betragen für HI-Mitglieder ab ca. 4800 ISK, für Nicht-Mitglieder ab ca. 5600 ISK. Da Jugendherbergen eine preiswerte Unterkunftsmöglichkeit darstellen und auch bei Familien beliebt sind, sollte man im Sommer frühzeitig reservieren. Informationen mit Beschreibungen der einzelnen Herbergen sowie Buchungen:
www.hostel.is

Wanderhütten

Die isländischen Wanderhütten gehören den jeweiligen Wanderorganisationen und ihren Regionalsektionen. Sie stehen jedem offen, und wenn man vorab nicht bezahlt hat, so wird erwartet, dass der Betrag in die in den Hütten bereitgestellten Boxen getan wird. Die Preise stehen in den Hütten angeschlagen.
Ferðafélag Íslands, www.fi.is
Útivist, www.utivist.is

Zelten

Es gibt ca. 170 Zeltplätze mit unterschiedlicher Ausstattung, von denen die meisten von Juni bis August geöffnet haben. Der Standard ist sehr unterschiedlich. Im Schnitt bezahlt man pro Person und Nacht rund 2000 ISK (plus Zelt). Neben den 40 Zeltplätzen, die sich für die Camping Card

---

CAMPING CARD

Rund 40 Zeltplätze haben sich zusammengeschlossen und bieten gemeinsam eine Camping Card an. Sie berechtigt den Inhaber, an 28 Tagen auf einem der Plätze zu nächtigen (max. 4 Nächte auf dem gleichen Platz). Die Karte ist ab der Eröffnung der Campingsaison bis zum 15. September gültig und kostet 149 €. Infos: www.campingcard.is.

---

zusammengeschlossen haben, gibt es in vielen kleinen Orten weitere Plätze, die meistens direkt neben dem Schwimmbad liegen. Plätze werden gelistet unter:
www.nat.is/camping-in-iceland/

Verkehrsmittel

Flugzeug

Air Iceland fliegt von Reykjavík aus und ist die Haupt-Airline. Destinationen sind Akureyri, Egilsstaðir und Ísafjörður, von Akureyri gibt es Verbindungen nach Grímsey, Þórshöfn und Vopnafjörður. Darüber hinaus bietet Air Iceland Tagestouren an. Diese Flüge gehen auch vom Flughafen in Reykjavík ab. Eagle Air fliegt mehrmals wöchentlich Bíldudalur, Gjögur, Heimaey, Húsavík und Höfn an. Außerdem bietet die Airline Charterflüge und Rundflüge.
www.ernir.is
www.airicelandconnect.com

Bus

Am Busterminal BSÍ in Reykjavík muss man in die entsprechenden Busse zu den jeweiligen Unterkünften umsteigen. Das Linienbusnetz ist gut ausgebaut, zudem werden im Sommer viele Buspässe angeboten. Einzelfahrkarten kann man beim Fahrer kaufen. An jeder Stelle der Strecke ist ein Aus- oder Einsteigen möglich. Die Buspässe sind allerdings nicht unbedingt preisgünstiger als ein Mietwagen, man sollte im Vorfeld die Preise vergleichen.
Reykjavík Excursions: Linienbusse rund um Island auf der Ringstraße sowie zahlreiche Tagestouren und Hochlandstrecken. Infos auch zu Buspässen: www.re.is.
SBA: Fahrten im Nordosten, vor allem die Hochlandrouten. Infos: www.sba.is.
Sternatravel: Bustouren rund um die Insel. Infos: http://sternatravel.com.
Strætó: Das Reykjavíker Busunternehmen bedient auch viele Strecken rund um die Insel. Infos: www.straeto.is.

Einen guten Überblick über die Busverbindungen und -unternehmen gibt der Plan zum Downloaden unter: www.publictransport.is

Mietwagen

In größeren Orten kann man Fahrzeuge leihen. Icelandair kooperiert mit Hertz und Icelandexpress mit Budget, entsprechend werden Fluggästen günstigere Tarife angeboten. Buchen über das Internet lohnt sich immer. Vor allem Buchungen über Portale sind günstig. Eine Kreditkarte ist für die Anmietung Voraussetzung. Der Fahrer muss mind. 20 Jahre alt sein – für Wagen mit Vierradantrieb 23 Jahre – und seit einem Jahr den Führerschein haben. Wer mit einem Pkw ins Hochland fährt, muss mit Strafgebühren rechnen.

Tanken: Einen aktuellen Tankstellenplan finden Sie auf den Websites der Tankstellenbetreiber: www.n1.is/en/locations/, www.olis.is/english/stations. Drucken Sie sich vor einer Fahrt den aktuellsten Plan aus und berechnen Sie aufgrund der Tankgröße Ihres Fahrzeugs die zu fahrenden Streckenabschnitte. Bedenken Sie dabei auch, dass der Treibstoffverbrauch auf Hochlandpisten höher ist als auf der Ringstraße. In Reykjavík und in den größeren Orten sind die Tankstellen meist bis 24 Uhr geöffnet. Mit Prepaid- und Kreditkarten kann man auch außerhalb der Geschäftszeiten an kleineren Tankstellen tanken.

Verkehrsregeln

Die Höchstgeschwindigkeit beträgt in Ortschaften 50 km/h, auf Stadtbahnen 60 km/h, auf Landstraßen 80 km/h bei Schotterbelag und 90 km/h bei Asphaltbelag. In geschlossenen Wohngebieten gelten häufig nur 30 km/h. Etliche Straßen sind Schotterpisten, nur die Ringstraße und die Ortsstraßen verfügen über eine fast geschlossene Asphaltierung. Inlandstraßen und Brücken sind oft schmal (einspurig). Hier gilt, dass derjenige, der der Brücke am nächsten ist, zuerst fährt, der andere

Mit einem Big-Wheel-Jeep sind Sie sicher unterwegs – Fahrerfahrung vorausgesetzt!

am Straßenrand wartet. Unübersichtliche Straßenkuppen sind nicht immer durch ein Warnschild mit der Aufschrift ›blindhæð‹ gekennzeichnet. Freilaufende Schafe haben Vorrang – fahren Sie langsam an den Tieren vorbei. Das Abblendlicht muss am fahrenden Auto, Motorrad oder Moped angeschaltet sein. Für alle Mitfahrenden gilt Gurtpflicht. Kinder müssen in Kindersitzen sitzen. Alkohol am Steuer ist generell untersagt. Für Hochlandstrecken braucht man einen Wagen mit Vierradantrieb und Erfahrung. Prüfen Sie vor Bachdurchfahrten die Wassertiefe, denn immer wieder werden Autofahrer abgetrieben. Hochlandpisten dürfen im Sommer erst nach Freigabe befahren werden (T 17 77, www.road.is). Es ist strikt verboten, außerhalb der Fahrspuren zu fahren.

www.vegagerdin.is: Hier findet man alle Infos über das Wetter und die Straßenverhältnisse, eine Zusammenfassung gibt es auf Englisch (www.road.is). Darüber hinaus kann man sich die Broschüren über richtiges Fahrverhalten in Island herunterladen.

Sprachführer Isländisch

AUSSPRACHE

›á‹ wird wie ›au‹ ausgesprochen; ›æ‹
wie ›ei‹; ›ð‹ wie das englische ›th‹
in›breathe‹; ›þ‹ wie das englische ›th‹ in
›thin‹; ›au‹ wie ›eu‹ in Feuilleton. Das ›r‹
wird gerollt. Die Betonung liegt immer
auf der ersten Silbe. Auch Orts-,
Straßen- und Personennamen werden
dekliniert.

Allgemeines

Hallo	Hæ, sæl(l)
Guten Tag	Góðan daginn
Guten Abend	Góða kvöldið
Gute Nacht	Góða nótt
Danke	Takk fyrir
Bitte	Gerðu svo vel
Entschuldigung	Afsakið
Auf Wiedersehen	Bless bless
Bis bald	Sjáumst
ja/nein	já/nei
Wie geht's?	hvað segirðu?

Unterwegs

geradeaus	beint áfram
rechts	hægri
links	vinstri
zurück	til baka
Bushaltestelle	stoppistöð
Tankstelle	bensínstöð
Autovermietung	bílaleiga
(Auto)werkstatt	(bila)verkstæði
Parkplatz	bílastæði, bifreiðstædi
Weg, Landstraße	vegur
Brücke	brú
Fahrkarte	miði
Flugplatz	flugvöllur
Schwimmbad	sundlaug(-ar)
Kirche	kirkja

Museum	safn
Fähre	ferja
Fahrrad	hjól
Taxi	leigubíll
Post	póstur
Telefon	sími
Information	upplýsingar

Zeit

heute	í dag
gestern	í gær
morgen	á morgun
morgens	á morgnana
mittags	hádegi, í hádeginu
abends	á kvöldin
früh	tímanlega
spät	seint
Sonntag	sunnudagur
Montag	mánudagur
Dienstag	þriðjudagur
Mittwoch	miðvikudagur
Donnerstag	fimmtudagur
Freitag	föstudagur
Samstag	laugardagur

Notfall

Hilfe!	Hjálp!
Panne	óhapp
Rettungswagen	björgunarbíl
Unfall	slys
Polizei	lögregla
Apotheke	apótek
Arzt	æknir
Zahnarzt	tannlæknir
Krankenhaus	sjúkrahús
Magenschmerzen	magaverkur
Kopfschmerzen	hausverkur
Halsschmerzen	hálsbólga
Zahnschmerzen	tannpína, tannverkur
Erkältung	kvef
Fieber	hiti
Husten	hósti
Erbrechen	kasta upp, æla

Übernachten

Hotel	hótel
Gästehaus	gistiheimili
Jugendherberge	farfuglaheimili
Hütte	kofi
Schutzhütte	neyðarskýli
Zeltplatz	tjaldsvæði, tjaldstæði
Sommerhaus	sumarhús
Einzelzimmer	einkaherbergi
Doppelzimmer	tveggja manna herbergi
Schlafsackunterkunft	svefnpokaplás
Dusche	sturta
Bad	bað
Toiletten	snyrtingar

Einkaufen

geschlossen	lokað
geöffnet	opið

Laden	verslun
Kiosk	sjoppa
Bank	banki
Kreditkarte	kreditkort

Zahlen

1	einn	18	átján
2	tveir	19	nítján
3	þrír	20	tuttugu
4	fjórir	21	tuttu guogeinn
5	fimm		
6	sex	30	þrjátíu
7	sjö	40	jörutíu
8	átta	50	fimmtíu
9	níu	60	sextíu
10	tíu	70	sjötíu
11	ellefu	80	áttatíu
12	tólf	90	níutíu
13	þrettán	100	hundrað
14	fjórtán	101	hundrað ogeinn
15	fimmtán		
16	sextán	200	tvöhun druð
17	sautján		

WICHTIGE SÄTZE

Allgemeines

Ich heiße …	Ég heiti …
Wie heißen Sie/ heißt du?	Hvað heitir þú?
Ich komme aus D/A/CH.	Ég er frá Þýskalandi, Austurríki, Sviss.
Sprechen Sie/ sprichst du Deutsch?	Talar þú þýsku?
Ich verstehe nicht.	Ég skil ekki.
Wie geht's?	Hvað segir Þú?
Danke, gut.	Allt fínt.
Das macht nichts.	Allt í lagi.
Wo gibt es …?	Hvar fæst …?

Unterwegs

Wie komme ich zu/nach …?	Hvar er til …?
Wo fährt der Bus ab?	Hvar er rúta?
Wo ist …?	Hvar er …?
Könnten Sie/kannst du bitte … zeigen?	Gætir þú sýna mér …?

Notfall

Können Sie/kannst du mir bitte helfen?	Gætir Þú hjalpað mér?
Ich brauche einen Arzt.	Ég þarf að komast til læknis.

Übernachten

Haben Sie noch ein Zimmer frei?	Ertu með laust herbergi?
Ich habe ein Zimmer bestellt.	Ég pantaði herbergi.

Einkaufen

Wie viel kostet …?	Hvað kostar …?
Wann öffnet/ schließt …?	Hvenær er opið/ lokað …?

Im Restaurant

Kann ich bitte die Speisekarte haben?	Gét ég fengið matseðilinn?
Kann ich bitte die Rechnung haben?	Gét ég fengið reikninginn?
Ich hätte gern …	Má ég fá …

Kulinarisches Lexikon

Allgemeines

aðalréttur	Hauptgericht
diskur	Teller
eftirréttur	Dessert
forréttur	Vorspeise
gaffall	Gabel
grænmetisréttir	vegetarisches Gericht
hádegismatur	Mittagessen
hnífapar	Besteck
hnífur	Messer
kokkteilsósa	Cocktailsauce (Mischung aus Tomatenketchup/ Remolulade, beliebt zu Pommes)
kvöldmatur	Abendessen
morgunmatur	Frühstück
pipar	Pfeffer
salt	Salz
samloka	Sandwich
sjálfsafgreiðsla	Selbstbedienung
skál	Prost
skeið	Löffel
súpa	Suppe
sykur	Zucker
Þjónn	Kellner
Þjónustustulka, frøken	Kellnerin

Zubereitung

grillaður, steiktur	gegrillt
gróf(ur), gróft	grob
heitur, heitt	heiß
hita	erhitzen
hrá(r), hrátt	roh
kaldur, kalt, köld	kalt
krydd	Gewürz
ofnbakaður	im Ofen gebacken
ostur	Käse
reyktur	geräuchert
saltur	salzig
smjör	Butter
soðinn	gekocht

stappað	gestampft
steiktur	gebraten
sætur	süß

Fisch und Meeresfrüchte

bleikja	Saibling
fiskur	Fisch
hákarl	Hai
harðfiskur	Stockfisch
hrogn	Rogen
humar	Hummer, Languste
hvalur	Wal
karfi	Rotbarsch
krabbar	Krebse
lax	Lachs
lúða	Heilbutt
makrill	Makrele
rauðspretta	Scholle, Goldbutt
rækjur	Garnelen, Krabben
sandhverfa	Steinbutt
síld	Hering
silungur	Forelle
steinbítur	Katfisch, Seewolf
ufsi	Seelachs
ýsa	Schellfisch
þorskur	Kabeljau, Dorsch

Fleisch und Geflügel

beikon	Bacon
blóðmör	Blutwurst
folald	Fohlen
fuglakjöt	Geflügel
grís	Ferkel
hangiálegg	Hangikjöt-Aufschnitt
hangikjöt	geräuchertes Lamm
hreindýr	Rentier
hrossakjöt	Pferdefleisch

kálfakjöt	Kalbfleisch
kindakjöt	Hammelfleisch
kjúklingur	Hähnchen
kjötréttur	Fleischgericht
kótilettur	Koteletts
lambakjöt	Lamm
lifrarkæfa	Leberpastete
lifrarpylsa	Leberwurst
lund, lundir	Filet
lundi	Papageitaucher
nautakjöt	Rindfleisch
pylsa, pylsur	Würstchen, Hotdog
rjúpa	Schneehuhn
svartfugl	Alken, Seevögel
svínakjöt	Schweinefleisch

Gemüse und Beilagen

agúrka	Gurke
baunir	Bohnen
blómkál	Blumenkohl
brauð	Brot
ertur	Erbsen
franskar	Pommes frites
grænmeti	Gemüse
hvítlaukur	Knoblauch
jöklasalat	Eisbergsalat
kartöflur	Kartoffeln
kínakál	Chinakohl
laukur	Zwiebeln
rabarbari	Rhabarber
rauðkál	Rotkohl
rúnnstykki	Brötchen
salat	Salat
sveppur	Pilz
tómatur	Tomate

Obst

appelsínur	Apfelsinen
bananar	Bananen
bláber	Blaubeeren
brómber	Brombeeren
epli	Äpfel
ferska	Pfirsich
hindber	Himbeeren
hrútaber	Steinbeere
jarðaber	Erdbeeren
kirsuber	Kirschen
pera	Birne

rúsinur	Rosinen
sítróna	Zitrone
vínber	Traube

Nachspeisen und Gebäck

ábætisréttur	Dessert
búðingur	Pudding
eplakakka	Apfelkuchen
ís	Eis
jógúrt	Joghurt
jólakaka	Rosinenkuchen
jurtaís	Fruchteis
konfekt	Konfekt
krap	Sorbet
kökur	Kuchen, Kekse
ostaterta	Käsekuchen
pönnukaka	Pfannkuchen
rjómaterta	Sahnetorte
rjómi	Sahne
skyr	isländ. Milchprodukt
súkkulaðikaka	Schokoladen- kuchen
sulta, marmelaði	Marmelade

Getränke

ávaxtasafi	Fruchtsaft
bjór	Bier
brennivín	Schnaps
djús	Fruchtsaft- konzentrat
glas	Glas
gosdrykkur	Limonade, Softdrink
hvítvín	Weißwein
kaffi	Kaffee
kaffirjómi	Kaffeesahne
kakó	Kakao
klaki	Eiswürfel
kók	Cola
kókómjólk	Kakaogetränk
mjólk	Milch
pilsner	Leichtbier
rauðvín	Rotwein
safi	Saft
sódavatn	Mineralwasser
te	Tee
vatn	Wasser
viski	Whisky

Das

Magazin

Die Halbinsel Stokksnes mit den Felsspitzen des Vestrahorn scheinen wie aus einer anderen Welt zu sein.

Am Pulsschlag der Erde

Ausbruch über Ausbruch — Es zischt und brodelt, dampft und sprudelt. Die Erde bebt, und Aschewolken aus Island legen den Flugbetrieb in Europa lahm. Ständig passiert etwas, mal mit großem Effekt, mal mit geringerer Auswirkung.

Ein Blick auf die Karte erklärt alles: Island liegt genau auf dem mittelatlantischen Rücken, wobei die Riftzone, der Grabenbruch, von Norden nach Süden mitten durch das Land verläuft. Zwei Kontinentalplatten, die nordamerikanische und die eurasische, treiben hier auseinander. Also kein Wunder, dass ständige Bewegung herrscht.

Von Feuer und Eis geformt

Aus geologischer Sicht ist Island ein Kleinkind: Mit einem Alter von 15–20 Mio. Jahren – gegenüber den 3,5–4 Mrd. Jahren, die die Erdkruste alt ist – zählt die Insel am nördlichen Polarkreis zu den jüngsten Regionen der Welt. Die Landmasse entstand beim Zusammentreffen von aufsteigender Magma aus dem Kontinentalspalt mit einem Hot Spot, einem besonders heißen Bereich in der Erdkruste. Die gemeinsame Magmaproduktion verursachte eine starke regionale Vulkantätigkeit, als Folge erhob sich Basaltgestein aus dem Meer. Durch das Auseinandertreiben der Platten, das bis heute durchschnittlich 2 cm pro Jahr beträgt, wuchs die Insel langsam zu ihrer heutigen Größe von 103 000 km² an. Eine langsame Klimaverschlechterung setzte vor 8–9 Mio. Jahren ein, und die aufeinanderfolgenden 10–20 Eiszeiten veränderten die Oberfläche Islands: Riesige Eisströme schnitten tiefe Täler, Fjorde und verschiedene Bergformen aus dem Lavaplateau. Bis heute bestimmen Eis und Feuer, Wind und Meer die Oberflächengestaltung des Landes.

Vulkane wie im Bilderbuch

Man könnte auch sagen: Island ist immer noch in der impulsiven Trotzphase. So beschränkt sich die vulkanische Aktivität nicht nur auf die eigentliche Riftzone, die das Land von Öxarfjörður im Norden bis

Der letzte Ausbruch des Bárðarbunga im Jahr 2014 dauerte über sechs Monate an.

Reykjanes im Süden durchzieht, sondern dehnt sich auch auf zwei Nebenzonen aus: die Halbinsel Snæfellsnes mit dem Stratovulkan Snæfellsjökull und den Mittelteil Südislands mit dem sehr explosiven Vulkan Katla. Insgesamt weist ein Viertel der Inseloberfläche Kennzeichen von Vulkanismus auf, unterteilt in rund 30 Vulkansysteme. Die meisten dieser stark verzweigten Systeme besitzen einen Zentralvulkan, oft einen einzeln stehenden Vulkankegel oder ein Bergmassiv mit mehr oder weniger ausgeprägter Caldera – einer runden großen Einsenkung – wie z. B. die Askja.

Islands Landschaft kennzeichnen verschiedene vulkanische Formationen: hohe Tafelberge wie z. B. die Herðubreið und lange Tuffrücken wie z. B. Bláfjöll aus den Glazialperioden oder ordinäre Vulkane, Vulkanteile und Lavafelder aus den Zwischeneiszeiten. Die besondere Form der Tafelberge und Tuffrücken bildete sich bei Ausbrüchen von unter einem Gletscher liegenden Vulkanen, bei denen infolge der schnellen Abkühlung Tuff und Kissenlava entstand. In der Landschaft fallen auch Schlackenkrater, Lavaringe, Schildvulkane – die man in dieser Vollendung nur noch auf Hawaii sieht – oder Tephra-Krater aus Asche und Bimsstein auf. Die längste Kraterreihe, die Lakigígar, erstreckt sich über 24 km, und Spaltenzonen mit Graben-

»Alles Leben wurde geradezu erstickt von der Bimssteinasche, die noch 220 km nördlich 10 cm dick war.«

formationen können wie in Þingvellir über 100 km lang sein.

Lava wie aus dem Lehrbuch

Über 90 Prozent aller Lavaströme in Island bestehen aus Basalt bzw. Andesit, sie werden in zwei Typen eingeteilt. Die Fladenlava ist eine dünnflüssige und gasarme Lava, sie erstarrt zu ebenen Fladen, deren Oberfläche oft eine seilartig verdrehte Struktur aufweist, die sogenannte Stricklava. Über diese Lavafelder lässt es sich herrlich wandern, ganz anders dagegen über die häufiger vorkommende Schlackenlava. Die Oberfläche dieser zähflüssigen und gasreichen Lava besteht aus lose aufgetürmten Schlackenbrocken und ist rau und bröckelig. Eine Besonderheit sind die eher seltenen sauren Lavaströme, eines dieser Lavafelder befindet sich bei Landmannalaugar und besteht aus Obsidian, einem schwarzen, glasartigen Gestein.

Zerstörung durch die Ausbrüche

So faszinierend heute diese Vulkanlandschaften sind, so hoch war der Preis für die Bevölkerung in den 1100 Jahren der

Besiedlung. In dieser Zeitspanne fanden ungefähr 250 zum Teil mehrmonatige oder jahrelange Eruptionen in 15 Vulkansystemen statt. Dabei entstanden 45 000 m³ Gestein. Die aktivsten Zentralvulkane sind dabei Hekla, Katla und Grímsvötn, mit teilweise weit über 20 Ausbrüchen je Vulkan. Thermale und vulkanische Aktivitäten in den gletscherbedeckten Calderen Grimsvötn oder Katla verursachen enorme Gletscherläufe, die mehrere 100 000 m³ Wasser pro Sekunde mit sich führen können. Zuletzt ereignete sich das im Herbst 1996 beim Ausbruch des Báðarbunga unter dem Vatnajökull. Damals wurde nur die Ringstraße unterhalb des Vatnajökull zerstört. Ganz anders vor 650 Jahren: Zwischen 1362 und 1727 kam es zu mehreren Ausbrüchen, die die Landschaft Öræfi völlig verödeten. Die Höfe wurden durch die Gletscherläufe weggerissen, Menschen und Tiere ertranken. Ein wirklich dramatischer Ausbruch geschah 1104 durch die Hekla. Die damals blühende Siedlung im Þjórsárdalur verschwand. Alles Leben wurde geradezu erstickt von der Bimssteinasche, die noch 220 km nördlich 10 cm dick war. Allein im 18. Jh. gab es drei folgenreiche Ausbrüche: 1755 der der Katla, 1766 der der Hekla und 1783/84 der verheerendste der der Laki-Spalte. 14 Höfe wurden zerstört und die Asche bedeckte eine Fläche von 2000 km². Kohlendioxid und schwefelhaltige Säure verseuchten die Weiden und Oberflächengewässer. 50 Prozent des Rinder-, 79 Prozent des Schaf- und 76 Prozent des Pferdebestandes verendeten und rund 10 000 Menschen starben an den darauffolgenden Seuchen und Hungersnöten.

Vulkane unter Beobachtung

Ein spektakulärer Ausbruch fand im März 2010 in Südisland statt. Der Vulkan unter dem Gletscher Eyjafjallajökull brach aus und schon bald beeinträchtigte

AUSBRUCH IM MUSEUM

Wunderbar anschauliche Erklärungen rund um den Vulkanismus der Insel finden Sie in zwei Museen: in Reykjavik in der Erlebniswelt Wonders of Iceland in Perlan, wo man die Geologie von der Plattentektonik bis zu den Vulkanausbrüchen sieht, fühlt und erlebt (s. S. 30), sowie in Hvolsvöllur im interaktiven Lava Centre (s. S. 89), in dem man in die Welt der Vulkane eintauchen kann, sehr spannend. Wo kann man schon durch Magma spazieren?

die kilometerhohe Aschesäule nicht nur die isländische Landwirtschaft, sondern auch den europäischen Flugverkehr. Auch Erdbeben ereignen sich auf Island relativ häufig und entstehen infolge des Erdplattentreibens. Manchmal kündigen sie Vulkanausbrüche an, so folgte den Beben im August 2014 die Eruption des Bárðarbunga unter dem Vatnajökull, die erst im Februar 2015 wieder zum Stillstand kam.

Den Schrecken haben die Vulkanausbrüche heute überwiegend verloren, nicht zuletzt, weil die seismografischen Frühwarnsysteme immer weiterentwickelt wurden, man sich deshalb darauf einstellen und rechtzeitig entsprechende Maßnahmen beginnen kann. Und wenn dann der Ausbruch erfolgt, ist er zugleich noch eine touristische Attraktion. Rundflüge und selbst kleine Flugroutenverlegungen wurden z. B. bei den letzten Hekla-Ausbrüchen geboten. Im Herbst 2018 registrierten die Vulkanologen Aktivitäten am Vulkan Katla, möglicherweise bereitet er sich auf einen Ausbruch vor, hieß es. Der Katla brach zuletzt 1918 aus. Historisch gesehen, geschieht dies alle 40 bis 80 Jahre, damit wäre der Katla sozusagen überfällig. ∎

Heringe setzen ab Geburt kontinuierlich Fett an. Im August erreichen sie den höchsten Fettgehalt, sodass die Fangsaison von Juni bis August dauert. In Island werden heute aber kaum noch Heringe gefischt.

Hering ade, es lebe der Hering

Was tun? — Je nach Jahreszeit wirkt Djúpavík wie eine Geisterstadt, selbst die renovierten Gebäude können den Eindruck kaum ändern. Die Betonwände der alten Heringsfabrik und das Schiffswrack davor sind von Wind und Wetter angefressen.

Und doch war Djúpavík einst der größte Heringsverarbeitungsplatz des Landes, sogar ganz Europas. Von 1934 bis 1944 dauerten die silbernen Zeiten des Ortes, der erst 1919 gegründet worden war, als die ersten großen Heringsschwärme vor der Küste auftauchten. Ab 1944, als die Heringe wegen Überfischung wieder zu verschwinden begannen, erhielt man den Einsalzungs- und Verarbeitungsbetrieb noch bis 1954 aufrecht, ohne den Niedergang aber aufhalten zu können. Die Hochzeit der Heringsfischerei beschrieb Halldór Laxness übrigens in seinem Roman »Die Litanei von den Gottesgaben«. Von den glorreichen Jahren des Heringsbooms blieben schließlich nur noch verlassene Fabriken und Siedlungen zurück, noch heute gut zu sehen in der Region Strandir, dem nördlichsten Zipfel der Westfjorde.

Zurück in die Vergangenheit

Wie ein Schleier legt sich in Strandir die Ästhetik des Verfalls über die kraftvolle Natur und die neue Gegenwart – eine Mischung, die mich anzieht, von daher steht Djupavík ganz oben auf meiner Hitliste. 90 m lang, zwei Etagen hoch, ausgestattet mit der damals modernsten Technologie – immer wieder beeindruckt mich bei einem Rundgang die riesige Halle der einstigen Heringsfabrik. Seit 1986 wird die Fabrikhalle für Ausstellungen und Events, werden die alten Arbeiterhäuser als Hotel genutzt. Auch Filmregisseure schätzen die Location, kein Wunder, die Halle ist wie eine Entdeckungsreise. Der Schwiegersohn der Hotelbesitzer zeigt mir alles. In einem weitläufigen Raum stehen einige alte Autos, die sein Schwiegervater Ásbjörn Thorgilsson gesammelt hat und die jetzt Patina und Staub ansetzen. Im oberen Bereich stehen noch alte Maschinen, liegt Werkzeug herum und zeigen Fotos, wie es in den aktiven Zeiten hier aussah. Das verwitternde Inventar und die grauen Betonwände der Stätte eine unwirkliche Atmosphäre, ähnlich wie in einer überdimensionalen Installation. Wir steigen über Leitungen und Treppen mit provisorischem Geländer hoch. Fischmehl und Tran waren die Hauptprodukte, die in der Fabrik hergestellt wurden, und drei große Tanks stehen noch direkt neben dem Gebäude. Die Akustik darin ist so exzellent, dass die Band Sigur Rós hier ein Konzert gab.

Altes und neues Leben

Nach unserem Gang durch die Vergangenheit bin ich überrascht, draußen nicht Tausende von Heringsfässern und Frauen beim Einsalzen zu sehen. Sehr gut kann ich mir vorstellen, dass einst alles vom Lärm der Maschinen und Menschen erfüllt war. In den Heringsjahren arbeiteten allein 60 Leute in der Fabrik und 200 in der Einsalzung. Doch nicht nur die Arbeiter vor Ort hatten ihr Auskommen, obwohl die Löhne nicht so hoch waren wie in Reykjavík, sondern auch die Bauern der Umgebung, die die Menschen mit Lebensmitteln versorgten. Ich spaziere weiter an der Bucht entlang, begleitet nur vom Rauschen der Brandung und, je nachdem aus welcher Richtung der Wind weht, dem des Wasserfalls. Das rote Haus, wo ich jetzt schlafe, war einst die Unterkunft der Arbeiterinnen, die Saisonarbeiter schliefen damals auf der MS Suðurland, dem vor sich hin rostenden Wrack an der Anlegestelle am Hafen.

Hering-Start-ups

Doch dem Zauber Djúpavíks bin nicht nur ich, sondern auch viele andere naturverbundene Reisende erlegen. Es ist ein idealer Ort, um die Seele baumeln zu lassen und einen Tag auf die angenehmste Weise zu vertrödeln. Zu verdanken ist das Eva Sigurbjörnsdóttir und Ásbjorn Þorglisson, die mit der Hotelgründung Ende der 1980er-Jahre Djúpavík zu neuem Leben erweckten. Ganz besonders wichtig war es ihnen dabei, die authentische Atmosphäre nicht zu überdecken und der Vergangenheit ihren Raum zu lassen. Ihr Erfolg gibt ihnen recht – es braucht manchmal eben nur eine gute Idee und etwas Mut, um aus etwas Vergangenem etwas wunderbares Neues zu schaffen. Wer hier in den einfachen, aber sehr gemütlichen Zimmern des Familienhotels übernachtet, kann sehr viel entdecken, Natur und Geschichte. Im Restaurant kommt bodenständige isländische Küche auf den Tisch. Wenn ich Sterne vergeben könnte, dieses Restaurant bekäme von mir einen (Infos Hôtel Djúpavík s. S. 196).

Typisch isländisch ist die Fähigkeit, sich immer wieder neu zu erfinden, und so ist auch andernorts, z. B. in Siglufjörður (s. S. 168), in den letzten Jahren eine ähnliche Entwicklung gelungen. Zuerst kam 2010 ein Autotunnel, der den Ort direkt an Ólafsfjörður und somit an Akureyri anband, danach folgte die Eröffnung eines Hotels und Restaurants. Ein Filmteam und erste Skifahrer ließen nicht lange auf sich warten, und plötzlich ist Siglufjörður auf dem Weg, zur Skihochburg des Landes zu werden. Wer erinnert sich da noch an den verlassenen Heringsort im Nirgendwo … ∎

EXPORTHIT FISCH E

Der Export von Fischprodukten macht aktuell noch rund 40 Prozent der gesamten isländischen Exporte aus. Entsprechend heftig wird bis heute die 200-Meilen-Zone verteidigt, und sie ist auch der Dreh- und Angelpunkt bei allen Überlegungen, ob man der EU beitritt oder nicht. Zudem verfolgt Island eine stringente Quotierung. Natürlich hat man in der Vergangenheit auch mit den Schwankungen einzelner Fischarten zu kämpfen gehabt. Für die Zukunft lassen sich aber keine genauen Prognosen machen, denn im Zuge der globalen Erwärmung steigen die Meerestemperaturen, und die Fische reagieren schon auf sehr geringe Veränderungen. Derzeit gehört der Hering zu den wichtigsten Exportfischen und seit einigen Jahren auch die Makrele.

Die Helden der Meere

Die Landnahme — Ein gutes Schiff, Neugier, Mut und in einigen Fällen natürlich auch Waffen, so ausgestattet machten sich entdeckungsfreudige Nordmänner auf gen Westen, um über Island und Grönland in Vínland (Kanada) zu landen.

Harald Schönhaar beabsichtigte Ende des 9. Jh., ganz Norwegen unter seiner Krone zu vereinigen. Das entsprach nicht dem Freiheitsgefühl vieler Norweger, sie wollten unabhängig bleiben. Ein neues Schiff half ihnen dabei, in die Ferne zu segeln: die ›Knörr‹. Es war ein Handelsschiff von 15 m Länge mit einem breiten, plumpen Rumpf. An Bug und Heck befanden sich Halbdecks und in der Mitte der Laderaum für Reiseproviant und den gesamten Hausstand. Neben dem Vieh hatten noch rund 20 Personen Platz.

Insel der Freiheit

Die Fahrten der Nordmänner stehen in etlichen isländischen Sagas und einer der Top-Helden schaffte es, zum Namensgeber des internationalen Flughafens in Keflavík zu werden: Leifur Eiríksson. Als erster Siedler Islands gilt Ingólfur Arnarson. Streitigkeiten mit blutigem Ausgang hatten ihn und seinen Ziehbruder Leifur Hróðmarsson gezwungen, Norwegen zu verlassen. Die Brüder fuhren zu Erkun-

dungen aus – seit den ersten Siedlungsversuchen von Flóki Vilgerðarson ab 865 war Island bekannt –, und sie beschlossen schließlich, sich dort niederzulassen. 874 machten sie sich dann endgültig auf, um auf der Insel ein neues Leben aufzubauen – die Landnahme begann. Wie eine Welle schwappten die Siedler in Island an: reiche norwegische Bauern mit Gefolge sowie Frauen, Sklaven und Vieh. Das neue Land im Norden verhieß ihnen ein freies und unabhängiges Leben. Mit der Ausrufung des isländischen Freistaates in Þingvellir (s. S. 65) im Jahr 930 endete die Landnahmezeit, niedergeschrieben im »Buch der Landnahme«, dem Landnámabók.

Leifur und die wüsten Vorväter

Leifur Eiríkssons Vorfahren stammten aus Norwegen. Sein Großvater Thorvald Avaldsson musste das Land als Geächteter – wegen Mordes – verlassen und siedelte sich mit seinem Sohn Eirík rauði

(Erik der Rote) – Leifurs Vater – im Jahr 960 im Nordwesten Islands an. Wie Thorvald zählte wohl auch Eirík nicht zu den friedfertigen Zeitgenossen und wurde für drei Jahre wegen Totschlags aus Island verbannt – Anlass für Eirík, noch weiter nach Westen zu segeln. Um zu erfahren, wie es ihm bei diesen Fahrten erging, blättern wir in der Grænlendinga saga: Er erreichte 982 Grönland, erforschte dort die Ost- und Westküste und siedelte sich im Südwesten am Tunugdliarfik (Eiríksfjord) an. Nach seiner Rückkehr warb er in Island für das ›grüne Land‹, wie er es nannte. Zu Recht ging er von der Annahme aus, dass »die Leute viel mehr versucht sein werden, dorthin zu gehen, wenn das Land einen schönen Namen habe«. Als er 985 bzw. 986 nach Grönland zurückfuhr, um sich dort für immer anzusiedeln, begleiteten ihn 25 Schiffe, von denen 14 das ›grüne Land‹ erreichten. Es kristallisierten sich zwei Siedlungsgebiete heraus, die Eystribyggd (Ostsiedlung) in Südgrönland und 400 km weiter nördlich – im Bereich des heutigen Nuuk – die Vestribyggd (Westsiedlung). Man schätzt, dass in Grönland um 1300 ca. 4500 Siedler lebten. Sie bildeten einen nach isländischem Vorbild

In Hafnarfjörður treffen sich einmal im Jahr Wikinger aus der ganzen Welt und stellen Kämpfe, aber auch den Alltag im Mittelalter nach.

organisierten unabhängigen Staat. Wer sich noch mehr für Eiriks Geschichte interessiert, kann in der jüngeren Eiríks saga rauða aus dem 13. Jh. weiterlesen.

Leifur, der Seefahrer

Leifur war Eiríks ältestes Kind, zwischen 970 und 980 in Island geboren und auf Grönland aufgewachsen. Als sich Leifur im Jahr 1000 n. Chr. mit 35 Männern nach Westen aufmachte, folgte er den Informationen Bjarni Herjólfssons, der schon 985 die Küste westlich von Grönland gesichtet hatte. Leifur landete an drei Plätzen, die er wie folgt benannte: Helluland, Markland und Vínland. In Vínland, so heißt es in der Saga, baute er ein großes Haus und fand Trauben. Archäologische Ausgrabungen belegen, dass es sich bei den drei Orten wohl um die Baffin-Insel, Labrador und Neufundland handelte. Damit setzte fast ein halbes Jahrtausend vor Kolumbus ein Nordmann als erster Europäer seinen Fuß auf amerikanischen Boden.

Isländer in der neuen Welt

Weitere Siedlungsversuche folgten: 1010 machte sich Þorfinn Karlsefni zusammen mit »60 Männern, fünf Frauen und allen möglichen Tieren« auf, um in Vínland zu siedeln. Er war verheiratet mit Guðríður Þorbjarnardóttir (s. S. 204), die ebenfalls an der Expedition teilnahm. Eine dauerhafte Besiedlung fand aber nicht statt, lediglich zwei Jahre blieben sie dort, nicht zuletzt wegen der Auseinandersetzungen mit den Indianern. Þorfinn gab auf und zog mit seiner Familie zurück nach Island. Immerhin, sein ältester Sohn Snorri wurde dort geboren. Auch wenn die Besiedlung scheiterte, so sind die in Grönland lebenden Nordmänner regelmäßig dorthin gefahren, wegen des Holzes und der Jagd. Wie genau in den Sagas die Orte beschrieben sind, konnten der norwegische Archäologe Helge

Im Jahr 2000 fuhr man mit einem Bootsnachbau – der Íslendingur – die Route von Leifurs Reise nach Vínland nach. Die Bootsreplik ist in der Wikingerwelt Vikingaheimar (s. S. 54) zu besichtigen.

Ingstad und seine Frau Anne Stine bei ihren Ausgrabungen im kanadischen L'Anse aux Meadows, einer ehemaligen Siedlung der Nordmänner, bestätigen.

Den Wikingern auf der Spur

Von seriös bis verspielt finden Sie Wikinger in Island. Viel Spaß! Im Wikingerdorf und Viking-Restaurant in Hafnarfjörður können Sie im ›Viking Style‹ essen und übernachten (s. S. 52). In Eiríksstaðir hält sich der Nachbau eines Langhauses mit Einrichtung an historische Vorlagen (s. S. 202). Im Landnámssetur in Borgarnes sind Szenen aus der Egils saga nachgestellt (s. S. 214). Natürlich können Sie auch Wikinger-Helme und Trinkhörner oder Plastikschwerter kaufen, die Souvenirshops bieten alles tausendfach. Doch bedenken Sie, die Original-Helme hatten keine Hörner, das ließen sich die Filmregisseure in den 1950er-Jahren einfallen. Fake überlebt immer! ∎

W

WER WAREN DIE WIKINGER?

Der Begriff Nordmänner bezeichnet alle Siedler, die im Frühmittelalter im skandinavischen Raum lebten und von dort Richtung Westen zogen. Wikinger waren nur ein kleiner Teil davon. Der Name Wikinger bezeichnet die Männer, die sich auf Viking-Fahrt, einem Raubzug mit dem Schiff, zu neuen Ländern aufmachten. Diese Gruppe ist noch einmal zu unterteilen: in diejenigen, die sich nach erfolgreichen Plünderungen in den neuen Ländern niederließen und die übliche Landwirtschaft betrieben, und diejenigen, bei denen der ufernahe Raub zum Lebensinhalt wurde. Letztere wurden auch in ihren Herkunftsregionen nicht nur bewundert, sondern auch gefürchtet.

Das Leben ist (k)ein Ponyhof

Pferdeabtrieb am Skagafjörður

Reiten und arbeiten — Natürlich lebt Claudia Hofmann nicht auf einem Ponyhof, denn die gibt es gar nicht in Island. Islandpferde zählen zu den Kleinpferden – und das sollten Sie niemals vergessen.

Claudia ist die Hausherrin auf dem Reiterhof Brekkulækur in Nordisland, auch wenn sie sich vielleicht nicht so bezeichnet. Ihr Partner Arinbjörn Jóhnnsson, genannt Abbi, ist der Besitzer des ursprünglich elterlichen Bauernhofs und natürlich der Chef. Doch Claudia trägt mit ihrem Charme, ihrer einladenden Art und vor allem mit ihrem Arbeitseinsatz deutlich zum Erfolg bei. Ich habe mich mit ihr auf dem Hof getroffen, sie erzählte mir von ihrem Leben in Island, der Reiterei und wie sie überhaupt hierhergekommen ist.

Was brachte Dich nach Island: Waren es die Pferde oder war es der Mann?

Das ist nicht so einfach zu beantworten. Von Kindesbeinen an war ich pferdebegeistert und half auf einem Hof mit Haflingern beim Ausmisten und Striegeln. Dafür durfte ich dort reiten und mein gesamtes Taschengeld investierte ich in Reitstunden. Später half ich auf einem Ponyhof mit Isländern. Die haben mir sofort gefallen. Als ich dann mein erstes Geld verdiente, habe ich mir zusammen mit meiner Schwester einen Isländer gekauft. Doro, die Ponyhofbesitzerin, hatte Kontakt zu Abbi. Sie war bei ihm gewesen und vor allem kam er auch zu Diavorträgen nach Oberbayern. 1996 bin ich mit nach Island auf eine Reittour gefahren.

Also bist Du zunächst wegen der Pferde nach Island gereist?

Nun, sowohl als auch.

Wie war damals Dein erster Eindruck im Land?

Wir waren zum Pferdeabtrieb hier und ich war begeistert. Die Isländer behandeln ihre Pferde so ganz anders, es sind Arbeitstiere und nicht für Touristen gemacht. Also Abbi meinte gleich, wir sollten die Pferde führen. Naiv dachte ich, ich steige ab und führe das Pferd, aber nein, ich saß auf einem und hatte dazu ein Handpferd am Zügel. Wir ritten querfeldein über Lava und Flüsse, alles mit Tempo, also Trab und Tölt. Ich dachte immer als deutsche Reiterin: das arme Pferd.

Du wärst also am liebsten gelaufen, um das Pferd zu schonen?

So ungefähr. Man lernt aber schnell, dass sich der Reiter dem Pferd überlassen muss, d. h. du sitzt darauf und versuchst das Pferd nicht zu stören. Es kennt den Weg viel besser als du. Du musst es vielleicht mal hin und wieder unterstützen, damit es nicht stolpert.

Sitzen deshalb die Reiter auf den Islandpferden so anders?

Das war früher quasi der isländische Bauernreitstil: Arme hoch und Beine

> **»Obwohl ich eine gute Arbeit hatte, ich war Sozialpädagogin in einem Rosenheimer Kinderheim, ging ich auf den Reiterhof.«**

weg. Das hat sich geändert. Doch der Unterschied ist, dass es sich um Gebrauchsreiterei handelt, ein Pferd muss deshalb bequem und lauffreudig sein. Die Pferde werden ja immer noch beim Schafs- und Pferdeabtrieb eingesetzt. Ansonsten ist das Reiten in Island ein Familiensport. 70–80 % der Isländer haben was mit Pferden zu tun, ganz anders als in Deutschland, wo es vielleicht 5 % der Bevölkerung sind. Selbst in Reykjavík haben die Leute ihre Ställe am Stadtrand, Du hast das sicher schon gesehen. Am Wochenende fährt die Familie dorthin, die Oma bringt Kuchen mit und passt auf die jüngsten Kinder auf, manchmal gehört auch noch eine Kaffistofa zur Anlage.

Wie ging es denn nun mit Dir und Island weiter?

Also, Pferde und Land fand ich toll, war ganz begeistert von der Landschaft. Abbi kam auch regelmäßig nach Deutschland und ich reiste im Sommer nach Island, doch ans Auswandern habe ich nicht gedacht. Irgendwann kam die Liebe, und eine Entscheidung stand an.

LANDSMÓT L

In jedem geraden Jahr findet die nationale Pferdeschau statt (die nächste vom 6. bis 12. Juli 2020 in Hella). Die besten ihrer Klasse, ob Reiter oder Pferd, kommen zum Turnier, um ihr Können zu zeigen. Zum einen werden die unterschiedlichen Gangarten (Schritt, Trab, Galopp, Tölt und Pass) präsentiert, zum anderen stellen die Züchter ihre besten Hengste und Stuten vor. Aus dem kleinen nationalen Turnier hat sich ein großes Pferdefest entwickelt (www.landsmot.is).

Obwohl ich eine gute Arbeit hatte, ich war Sozialpädagogin in einem Rosenheimer Kinderheim, ging ich auf den Reiterhof. Zunächst zur Probe, lediglich mit einem Tramper-Rucksack nur für ein Jahr, jederzeit bereit zurückzukehren. Ich kannte die Arbeit in einem Gästehaus, meine Eltern hatten ein Restaurant gehabt, nie Ferien, nie Zeit für sich. Ich wollte das nicht und auch nicht selbstständig sein. Aber wie so oft im Leben, es kommt anders. 2000 bin ich dann umgezogen.

Islandpferde mit hellem Körper und heller Mähne und Schweif gehören zu den sogenannten Isabellen.

Wie hat sich Dein Leben seitdem verändert, was sind Deine Aufgaben hier auf dem Hof?

Wir haben ja das ganze Jahr geöffnet und bieten neben den Reittouren auch Wandertouren an. Dazu kommt der Gästehausbetrieb. In der Regel geht mein Arbeitstag von 7 bis 19 Uhr, aber es kann auch 23 Uhr werden, wenn sich noch ein Gast angemeldet hat. Außerdem helfe ich mit den Pferden, ich bin ja vielseitig. Wahrscheinlich habe ich mich angepasst, für die Isländer gehört die Arbeit zum Leben. Meinen letzten Urlaub habe ich 2017 gemacht.

Unterscheiden sich Eure Reittouren von anderen Anbietern?

Ja, denn wir bieten ausschließlich Touren für erfahrene Reiter an. Abbi macht das schon 40 Jahre, von daher haben wir auch viele Stammgäste, die die Qualität der Pferde und die Ursprünglichkeit des Reitens mit Packsattel schätzen. Jeder bekommt immer ein zweites Pferd dazu. Wir sind der letzte Hof, der diese Tradition pflegt, das kommt uns schon zugute.

Wie viele Pferde habt Ihr?

Über 80, von denen 50 bis 60 Reitpferde für den Betrieb genutzt werden. Islandpferde werden erst ab dem vierten Lebensjahr eingeritten.

Reitest Du auch mal mit oder nur für Dich?

Ich bin noch nie so wenig geritten wie hier. Die wenige Freizeit reicht gerade für die Familie und Freundschaften. Zwischendurch lese ich auch sehr gern, am liebsten Biografien hier aus der Region. Ein Buch kann man mit ins Bett nehmen, ein Pferd nicht. ∎

FARBENSPIEL **F**

In jeder Generation züchten sie auf Brekkulækur 3–4 Pferde, mehr Zeit haben sie nicht. Andere Pferdebesitzer haben sich darauf spezialisiert und z.B. auch auf Farbenzucht. Die Farbe des Fells variiert in allen denkbaren Naturtönen, die Züchtung bringt zwei- und dreifarbige Schecken hervor oder dunkle Pferde mit kontrasthellem Behang (windfarben). Es gibt Schimmel neben Rappen, Füchsen, Braunen sowie Isabellen, Mausgrauen, Apfelschimmeln und Falben.

Seid umschlungen, Millionen!

Ein Land am Limit — Egal zu welcher Jahreszeit, Island ist ein Touristen-Magnet. Natur-Attraktionen laufen Gefahr, überrannt zu werden, das kurzfristige Vermieten setzt den Wohnungsmarkt unter Druck, es gibt aber auch positive Aspekte.

Erfolgsmeldungen zu den Touristenzahlen: 2017 kamen zwei Millionen Besucher ins Land, 2018 sollte diese Marke noch überschritten werden. Es wäre nicht so bemerkenswert, wenn sich die Besucher a) über die ganze Insel und b) gleichmäßig über das Jahr verteilten. Das tun sie aber nicht. Island verändert sich an etlichen Orten und auch die Isländer selbst – nach und nach sind sie im wahrsten Sinne des Wortes angepisst: Touristen hinterließen ihre Fäkalien und Duftmarken überall, selbst vor städtischen Parks machten sie nicht Halt. Immerhin, die Isländer haben darauf reagiert und an besonders kritischen Plätzen die sanitäre Infrastruktur verbessert. Gefühlt hat sich vieles durch den Tourismusanstieg verschlechtert, doch wie immer gibt es natürlich auch gute Seiten.

Pro

Der Tourismus hat den Isländern wirtschaftlich geholfen, als sie es am meisten brauchten – in den Jahren nach der Finanzkrise 2008. Devisen fließen heute vor allem über den Tourismus ins Land. Die werden nicht nur jetzt gebraucht, sondern auch in der Zukunft – wenn der Boom wieder abflaut. Airbnb gibt jedem, der noch Platz im Haus oder eine Wohnung zu viel hat, die Möglichkeit, etwas zu verdienen. Unmittelbar nach der Krise glich Reykjavík im Zentrum und in einigen Neubaugebieten einer Ruinenstadt. Baumaßnahmen wurden gestoppt, Baugruben, z.B. direkt neben der Konzerthalle Harpa, gähnten vor sich hin und etliche Reykjavíker bezogen ihre halbfertigen Neubauten, ohne Putz oder Balkongeländer. Heute wird auch die letzte Lücke geschlossen, neue Viertel wurden belebt und im Zentrum stieg die Zahl der Restaurants und Bars. Mit den Touristen kam das Leben zurück. Die Infrastruktur wurde und wird verbessert, insbesondere an den beliebtesten touristischen Zielen, was bei Geysir oder dem Gletschersee Jökulsarlón mehr als notwendig war. Die neue »Meet the locals«-Bewegung ermöglicht es Touristen, leichter mit den Isländern in Kontakt zu kommen und so das isländische Leben und die isländische Kultur kennenzulernen. Viele Isländer bieten diesen Service auch ganz bewusst als Gegenbewegung zu den z. T. dreisten Angeboten ihrer ›gierigen‹ Landsleute an. Mit dem zunehmenden Tourismus gibt es mehr und mehr Konkurrenz zwischen den Airlines, was nicht nur für die Besucher, sondern auch für die Isländer gut ist. Aus den ursprünglich ein bis zwei Airlines sind 10 bis 15 geworden, die Flugpreise sind dadurch günstiger.

Contra

Zahlreiche touristische Highlights sind hoffnungslos überlaufen, besonders betroffen sind die Sehenswürdigkeiten entlang des Goldenen Zirkels und in Südisland. Etliche Unterkünfte haben in den Sommermonaten so überzogene Preise, dass es schon an ›Raub‹ grenzt. Darüber klagen nicht nur die Touristen, sondern auch die Isländer, die sich einen Urlaub im eigenen Land kaum noch leisten können. Immer mehr Autofahrer befahren die wenigen Straßen – und das auch noch immer schlechter: Touristen halten ohne Vorwarnung einfach an und steigen mitten auf der Straße aus. Super! Andere nutzen Geländewagen zum Off-Road-Fahren im Hochland – was eigentlich verboten ist – und zerstören so die empfindliche Vegetation. Das Furten von Flüssen mit einem Fahrzeug sollte man zu Hause üben und nicht in Island, um dann abzutreiben. Nicht viel besser verhalten sich manche Touristen, die zu Fuß unterwegs sind: Ohne Ortskenntnisse zu wandern oder auf Gletscher zu gehen ist grob fahrlässig. Immer häufiger müssen deshalb die freiwilligen (!) Mitglieder des isländischen Rettungsdienstes ausrücken, um Touristen zu retten. Immer häufiger fliegt einem Toilettenpapier auf Wanderungen um die Ohren. Trotz Naturverbundenheit scheint vielen nicht klar zu sein, dass die isländische Natur keine öffentliche Toilette ist. Auch Füße zerstören die Vegetation, wie sich an den immer breiter werdenden Wegen z. B. in den Dimmuborgir zeigt. Leider sind auch die Isländer keine Engel, denn manche Wohnungsbesitzer kündigen einfach ihren Mietern, um die Wohnung im Sommer über Airbnb anzubieten. Günstiger Wohnraum, vor allem in Reykjavík, ist kaum noch vorhanden. Andere Isländer beuten vor allem ihre ausländischen Mitarbeiter in Hotels oder Tourismusunternehmen rücksichtslos aus. Gelegenheit schafft Gier, das gilt auch in Island, immer häufiger z. B. auch für immer höhere Eintrittspreise, bestes Beispiel: die Blaue Lagune (s. S. 61).

Wie geht es weiter?

Einigen negativen Entwicklungen versucht man schon entgegenzusteuern, so will man außer Keflavík weitere Flughäfen, z. B. in Akureyri oder Egilsstaðir, als internationale Airports nutzen, sodass sich die Besucherströme besser über das Land verteilen. Airbnb-Vermietungen sollen auf maximal 90 Tage im Jahr beschränkt werden. Immer mehr gefährdete Naturgebiete werden verstaatlicht und können so unter Schutz gestellt werden. ∎

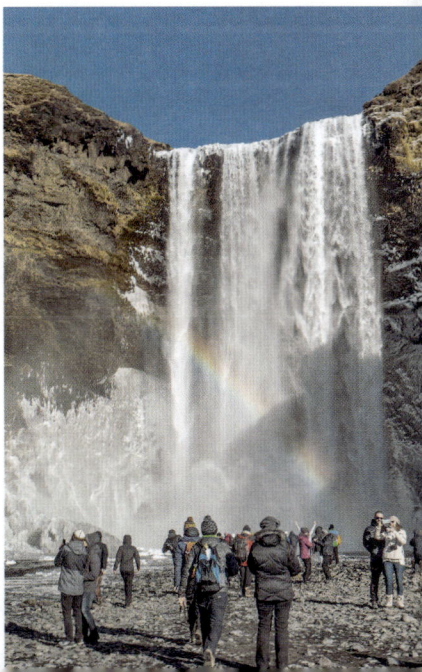

Skógafoss – der bekannte Wasserfall im Süden. Den Platz für das beste Foto muss man im Gewimmel suchen.

Das zählt

Zahlen sind schnell überlesen — aber sie können die Augen öffnen. Nehmen Sie sich Zeit für ein paar überraschende Einblicke. Und lesen Sie, was in Island zählt.

18,9

Prozent betrug die Preissteigerung für Wohnungen und Häuser in den letzten drei Jahren. Um 2010 lag der Anstieg nur bei 9 Prozent.

6.000

Isländer erhalten alljährlich im Dezember Essensunterstützung, weil sie zu wenig Geld zur Verfügung haben. Besonders um die Weihnachtszeit soll es vor allem den Kindern an nichts fehlen.

700

kartografierte Heliski-Routen gibt es allein im Gebiet vom Tröllaskagi. Für alle, die es extremer lieben: Wer genug Geld mitbringt, wird auf jeden Gipfel gebracht.

47

syrische Flüchtlinge kamen letztes Jahr nach Island, das waren neun weniger als im Vorjahr.

112

ist eine Zahl, die Sie sich merken sollten, denn bei Problemen wie Unfall, Krankheit etc. rufen Sie die Nummer an. Polizei, Krankenwagen oder Feuerwehr stehen bereit.

758.000

Quadratkilometer groß ist die Meeresfläche, die die Isländer befischen, rund sieben Mal die Fläche der Insel. Deshalb lieben die Isländer auch ihre entlegenen Inseln wie Grímsey oder Surtsey so sehr, denn von diesen aus wird die 200-Meilen-zone berechnet. Dort befinden sich einige der größten Fischbestände des Ozeans.

5.224

Männer etwa heißen in Island Jón, und damit steht der Name an erster Stelle. Schaut man auf die Neugeborenenstatistik, dann belegt der Name dieses Jahr nur noch den fünften Platz. Alexander ist deutlich beliebter geworden.

717

Autos, die Platz für 1–8 Personen haben, kommen in Island auf 1000 Einwohner. Wenn man Kinder aus der Einwohnerzahl streicht, hat faktisch jeder Isländer ein Auto – statistisch gesehen.

37,5

Prozent Alkoholgehalt hat Islands Nationalschnaps Brennivín – auch »schwarzer Tod« genannt – Skál!

4.716

Frauen etwa heißen in Island Guðrún, aber der beliebteste Frauenname für Neugeborene ist zurzeit Emilía. Klassisch isländische Mädchennamen stehen erst an 9. und 10. Stelle mit Katla und Hekla – beides Namen von besonders aktiven Vulkanen, vermutlich für die besonders temperamentvollen Kinder.

4.126

Mitglieder hatte bei der letzten Zählung die Ásatrú-Gemeinschaft, also diejenigen, die an die Asen glauben. Die Mitgliederzahl ist während der letzten Jahre stetig gewachsen, zurück zu den nordischen Wurzeln.

287

Kilometer beträgt die kürzeste Entfernung zum nächsten Nachbarland – Grönland. Kein Wunder, dass manche Eisbären herübertreiben, leider ist es immer ihre letzte Fahrt.

170

Hot Pots – Pools mit heißem Thermalwasser – gibt es im Land. Dazu zählen die natürlichen und auch die z.T. sehr schönen, künstlich angelegten Bäder. Jedes Schwimmbad sowie jedes besser ausgestattete Sommerhaus hat einen oder mehrere Hot Pots, Isländer sitzen darin mit ihren Freunden und plauschen.

490

Arten an Gefäßpflanzen wie Farne und Bärlappgewächse gedeihen auf Island. Das sind nicht sehr viele, im Vergleich: In Irland kommen 2328 Arten vor. Umso mehr freut man sich über alles, was grünt und blüht und noch Beeren hat.

1

steht in Island nicht nur für die Ringstraße, die Nr. 1 unter den Verkehrswegen, sondern auch für andere Errungenschaften. So führt das Land den globalen Friedensindex an erster Stelle an. Außerdem ist Island Spitzenreiter, also wieder die Nr. 1, bei der Gleichberechtigung der Geschlechter.

2.500.000

Papageitaucherpaare nisten im Sommer auf der Insel. Das ist der größte Bestand weltweit. Island ist die Heimat der Papageitaucher.

Weiche, Wolle, weiche!

Islandschafe — Oh, wie sind sie niedlich, diese vor sich hin blökenden Wollknäuel auf vier Beinen. Sie haben einen hohen Knuddelfaktor, doch manche Begegnung mit ihnen ist nicht gar so knuddelig. Sehr anschmiegsam sind sie nur als Pullover.

Wer in Island herumfährt, wird immer wieder dieses Verkehrsschild sehen: ein rotes Dreieck mit einem Mutterschaf und einem Lamm; ziemlich lustig, solange die wolligen Wunder nicht auf der Straße stehen. Ende Mai bis Mitte Juni werden die Muttertiere mit ihren meist zwei Lämmern raus ins weite Leben entlassen. Die erste Zeit verbringen sie oft noch auf der Hauswiese, aber dann geht es in die Freiheit. Bis in den September ziehen sie fressend umher, rupfen das letzte Grün von den Berghängen, und manchmal sieht man sie in gar luftiger Höhe. Es kann durchaus passieren, dass sich die Lämmer komplett versteigen, dann ist der Jammer natürlich groß. Lauthals blöken sie nach ihren Müttern, die sie meist per Ruf wieder auf den richtigen Pfad führen. So entstehen wahre Blökduette.

Einige Schafe haben nicht den Drang, nach oben oder ins Hinterland zu ziehen, sie bevorzugen die Straßenränder. Manchmal liegen sie auch ganz entspannt auf dem Asphalt – vielleicht ist er schön warm – und genießen das Leben. Sobald ein Fahrzeug naht, springen sie auf und rennen ins Seitengrün. Jetzt, lieber Autofahrer ist mehr als Vorsicht geboten, denn nicht immer wählt die ganze Familie dieselbe Seite. Mutter mit einem Lamm rechts, das andere Lamm links – zumindest so lange, bis es seinen Irrtum bemerkt. Dann rennt es aufgeregt über die Straße auf die andere Seite. Wer da zu schnell losfährt, hat verloren. Angefahrene Schafe müssen Sie melden und entsprechend warten, bis der Bauer oder die Polizei kommt. Lammfleisch ist kostbar …

Rund 460 000 Schafe (2018) leben in Island, eine relativ geringe Zahl im Vergleich zu den 1980er-Jahren, als es noch fast 795 000 Schafe waren. Die Gründe für den Rückgang des Tierbestands sind vielfältig. Zum einen haben die wolligen Fressmaschinen im Laufe der Jahrhunderte große Gebiete des Landes kahlgefressen und leisteten damit der Bodenerosion Vorschub. Ohne die schützende Pflanzendecke wird die nährstoffreiche Krume von den Stürmen einfach weggetragen. Auch heute richten die während der Sommermonate frei im Land herumlaufenden Schafe weiterhin große Verbissschäden an. Einige

Freilaufenden Schafen begegnet man in Island vielerorts; manchmal stehen sie auch mitten auf der Straße …

geschützte Gebiete sind entsprechend eingezäunt, damit die Tiere nicht dorthin gelangen. Dort sieht man, wie üppig die Pflanzenwelt sein kann, z. B. in Þórsmörk oder in dem Naturschutzgebiet von Hornstrandir.

Zum anderen ist es harte Arbeit für die Schafzüchter: Sie müssen im Winter die Tiere in den Ställen füttern sowie rechtzeitig zum Lammen da sein und im Sommer die Weiden regelmäßig mähen, damit genügend Silage und Heu für den Winter bereitliegt. Was für die Touristen meist eine große Gaudi ist, ist für die Teilnehmer durchaus anstrengend: der Schafabtrieb. Kein Wunder, dass am Ende ausgiebig gefeiert wird. Der dritte Grund ist der Tourismus: Etliche Bauern denken sich, dass mit ›Ferien auf dem Bauernhof‹ leichter und schneller Geld zu verdienen ist.

Die meisten Schafzuchtbetriebe befinden sich im Norden des Landes, hier vor allem im Húnavatnsýsla. Auf Platz zwei liegen Süd- und Südostisland. Schafe werden ausschließlich für Fleisch und Wolle gezüchtet. Lammkoteletts gehören einfach zur Grillsaison. Das Fleisch ist exzellent, denn die Lämmer haben sich nur von Kräutern und Gräsern ernährt, ein kurzes, aber freies Leben lang. Die isländische Wolle ist ausgezeichnet, bestehend aus einer wasserabweisenden, langhaarigen Überdecke und weicher, wärmender Unterwolle.

Mit der Renaissance der Naturfasern haben die klassischen Islandpullover die Laufstege der Reykjavíker Fashion Shows erobert.

Die Wolle und damit das Stricken haben nach der Krise 2008 im Land eine wahre Renaissance erlebt. Die Zahl der Pullover ist quasi ins Unermessliche gestiegen, jeder strickt, und an vielen Ecken bekommt man die traditionellen, selbstgestrickten Überzieher mit der gemusterten Rundpasse am Hals angeboten. Früher sah man sie nur in den Schafsfarben braun, weiß, schwarz und grau, heute gibt es sie in allen Regenbogenfarben. Stylishe Modelle finden Sie in Reykjavik oder online bei Icewear und Farmersmarket (www.icewear.is/de/islandische-wolle, www.farmersmarket.is).

Da Selbermachen in ist: Auf zum nächsten Wollladen in Reykjavík, zum Werksverkauf der Wollfabrik Alafoss (in Mosfellsbær, Álafossvegi 23, https://alafoss.is, Mo–Fr 8–20, Sa/So ab 9 Uhr) oder zum Strickkurs (s. Kasten links). ∎

REISEN UND STRICKEN **S**

Vom Schaf zum Pullover: Hier lernen Sie alle Schritte und erfahren viel über das Land. Die kurzen, bestrickenden Touren werden von Esja Travel – www.esjatravel.is – in Westisland und Südisland angeboten. In acht Tagen sollte eine Mütze doch fertig werden, oder?

Nicht nur das große Húhh

Sport in Island — Natürlich sind die Isländer sportbegeistert und Fußball ist seit jeher eine große Leidenschaft. Im Handball gehört Island seit Langem zur Weltspitze, aber auch Golf und der Traditionssport *glíma* haben Anhänger.

Bei der EM 2016 tauchte die isländische Fußballmannschaft wie Phönix aus der Asche auf und – nun gut – 2018 versank sie wie Phönix in der Asche bei der WM (doch das Schicksal teilten sie mit der deutschen Mannschaft). Zu einem äußerst beliebten Breitensport hat sich Golf entwickelt – mit 38 teilweise fantastisch gelegenen Golfplätzen.

Ältester Nationalsport

Glíma, das traditionelle Ringen, ist ein isländischer Nationalsport mit über 1000-jähriger Tradition. Erstmals erwähnt wurde der Name *glíma* im 12. Jh., doch schon zu Beginn der Besiedlung an sind Ringkämpfe verbrieft. Das Besondere an dieser Form des Ringens ist die Schnelligkeit und permanente Beinarbeit, die einzigen erlaubten Griffe sind die sogenannten Hosengriffe, die Anfang des 20. Jh. zu Gürtelgriffen umgewandelt wurden. Man führte einen speziellen Gürtel ein, der um die Taille und die Beine gebunden wird. Bei *glíma* kommt es nicht auf körperliche Kraft, Gewicht und Stärke an, sondern auf Geschick- und Beweglichkeit. Die absolute Hochzeit erlebte der Sport Anfang des 20. Jh., als er zugleich Ausdruck des nationalen Kampfgeistes war. 1906 fand die erste *glíma*-Meisterschaft statt. Dem Sieger wurde – und wird – der Grettir-Gürtel verliehen, benannt nach dem berühmten Helden und Ringer aus der Saga-Zeit (s. S. 172). Ein Jahr später wurde der Kampf in Þingvellir ausgetragen, ›Glíma des Königs‹ lautete der Veranstaltungstitel und die Meister des ganzen Landes nahmen daran teil. Jóhannes Jósefsson kam aus Akureyri und schwor, die Ehre Nordislands im Wettstreit zu verteidigen. Jóhannes kam nicht nur in Island zu Ruhm, sondern ging als Artist in die USA. Als er 1927 wieder zurückkehrte, hatte er so viel Geld verdient – u. a. mit seinen *glíma*-Fähigkeiten –, dass er das Hótel Borg in Reykjavík bauen ließ (s. S. 21).

Viele bleiben glíma treu

Bis zum Zweiten Weltkrieg war *glíma* populär, während der Olympischen Spiele 1936 in Berlin wurden sogar Schaukämpfe vorgeführt, doch nach 1945 kam es zu einem Einbruch. In den letzten Jahrzehnten hat sich die Situation wieder gebessert. Jugendlichen und Frauen ist es gestattet, an Ringkämpfen teilzunehmen, außerdem konnte *glíma* als Sportart in den Grundschulen etabliert werden. Gewisse Ressentiments bei jungen Leuten sind dennoch geblieben, denn die traditionelle Sportbekleidung ist nun alles andere als cool: Strumpfhose und Griffgürtel. Doch *glíma* wird als Sportart sicher nicht verschwinden, denn es gibt eine internationale Vereinigung, in der vor allem die skandinavischen Länder gut vertreten sind, und regelmäßig werden länderübergreifende Wettkämpfe ausgetragen. Informationen über das Regelwerk und die Griffe sowie den Link zu den deutschen Glima-Freunden findet man auf www.glima.is. ∎

Insel der Bücher

Isländische Schreibfreude — Island ist Landschaft, und diese Landschaft ist auch Literatur, das haben mir isländische Autoren immer wieder in Gesprächen bestätigt.

Es sei die Kraft dieser Vulkaninsel, die zugleich auch ihre Kreativität anrege, so erzählte mir das einmal Hallgrímur Helgason, dessen Roman »101 Reykjavík« internationale Beachtung fand. Für mich gehören die Bücher der Isländer ins Gepäck, denn ihre Romane haben mir so viel mehr über ihr Land vermittelt, als man beim bloßen Reisen erlebt. Natürlich versuchte ich mich an einer »Edda«-Ausgabe –, damals als Reclam-Heft, besonders praktisch für Rucksackwanderungen – aber diese Wahl war eindeutig zu akademisch. Vergnüglicher waren da schon die Romane von Halldór Laxness (1902–98), wenn er seine starrsinnigen Bauern beschreibt oder den Aufstieg und Niedergang der Heringsfischerei. Doch mein Lieblingsbuch von ihm ist ganz klar »Atomstation«, in dem er die Stationierung der Amerikaner im Land kritisierte. Ein amüsanter und geistreicher Roman. Halldór Laxness durfte die Regierung kritisieren, war er als Nationaldichter und Nobelpreisträger doch der zweite literarische Stolz der Nation. Der erste literarische Stolz waren zu seiner Zeit definitiv die Sagas. So mutete Laxness' Roman »Die glücklichen Krieger« fast wie ein Frevel an. Hier entlarvte er die Sagahelden als höchst erbärmliche Figuren.

BÜCHER IM NETZ   **B**

www.islandbuecher.de: Hier findet man die übersetzten Titel und kann sie kaufen.
www.perlentaucher.de/buch KSL/235_Islaendische_Literatur. html: Auf der Website kann man sich einen Überblick über die Gegenwartsliteratur in Island verschaffen. Wird regelmäßig aktualisiert.
www.islit.is/en: Die Seite des »Isländischen Literaturzentrums« bietet Infos u. a. zu Übersetzungen und Literaturprojekten.
www.literature.is: Biobibliografisches zu isländischen Autoren, interessante Interviews (Englisch).

Aus dem Schatten in die Welt

Die jüngeren Autoren schaffen es nach und nach, aus dem Schatten des Überdichters herauszutreten und die Welt mit amüsanten Werken über ihr Land zu erfreuen. Einar Kárason schrieb die herrlich skurrile Trilogie »Die Teufelsinsel«, die in den 1950er-Jahren in Reykjavík spielt. Als ich ihn für ein Radio-Feature dazu interviewte, sprachen wir auch über das isländisch-amerikanische Verhältnis. Er war damals ein absoluter Befürworter: »Ich würde wieder gern mehr amerikanische Autos im Land sehen.« Anbei: Er ist auch ein leidenschaftlicher Fußballfan, der zumindest früher keinem Streit aus dem Weg ging.

Leidenschaft für ihr Land ist mir auch bei vielen anderen begegnet, z. B. bei Hallgrímur Helgason, der als Stand-up-Comedian, Maler und Autor ein Mann der Öffentlichkeit ist. 2016 schrieb er anlässlich der Enthüllungen durch die Panama-Papiere kritische Artikel in internationalen Zeitungen. Auch Steinunn Sigurðardóttir zählt zu den Autoren, die vehement die Wirtschaftspolitik des Landes kritisierten. Ansonsten schreibt sie hinreißende Romane und Gedichte. Was mir sowohl in Gesprächen als auch beim Lesen immer gefällt, ist der Humor und das Talent, Geschichten gut zu erzählen. Gudrún

Eva Mínervudóttir hat einen äußerst schrägen und witzigen Roman über einen Sexpuppen-Hersteller geschrieben, der 2008 unter dem Titel »Der Schöpfer« erschien. Besonders flirrend und meisterlich erzählt sind Romane von Sjón, der zugleich auch ein beeindruckender Lyriker ist.

Poesie unter dem Pol

Isländische Lyrik – mein Favorit. Ich liebe diese Bildsprache, das Spiel mit der Natur, Geschichte und Sprache, wie große Gefühle in scheinbare Einfachheit gekleidet werden. Nur zu gern habe ich

Schmökern, plaudern, Kaffee trinken: So wie der Eymundsson Bookstore and Coffee Shop in der Austurstræti (Nr. 18) in Reykjavík laden etliche Buchhandlungen in Island zum Stöbern, Verweilen und Lesen ein.

Die mittelalterlichen Handschriften, die im Kulturhaus in Reykjavík zu sehen sind, sind für die Isländer so wertvoll wie die Kronjuwelen für die Briten.

Veranstaltungen mit isländischen Lyrikern moderiert oder über ihre Werke geschrieben. Die moderne, kraftvolle und auch gesellschaftskritische Lyrik hat erst in der Mitte des 20. Jh. begonnen. In den Jahren zwischen 1946 und 1953 debütierten die sogenannten Atomdichter, eine Gruppe von fünf Poeten, die einen radikalen Bruch mit der traditionellen Lyrik vollzogen. Um die tiefgreifenden Veränderungen durch den Krieg und die Nachkriegszeit adäquat auszudrücken, suchten sie nach neuen Ausdrucksformen. Sie benutzten eigene Symbole und Idiome, die sich den Lesern nicht sofort erschließen. Der Begriff Atomdichter wurde zunächst als Schimpfwort seitens der Traditionalisten gebraucht.

Die Strömungen der gegenwärtigen Lyrik sind faszinierend vielfältig und die Gedichte haben einen humorvollen Umgang mit Rhythmus und Melodie des Isländischen. So laden einige Gedichte von Sjón beim Vortrag geradezu zum Experimentieren ein. Andere Lyriker sind u. a. Einar Már Guðmundsson, Gyrðir Elíasson, Linda Vilhjálmsdóttir und auch Steinunn Sigurðardóttir. Im Oktober 2018 ist der neue Gedichtband »Freiheit« von Linda Viljálmsdóttir als zweisprachige Ausgabe erschienen. Linda schafft mit wenigen Worten ein Universum.

Die Krimi-Welle

Selbst für die isländischen Krimis muss ich in diesem Zusammenhang eine Lanze brechen. Literarisch sind sie meist bescheiden, doch sie zeigen das Island hinter dem schönen Schein: Zwangsprostitution, sexueller Missbrauch von Kindern, Drogenkonsum, Fremdenfeindlichkeit, kurz: Alles, was man so kennt, aber nicht mit Island verbindet. Begonnen hat der Krimiboom, der seit 2003 auch in Deutschland blüht, mit Arnaldur Indriðason. Seine Krimis folgen dem sogenannten schwedischen Modell, sprich sie sind gesellschaftskritisch. Weitere bekannte Autoren sind Viktor Arnar Ingólfsson und Yrsa Sigurðardóttir. Isländische Krimis stehen bei deutschen Lesern hoch im Kurs. In der Realität gilt das Land aber als ziemlich friedlich. Dass im Jahr 2017 gleich vier Morde auf der Insel passierten, sorgte schon für Diskussionen, im Durchschnitt zählt man in Island jährlich nur zwei Tötungsdelikte. ∎

AUTOREN IM MUSEUM

Gljúfrasteinn: bei Mosfellsbær, s. S. 65. Das Haus war für ein halbes Jahrhundert Zuhause und Arbeitsstätte des Nobelpreisschriftstellers Halldór Laxness und seiner Familie. Die Räume sind so belassen wie zu Lebzeiten des Autors.
Museum Þórbergssetur: in Hali, s. S. 125. Das Museum ist dem in Island bedeutenden Schriftsteller Þórbergur Þórðarson (1889–1974) gewidmet, der hier geboren wurde. Das originell gestaltete Haus entwarf der Architekt Sveinn Ívarsson. Im östlichen Ausstellungsraum sieht man alte Fotos, der Westsaal widmet sich dem Leben und Werk des Schriftstellers.

Back to the Roots

Food — Die eigenen Wurzeln zählen bei Islands Köchen in doppelter Hinsicht: Sie kochen nach traditionellen Rezepten und mit heimischen Gemüsesorten, Fisch und Lammfleisch.

Dass die traditionelle isländische Küche für mitteleuropäische Gaumen manchen Schrecken birgt, zeigt allein schon die Lektüre einiger Zutaten wie z. B. gesengte Lammköpfe oder fermentierter Hai, genannt Hákarl. Dass der bis zum Verrotten vergrabene Hai dennoch genießbar ist, liegt neben der Qualität und Fischart an den Beilagen: *brennivín*, ein Kartoffelschnaps, und süßes Schwarzbrot. Das Brot wird bzw. wurde ebenfalls eingegraben – im heißen Boden, wo es garte. Wer Pumpernickel mag, dem wird es schmecken.

Verändertes Essverhalten

Seit den 1980er-Jahren ist die Zahl der internationalen Restaurants stetig gewachsen und damit auch das Angebot an Fastfood. Das typisch isländische Mittagessen *hangikjöt*, geräuchertes Lamm mit Dosenerbsen und karamellisierten Kartoffeln, wurde abgelöst von Hamburger und Pommes Frites. In den Supermärkten überwiegen internationale Lebensmittel, in kleinen Fischgeschäften findet man aber dann doch noch Lummeneier und Papageitaucherbrust. Bis weit ins 20. Jh. hinein gehörten die Seevögel mit auf den Speiseplan. Heute bieten einige Gourmetrestaurants *svartfugl* an.

Die jungen Kreativen

Die junge Generation der Köche ist beeinflusst von der Nouvelle Cuisine, oft auch ausgebildet im und beeindruckt vom Ausland. Sie entwickelt andere Kreationen, wie Lachs mit Honig, Zwergwal mit isländischem Wasabi oder Fleisch von Lämmern, die zwei Monate nur Engelwurz gefressen haben. Dazu gibt es Salate und Gemüse aus Island, verfeinert mit Kräutern, die im Land wachsen, wie Thymian oder Rosmarin. Es gibt zahlreiche Pilze, und aus den Krähen- und Blaubeeren lassen sich hervorragende Konfitüren als Beilagen z. B. zu Rentierfleisch fertigen.

Skyr erobert die Welt

Kein isländisches Produkt hat so viele Fans wie das Proteinbömbchen Skyr. Einst war es nur eine Art Quark, der mit Zucker, verfeinert vielleicht noch mit Früchten, serviert wurde. Heute kommt keiner, der sich gesund ernähren möchte, daran vorbei. Eine dänische Firma hat es auch in deutsche Supermarktregale gebracht. ∎

FOOD AND FUN

Der internationale Wettbewerb verwandelt Reykjavík im März in einen Gourmettempel. Hier zaubern die Köche der gehobenen Restaurants mit regionalen Zutaten Kulinarisches. Termine und Orte finden Sie im Internet unter www.foodandfun.is.

Das grüne Paradies Europas?

Leben im Überfluss — Das Zertifikat »Grüne Insel« sollte Island sicher sein, doch ein Blick auf den Kohlendioxidausstoß ernüchtert. Bei der Emission des Treibhausgases liegt Island an vierter Stelle hinter Luxemburg, den USA und Singapur.

Was für eine überwältigende Natur, so unberührt – zumindest an einigen Orten – und dann die Nutzung regenerativer Energien wie der Geothermie und der Wasserkraft! Die musterhafte ökologische Energieerzeugung ist aber nur die halbe Wahrheit, wie Jukka Heinonen, Professor für Umwelttechnologie an der Universität Islands, bei der Betrachtung des ökologischen Fußabdrucks Islands feststellen musste.

Importierter Konsum

Ein Grund für das schlechte Abschneiden der Insel in Hinblick auf den *footprint* ist der hohe Konsum der Isländer und hier insbesondere von importierten Produkten. In erster Linie werden Güter wie Fahrzeuge jeden Typs, Elektroartikel und in sehr großen Mengen Artikel des alltäglichen Lebensbedarfs eingeführt. Seit 2016 übersteigen die Importe die Exporte wieder deutlich.

Müll und seine Folgen

Da Island ein reiches und konsumfreudiges Land ist, liegen auch die Müllmengen deutlich über dem OECD-Wert mit 661,4 kg pro Einwohner im Jahr 2016, das wird nur noch von Norwegen, Dänemark, Schweiz und Neuseeland getoppt.

Höher war die Müllmenge nur 2008, als Konsum die Lieblingsbeschäftigung der Isländer war, bevor die Finanzkrise den Einbruch bescherte. Islands Wirtschaft hat sich erholt und damit sind auch die alten Gewohnheiten zurückgekehrt. Wenn man jetzt noch die steigenden Touristenzahlen sieht, wird klar, dass die Müllmengen noch zunehmen. Natürlich wird Müll in Island getrennt, doch Papier und Plastik werden zum Recycling exportiert. Papier wird in jeder Form nach Holland gebracht, wo es sortiert und dann für weiteres Recycling erneut transportiert wird. Plastik geht per Schiff nach Schweden, wo es sortiert und weitertransportiert wird. Metalle werden in Island sortiert und dann exportiert. Die Errichtung von Recyclingfabriken im Land steht als Idee im Raum, doch bisher fehlt die Umsetzung.

Die (unberührte) Natur

Natur stellt in Island ebenfalls einen großen Wirtschaftsfaktor dar, denn die rund 2 Mio. Touristen kommen genau wegen dieser einzigartigen Landschaft in der nördlichen Hemisphäre. Selbst wenn man die industrielle Nutzung der Ressource Wasser nicht in Betracht zieht, so sind die hochempfindliche Vegetation und die Lavaflächen vielerorts schon allein durch zu viele Besucher gefährdet. Im Gebiet am Mývatn hat man Absperrungen vorgenommen, um die Lavaskulpturen der Dimmuborgir zu schützen – nett, aber hilflos. Unberührtheit und Weite verbindet man immer noch mit der Insel. Umweltschützer fordern, das gesamte Hochland in einen Nationalpark umzuwidmen, um es damit für die Zukunft unantastbar zu machen, doch dieser Forderung kommen die Politiker bisher nicht nach. Zurzeit sind nur einige Gebiete geschützt, was bedeutet, dass auch in Zukunft Staudammprojekte wie am Kárahnjúkar im Hochland realisiert werden können (s. S. 140).

Rettet Island – die Umweltbewegung
Die Spannungen zwischen Umweltschutz und wirtschaftlichen Interessen bergen gesellschaftlichen Sprengstoff – darum

UNTER NATURSCHUTZ   **N**

Naturschutzparks gibt es in Island seit 1930. Þingvellir war der erste, es folgten Skaftafell, Jökulsárgljúfur und Snæfellsjökull. Skaftafell existiert nicht mehr, sondern ist Teil des stetig gewachsenen Vatnajökull-Nationalparks. Letzterer hat eine Fläche von 13 600 km², was ungefähr 13 Prozent der gesamten Landesfläche entspricht. Auch der davon unabhängige Nationalpark Jökulsárgljúfur wird ihm zugerechnet – der gesamte Gletscher Vatnajökull ist damit geschützt sowie die Lakagigar. Daneben gibt es noch Naturschutzgebiete sowie zahlreiche Naturmonumente wie Wasserfälle, Vulkane, Schluchten oder Inselgruppen.

Plastikmüll wird ähnlich wie in Deutschland nicht im Land recycelt, sondern für das Recycling nach Schweden exportiert.

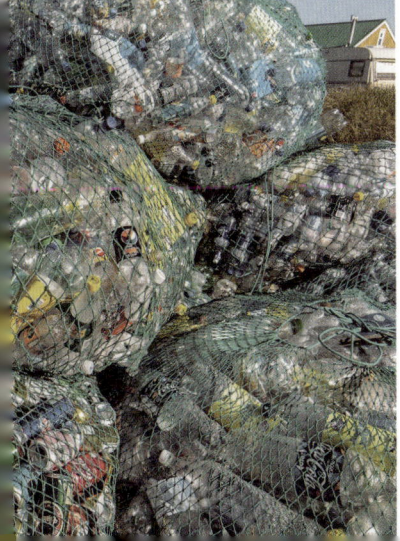

tut auch in Island aktive Umweltpolitik not. Ein Umweltministerium besteht seit 1990, doch solange die Konservativen die Regierung bestimmten, hatten die Amtsinhaber oft weniger die Natur und Umwelt im Sinn als vielmehr die Wirtschaft. Eine Änderung dieser Auffassung lässt sich auch heute nicht richtig erkennen. Im Grunde braucht es einen Masterplan, so der Standpunkt der Umweltbewegung. Eine erstmals laut engagierte Umweltbewegung formierte sich zum Baubeginn des Kárahnjúkar-Staudammes (2003–2007). Eines der wichtigsten Argumente war der Ausverkauf des Landes. Die Bewegung Saving Iceland wendet sich gegen die Ausweitung der Schwerindustrie im Land (www.saving iceland.org/de). In der heutigen isländischen Umweltszene sind viele Künstler engagiert, u. a. die Sängerin Björk und der Autor Andri Snær Magnason, der sich mit seinem Buch »Dreamland« u. a. gegen den Ausbau wandte. ∎

Seit der Einführung des Christentums im Jahr 1000 gibt es eine Kirche in Þingvellir, das heutige Gotteshaus stammt von 1859.

Reise durch Zeit & Raum

Wir haben Geschichten — Natürlich gibt es Geschichtsbücher über Island und stolz blicken die Isländer auf das Mittelalter, doch für ein europäisches Land ist das alles überschaubar.

Rückzugsort
650 bis 860 n. Chr.

Gesichert ist, dass sich irische Mönche Mitte bis Ende des 7. Jh. in Island aufhielten. Auf der Suche nach abgeschiedenen Orten ließen sie sich zunächst auf den Färöern nieder und fuhren dann weiter bis nach Island. Spuren sind lediglich in einigen Höhlen zu sehen, Kreuzzeichen. Von einer längeren Besiedlung durch die Iren geht man nicht aus, doch waren sie auf der Insel, als die ersten Nordmänner erschienen. Letztere nannten die Iren *papar* – Pfaffen oder Priester –, eine Bezeichnung, die man noch in Ortsnamen wie Papey (Pfaffeninsel) oder Papafjörður (Pfaffenfjord) findet.
Zum Anschauen:
Isländisches Nationalmuseum, S. 38

Da landen wir mal an
Bis 865 n. Chr.

Bevor es mit der ständigen Besiedlung richtig losging, kamen im 9. Jh. die ersten ›Wikinger‹. Naddoður verschlug es 860 während eines Sturms an die Ostküste Islands. Er hielt sich nicht lange auf, sondern segelte wieder weiter. Im selben Jahr landete der Schwede Garðar Svarvarsson im Südosten der Insel, dem späteren Austurhorn, und überwinterte dann an der Nordküste im heutigen Húsavík. Garðar segelte an der gesamten Küste entlang und entdeckte so, dass es sich um eine Insel handelte, der er den Namen Garðarshólmur (Garðars Insel) gab. Die Kunde von der neuen Insel verbreitete sich schnell, und schon 865 machte sich der Norweger Flóki Vilgerðarson auf. Zwei Winter mit schlechtem Wetter verbrachte Flóki auf Island, dann hatte er den richtigen Namen für die Insel: Island (Eisland).
Zum Anschauen:
Safnahúsið in Húsavík, S. 151

Die Zeit der Besiedlung
874–930 n. Chr.

Als erster Siedler Islands gilt Ingólfur Arnarson, der sich zusammen mit seinem Ziehbruder Leifur Hróðmarsson 874 von Norwegen aufmachte. Beim Anblick der Küste ließ Ingólfur die Götter entscheiden, wo er an Land gehen solle (s. S. 36). Geradezu eine Besiedlungswelle erfasste Island, als sich im 9. Jh. die politischen Verhältnisse in Norwegen veränderten und etliche Häuptlinge das Land verließen, um weiter im Norden zu siedeln. Man geht davon aus, dass im 10. Jh. rund 60 000 Menschen auf der Insel lebten. 930 kam erstmals das Althing, die Volksversammlung, in Þingvellir zusammen und verkündete den unabhängigen isländischen Freistaat.
Zum Anschauen:
872 +/- 2, The Settlement Exhibition, S. 35

288

Die Zeit des Friedens und der Sagas
1000–1230

Die Isländer nahmen im Jahr 1000 das Christentum an, damit veränderte sich auch die Rechtsprechung. 1056 wurde die erste Bischofssitz in Skálholt eingerichtet und 50 Jahre später der zweite in Hólar; beiden waren auch die ersten Schulen angegliedert. In den darauffolgenden Jahrzehnten wurden zahlreiche Klöster errichtet. Der Zehnte war die erste Landessteuer und betrug 10 Prozent des Einkommens und ein Prozent des Besitzes und floss der Kirche zu. Fast 200 Jahre lebten die Isländer in Frieden und Wohlstand und erlebten zugleich auch ihre erste kulturelle Blütezeit, in der die Sagas verfasst wurden. Einer der bedeutendsten Verfasser war der Politiker und Gelehrte Snorri Sturluson (1179–1241).

Zum Anschauen:
Skálholt, S. 72

Bürgerkrieg und Ende des Freistaats
1230–1262

Zu Beginn des 13. Jh. hatte sich die Macht in den Händen weniger Familien konzentriert. Einer, der diese Machterweiterung für sich und seine Sippe, die Sturlungar, erfolgreich betrieb, war Snorri Sturluson. Er beherrschte das Land zwischen 1220 und 1235. Die Sturlungar-Zeit ist geprägt von den Sippenkämpfen um die Vormacht im Land. Immer häufiger wird der norwegische König als Vermittler aufgesucht, der so seine Macht in Island ausweiten kann. Die Schlacht von Örlygsstaðir 1238 vernichtete die Sturlungar-Familie endgültig. Erst 1262 gelang es dem norwegischen König, Island wieder unter die norwegische Krone zu bringen. Der ›Alte Vertrag‹ (Gamli sáttmáli) sah die Vereinigung Islands und Norwegens durch die Person des Königs vor, doch ohne Einschränkung des Landesrechts.

Zum Anschauen:
Snorrastofa in Reykholt, S. 215

Die Zeit des Schreckens
1380–1787

Aufgrund von Erbfolge kam Island zusammen mit Norwegen 1380 unter die dänische Herrschaft. Der erste schwere Schlag erfolgte mit der Pestepidemie von 1402–04, die die Bevölkerung um ein Drittel reduzierte. Viele zogen an die Küste, um mit den Engländern Handel zu treiben. Die nächste große Umwälzung war die Durchsetzung der Reformation. Der letzte katholische Bischof Jón Arnason wurde 1550 in Skálholt gefangen genommen und enthauptet. Der Kirchenbesitz fiel damit an die dänische Krone. Ein Jahr später mussten die Isländer das Luthertum anerkennen. Der nächste Schlag erfolgte 1602, als König Christian IV. das Handelsmonopol für Island besiegelte und die dänischen Kaufleute damit den Freibrief erhielten, das Volk auszunutzen. Sie legten überhöhte Preise fest und lieferten, was ihnen genehm war – vor allem Alkohol. Bei der ersten Volkszählung 1702/03 zählte der Sonderbeauftragte Árni Magnússon (1663–1730) 50 358 Einwohner, sechs Jahre später lebten nach einer Pockenepidemie nur noch 35 000. Die Folgen zahlreicher Vulkanausbrüche vermehrten noch die Verelendung. 1787 lockerte die dänische Regierung das Handelsmonopol.

Zum Anschauen:
Kulturhaus in Reykjavík, S. 29

Auf dem Weg zur Unabhängigkeit
1830–1941

Jón Sigurðsson, geb. am 17. Juni 1811, war der Vorreiter im Kampf um die Unabhängigkeit Islands von Dänemark; er berief sich dabei auf den ›Alten Vertrag‹ (Gamli sáttmáli) von 1262. Immerhin setzte König Christian VIII. 1843 das Althing in Reykjavík als eine beratende Versammlung mit 20 gewählten und den sechs vom König ernannten Vertretern wieder ein. Neun Jahre später hob er das Handelsmonopol endgültig auf. Anlässlich der 1000-Jahr-Feier der Besiedlung Islands 1874 überbrachte Christian IX. persönlich die Urkunde der neuen Verfassung, die dem Althing die gesetzgebende Gewalt und die autonome Verwaltung der Finanzen zubilligte. Hannes Hafstein (1861–1922) wurde 1904 erster isländischer Minister und löste damit die dänischen Gouverneure ab. 1918 trat der Unionsvertrag mit Dänemark, in dem die Souveränität beider Staaten anerkannt wurde, in Kraft. Als Dänemark 1940 von Deutschland besetzt wurde, brach der Kontakt zu Island ab. Britische Truppen übernahmen den Schutz der Insel im strategisch wichtigen Nordmeer und wurden ab 1941 von der US-Armee abgelöst.

Zum Anschauen:
Hrafnseyri, S. 190

Egal wofür oder wogegen, politische Demonstrationen finden immer auf dem Austurvöllur in Reykjavík statt.

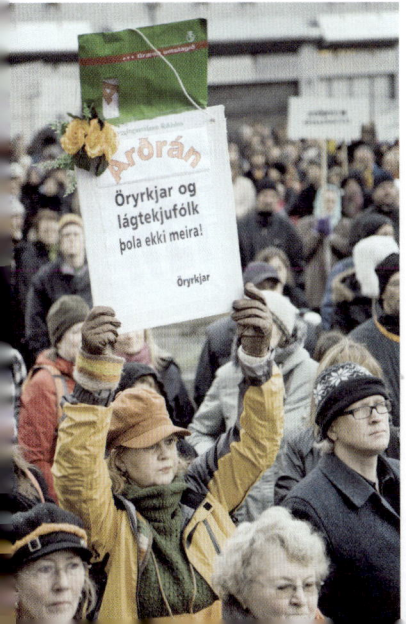

Die Republik mausert sich
Ab 1944

Die Isländer beschlossen die Auflösung des Unionsvertrages und riefen am 17. Juni 1944 die Republik Island in Þingvellir aus. Zwei Jahre später trat Island der UNO bei, 1949 gehörte Island zu den Gründungsmitgliedern der NATO. Mit Beginn des Koreakrieges 1950 wurden aufgrund des Verteidigungsabkommens mit der NATO amerikanische Truppen im Land stationiert. Von 1952 bis 1975 kämpften die Fischer während der Kabeljaukriege um die Absicherung ihrer Fischgründe und dehnten dabei die Fischereizone auf 200 Meilen aus.

Zum Anschauen:
Þingvellir, S. 65

Das turbulente 21. Jahrhundert
ab 2001

Island gehört zu Europa und trat 2001 dem Schengen-Abkommen bei. Obwohl sie keiner im Land haben wollte, war der Jammer 2006 doch groß, als die USA den Stützpunkt in Keflavík aufgaben. Heute weint keiner mehr. Alle staunten, dass Island zu den reichsten Ländern der Welt zählte, doch 2008 zeigte sich, dass alles nur heiße Luft gewesen war. Im Zuge der internationalen Finanzmarktkrise drohte Island der Staatsbankrott, das Land erhielt Milliardenkredite aus dem Ausland. Schon 2012 begann Island mit der Rückzahlung sowohl des IWF-Beistandskredites als auch der Hilfskredite der nordischen Länder. Der nächste Politikskandal erfolgte 2016, als die Panama-Papiere die Steuerflucht zahlreicher Isländer offenlegte, darunter des Premierministers. Im Herbst fanden daraufhin Neuwahlen statt. Die Folgeregierung musste aber ebenfalls nach wenigen Monaten wegen eines Vertuschungsskandals einer Sexualstraftat zurücktreten. Erneute Wahlen 2017, bisher hält die Regierung.

Zum Anschauen:
Austurvöllur in Reykjavík, S. 20

Es flattert und kreischt

Seevögel — Sie sind fast überall zu Tausenden, wenn nicht Millionen, denn Islands Gewässer sind reich an Nahrung.

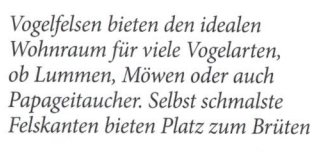

Vogelfelsen bieten den idealen Wohnraum für viele Vogelarten, ob Lummen, Möwen oder auch Papageitaucher. Selbst schmalste Felskanten bieten Platz zum Brüten.

Küstenseeschwalben (rechts) sind nicht nur laut, sondern während der Brutzeit auch sehr angriffslustig. Sie bevölkern u. a. die Gletscherlagune Jökulsarlón. Unten: Harlekinenten auf dem Mývatn.

Jedes Jahr im Frühling treffen Millionen von Zugvögeln in Island ein, um auf der Insel zu brüten.

Basstölpel (oben) tauchen wie Torpedos ins Meer, um erspähte Fische zu fangen. Wie andernorts in Island ist die Vogelwelt auf Flatey artenreich; nur außerhalb der Brutzeit dürfen Sie über die Insel wandern.

Saubere Energie für alle

Pioniere der Geothermie — Galten Vulkane und heiße Quellen einst als Wohnorte von Geistern und Ungeheuern, ihre Ausbrüche gar als Strafen der Götter, so haben die Isländer seit dem 20. Jahrhundert bestens gelernt, Erdwärme für sich zu nutzen.

Das derzeit größte geothermische Kraftwerk, Hellisheiðarvirkjun, 2006 gebaut, steht auf der Hochebene Hellisheiði, einem Ausläufer des Hengill-Gebirges bei Hveragerði. Aus 50 ca. 2000 m tiefen Bohrungen wird hier heißes Wasser und Dampf gewonnen. Der Dampf wird zur Stromerzeugung über Turbinen geleitet, das 180 °C heiße Wasser zur Erhitzung von Gletscherwasser aus dem Hochland eingesetzt. Hat das frische Wasser eine Temperatur von 85 °C erreicht, geht es über Röhren auf seine Reise zum Verbraucher. 78–80 °C weist es noch auf, wenn es bei den Haushalten ankommt. In Reykjavík wird es in den Wassertanks von Grafarholt zwischengelagert.

Aus der Tiefe der Erde ins wohlig warme Wohnzimmer

Fast 90 Prozent der Gebäude werden in Island mit so gewonnenem heißem Wasser beheizt, die restlichen mit grünem Strom. Die geologischen Gegebenheiten sind für die kostengünstige Energieproduktion geradezu ideal: Rund 30 Hochtemperaturgebiete mit ihren schwefelhaltigen Schlammquellen und Dampflöchern könnten für die Strom- und Heißwasserproduktion genutzt werden – fünf davon sind mit Kraftwerken schon erschlossen. Neben dem Heißwasser produzieren die Geothermieanlagen 27 Prozent des landesweiten Strombedarfs. Das zweite und größte Standbein der isländischen Stromproduktion ist die Wasserkraft. Die zahlreichen Flüsse, die an den großen Gletschern des Landes entstehen, bieten enorme Wassermengen, die mittels Wasserkraftwerken in Strom umgesetzt werden. 73 Prozent des landesweiten Stromverbrauchs wird mit dieser regenerativen Energie bestritten. Auch hier sind die Kosten der Elektrizitätsgewinnung äußerst gering, rundum ideale Voraussetzungen also, um für die Bevölkerung, die den höchsten Pro-Kopf-Verbrauch an Strom in der Welt hat, die Preise niedrig zu halten.

Energiefressende Industrien

Schön gedacht, aber anders gemacht, denn man hat energieintensive Industrien angesiedelt: drei Aluminiumschmelzen, ein Ferrosilizium-Werk, das jährlich 120 000 t der Metalllegierung produziert, und seit 2018 ein zweites Silizium-Werk plus Kraftwerk in Húsavík. Der Aluminiumpreis boomte bis zur Weltwirtschaftskrise 2008, danach gab es erst einmal eine tiefe Delle in der weltweiten Aluminiumnachfrage. Dennoch hielt die Regierung an dieser Perspektive fest, zum Verdruss der Umweltschützer und der Bevölkerung der entsprechenden Regionen. Einen zweiten Kárahnjúkar-Stausee (s. S. 140), dessen

Wasser ein Kraftwerk betreibt, das ausschließlich eine Aluminiumschmelze von Alcoa mit Strom versorgt und eine Fläche von 57 km² im Hochland unter Wasser gesetzt hat, will man nicht. In den letzten Jahren hat die Nachfrage nach Aluminium weltweit wieder angezogen, sodass der Aluminiumpreis auch wieder gestiegen ist. Ein wichtiger Grund ist die gesunkene Produktion des in China beheimateten größten Aluminiumproduzenten.

Grüne Wärme für Grünes

Im Landesteil mit den meisten Hochtemperaturgebieten – sprich im Südwesten – fällt bei der Durchfahrt auf, dass hier die meisten Gewächshäuser stehen. Mit warmem Wasser und steter Temperierung wachsen und grünen hier Gemüsesorten, die bis vor Kurzem noch importiert werden mussten. Die Erträge sind zum Teil recht beachtlich: 2017 ernteten die Gewächshausbetreiber 1334 t Tomaten, 1857 t Gurken, 550 t Pilze und 191 t Paprika. Diese Entwicklung wirkt sich wegen der reduzierten Importe günstig auf den ökologischen Fußabdruck Islands aus. Preiswert einkaufen kann man die Produkte aber nur direkt beim Hersteller, ansonsten sind isländische Tomaten in Geschäften deutlich teurer – ein Geheimnis der isländischen Marktwirtschaft …

Herzlich willkommen im Besucherkraftwerk

Ein Besuch des geothermischen Kraftwerks Hellisheiðarvirkjun ist nicht nur für Ingenieure spannend. Hier sieht man, wie eine solche Anlage funktioniert. Die Tour beginnt mit einem Vortrag über die Geschichte der Energieversorgung Reykjavíks. So vorinformiert geht es auf die erste Etage, wo an einer Touchscreenwand die Energiegewinnung veranschaulicht wird. Gegenüber informieren in einem kleineren Raum mehrere Bildschirme über die

Vegetation und die Vögel der Region sowie die lokale Geschichte. Wendet man sich nach rechts, gelangt man zu einer Plattform mit Einblick in die Turbinenhalle. Vier dröhnende Maschinen stehen hier, aber man hört sie nur, wenn die Glastüren geöffnet sind. Im linken Raum kann man sich einen kurzen Film über die Geologie anschauen, eine informative Darstellung mit Fokus auf das Gebiet rund um Hengill (Infos und Tickets: www.geothermalexhibition.com).

Wie mit Wasserkraft Energie gewonnen wird, stellt eine interaktive Ausstellung in der Ljósafoss Power Station dar. Auf unterhaltsame Weise werden die Grundlagen von Elektrizität und die historische Entwicklung der Wasserkraftwerke in Island erklärt. Natürlich kann man auch einen Blick auf die Turbinen werfen, die noch von 1937 sind – dem Jahr der Kraftwerkseröffnung (Nr. 36 südl. des Þingvallavatn, tgl. 10–17 Uhr, www.landsvirkjun.com/company/visitus). ∎

Der 1909 gegründete Energiekonzern Orkuveita Reykjavíkur versorgt mit seinen Kraftwerken Nesjavellir und Hellisheiði (Foto) 67 % der isländischen Bevölkerung mit Wärme und Strom.

Hotspot für coole Kunst

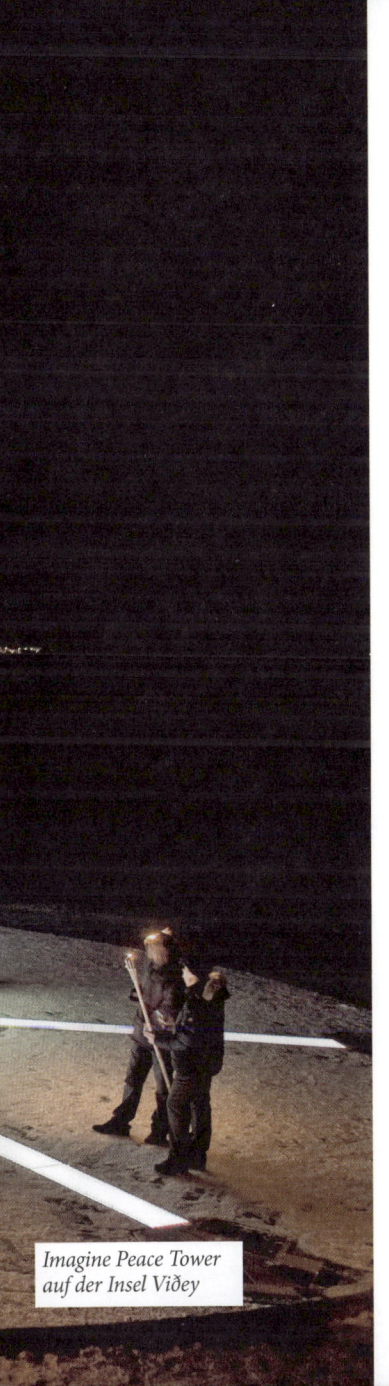

*Imagine Peace Tower
auf der Insel Viðey*

Made in Iceland — Immer wieder blickt man mit Staunen auf die künstlerische Produktivität des kleinen Landes. Die Künstler setzen zwar keine wirklichen Trends, haben aber ihre eigene Ausdrucksform gefunden.

Seit dem 21. Jh. ist Island in – nicht nur die bizarre Landschaft, sondern auch seine Kunstszene. Schon am Flughafen in Keflavík wird man von großen Skulpturen begrüßt, u. a. von »The Jet Nest« von Magnús Tómasson (geb. 1943), bei dem eine Flügelspitze aus einem riesigen Metallei hervorlugt.

Kunst im Raum

Auch wenn die Landschaft prägend für das künstlerische Schaffen der isländischen Bildhauer und Maler ist, so scheuen sie doch davor zurück, ihre Werke dauerhaft in der Natur zu installieren. Da braucht es schon Ausländer wie den Italiener Claudio Parmiggiani, der 2000 einen Leuchtturm unter freiem Himmel an die Straße Nr. 417 in der Nähe von Hveragerði setzte (s. S. 77), oder die amerikanische Künstlerin Yoko Ono, die auf der Insel Viðey 2006 den »Imagine Peace Tower« installierte (s. S. 34). Isländische Künstler belassen ihre Werke nur kurze Zeit in der Natur, um sie quasi zu konterkarieren wie bei Ásmundur Ásmundsson oder als Inszenierungsraum zu nutzen wie bei der Icelandic Love Corporation. Zahlreiche Galerien vor allem in Reykjavík wie das Living Art Museum, die Kling & Bang Gallery, i8 oder Safn bieten jungen Künstlern aller Sparten adäquate Räume, ob für Videoinstallationen, Fotografie, Malerei oder Performances. Seit 2006 findet alljährlich das Kunstfestival Sequences statt, auf dem sich junge isländische Künstler vorstellen. Die Termine liegen parallel zum Festival Airwaves – mehr Kunst in einer Stadt geht wohl kaum (alle Festivaltermine in Reykjavík s. S. 43).

Die produktiven 1980er

Anfang der 1980er waren isländische Musikgruppen noch nicht auf der weltweiten Musiklandkarte verortet. Die Sugarcubes (1986–92) erregten als erste Band Aufsehen, und dann folgte sie: Björk, eine international beachtete Künstlerin, die sich mit ihrer Musik immer wieder neu präsentiert. Doch schon in den Jahren zuvor hatte es zahlreiche Bands im Inselstaat gegeben, man hatte sie nur bisher nicht wahrgenommen. Besonders produktiv war die Gruppe Medusa, ein Zusammenschluss junger Künstler, die sich dem Surrealismus verbunden fühlten. Zu dieser Gruppe, die zwischen 1979 und 1986 rege war, gehörten u. a. Björk, Einar Örn und das literarische Multitalent Sjón.

1986 wurde das Label Smekkleysa (schlechter Geschmack) von Mitgliedern von Medusa gegründet. Kennzeichnend für diese Künstler ist, dass man sie nicht nur einer Kunstform zuordnen kann. Insofern ist die Karriere von Björk symp-

Das Designmuseum in Garðabær gibt einen Überblick über Mode, Schmuck, Möbel und Porzellan made in Iceland.

tomatisch – vereint sie doch Musik, bildende Kunst und Film.

Ein Stil? Viele Stile!

Die isländischen Musikgruppen lassen sich schwerlich nur auf einen Stil festlegen. Zum einen wechseln die Mitglieder regelmäßig und zum anderen lieben sie Experimente und neue Erfahrungen. Die vier Organisten von Apparat Organ Quartet behaupten sich mit ihrer elektronischen Musik auf alten elektronischen Instrumenten spätestens seit ihrem Auftritt auf dem Iceland Airwaves Festival 2002 international. Die auch in Deutschland beliebte Gruppe Sigur Rós erfindet sich immer wieder neu. Trat sie zu Beginn nur als Vierer-Band auf, so holten die Musiker sich für ihre nächsten Stücke acht Streicher dazu und auch ein ganzes Orchester konnten sie einbinden. 2015 gab es eine zufällige Entdeckung, die damals 16-jährige Steinunn Jónsdóttir mit ihrem Album »Steingervingur« (dt. Versteinerungen), das einen Preis erhielt. Als Gruppe bzw. Name steht asdfhg. Sehr besonders und wunderbar anzuhören ist diese elektronische Musik. Ihren ersten öffentlichen Auftritt hatte sie 2016 auf dem Festival für elektronische Musik Sónar in Reykjavík. Die Indie-Band Of Monsters and Men ist seit ihrem Debüt-Album »My Head Is an Animal« 2011 eine feststehende Größe in der Musikszene.

Das Musikfestival Iceland Airwaves begann 1999, um internationale Plattenfirmen auf die isländischen Gruppen aufmerksam zu machen (s. S. 43). Heute hat das Festival seinen Platz im Oktober in Reykjavík und zieht Tausende Besucher an. Musik gibt es an vielen Orten in der Stadt und die heute sehr bekannten Gruppen, wie auch Sigur Rós oder Leaves, erlebten hier ihren Durchbruch. Neben isländischen Gruppen treten internationale auf und Solisten – kurz: Oktober ist die Zeit für Party.

Während des Musikfestivals Iceland Airwaves verwandeln sich viele Gebäude wie hier die Fríkirkja in stimmungsvolle Veranstaltungsorte.

Zurück zur Natur

In den letzten zwei Jahrzehnten erwachte auch das Interesse an isländischem Design, internationale Ausstellungen vermittelten ein Bild weit weg von Volkskunst und Schafswollpullovern. Beim Gang durch Reykjavík fallen die zahlreichen Geschäfte auf, die isländisches Design – Schmuck, Kleidung, Gebrauchsgegenstände – anbieten. Man sieht eine Begeisterung für Materialmix und vor allem die Verwendung heimischer Rohstoffe: Fischhaut, Lava, Wolle, Fell etc. Um diese ausgefallenen Kreationen angemessen zu verbreiten, wurde im April 2008 das isländische Designcenter gegründet. Der Verband hat es sich zur Aufgabe gemacht, nicht nur isländisches Design im Land bekannter zu machen, sondern es auch zu exportieren und die Zusammenarbeit mit Industrieunternehmen zu fördern. Im März 2009 fand erstmals der Design March statt, der zu einer alljährlichen Einrichtung geworden ist (s. S. 43). Vorträge und Stadtführungen unter architektonischen Aspekten gehören ebenso dazu wie Ausstellungen, Seminare und auch der Verkauf. Entscheidend ist dabei der ganzheitliche Ansatz, somit gehört auch Stadtplanung dazu. Isländisches Design wird zunehmend zu einem Wirtschaftsfaktor. ∎

DESIGN SHOPPEN

Das Isländische Designcenter hat auf seiner Website eine Liste von isländischen Designern und Firmen mit isländischem Design zusammengestellt. So können Sie online stöbern und vor Ort einkaufen: www.icelanddesign.is/ICELANDIC DESIGN/ICELANDICDESIGN SHOPS/

A
Akranes 217
Akureyri 161
– Davíðshús 164
– Into the Arctic 165
– Listagil 164
Aldeyarfoss 229
Angeln 239
Anreise 239
Arctic Henge 145, 146
Arnarfjörður 186
Arnarnes 193
Arnarstapi 203
Árskógssandi 165
Ásbyrgi 152, 154
Askja 231

B
Bæjarstaðarskógur 118
Bakkagerði 139
Bárðarbunga 261
Básar 105, 107
Behinderte 247
Bergsteigen 240
Bergþórshvoll 92
Besucherkraftwerk 295
Bíldudalur 186
Bjarnarflag 160
Bláfjöll 77
Bláhnúkur 233
Blaue Lagune 61
Blönduós 176
Bobby Fischer Center 82
Bolungarvík 192
Borgarnes 213
Breiðamerkursandur 124
Breiðárlón 124
Breiðdalsvík 131
Breiðin 217
Brekkulækur 178
Brennisteinsalda 233
Brjánslækur 183
Brücke zwischen den beiden
   Kontinenten 60
Búðardalur 201
Búðir 203
Búlandsnes 129
Búlandstindur 129
Búrfell 227

D
Dalir 201
Deildartunguhver 215
Design 299
Dettifoss 153, 154
Dimmuborgir 157, 158
Djúpavatn 62
Djúpavík 263

Djúpivogur 128
Djúpmannabúð 194
Drápuhlíðarfjall 210
Drekagil 231
Dritvík 207
Dynjandi 188
Dyrhólaey 110
Dyrhólaós 110

E
Egilsstaðir 138
Eiderdaunen 219
Einkaufen 241
Einreisebestimmungen 241
Eirík rauði 265
Eiríksstaðir 202
Eldborg 202
Eldey 60
Eldfell 96
Eldgjá 234
Eldhraun 112
Eskifjörður 134
Essen und Trinken 242
Eyjafjallajökull 105, 261
Eyrarbakki 83

F
Fagrifoss 115
Fáskrúðsfjörður 132
Feiertage 243
Ferien auf dem Bauernhof 249
Ferienhäuser 249
Fjaðrárgljúfur 115
Fjalla baksleið nyrðri 232
Fjallsárlón 124
Fjarðarsel 136
Fjórðungsvatn 228
Flatey 213
Flateyri 190
Fljótsdalur 87
Flói 83
Flóki Vilgerðarson 187, 265
Flugumýri 175
Fontana-Bad 69
Friðheimar 81
Frostastaðavatn 233
Fuglasafn Sigurgeirs 156

G
Garðabær 46
Garðskági 57
Garður 57
Geirsalda 224
Geothermie 294
Gerðuberg 202
Geschichte 287
Geysir 70
Gjátindur 235

Glaumbær 174
Glíma 279
Gljúfrasteinn 65, 73, 282
Goden 66
Goldener Kreis 64
Golf 240
Grábrók 213
Grænalón 115
Grænavatn 62
Grenjaðarstaður 155
Grímsvötn 115, 261
Grindavík 7, 60
Grjótagjá 160
Grundarfjörður 209
Guðríður Þorbjarnardóttir 266
Gullfoss 72
Gunnarshólmi 91
Gunnarsholt 84
Gunnuhver 60

H
Hafnarberg 59
Hafnarfjörður 51
Hafnir 59
Hafragilsfoss 153, 154
Hallormsstaðarskógur 141
Hálslón 140
Haugsnes 175
Haukadalur 70
Heimaey 93
Heinabergslón 124
Hekla 86, 88, 233, 261
Helgafell 213
Helgustaðir 134
Hella 85
Hellisheiðarvirkjun 78, 295
Hellissandur 204
Hellnar 204, 207
Hengifoss 141
Hengill-Gebirge 78
Herðubreið 6, 230
Herðubreiðarháls 234
Herðubreiðarlindir 230
Heringsfischerei 263
Hestur 194
Hildishaugar 113
Hjálparfoss 227
Hjörleifshöfði 112
Hlíðarendi 91
Hnjótur 183
Hochland 220
Hof 124
Höfn í Hornafjörður 125
Hofsjökull 228
Hofsós 176
Hólar 170
Hólmavík 194
Hornbjarg 195

Hornstrandir 196
Höskuldarvellir 62
Hótel Tindastóll 172
Hrafnseyri 190
Hrauneyjar 228
Hrauneyjarfoss 227
Hraunfossar 216
Hraunhafnartangi 145
Húnaþing vestra 177
Húsadalur 105, 106
Húsafell 216
Húsavík 151
Húsey 138
Hvalfjörður 218
Hvallátur 183
Hvalsnes 59
Hvannlindir 232
Hveragerði 77
Hveravellir an der Nr. 87 155
Hveravellir an der F 35 224, 225
Hverfjall 159
Hvítárfoss 115
Hvítárvatn 225
Hvolsvöllur 87

I
Informationsquellen 244
Ingólfsfjall 82
Ingólfsfjörður 194
Ingólfshöfði 124
Ingólfur Arnarson 265
Ísafjörður 190
Ísafjörðurdjúp 190
Islandpferde 170, 269

J
Jökulsárgljúfur 152
Jökulsárlón 6, 124
Jugendherbergen 249

K
Kaldidalur 216
Kálfaströnd 157
Kapelluhraun 54
Kárahnjúkar-Staudamm 140
Katla 261
Keflavík 55
Keilir 62
Keldur 92
Kerlingarfjöll 224
Kiðagil 228
Kinder 244
Kirkjubæjarklaustur 112
Kjalvegur (F 35) 223
Kleidung und Ausrüstung 245
Kleifarvatn 62
Klifatindur 126
Klima und Reisezeit 244

Kópavogur 45
Krafla 160
Krauma-Wellnessresort 217
Krýsuvík 62
Krýsuvíkurberg 63
Kunst 296
Kverkfjöll 232

L
Lagarfljót 142
Laki-Krater 113, 114, 261
Landmannalaugar 233
Landmannaleið 232
Landsmót 270
Langanes 143, 144
Langidalur 105, 106
Látrabjarg 185
Laugar 201
Laugarbakki 178
Laxness, Halldór 65, 73
Leifur Eriksson 266
Ljósafoss Power Station 295
Ljótipollur 233
Löðmundur 233
Lögurinn 141, 142
Lónsöræfi 128
Lýsuhólslaug 13, 202

M
Malarrif 207
Marathon 240
Melrakkaslétta 144
Mietwagen 251
Morsárjökull 118
Mosfellsbær 65
Musik 298
Mýrdalsjökull 112
Mýrdalssandur 112
Mývatn 155
Mývatn Nature Baths 160

N
Námaskarð 160
Narðvík 54
Nationalpark Jökulsárgljúfur 152
Nationalpark Snæfells-
  jökull 204, 206
Neskaupstaður 135
Nordmänner 267
Núpstaðarskógur 115
Nýidalur 228

O
Ódáðahraun 229, 236
Ólafsvík 209
Öræfajökull 115
Örlygsstaðir 175
Öskjuvatn 231

Öskuleið (F 88) 229
Ósvör 193

P
Papageitaucher 179
Papós 126
Paradísarhellir 108
Páskahellir 135
Patreksfjörður 185
Pferdeabtrieb 178
Polarlichter 147

R
Radfahren 240
Rafting 240
Rauðasandur 184
Rauðhólar 77
Rauðufossafjöll 233
Raufarhöfn 146
Reiseplanung 246, 247
Reisezeit 244
Reiten 240
Reyðarfjörður 133
Reykholt 215
Reykholtsdalur 215
Reykjadalur 78
Reykjahlíð 155
Reykjanes 48
Reykjanesbær 54
Reykjanesvirkjun 60
Reykjanesviti 60
Reykjavík 14
– Árbæjarsafn 34
– Asmundur Sveinsson
  Museum 38
– Aurora Reykjavík 31
– Einar Jónsson Museum 35
– Hafnarhús 35
– Kulturhaus 38
– Living Art Museum 38
– Nationalgalerie 25
– Nationalmuseum 38
– Perlan 30
– Phallusmuseum 35
– Víkin Seefahrts- und
  Fischereimuseum 38
– Whales of Iceland 31
Reynisfjall 109
Rif 204

S
Sælingsdal 201
Sandgerði 57
Sauðárkrókur 172
Saurbær 184
Schafabtrieb 178
Selárdalur 187
Selatangar 60

Selfoss 82, 153, 154
Seljalandsfoss 108
Seljavellir 104
Seyðisfjörður 136
Sicherheit und Notfälle 248
Siglufjörður 6, 168, 264
– Heringsmuseum 168
Sigurðsson, Jón 190
Silfra-Spalte 69
Silfrastaðir 175
Sjónarsker 118
Skaftafell 118
Skaftafellsjökull 116
Skagafjörður 169
Skálanes 137
Skálholt 72
Skarðtindur 126
Skeiðarársandur 115
Skógafoss 108
Skógar 106, 108
Skoruvíkurbjarg 143
Skriðuklaustur 141
Skútustaðagígar 157
Skútustaðir 157
Snæfellsjökull 204, 206

Snæfellsnes 202
Snorri Sturluson 215
Sölvahraun 233
Sprengisandsleið (F 26) 226
Sprengisandur 228
Stafafell 127
Stokkseyri 84
Stöng 226
Stóra-Dimon 92
Stóragjá 160
Stórahof 92
Stóra Sandvík 60
Stóri-Geysir 70
Strandir 194
Strokkur 71
Strýtur 225
Stykkishólmur 210
Suðavík 194
Suðureyri 190
Surtshellir 216
Svínafell 124
Systrastapi 114

T
Tálkni 185

Tax-Free 242
Teigarhorn 129
Thorvald Avaldsson 265
Trölladyngja 62
Tungnafellsjökull 228
Tvísöngur 137

V
Valahnjúkur 106
Varmahlíð 173
Vatnajökull 3, 123
Verkehrsmittel 250
Verkehrsregeln 251
Vestmannaeyjar 93
Vesturhópsvatn 178
Viðgelmir 216
Víðimýrarkirkja 175
Vigur 194
Vík í Mýrdal 6, 109
Víkingaheimar 54
Vögel 63, 129, 143, 156, 292
Volcano Huts 105, 106
Vulkanismus 258

W
Wanderhütten 250
Wanderkarten 241
Wandern 240
Wellness 241
Westfjorde 180
Whale Watching 41, 56, 152, 167
Wikinger 267

Z
Zelten 250
Zentrum des Islandpferdes 170
Zollvorschriften 242

Þ
Þingeyrar 177
Þingeyri 189
Þingvallavatn 69
Þingvellir 65, 213
Þjóðveldisbærinn 227
Þjórsárver 228
Þórbergssetur 125, 282
Þorbjarnarfjell 60
Þorfinn Karlsefni 266
Þorlákshöfn 80
Þórshöfn 144
Þórsmörk 103, 106
Þríhnúkagígur 53

Sabine Barth ist fasziniert vom Norden mit seiner Weite und seinem Strahlen. Immer wieder zieht es sie dorthin, einige Jahre hat sie auch in Island gelebt und als Leiterin des Goethe-Zentrums in Reykjavík gearbeitet. Was sie ganz besonders mag? Vor allem die wüstenhaften Landschaften, in denen schon eine einzelne Blüte eine Entdeckung ist, und die natürlichen Skulpturen, seien sie nun aus Eis oder Lava.

Abbildungsnachweis

Sabine Barth, Köln: S. 303 **DuMont Bildarchiv,** Ostfildern: S. 8, 100 li., 151, 164 (Gerald Hänel) **Getty Images,** München: 74 re., 87 (Kolbeins87) **iStock.com,** Calgary (Kanada): S. 199 Mi. (Fyletto); 14 re. (Goddard_Photography); 220 re. (kuddl-24); 101 re. u. (Moroz); 180 re. (nimu1956); 199 re. o. (Sonyara); 49 re. u. (viorika); 220 li., 223 (wayra) **Johannes M. Ehmanns,** Köln: S. 48 re., 58 **Simon Koy,** München: S. 49 Mi., 71 **Laif,** Köln: S. 31 (Bilbao Gorostiaga/VWpics); 126, 238 (Gregory Gerault/hemis.fr); 266 (Guiziou/hemis.fr); 191 (Gerald Hänel); Titelbild, 39 (Markus Kirchgessner); 281 (Ana Nance/Redux); 219 (Kai Nedden); 286 (SagaPhoto); 49 re. o., 73 (Anita Schiffer-Fuchs/SZ Photo); 139 (Tuul/hemis.fr); 61 (Tuul & Bruno Morandi) **Look,** München: S. 24, 205 (age fotostock); 56 (mirau); 251 (SagaPhoto) **Mauritius Images,** Mittenwald: S. 7 li. o., 7 re., 14 li., 42, 44, 53, 101 re. o., 103, 259, 262, 278, 282, 292 li. o., 293 u., 296/297, 298, 299 (Arctic Images/Alamy); 101 Mi., 114 (Stefania Barbier/Alamy); 120 li., 123 (Bildagentur online/Alamy); 292 re. (Buiten-Beeld/Chris Stenger); 267 (Yvette Cardozo/Alamy); 268/269 (Andrew Chastney/Alamy); 23 (ChaviNandez/Alamy); 148 re., 292 li. u. (robin chittenden/Alamy); 2/3 (ClickAlps); 214 (Ashley Cooper/Alamy); 17 (Gary B/Alamy); 143 (Saverio Gatto/Alamy); 227 (Bill Gozansky/Alamy); 6 li., 28 (Green/Alamy); 161 (Della Huff/Alamy); 94 (Husband/Alamy); 277 (imagebroker/Harry Laub); 295 (imagebroker/Paul Mayall); 180 li., 188 (Mikko Karjalainen/Alamy); 12/13, 181 re. o., 193 (Catharina Lux); 81, 221 re. u. (christopher miles/Alamy); 134 (Joanne Moyes/Alamy); 271 (MSE Stock/Alamy); 51 (nature picture library/Terry Whittaker); 121 re. u. (NielsVK/Alamy); 198 re., 211 (Anthony Palmer/Alamy); 241 (Alex Ramsay/Alamy); 289 (Reyr FCR/Alamy); 100 re., 111, 198 li., 208 (robertharding/Lee Frost); 6 re. (Salasdaukas/Alamy); 149 re. u. (Maryam Schindler); 77 (Shepherd/Alamy); 197 (Stefannson/Alamy); 234 (Andy Sutton/Alamy); 7 li. u. (Tielemans/Alamy); 290/291 (Westend61/Stefan Schurr); 256/257 (Tracey Whitefoot/Alamy) **OmNom Chocolate,** Reykjavik: S. 15 re. o., 47 **Shutterstock.com,** Amsterdam (NL): S. 237 (Blesky); 149 Mi. (de Jonge-Fotografie); 285 (Dobrovsky);104 (Edgar9); 179 (Elettrico); 159 (Evers); 221 Mi., 230 (fuxa); 199 re. u. (Gislason); 75 Mi., 97 (Green); 37 (Gudmundsson); 181 Mi. (Henkeova); 120 re. (IndustryAndTravel); 183 (Kadar); 148 li., 153 (Koziura); 131 (Lanaid12); 149 re. o. (Lin); 74 li. (MicheleB); 173 (MikaelLG33); 75 re. u. (NewFabrika); 221 re. o. (Peter); 48 li. (Photography by SC); 121 re. o., 147 (Phung); 273 (Ping); 293 o. (Popov); 181 re. u., 184 (Schaefer); 121 Mi. (Senkov); 119 (sladkozaponi); 201 (slimak); 168 (Stiop); 15 re. u. (Svetocheck); 15 Mi. (TY Lim); **Marteinn Þórsson,** Hveragerði: S. 75 re. o., 99

Umschlagfotos: Schlucht Fjaðrárgljúfur (Titelbild), Schneebedeckte Berge an einem See bei Reykjavík (Umschlagklappe vorn)

Kartografie: DuMont Reisekartografie, Fürstenfeldbruck, © DuMont Reiseverlag, Ostfildern

Autorin: Sabine Barth **Redaktion/Lektorat:** Henriette Volz **Bildredaktion:** Henriette Volz, Titelbild: Carmen Brunner **Grafisches Konzept und Umschlaggestaltung:** zmyk, Oliver Griep und Jan Spading, Hamburg

Hinweis: Autorin und Verlag haben alle Informationen mit größtmöglicher Sorgfalt geprüft. Gleichwohl erfolgen alle Angaben ohne Gewähr. Bitte schreiben Sie uns! Über Ihre Rückmeldung und Ihre Verbesserungsvorschläge freuen wir uns: DuMont Reiseverlag, Postfach 3151, 73751 Ostfildern, info@dumontreise.de, www.dumontreise.de

1. Auflage 2019
© DuMont Reiseverlag, Ostfildern
Alle Rechte vorbehalten
Printed in China

Offene Fragen*

Leben auf Island noch Wikinger?
Seite 51

Gibt es auf Island mehr Morde als anderswo?
Seite 282

Wie dick ist das Eisschild über dem brodelnden Vulkan des Vatnajökull?
Seite 123

Warum essen Isländer verfaulten Hai?
Seite 283

Elfen oder Elben? Wer versteckt sich in der Lava?
Seite 51

Um wie viel Uhr werden die Polarlichter eingeschaltet?
Seite 147

Sonnenbrille oder Regenjacke ins Gepäck?
Seite 245

Besteht an der Kontinentalspalte Absturzgefahr?
Seite 60

Kann man im Nordmeer schwimmen?
Seite 30

Ist Skyr eine nordische Gottheit? Oder doch eine isländische Joghurtspezialität?
Seite 283

Kann man im Snæfellsjökull zum »Mittelpunkt der Erde« reisen?
Seite 204

Wird im Hochland die Luft dünner?
Seite 222

Geht die Sonne im Sommer überhaupt unter?
Seite 245

* Fragen über Fragen – aber Ihre ist nicht dabei? Dann schreiben Sie an info@dumontreise.de. Über Anregungen für die nächste Ausgabe freuen wir uns.